寿康宝鉴

（上）

白话解

[民国] 释印光　编订

曾琦云　注解

线装书局

图书在版编目（CIP）数据

《寿康宝鉴》白话解 / 释印光编订；曾琦云注解 .
—— 北京：线装书局，2024.9
ISBN 978-7-5120-6154-5

Ⅰ . ①寿… Ⅱ . ①释… ②曾… Ⅲ . ①品德教育—中
国—通俗读物 Ⅳ . ① D648-49

中国国家版本馆 CIP 数据核字 (2024) 第 111474 号

《寿康宝鉴》白话解
SHOUKANGBAOJIAN BAIHUAJIE

编　　订：[民国] 释印光
注　　解：曾琦云
责任编辑：于建平
出版发行：线装书局
　　　　　地　　址：北京市丰台区方庄日月天地大厦 B 座 17 层（100078）
　　　　　电　　话：010-58077126（发行部）010-58076938（总编室）
　　　　　网　　址：www.zgxzsj.com
经　　销：新华书店
印　　制：三河市南阳印刷有限公司
开　　本：710mm×1000mm　1/16
印　　张：33.25
字　　数：473 千字
版　　次：2024 年 9 月第 1 版第 1 次印刷

线装书局官方微信

定　　价：96.00 元（全 2 册）

前　言

　　随着人类科学技术的发展，物质生活水平不断提高，人们的疾病反而越来越多，身体健康成为当今社会一个重要问题。没有身体的健康，要成就自己的事业只是一句空话，拥有更多物质财富也没有任何意义。《寿康宝鉴》探索生命的起源，溯本穷源，从性教育开始，揭示影响人类健康长寿的根本原因在哪里，告诉我们从出生开始如何做到强身健体，到了中老年又如何做到健康长寿。从圣人经典的言教、历代名贤的格言、中医与《黄帝内经》、《周易》与阴阳平衡、名人长寿经验、得病夭折借鉴、房事戒期与禁忌、戒色不净观修炼等诸多方面给我们提供最宝贵的性健康教育，特别是大量正反两方面的例证给我们提供学习的榜样以及反面的教材，让我们知道改变命运的原理与方法。这本书可以说是性健康教育的宝典，健康长寿的指南。

　　《寿康宝鉴》的前身是《不可录》，最早成书于清代，编者不详。《不可录》，其名字是告诉我们涉及到性健康方面哪些事情不能做，故名"不可"。它汇编了关于戒淫节欲的格言警语以及正反两方面的例证，集儒释道三教思想之精华，教育人们认识戒淫节欲对于身体健康的重要性。民国十四年（1925年）开始，中国净土宗十三祖印光大师将《不可录》一书增订，改编为《寿康宝鉴》。寿康，长寿健康的意思。宝鉴，镜子的美称，亦以喻月亮，常用作书名，取可以借鉴之意。那么，寿康宝鉴的意思，就是读了此书可以使自己得到长寿健康的指南。此书不仅能够指导人类健康长寿，还是一本性健康教育的宝典。

　　健康长寿，是人人追求的目标，只有读了《寿康宝鉴》之后，才知道

1

真正健康长寿的根源在哪里。从民国十六年（1927年）首次出版流通，到民国十八年（1929年）的时候就已经印刷达五万余册。后来在海内外不断翻印流通，并出版了多种白话本，发行至数千万册，不仅为提高人们的身体健康水平作出了贡献，也为青少年健康人格养成教育、家庭伦理教育、社会道德建设作出了卓越的贡献，可以说是弘扬中华优秀传统文化的一本佳作。

《寿康宝鉴》真本是印光大师弘化社印行的民国版，后来由于发行量大，不断重印，错误在所难免。今天有的出版机构又推出了一些白话版本，甚至还有改编版本，有些版本已经离开了印光大师民国版本的原貌。印光大师作为中国净土宗十三祖，影响了整个中国近代佛教史，与虚云、太虚、弘一并列，合称为"民国四大高僧"，弘一大师更是拜其为师。他不仅在佛教界具有崇高的威望，而且他精通三教，特别是早年他随长兄习儒，对儒佛关系能够融会贯通。他的造诣，即使后来发展而来的新儒家也难以望其项背。因此，他所编定的《寿康宝鉴》是一个权威的版本，我们不宜轻易增减。

《〈寿康宝鉴〉白话解》以印光大师民国版为基础（根据印光大师所写回向颂时间，应为民国十六年版本），参考现行出版物的有益成分，对《寿康宝鉴》进行校订，对原文重新加标点分段，对难于理解的词语与典故进行注释，在不离开原意的基础上进行翻译，重点是对原文的要义进行解读，所以叫做"白话解"。主要是概述原文的重点以及在难以理解的地方进行点评和发挥，更多地融合儒释道三教思想之精华。所阐述发挥，以圣人经典的言教与历代名贤的经验之谈为核心，融通儒释道三教思想之精华，兼及传统中医、《黄帝内经》、《周易》等理论，展现中华优秀传统文化的魅力，而剔除流传下来的封建糟粕。

《〈寿康宝鉴〉白话解》原文来源于民国印光大师弘化社原版，未作任何删减。根据民国版内容划分为二十三章。最后是印光大师的回向颂，为本书流通者与读者作总回向，祈祷寿康与吉祥降临每个人和家庭。前面五章大部分都是印光大师的论述，虽然还没进入正文，但都是画龙点睛之笔。第一章是印光大师对该书的题辞，第二章是印光大师的序言，第三章是原书《不可录》重刻序，第四章还是原书所写《不可录》敦伦理序，第五章又是印光大师写的《欲海回狂》普劝受持流通序。第六章开始进入正文，首先是文昌帝君（道教之神）写的《戒淫文》，然后是《安士全书》中的《戒淫文》。第九章就是戒淫格言，首先是道教武当派开创者张三丰的话，然后是汪舟次、颜光衷、乐圃朱善、周思敏、赵鸿宝、姚庭若、吴泽云、毕忠告等的话。第十章讲邪淫十二害。第十一章讲戒色不净观修炼，包括"四觉观"与"九想观"，通过这两种观想，使人淫心顿歇，这是两种重要的止欲方法。第十二章讲劝戒十则，特别提出不能与十种人发生关系，更不能侵犯她们，罪业太重。第十三章是浙江绍兴名士拜亭所作《戒之在色赋》。第十四章是《福善案》，这是正面的例证，包括很多历代名人，他们有的高寿，有的高官，有的既高官又高寿，其成功的经验在哪里，给我们提供了学习的榜样。第十五章是《祸淫案》，是与前面相反的例证。他们有的夭折或多病，有的少年多才却终身不第，为什么都有这样的悲惨结局，为我们提供了反面的教材。第十六章是《悔过案》，所谓苦海无边，回头是岸。这些例子都是欲海回狂，忏悔过去，重新做人，改过迁善，取得了成功。这些例子对我们大部分人都有用。因为人非圣贤，孰能无过，所以大部分人都要改过才能改变命运，那么这些人就为我们提供了学习的榜样。第十七章是同善养生。自己好，还要大家好，写共修戒淫远色有哪些好处。前面这几章都是例证，使我们知道纵欲的危害与戒淫节欲的好处，从而常修清净之心，常思欲念之害。第十八章是发誓持戒，写发誓持戒戒淫的好处以及如何举行这种仪式。第十九章是保身立命戒期及天地人忌，使我们知道房事戒期与禁忌。有些忠厚好人，却因为不知道房事戒期与禁忌送了命，实在太冤枉。印光大师作序就提到了这样一个善士，因不知道禁忌送命。所以这一章也非常重要，关键时候可以挽救自己的生命。第二十章是保身广嗣要义，怎么做既能保护身体，又能多子多孙。第二十一章是辟自由结婚文。打着恋爱自由、婚姻自由的幌子，实行的是性自由、性解放的勾当，会给我们带来哪些危害？第二十二章是《不可录》纪验，写流通这本书的好处，用事实说话。第二十三章是劝毁淫书说。因为无论是写淫秽书籍，还是流通淫秽书籍，或者是阅读淫秽书籍，都是所有罪过中最大的，所以特开一章谈这个问题。

全书内容丰富多彩，贯穿人生的各个时期来谈健康长寿。青少年时期，气血未定之时，不要早恋，要有远大理想，认真读书，成为国家的栋梁。要读好书，读圣贤书，不能沉迷黄色书刊，以至于摧残身体。成家立业之后，夫妻房事要有所节制。年纪大了之后，更要给后辈树立榜样。既从儒释道三教圣贤言教的角度，劝诫人们要提高慎独的修养水平，经常观察心中隐含的欲念，时时能够正心诚意；又从生活实践中提炼出正反两方面的案例，给人们提供正反两方面的经验教训，让人们忏悔过去的过错，下定决心，重新做人；还选取传统的修身方法，通过不净观等观想法门，提升精气神，让我们时刻正气在胸，保持健康的身心。

出家人是忌谈性事的，可一代高僧印光大师救世心切，不再忌讳，编写流通《寿康宝鉴》，受到大众的欢迎。我们在这个基础上完成《〈寿康宝鉴〉白话解》，让大师的期望与时俱进，在新的时代发挥更大的作用。通过阅读，人人都能健康长寿，这也是我们馨香而祷祝的！

总目录

前　言 ……………………………………………………………… 1

第一章　印光大师题辞 …………………………………………… 1

第二章　印光大师序 ……………………………………………… 9

第三章　《不可录》重刻序 ……………………………………… 25

第四章　《不可录》敦伦理序 …………………………………… 35

第五章　《欲海回狂》普劝受持流通序 ………………………… 45

第六章　文帝戒淫文 ……………………………………………… 59

第七章　戒淫圣训 ………………………………………………… 73

第八章　戒淫文 …………………………………………………… 85

第九章　戒淫格言 ………………………………………………… 99

第十章　邪淫十二害 ……………………………………………… 183

第十一章　不净观 ………………………………………………… 191

第十二章　劝戒十则 ……………………………………………… 203

第十三章　戒之在色赋 …………………………………………… 211

第十四章　福善案 ………………………………………………… 225

第十五章　祸淫案 ………………………………………………… 297

第十六章　悔过案 ………………………………………………… 359

第十七章　同善养生 ·· 383

第十八章　发誓持戒 ·· 403

第十九章　保身立命戒期及天地人忌 ·· 417

第二十章　保身广嗣要义 ·· 435

第二十一章　辟自由结婚文 ··· 449

第二十二章　《不可录》纪验 ··· 465

第二十三章　劝毁淫书说 ·· 475

印光大师回向颂 ·· 506

目 录

（上）

前 言 ……………………………………………………… 1

第一章　印光大师题辞 …………………………………… 1
　　印光大师题辞一 ……………………………………… 3
　　印光大师题辞二 ……………………………………… 6

第二章　印光大师序 ……………………………………… 9
　　《寿康宝鉴》序 ……………………………………… 11

第三章　《不可录》重刻序 ……………………………… 25
　　印光大师《不可录》重刻序 ………………………… 27

第四章　《不可录》敦伦理序 …………………………… 35
　　印光大师《不可录》敦伦理序 ……………………… 37

第五章　《欲海回狂》普劝受持流通序 ………………… 45
　　印光大师《欲海回狂》普劝受持流通序 …………… 47
　　附录：懿德堪钦 …………………………………… 53

第六章　文帝戒淫文 ·································· 59

文帝训饬士子戒淫文 ···························· 61

例证："春秋"淫乱的夏姬 ······················ 70

拒与处女苟合的状元 ························ 71

不淫人妻子的韩琦 ·························· 71

第七章　戒淫圣训 ·································· 73

戒淫圣训 ·· 75

例证：私通庶母又强夺儿媳的卫宣公 ·········· 82

多著淫书的金圣叹 ·························· 84

第八章　戒淫文 ···································· 85

戒淫文 ·· 87

例证：杨贵妃的结局 ···························· 95

风流文人苏东坡的醒悟 ···················· 96

第九章　戒淫格言 ·································· 99

1. 张三丰真人 ···································· 101

例证：变为"药渣"的少年 ···················· 110

2. 汪舟次 ·· 111

例证：对婶婶偶动邪念 ························ 120

3. 颜光衷 ·· 120

例证：写淫词艳曲的黄庭坚 ···················· 127

4. 朱善 ·· 129

例证：名医仓公的医案 ························ 131

5. 周思敏 ·· 133

例证：没有生育能力的溥仪 ···················· 141

6. 赵鸿宝 ·· 144

例证：刀枪不入却为美色亡身的"高僧" ················· 147

7. 姚庭若 ·· 148

例证：得大福报的北俱卢洲 ································· 153

8. 吴泽云 ·· 154

例证：曾子的孝 ··· 161

9. 毕忠告 ·· 162

例证：写淫词小说的张某 ····································· 166

10. 黄孝直 ··· 167

例证：新婚纵欲的彭先生 ····································· 174

11. 黄书云 ··· 175

例证：世上无如人欲险 ·· 182

第十章 邪淫十二害 ··· 183

第十一章 不净观 ··· 191

1. 四觉观 ·· 193

例证：人是皮袋，盛满污秽 ································· 195

2. 九想观 ·· 196

例证：看破色空，依佛观想 ································· 200

视美为丑，看破假象 ································· 200

第十二章 劝戒十则 ··· 203

第十三章 戒之在色赋 ·· 211

第十四章 福善案 ··· 225

1. 曹鼐 ·· 227

2. 陈医 ·· 228

3. 冯商 ·· 230

4. 孙继皋 ································· 232

5. 周旋父 ································· 233

6. 陆容 ··································· 235

7. 钱翁 ··································· 237

8. 沈桐 ··································· 238

9. 王志仁 ································· 240

10. 杨希仲 ······························· 242

11. 程孝廉 ······························· 243

12. 徐昂 ································· 245

13. 姚三韭 ······························· 247

14. 林增志 ······························· 248

15. 何澄 ································· 249

16. 高尚书之父 ··························· 251

17. 沈鸾 ································· 252

18. 蔡启传 ······························· 253

19. 谢迁 ································· 255

20. 费枢 ································· 256

21. 靳翁 ································· 257

22. 曹某 ································· 259

23. 某老师 ······························· 260

24. 林茂先 ······························· 261

25. 袁公 ································· 262

26. 陆树声 ······························· 264

27. 唐皋 ································· 265

28. 张畏岩 ······························· 266

29. 孙生 ································· 268

30. 陶大临 ······························· 270

31. 时邦美父 ····························· 271

32. 赵秉忠父 ·· 273

33. 吕宫 ·· 275

34. 聂从志 ·· 276

35. 茅鹿门 ·· 278

36. 顾某 ·· 279

37. 罗伦 ·· 280

38. 莫文通 ·· 282

39. 柳生 ·· 284

40. 顾佐 ·· 286

41. 徐立斋 ·· 288

42. 陆左城 ·· 291

43. 冒起宗 ·· 293

第一章　印光大师题辞

印光大师题辞一

人未有不愿自己及子孙悉皆长寿安乐者。若于色欲不知戒慎[①]，则适得其反，诚可痛伤[②]！故孔子曰："少之时，血气未定，戒之在色。"孟子曰[③]："养心者，莫善于寡欲。其为人也寡欲，虽有不存焉者，寡矣；其为人也多欲，虽有存焉者，寡矣。"由是言之，人之死生存亡，系于色欲之能寡与否者，居其多半。

不慧[④]绝无救世之力，颇存寿世之心，爰[⑤]增辑刊布此书，以期[⑥]自爱而并爱其子若孙者，得是编而详阅之，则利害之关，明若观火[⑦]。内而戒子孙，外而戒同伦[⑧]。又祈展转流通，俾[⑨]遍寰宇[⑩]，庶[⑪]一切同人[⑫]，咸获寿康，是所馨香而祷祝[⑬]者！

【注释】

①戒慎：警惕谨慎。出自《礼记·中庸》："是故君子戒慎乎其所不睹，恐惧乎其所不闻。莫见乎隐，莫显乎微，故君子慎其独也。"

②痛伤：悲痛伤心。

③孟子曰：出自《孟子·尽心下》："养心莫善于寡欲。其为人也寡欲，虽有不存焉者，寡矣；其为人也多欲，虽有存焉者，寡矣。""存"是什么意思？杨伯峻《孟子译注》说："此指孟子所谓'善性''夜气'而言，《离娄下》云：'人之所以异于禽兽者几希，庶民去之，君子存之。'《告子上》亦云：'虽存乎人者，岂无仁义之心哉？'诸'存'字即此'存'字。赵岐《注》以人的生死释之，大误。"所以杨伯峻译文为："修养心性的方法最好是减少物质欲望。他的为人，欲望不多，那善性纵使有所丧失，也不会多；他的为人，欲望很多，那善性纵使有所保存，也是极少的了。"因为杨注影响极大，词典多有引用，所以此"不存"常常被翻译为"丧失其本善之心"。然而，依赵岐注，前"不存"指短命，后"存"指长寿。赵岐《注》："虽有少欲而亡者，谓遭横暴，若单豹卧深山而遇饥虎之

类也。然亦寡矣。"赵岐的意思是说，寡欲的人，即使有短命的，这样的人也比较少。并举了单豹的例子，其人出自《吕氏春秋》，他不食人间烟火，遁入深山，结果被虎吃掉。这种意外横祸极少。印光大师是民国高僧，杨伯峻《孟子译注》还没有出世，所以他引用这句话，其"不存"指短命，其"存"指长寿，这样也才符合《寿康宝鉴》的本意。

④ 不慧：不聪明，此处是谦词，僧人自称，指印光大师自己。

⑤ 爰（yuán）：于是，就。

⑥ 以期：表示通过上文所说的做法，希望达到下文的目的。

⑦ 明若观火：像看火那样清楚。形容看事物十分明晰。

⑧ 同伦：同类。

⑨ 俾：使。

⑩ 寰宇：犹天下。旧指国家全境，今亦指全世界。

⑪ 庶：希望，但愿。

⑫ 同人：志同道合之人，相当于今天的"同志"。

⑬ 馨香而祷祝：谓祷祝时心诚意切。出自《尚书·酒诰》："弗惟德馨香，祀登闻于天。"后以"馨香祷祝"表示真诚期望。

【译文】

没有哪个人不愿意自己以及子孙都健康长寿又安乐的。如果在色欲方面不知戒慎，则适得其反，确实使人悲痛伤心！所以孔子说："年少的时候，血气未定，要警戒自己被美色诱惑。"孟子说："修心的方法，莫过于少欲。为人寡欲，虽然也有短命的，但很少；为人多欲，虽然也有长寿的，但也很少。"因此可以说，人的死生存亡，取决于色欲的能否节制，占了多半。

不慧印光绝对没有救世之力，但却非常希望世人都能健康长寿，于是增订编辑，刊印流布此书，以便使那些自爱并爱自己子孙的人，得到此书并且详细阅读，对色欲的利害关系，明若观火。在家可以警戒子孙，在外可以警戒同伦。又祈愿此书辗转流通，使它传布天下，希望一切同人，都能获得长寿健康，这是我馨香而祷祝的！

【解说】

人的一生，身外之物纵使再多，最终也不属于自己，唯有健康与自己息息相关。一个人若没有健康，纵使有更多的物质享受，其快乐也不复存在。可当今人类欲望膨胀，其中对人身体影响最大的是色欲，大家却乐此不疲，并不明白其中利害关系，怎么可能健康长寿呢？

印光大师救世之心，真诚恳切，警戒人们，如果在色欲方面不知"戒慎"，虽然一时快活，到最后却是悲剧结束。大师所说"戒慎"，是儒家最重要的修养方法，来自《中庸》。因为"色欲"隐藏很深，只有在没有面对美色时加强修养，才能在面对美色时具有定力，而不犯淫戒。平时在别人看不见的地方，在别人听不见的地方，是否心中也存在那一丝欲念呢？这就是"慎独"！不仅独处不能有欲念，做梦也不能有欲念。就是无论明里暗里，都要警惕色欲的出现。每时每刻都要慎独反省心中是否还有色欲。要达到这个境界并不是一件容易的事情，所以，印光大师编写这本《寿康宝鉴》流布四方，以期人们知道色欲的危害以及戒淫的方法。常修清净之心，常思欲念之害。

印光大师又引用孔子的话来说明色欲对青少年的危害。孔子说："君子有三戒：少之时，血气未定，戒之在色；及其壮也，血气方刚，戒之在斗；及其老也，血气既衰，戒之在得。"在这里，孔子以"气"为主帅，解释人生从少到老需要戒备警惕的地方。"气"可分为先天之气与后天之气，元气是先天之气，是生命的主宰，血气是后天之气，保持生命的外在形态。先天之气与后天之气是辩证统一的，后天之气来源于先天之气，保持旺盛的血气，就能保持旺盛的生气。但是，每个人从天真无邪的孩童到饱经沧桑的老人这一段人生历程中，因受环境的影响，个人气质往往会因外界干扰而受不良的影响，过早地因元气衰竭而衰老。所以孔子告诫青少年要戒色，中年人要戒斗，老年人要戒贪。做到了这三点，人在一生中就会有定力，元气不衰竭而延年益寿。孟子说："吾素善养吾浩然之气。"

（《孟子·公孙丑上》）正是一种非凡的气质，是一种崇高的精神境界。对于广大青少年来说，年少时期，戒之在色，即是性的问题。处于青春发育期的学生，体质并没有完全成熟，但男女性的要求已经萌发。如果不树立远大的理想，就会沉迷于早恋之中。孔子提出的此三戒，主要是提醒从思想予以注意，已经犯了，也不要紧，只要悬崖勒马，依然能成为优秀的人才。亡羊补牢，未为晚矣！浪子回头金不换。当然最好是把问题控制在萌芽状态之中，时时从思想上加以警惕。持戒秘诀，在于观心。曾子说："吾日三省吾身。"（《论语·学而》）每天检查自己的思想，就能不断净化自己的思想，人就越来越健康，由心的健康必然带来身体的健康。此外，多结交好朋友，互相鼓励和促进，也是保持思想纯洁的一种好办法。

　　孔子虽然从人生不同时期提出要警戒出现的问题，但戒色欲实际上并非只在青少年时期，而是长达一生，一直到生命的结束。只是因为青少年时期色欲渐渐膨胀，而孩子们难以约束自己，所以才特别提出戒色的问题。到了中年，血气方刚，虽然好斗更加显著，但色欲不仅没有减退，还继续在膨胀。到了老年，本应该"休养生息"了，可老人反而欲壑难填，贪得无厌。这是点出老人这个阶段戒贪的原因。然而，老人虽然生理机能已经衰弱，但色欲并没有衰弱，否则怎么有"一树梨花压海棠"的故事呢？

　　印光大师在这篇题辞中，引用了孟子的话来说明寡欲与多欲对人寿命的影响。欲望有多种，口鼻耳目四肢都有欲望，其中以色欲对人的身体影响最大。色欲淡的人，虽然也有极少数短命现象，但以长寿居多。同理，色欲重的人，因为纵欲过度，早死的人就太多了。当然也有极少数长寿。所以，印光大师得出结论："人的死生存亡，取决于色欲的多与寡，占了大半。"

印光大师题辞二

　　人从色欲而生，故其习偏浓，一不戒慎，多致由色欲而死。古圣王以爱民之故，即夫妇房事，不惜令人以木铎^①巡于道路，冀免误送性命之虞^②。其慈爱为何如也？及至后世，不但国家政令不复提及，即父母与儿女，亦不提及，以致大多数少年，误送性命。可哀孰甚^③！

不慧阅世^④数旬^⑤，见闻颇多，不禁悲伤，因募印此书。冀诸同伦，咸获寿康。所愿得此书者，各各详阅，展转流通，勿令徒费心思钱财，而毫无实益，则幸甚^⑥幸甚！

【注释】

① 木铎：有木舌的铃。古代宣传政教时用它来号召听众。《礼记·月令》："先雷三日，奋木铎以令兆民曰：'雷将发声，有不戒其容止者，生子不备，必有凶灾。'"郑玄注："容止，犹动静。"有时亦偏指仪容。此处印光大师说是指"房事"。

② 虞：忧虑，担心。

③ 孰甚：哪个更严重？孰：谁，哪一个或哪几个。甚：过分，厉害，严重。

④ 阅世：经历时世。

⑤ 旬：本指十天，此处"数旬"指几十年。

⑥ 幸甚：表示非常庆幸或幸运。

【译文】

人的身体源于父母淫欲而得，所以与生俱来的淫习很重，于此稍不戒慎，很多人就因为纵欲而导致病亡。古时的圣王，因为爱护子民，在不宜夫妇行房事的日子，就令人行走于道路或街巷，敲响木铎，以免除世人行淫而误送了性命的祸患。他们的慈爱到了何等的地步？到了后世，不但国家政令不再提及，就是父母对自己的儿女，也不提及这个事，以至于使很多青少年，因无知而断送了性命。有哪种悲哀比这个更严重呢！

不慧印光经历时世几十年，见闻颇多，不禁悲伤，因此募集善资，印刷此书。希望一切同人，都能获得长寿健康。所愿获得此书的人，详细阅读，辗转流通，不要使善心人士白费心思与钱财，毫无实益，那就太好了！太好了！

【解说】

印光大师说，人的身体源于父母淫欲而得，所以与生俱来的淫习很重，这是来自佛教的说法。按照佛经的描述，众生因为色欲而来，不仅人的一生色欲不断，就是死了引发六道轮回的种子也是色欲。佛经认为，人死后他的神识就离开了躯体，叫做中阴身。中阴身有缘遇见自己父母的时候，竟然就是在父母交合之时。中阴身看见父母交合就引发了淫欲。其中见父生欢喜心的，就成了女儿；见母生欢喜心的，就成了儿子。所以，佛经说，要断除色欲才能出离六道轮回。因此提出临终助念，让刚死的人最后一念不是色欲，而是念佛，这样就能断除色欲，从而往生佛国，不再在六道中轮回。《圆觉经》说："欲因爱生，命因欲有。"欲念因情爱而产生，生命因为欲念而轮回。所以男女的情爱实际上来自好色，真正的爱情只有脱离低级的情爱。在生的时候，把男的都当成自己的父亲，把女的都当成自己的母亲，那么就没了占有的情爱。

男女淫欲之事，人们往往难以启齿。即使是印光大师这样的高僧，也曾经因为不好明说此事，使人病亡。大师曾经对一弟子说："父母唯其疾之忧，汝病虽好，尚未复原，当慎重！"惜未明言所慎重者，谓房事也！（见下文序）因为没有明说，引起悲剧。所以大师在这篇题辞中说，古时的圣王，因为爱护子民，在不宜夫妇行房事的日子，就令人行走于道路或街巷，敲响木铎，警戒世人行淫而误送了性命。在大庭广众之中，敲锣打鼓，警醒其治下的子民不能在不该行淫的日子行淫，这才是真正的爱民。法师处于民国时代，正是乱世时期，国家不会再有木铎之声，就是父母也不再提醒子女慎重房事，以至于多少青少年白白葬送了性命。本来一位法师，是忌谈性事的。可法师救世心切，不再忌讳，编写这本《寿康宝鉴》，广大读者不要辜负了大师的期望！

第二章 印光大师序

《寿康宝鉴》序

人未有不欲长寿康宁、子孙蕃衍①、功业卓著、吉曜②照临者；亦未有欲短折③疾病、后嗣④灭绝、家道倾颓⑤、凶神莅止⑥者。此举世人之常情，虽三尺孺子⑦，莫不皆然。纵至愚之人，断无幸灾乐祸、厌福恶吉者。而好色贪淫之人，心之所期，与身之所行，适得其反。卒至所不遇者悉得，而所欲者悉莫由而得。可不哀哉？

彼纵情花柳⑧，唯此是图者，姑勿论。即夫妇之伦，若一贪湎⑨，必致丧身殒命。亦有并不过贪，但由不知忌讳（忌讳种种，详示书后，此不备书），冒昧从事，以致死亡者。殊堪怜愍！

以故前贤辑《不可录》，备明色欲之害，其戒淫窒欲⑩之格言、福善祸淫之证案、持戒之方法日期、忌讳之时处⑪人事⑫，不惮繁琐，缕析条陈⑬，俾⑭阅者知所警戒。其觉世⑮救民之心，可谓恳切周挚⑯矣！而印光复为增订，以名《寿康宝鉴》，复为募印广布者，盖⑰伊⑱有痛于心而不容已也。

一弟子罗济同，四川人，年四十六岁，业船商于上海。其性情颇忠厚，深信佛法，与关絅之⑲等合办"净业社⑳"。民国十二三年，常欲来山皈依，以事羁㉑未果。十四年病膨胀㉒数月，势极危险，中西医均无效。至八月十四，清理药帐，为数甚巨，遂生气曰："我从此纵死，亦不再吃药矣！"其妾乃于佛前恳祷，愿终身吃素念佛，以祈夫愈。即日下午病转机，大泻淤水，不药而愈。

光于八月底来申㉓，寓太平寺。九月初二，往净业社会关絅之，济同在焉。虽身体尚未大健，而气色淳净光华，无与等者。见光喜曰："师父来矣！当在申皈依，不须上山也！"择于初八，与其妾至太平寺，同受三皈五戒㉔。又请程雪楼、关絅之、丁桂樵、欧阳石芝、余峙莲、任心白等诸居士，陪光吃饭。初十又请光至其家吃饭，且曰："师

11

父即弟子等之父母，弟子等即师父之儿女也。"光曰："父母唯其疾之忧㉕。汝病虽好，尚未复原，当慎重！"惜未明言所慎重者，谓房事也。

至月尽日，于功德林开监狱感化会，彼亦在会。众已散，由十余人留以吃饭，彼始来，与司帐者交代数语而去，其面貌直同死人。光知其犯房事所致，切悔当时只说"父母唯其疾之忧"，未曾说其所以然，以致复濒㉖于危也。欲修书切戒，以冗繁㉗未果。十月初六至山，即寄一信，极陈利害，然已无可救药，不数日即死。死时关䌹之邀诸居士皆来念佛。其得往生西方与否，未可知，当不至堕落耳。

夫以数月大病，由三宝加被㉘，不药而愈。十余日间，气色光华，远胜常人。由不知慎重，误犯房事而死。不但自戕其生，其辜负三宝之慈恩也甚矣！光闻讣㉙，心为之痛。念世之不知忌讳，冒昧从事，以致殒命者，其多无数，若不设法预为防护，殊失如来慈悲救苦之道。拟取《不可录》而增订之，排印广布，以期举世咸知忌讳，不致误送性命。

一居士以母氏遗资千六百元，拟印善书施送，光令尽数印《寿康宝鉴》以拯青年男女于未危。则以罗济同一人之死，令现在未来一切阅此书者，知所戒慎，并由展转流通，展转劝诫，庶可举世同享长寿康宁，而鳏寡孤独㉚之苦况，日见其少。如是则由济同一人之死，令一切人各得寿康，济同之死，为有功德。仗此功德，回向往生，当必俯谢婆婆㉛，高登极乐，为弥陀之弟子，作海众㉜之良朋矣。

孟子曰："养心者莫善于寡欲。其为人也寡欲，虽有不存焉者寡矣。其为人也多欲，虽有存焉者寡矣。"康健时尚宜节欲，况大病始愈乎？

十年前，一巨商之子，学西医于东洋㉝，考第一。以坐电车，未驻而跳，跌断一臂。彼系此种医生，随即治好。凡伤骨者，必须百数十日不近女色。彼臂好未久，以母寿回国，夜与妇宿，次日即死。此子颇聪明，尚将医人，何至此种忌讳，懵然[34]不知？以俄顷[35]之欢乐，殒至重之性命，可哀孰甚！

前年一商人，正走好运，先日生意，获六七百元，颇得意。次日由其妾处往其妻处。其妻喜极。时值五月，天甚热，开电扇，备盆澡，取冰水加蜜令饮。唯知解热得凉，不知彼行房事，不可受凉。未三句钟[36]，腹痛而死。

是知世之由不知忌讳，冒昧从事，以至死亡者，初不知其有几千万亿也！

而古今来福最大者，莫过皇帝，福大寿亦当大。试详考之，十有八九皆不寿。岂非以欲事多，兼以不知忌讳，以自促其寿乎？而世之大聪明人，每多不寿，其殆懵懂于此而致然乎？光常谓世人十分之中，四分由色欲而死。四分虽不由色欲直接而死，因贪色欲亏损，受别种感触[37]间接而死。其本乎命而死者，不过十分之一二而已。茫茫世界，芸芸[38]人民，十有八九，由色欲死，可不哀哉？此光流通《寿康宝鉴》之所以也。

愿世之爱儿女者，以及为同胞作幸福、防祸患者，悉各发心印送，展转流传，俾人各悉知忌讳，庶不至误送性命，及致得废疾而无所成就也。彼纵情花柳者，多由自无正见，被燕朋[39]、淫书所误，以致陷身于欲海之中，莫之能出。若肯详阅，则深知利害。其所关于祖宗父母之荣宠羞辱，与自己身家之死生成败，并及子孙之贤否灭昌，明若观火。倘天良尚未全昧[40]，能不触目惊心、努力痛戒乎？

将见从兹以后，各乐夫妇之天伦，不致贪欲损身，则齐眉[41]偕老，既寿且康。而寡欲之人恒多子，而且其子必定体质强健，心志贞良，不但无自戕之过失，决可成荣亲之令器[42]。此光之长时馨香以祷祝者！

愿阅者共表同心，随缘流布，则人民幸甚！国家幸甚！

民国十六年丁卯季春常惭愧僧释印光谨撰。

【注释】

① 蕃衍：繁盛众多。此处指多子多孙，家族兴旺发达。

② 吉曜（yào）：吉星。

③ 短折：夭折，早死。

④ 后嗣：后代，子孙。

⑤ 倾颓：衰亡，衰败。

⑥ 莅止：来临。

⑦ 孺子：幼儿，儿童。

⑧ 花柳：指妓院或娼妓。

⑨ 湎（miǎn）：沉溺，沉迷。

⑩ 窒欲：抑制欲望。

⑪ 时处：时间与地点。出自佛教词语"时处诸缘"。时，谓十二时；处，谓净处或不净处；诸缘者，即生活、人事、伎艺等。故知"时处诸缘"一词相当于"随时随处"之意。

⑫ 人事：男女间情欲之事。

⑬ 缕析条陈：一条条分析，一条条陈述。缕析：析为丝缕，详细分析。条陈：分条陈述。

⑭ 俾（bǐ）：使。

⑮ 觉世：使世人觉悟。

⑯ 周挚：至为真诚。

⑰ 盖：连词。承接上文，表示原因或理由。

⑱ 伊：且，又。

⑲ 关纲之（1879~1942年）：名炯，字纲之，又字别樵，湖北汉阳人，上海租界会审公廨大法官。1905年大闹会审公廨案，不顾外国陪审员的干涉，认定中国人无罪，名震上海滩。辛亥革命后在主审"宋教仁案"和"五卅惨案"中坚持正义，维护了人民和国家利益，得到了举国交口赞誉。离开法官生涯后，关纲之皈依佛门，倾囊于社会慈善事业，晚年又积极资助和掩

护赵朴初从事抗日救亡工作。在旧上海广受百姓的敬仰。关绢之与上海居士共同发起组织的上海佛教居士林，是重要的佛教修学场所之一。在民国政局变更、佛教界屡受侵损的状况下，关绢之为护持佛教发挥了重要作用。印光大师曾说："使沪无绢之，沪地之景象，恐远不及此。"

⑳净业社：1922年成立于上海，系由上海佛教居士林演变而来。由金怀秋主持，施省之为董事长。集合在家善信，皈依佛教，专修念佛法门，兼修教典，并行善举。社址初在爱文义路，后迁常德路觉园。先后有关绢之、闻兰亭等任社长。社内曾建立佛教图书馆，成立净业莲池海会、难民收容所、净业教养院，创办《净业月刊》《佛教英文杂志》《佛教新闻报》等，举办慈善事业，启建盛大法会和开展讲经活动。又建立金刚道场，作为专修格鲁派密法的场所。

㉑羁：被牵制。

㉒膨胀：膨胀病，此病为中医范畴之病症，相当于今人所说的肝硬化腹水等等。

㉓申：上海市的别称。

㉔三皈五戒：在家佛弟子（居士）皈依仪式。三皈：亦作"三归"，指皈依佛教三宝，即皈依佛、皈依法、皈依僧。五戒：在家居士应当遵守的戒律，即不杀生、不偷盗、不邪淫、不妄语、不饮酒。

㉕父母唯其疾之忧：出自《论语·为政》："孟武伯问孝，子曰：'父母唯其疾之忧。'"孟武伯向孔子问什么是孝，孔子说："你看见父母每天生怕孩子得病的样子吗？"孟武伯：孟懿子之子，名彘（zhì）。朱熹说："言父母爱子之心，无所不至，惟恐其有疾病，常以为忧也。人子体此，而以父母之心为心，则凡所以守其身者，自不容于不谨矣，岂不可以为孝乎？"父母最忧虑和担心的就是孩子患病，病在孩子身上，可痛却在自己身上。

㉖滨：靠近，临近。

㉗冗繁：繁杂，琐碎。

㉘加被：保佑。

㉙讣：告丧文书。

㉚鳏寡孤独：出自《孟子·梁惠王下》："老而无妻曰鳏，老而无夫曰寡，老而无子曰独，幼而无父曰孤；此四者，天下之穷民而无告者。"泛指没有劳动力而独居无依靠的人。

㉛俯谢娑婆：离开娑婆，即脱离六道轮回。娑婆：指娑婆世界，人类所居的世界。此界众生安于十恶，忍受诸烦恼，不肯出离，故名为忍。又有诸佛菩萨行利乐时，堪受诸苦恼之义，表其无畏与慈悲。

㉜海众：集于丛林的一会众僧之称。又称大海众、清净大海众。任何姓氏种族出家皆称释氏，恰如百川入海，便灭本名，但有大海之名，众僧一味和合，湛然而离差别相。

㉝东洋：日本。

㉞懵然：不明貌。唐白居易《与元九书》："然仆又自思，关东一男子耳，除读书属文外，其他懵然无知。"

㉟俄顷：片刻，一会儿，很短的时间。

㊱三句钟：三个小时。一句钟，旧称一点钟。

㊲感触：本指接触外界事物而引起的思想情绪，此处指感染其他病缘。

㊳芸芸：众多的样子。

㊴燕朋：本指昵友、好友，此处指相好或妓院里的妓女。常作"燕朋莺友"或"燕友莺朋"，如"燕友莺朋，花阴柳影，海誓山盟"，此中燕、莺均比喻女子，友、朋是指亲近、相好。

㊵昧：丧失，埋没。

㊶齐眉：有典故"举案齐眉"，谓夫妇相敬如宾。此处指夫妇身体健康，白头偕老。《俚言解》卷一："夫妇偕老曰齐眉。扬雄《方言》：眉、黎，老人之称。东齐谓老曰眉。《诗经·七月》篇：'以介眉寿。''齐眉'犹言'同寿'，非指梁鸿、孟光举案齐眉事也。"

㊷令器：优秀的人才。

【译文】

世人没有不想长寿康宁、子孙兴旺、功业卓著、吉星高照的；也没有想夭折多病、子孙灭绝、家道中落、凶神近身的。此举世人之常情，即使三尺小孩，也没人不想这样。纵使最愚蠢的人，也绝对不会有喜欢灾祸，讨厌吉祥的。然而，好色贪淫的人，他心中的期望与身体的行为，适得其反。最后的结果是，他不想得到的却全部得到，而想得到的却全部没有办法得到。可不悲哀吗？

那些纵情花柳，唯此是图的人，姑且勿论。就连夫妇之间，若是沉迷房事，也定会导致丧身失命。也有并不贪淫的夫妇，但由于不知忌讳（种种忌讳，详示本书），冒昧房事，以至于死亡的。太值得哀怜同情了！

因此，前贤编了一本《不可录》，详细说明色欲之害，书中戒淫止欲的格言、福善祸淫的例证，房事时间与处所的忌讳，不厌其烦，一条条分析，一条条陈述，使读者知道警戒的地方。作者觉世救民之心，可谓恳切真诚了！

然而，我在这个基础上增补修订，并取名为《寿康宝鉴》，再为这本书募捐印刷，广泛流通的做法，还因为有一件令我痛心而不能宽恕自己的往事：

一弟子，名叫罗济同，四川人，四十六岁，在上海做船商。他性情很忠厚，深信佛法，与关𬌗之等人合办"净业社"。民国十二三年，多次想来普陀山皈依，终因事务缠身而未果。民国十四年，患膨胀病好几个月，病势极其凶险，虽经中西医多方治疗，均无效果。至八月十四日，清理医药账目时，发现金额巨大，就很生气地说："我从此就是死，也不再吃药了！"其妾便在佛前恳切祈祷，许愿终生吃素念佛，以祈求丈夫痊愈。当天下午，病情竟有转机，大泻淤水，不药而愈。

我于八月底来上海，住在太平寺。九月初二去净业社见关𬌗之，罗济同也在那里。当时他虽然还没有完全康复，但气色淳净光华，无人能比。他看见我，欢喜地说："师父来了！那我就在上海皈依，不需要上普陀山了！"

选了九月初八的日子，与其妾在太平寺同受三皈五戒。随后又邀请了程雪楼、关絅之、丁桂樵、欧阳石芝、余峙莲、任心白等居士陪我吃饭。九月初十，又请我到他家去吃饭，并且说："师父就是我们弟子的父母，我们弟子也就是师父的儿女啊！"我说："父母只怕儿女生病。你的病虽好，但身体尚未完全复原，应当慎重！"可惜我当时没有直接明说"慎重"是特指夫妻房事。

到了月底，我参加上海功德林召开的监狱感化会，罗济同也在会。众人散后，有十余人留下吃饭时，罗济同才来，他与账房先生交待几句就走了，当时他的面色简直就像死人一样。我料定他犯了房事使旧病复发，深悔那天只说"父母只怕儿女生病"，未曾说明担忧的原因，致使他濒临绝境。当时就想要给他写封信，告诉他切戒房事，但因事务冗繁未果。十月初六回到普陀山，立即给他寄了一封信，极力陈述利害关系，然而已经晚了，不可救药，没有几天他就死了。死时，关絅之邀请众居士为他念佛。得生西方与否未知，应当不至于堕落恶道了。

数月大病，由于三宝的加被，竟然不药而愈。十几天后，就气色光华远胜常人。由不知慎重，误犯房事而死。不但残害了自己的性命，所辜负三宝的慈恩也太大了。我听到讣告，非常痛心。想到世上不知忌讳，冒昧房事，以致丧命的人不计其数，如果不想方设法预先提醒世人防护，则大失如来慈悲救苦之道。拟取《不可录》一书而增补修订，排印成书，广泛流布，希望举世都知道这个危害，不致误送性命。

一居士想将母亲遗资一千六百元印善书结缘，我让他全部用来印《寿康宝鉴》，以拯救青年男女，防患于未然。如此，则以罗济同一人的死，使现在未来一切读此书的人，知道有所戒慎，并由于该书辗转流通，辗转劝诫，使举世之人同享长寿康宁，而鳏寡孤独的悲剧，将越来越少。这样，则济同一人的死，使一切人都能得到健康长寿，那么其死就有功德了。仗此功德，回向往生，必当脱离轮回，高登极乐，成为阿弥陀佛的弟子，作清净大海众的菩萨了。

孟子说："修心的方法，莫过于减少欲望。那些为人清心寡欲的，虽然也有短命的，但很少；那些为人多欲的，虽然也有长寿的，但也很少。"身体健康的时候尚且要节欲，何况是大病初愈呢？

十年前，有一巨商之子，在日本学西医，成绩考第一。因为坐电车，车未停稳就跳，跌断一条胳膊。他自己就是治此类伤的医生，所以很快就治好了。凡伤筋动骨，百多天内一定不能近女色。他手臂好后不久，因母亲做寿而回国，与妻子同宿一夜，第二天就死了。此子很聪明，而且自己还要为别人治病，怎么连这种常识都懵然不知？只因贪图片刻的欢乐，就葬送了宝贵的生命，还有什么样的悲哀可以相比呢！

前年，有一个商人，正走好运，前一天生意，赚了六七百元，很得意。第二天，他从妾的住所来到妻的住所。其妻大喜过望。当时是五月（农历），天气很热，她为丈夫开电扇，备盆洗澡，并拿冰水冲蜂蜜给他喝。她只知道这样可以解暑降温，但却不知道丈夫刚行房事，是不能受凉的。结果不到三个钟头，这个商人就腹痛而死。

因此，就可以知道，世上由于不知忌讳，冒昧房事，以致死亡的人，实在不知道有几千万亿了！

从古至今，人间福报最大的莫过于皇帝，按理说，福报大的人，寿命也应当长。但如果详细考证一下，这些帝王十有八九都不长寿。难道不是因为欲事过多，又加上不知忌讳，就缩短了自己的寿命吗？常见世上的大聪明人，有许多也不能长寿，难道不也是因此处糊涂而造成的结果吗？我常说，世上的人，十分之中，有四分是由于色欲而死。还有四分虽不是直接因此而死，却因贪欲损身，感染其他病缘间接而死。能够尽寿而死的，只不过十分之一二罢了。茫茫世界，芸芸众生，竟然十有八九是因色欲而死，怎不令人悲哀呢？这就是我流通《寿康宝鉴》的原因了。

惟愿世上爱儿女的人，以及为同胞增幸福、防祸患的人，都来发心印送这本《寿康宝鉴》，辗转流传，使人人都知道忌讳，不致于误送性命，或变成残疾而无所作为。那些纵情花柳的人，多数是由于自己没有正见，被他的相好或淫书所误，致使身陷欲海，不能自拔。如果这些人愿意详细阅读本书，就会深知利害。祖宗父母的荣宠羞辱、自己身家的生死成败、后世子孙的贤愚兴衰，明若观火。只要天良还没有完全丧尽，能不触目惊心，努力痛戒吗？

从此以后，则人们乐享夫妇之天伦，不致贪欲损身，都能白头偕老、健康长寿。此外，寡欲之人常常多子多孙，而且他们的子女必定体质强健，心志贞良，不但没有自残身体的过失，还能成为光宗耀祖的优秀人才。这是我印光永远馨香以祷祝的！

愿读者共表同心，随缘流布，则人民幸甚！国家幸甚！

民国十六年丁卯季春常惭愧僧释印光谨撰。

【解说】

本文是印光大师为《寿康宝鉴》写的序言。

自古以来，大到帝王将相，小到平民百姓，没有不希望健康长寿的。历代帝王中曾经为寻找长生不老的方法而不遗余力，可即使倾尽国力也没有结果，到最后大多也只是上当受骗而已。印光大师告诉我们，其实长寿康宁根本就不需要从外面去找，就来自我们自己的所作所为。虽然没有人不想长寿康宁，可他们的行为却与长寿康宁相反，如大师所说"心之所期，与身之所行，适得其反"，怎么可能得到自己想要的结果呢？现在好了，《寿康宝鉴》来了，世人可以得救了。

然而，印行《寿康宝鉴》的缘起，还来自印光大师一次痛心而无法宽恕自己的教训。这就是他的弟子罗济同因为病后行房事而葬送了生命，使大师感觉出版《寿康宝鉴》已经刻不容缓。

罗济同是一个船商，在印光大师那里皈依了三宝。他人品不差，还帮助当时大护法关絧之创建"净业社"，做了很多功德。按照一般人来看，既然有佛菩萨保佑，有这么大功德的罗居士竟然就突然死了，使人不解。这就是印光大师要揭开其中深层次的原因，那就是要节欲。印光大师告诉我们，罗居士得了膨胀病，虽然百药无效，可他的爱妾一旦到佛前真诚祈祷，许愿终生吃素念佛，竟然不药而愈，而且很快气色比常人还好，这就说明佛菩萨感应真实不虚。至于最后死了，就是印光大师要印行《寿康宝鉴》的原因。因为罗居士病愈之后，印光大师只是委婉地说："父母唯其疾之忧。汝病虽好，尚未复原，当慎重。"罗居士邀请大师到家里供养，说师父就是我们弟子的父母，所以师父才说"父母唯其疾之忧"。这虽然是引用孔子的话，实际上是大师对罗居士的病还有忧虑，暗中告诫罗居士不能高枕无忧。所以他再明白一点说，大病初愈，要慎重。罗居士是因爱妾祈祷而康复，接着他与妾又同在大师处皈依了三宝，现在作为弟子邀请师父来家供养，既然是当着两人的面说要慎重，那肯定就是暗示，你们恩爱习气甚深，但在这个时候不能有房事。可罗居士没有听懂这个意思，这才使大师感到后悔莫及。因此，大师再也不能不谈"性"了。从当初不直说"房事"引出的教训，才有现在这本《寿康宝鉴》的流通。

罗济同的死还给我们一个启示，有钱并非就能买到健康。但有钱若是节俭，对做功德不吝啬，那么间接对健康有利。罗济同是船商，他有钱，但看到自己病后的药费巨大，就发誓死了也不吃药了，说明他对自己很节俭。但协助关絅之建立"净业社"，却不怕花钱。印光大师去功德林开监狱感化会，罗居士也是参与者，并在吃饭之时出钱结账。说明平时他做了很多功德，所以其爱妾祈祷才有感应。这是佛经所说"功不唐捐"。

印光大师从罗济同又说到中国历代的皇帝，他说："古今来福最大者，莫过皇帝，福大寿亦当大。试详考之，十有八九皆不寿。"皇帝拥有全天下的财富，自然是福报最大的人，没有人能够超过他。按理说，福报大寿命也应当长，可我们仔细去考证一下历代皇帝的寿命，基本上没有长命的，甚至都是短命的，除去非正常的死亡，短命的皇帝有的十几岁就死了，有的二十几岁就死了，有的三十几岁就死了，平均寿命估计就四十来岁。有人统计，从秦始皇开始到满清末代皇帝爱新觉罗·溥仪，所有皇帝的岁数加起来是 12222 岁，历代皇帝的平均年龄只有 41 岁。

历代皇帝都喜欢别人叫他万岁，可实际上不仅没有活过百岁，连半百也难以达到，原因在哪里呢？根本原因就是纵欲而短命，有的不仅纵欲，甚至到了荒淫无耻的地步。秦始皇在统一中国后十一年就死了，为什么死得这么快？史载，始皇破六国以诸侯及秦所得美人充入后宫，大修宫室以蓄女作乐，竟达万余人。唐代诗人杜牧的《阿房宫赋》写道："明星荧荧，开妆镜也；绿云扰扰，梳晓鬟也；渭流涨腻，弃脂水也；烟斜雾横，焚椒兰也。"宠幸如此多美人，能不掏空身体吗？汉成帝则直接死于纵欲，他宠爱飞燕、合德姐妹俩，在宫中荒淫无度。因为体虚，就求奇药，得到一种叫眘恤胶的春药，吃一丸可性交一次。有个晚上被封为昭仪的合德吃醉酒，一下子给成帝吃了七丸，成帝纵欲，一夜未停，到了天亮时阴精还不断地涌出，沾污衣被，不一会，竟驾崩了，时年45岁。宋度宗整天宴坐后宫，与妃嫔们饮酒作乐。据《续资治通鉴·宋纪一百八十》上所记载："及帝之初，一日谢恩者三十余人。"说他一个晚上就与三十多个女人鬼混，驾崩时只有35岁。明武宗荒淫无耻，让人修建豹房，整日沉溺于女色，豹房的宠嬖中还有为数不少的娈童（同性恋），驾崩时才31岁。

在为数不多的长寿皇帝中，梁武帝萧衍算是一个特例，他活到了86岁。要不是侯景发动叛乱，次年渡江攻破建康，梁武帝被囚，饿死于建康台城，那么还不知道他能活到什么时候。他为什么这么长寿？与他寡欲有关。他不仅寡欲，而且还禁欲。因为他信仰佛教，戒色，戒杀生，所以中年以后不近女色，不吃荤。不仅自己这样做，还要求全国效仿："以后祭祀宗庙，不准再用猪牛羊，要用蔬菜代替。"他吃素，祭祀神灵也要素，中国佛教寺庙吃素的传统也从这个时候开始。为了彻底成为佛弟子，他还舍身出家，几次入寺做了和尚，然后由群臣从寺庙把他赎回来。所以，在历代皇帝中，梁武帝可以说是唯一一个不纵欲的皇帝，他能长寿也就理所当然了。

从三世因果来看，非正常死亡，都是前世业障所致。所以，印光大师引用孟子的话说："为人寡欲，虽然也有短命的，但很少；为人多欲，虽然也有长寿的，但也很少。"历代皇帝的命运就是如此。

邪淫自然不可犯，即使夫妻之间的正淫也要节制，并且要知道有哪些忌讳。本书中所说的《保身立命戒期及天地人忌》就是不宜行房事的时间以及房事中与房事后需要注意的地方，书中都有详细说明，类似于现在所说的性健康教育。印光大师《序》中所说的巨商之子与商人，因为行房事而丧命，都属于"人忌"。本书《人忌》说："凡伤损筋骨，好后犹须戒百七八十日。若未过百日，犯之必死，纵过亦必致残废。"序中巨商之子即是如此。本书《人忌》说："交罢勿即挥扇，及饮冷茶水。以若过受凉，或至即死。"序中商人即是如此。如果他们看了这本《寿康宝鉴》，就不会枉送了自己的性命。

如此看来，《寿康宝鉴》既是一本长寿健康的指南书籍，也是一本性健康教育的教材，印光大师如此重视这本书也是必然的。无论过去、现在乃至将来，流通《寿康宝鉴》都是刻不容缓的事情。

第三章

《不可录》重刻序

印光大师《不可录》重刻序

女色之祸，极其酷烈①。自古至今，由兹亡国败家，殒身绝嗣者，何可胜数？即未至此，其间②颓③其刚健之躯，昏其清明之志，以顶天履地④、希圣希贤⑤之姿，致成碌碌庸人⑥，无所树立之辈者，又复何限？况乎逆天理、乱人伦，生为衣冠禽兽，死堕三途⑦恶道者，又何能悉知之而悉见之耶？噫！女色之祸，一何酷烈至于此极也！由是诸圣诸贤，特垂⑧悲愍⑨。或告之以法言⑩，或劝之以巽语。直欲福善祸淫之理，举世咸知。而又徵⑪诸事实，以为法戒⑫。企⑬知自爱者读之，当必怵然⑭惊，憬然⑮悟，遏⑯人欲于横流，复天良于将灭。从兹一切同伦，悉享富寿康宁之福，永离贫病夭折之祸。此《不可录》所由辑也。

张瑞曾居士，欲重刻印施，命余作序，畅演窒欲要义。须知美色当前，欲心炽盛⑰，法言巽语，因果报应，皆难断其爱心。若能作不净观，则一腔欲火，当下冰消矣。

吾秦长安子弟，多玩促织⑱。有兄弟三人，年皆成童，于月夜捉促织于坟墓间。忽见一少妇，姿色绝伦⑲，遂同往捉之。其妇变脸，七窍流血，舌拕⑳尺余，三人同时吓死。次日其家寻得，救活者一，方知其事。活者大病数月方愈。其家子孙，不许夜捉促织。夫此少妇，未变脸时，则爱入骨髓，非遂所欲则不可。及既变脸，则一吓至死，爱心便成乌有。然当其群相追逐时，固未始无血与舌也。何含而藏之，则生爱心？流而拕之，则生畏心？了此，则凡见一切天姿国色，皆当作七窍流血、舌拕尺余之钓颈鬼㉑想矣。又何至被色所迷，生不能尽其天年，死必至永堕恶道耶？

以故如来令贪欲重者，作"不净观"。观之久久，则尚能断惑证真，超凡入圣，岂止不犯邪淫，窒欲卫生㉒而已？其女貌娇美，令人生爱心而行欲事者，不过外面一张薄皮，光华艳丽，为其所惑耳。若揭去此之薄皮，则不但皮里之物，不堪爱恋，即此薄皮，亦绝无可爱恋矣。再进而剖其身躯，则唯见脓血淋漓，骨肉纵横；脏腑屎尿，狼藉满地，臭秽腥臊，不忍见闻。校^㉓前少妇所变之相，其可畏惧厌恶，过百千倍。纵倾城倾国^㉔之绝世佳人，薄皮里面之物，有一不如是乎？人何唯观其外相，而不察其内容，爱其少分之美，遂不计其多分之恶乎？余愿世人，遗外相而察内容，厌多恶以弃少美。则同出欲海，共登觉岸矣。

又当淫欲炽盛、情不能制之时，但将女阴作毒蛇口，如以阳纳蛇口中，则心神惊悸，毛骨悚然，无边热恼，当下清凉矣。此又窒欲之最简便法也。

【注释】

① 酷烈：残酷，猛烈。

② 间：原刻作"閒"，实际上是"間"（间）的异体字，流传到现有，大部分简体版本则变成了"闲"，有误。其间，即"其中"的意思。

③ 颓：衰败。

④ 顶天履地：即顶天立地，头顶青天，脚踏大地。形容堂堂正正，志向远大，气概不凡。

⑤ 希圣希贤：效法圣贤，仰慕圣贤。宋范仲淹《上张右丞书》："希圣者，亦圣人之徒也，从容正道，不能维其末。"

⑥ 庸人：指见识浅陋、没有作为的人。

⑦ 三途：六道轮回中的三恶道，即地狱、饿鬼、畜生道。

⑧ 垂：施与，赐予。

⑨ 悲愍：哀伤而同情。

⑩ 法言：与下"巽（xùn）语"相对应。出自《论语·子罕》："法语之言，能无从乎？改之为贵。巽与之言，能无说乎？绎之为贵。说而不绎，从而不改，吾末如之何也已矣。"朱熹说："法语者，正言之也。巽言者，

婉而导之也。绎，寻其绪也。法言，人所敬惮，故必从；然不改，则面从而已。巽言，无所乖忤，故必说；然不绎，则又不足以知其微意之所在也。"依朱熹解释，则正言处皆是"法语"，婉言处皆是"巽语"。

⑪ 徵：证明，证验。

⑫ 法戒：楷式和鉴戒。

⑬ 企：盼望，希望。

⑭ 怵（chù）然：戒惧、惊惧貌。《庄子·养生主》："吾见其难为，怵然为戒。"

⑮ 憬然：觉悟貌。《二刻拍案惊奇》卷二四："暝目一想，憬然明悟。"

⑯ 遏（è）：抑制，阻止，阻拦。

⑰ 炽盛：火势猛烈旺盛。引申指情感、欲望等强烈。

⑱ 促织：蟋蟀的别名。

⑲ 绝伦：无与伦比。

⑳ 扡：同"拖"。

㉑ 钓颈鬼：吊颈鬼，悬梁自尽者。

㉒ 卫生：能防止疾病，有益于健康。

㉓ 校：比较。

㉔ 倾城倾国：出自《汉书·外戚传上·李夫人》："延年侍上起舞，歌曰：'北方有佳人，绝世而独立。一顾倾人城，再顾倾人国。宁不知倾城与倾国，佳人难再得！'"后因以"倾国倾城"或"倾城倾国"形容女子极其美丽。

【译文】

女色的祸害，极其酷烈。从古至今，因此而亡国败家，丧身绝嗣的人，哪能数得清？即使没有到这个地步，其中也有的因为好色贪淫使他刚健的身体因此衰败，因为好色贪淫使他清明的神志因此昏聩。以顶天立地、希圣希贤的资质，堕落成为碌碌无为的庸人，又哪里知道还有多少？何况那些违背天理、贪淫乱伦，生前成为衣冠禽兽，死后堕入三途恶道的，又怎能全都知道全都看得见呢？噫！女色的祸害，怎么酷烈到了这个地步呢！因此，诸位古圣先贤，特施悲愍。有的告之以法言，有的劝之以巽语。就是想使福善祸淫的道理，全天下都知道。而且又引用各种案例，作为榜样或鉴戒。希望知道自爱的人读了，能够触目惊心，幡然醒悟，止人欲于横流，复天良于将灭。从此一切大众，都能够享受富寿康宁的幸福，永离贫病夭折的祸患。这就是《不可录》为什么要编辑成书的原因。

张瑞曾居士，想要重刻印施，请我写序，阐明止欲的要义。须知美色当前，欲火正旺，法言巽语，因果报应，都难断其爱心。如果能于此时作"不净观"，则一腔欲火，可以当下冰消了。

我老家陕西长安城里，许多子弟喜欢玩蟋蟀。有兄弟三人，都处于青少年时期，在月夜到坟墓之间捉蟋蟀。忽然看见一个少妇，姿色无与伦比，三人就一同追赶抓她。这时少妇突然变脸，七孔流血，舌头拖出一尺多长，三人同时被吓死过去。第二天，家里人找到了他们，救活了一个，才知道事情经过。被救活的那一个，大病了几个月才好。这家子孙从此不准夜捉蟋蟀。这个少妇，没有变脸的时侯，三人见了，就爱入骨髓，非要满足他们的淫心不可。等到她变脸，就一下子吓死过去，爱心立即化为乌有。然而，当他们群起追逐时，她并非七孔无血、口中无舌。为什么她的血和舌头藏起来时，人们见她就生爱心？为什么见她流血拖舌，就生恐惧心呢？明白了这个道理，则凡遇见一切天姿国色，都可以当作七孔流血、舌拖尺长的吊颈鬼来想了。如果能这样，怎么还会被美色所迷惑，以致生不能尽享天年，死后又永堕恶道呢？

因此，佛陀让贪欲重的人，作"不净观"。观之久久，尚且能断惑证真，超凡入圣，难道只是不犯邪淫，止欲养生，有益于健康而已吗？见女貌娇美，使人产生爱心而想行欲事，不过是被外面一张光华艳丽的薄皮所迷惑罢了。如果揭去这层皮，不但皮下面的东西不堪爱恋，就是这张薄皮，也绝对没有什么可以值得爱恋的。再进一步解剖其躯体，则只见脓血淋漓，骨肉纵横；脏腑屎尿，狼藉遍地，臭秽腥臊，不忍见闻。这比起前面那个吊死的少妇，其可畏惧厌恶的程度，要超过百千倍。纵然是倾国倾城的绝世佳人，薄皮里面的东西，有一样不是如此吗？人为什么只看外表，而不去观察里面的内容，迷恋其极少部分的薄皮之美，却不计较占大部分的秽恶腥臭吗？我希望世人透过现象看本质，厌多恶以弃少美。如此，就能一同出离欲海，共登觉悟的彼岸了。

又当欲火正旺、情不自禁之时，可将女阴当作毒蛇的口，若把阳物放进毒蛇的口中，则心神惊惧，毛骨悚然，无尽的热恼，当下化为清凉了。这也是一种熄灭淫欲的简便方法。

【解说】

本文是印光大师应张瑞曾居士想要重刻印施《寿康宝鉴》而作的序文。

印光大师说："女色之祸，极其酷烈。"这里只说女色，实际上对女人来说就是男色，印光大师只是省略而已。因为自古以来女色引起国破家亡的事太多了，所以就重点说女色，并非女人就不好色了。因为好色贪淫，不仅亡国，自己也被杀身，这种帝王不可胜计。众所周知，夏桀王宠妹喜，商纣王宠苏妲己，周幽王宠褒姒，汉成帝宠赵飞燕，唐玄宗宠杨玉环，这就是倾国倾城的案例。其实，倾国倾城对于女人又有何错？说"女人就是祸水"亦对女人不公。如果男人不好色贪淫，怎么会导致丧身亡国呢？"女色之祸，极其酷烈"，其责任就在男人身上，好色贪淫才是导致祸患的根本。

只有荒淫无耻的帝王因为好色贪淫才会亡国，而清心寡欲的帝王不贪女色就能使王朝兴旺。历史上"成康之治"的周康王姬钊，继位后，召公、毕公率领诸侯，陪同姬钊来到祖庙，把文王、武王创业的艰辛告诉康王，告诫他要清心寡欲，因此天下大治。《史记》说："故成康之际，天下安宁，刑错四十余年不用。"路不拾遗，夜不闭户，四十多年没有使用刑罚。其中《诗经·周南·关雎》正是歌颂这个时候的后妃之德，而不能把它误会成为一首相思到难以入眠的爱情诗，否则孔子怎么会说"乐而不淫，哀而不伤"呢？据说周康王有一天没有早起，就想要找一位贤惠的妃子，每天都能监督他勤于政事，王后就担当了选妃的人，《关雎》就是写这个事的。孔子说："《关雎》乐而不淫，哀而不伤。"乐，是本诗最终喜庆的场面。虽然君王身边后妃一大堆，但却不是宣淫，目的在于治国平天下，所以乐而不淫。哀，是王后的。她哀窈窕，思贤才，忧在进贤。虽然她寤寐思服，辗转反侧，但诗中通过祭祀、宴会、谈话、考察，选取了贤良淑德的妃子。她不是沉浸在哀与忧当中，无法自拔，一蹶不振，故不伤也。正如《毛诗序》说："《关雎》，后妃之德也，风之始也，所以风天下而正夫妇也。故用之乡人焉，用之邦国焉。是以《关雎》乐得淑女，以配君子，忧在进贤，不淫其色；哀窈窕，思贤才，而无伤善之心焉。是《关雎》之义也。"仔细阅读《毛诗序》，才知道《关雎》的本意。

印光大师说："即未至此，其间颓其刚健之躯，昏其清明之志。"这里的"间"，因为简繁版本转换，将"间"字变成了"闲"，所以有人就作"闲颓"来解释，可无论古代汉语，还是现代汉语，并没有"闲颓"这个词。纠正为"间"就很好理解了。这句话是承接上文而来，上文说到"女色之祸，极其酷烈"，因此而亡国败家、丧身绝嗣的人，不可胜数。可还有很多人没到达这个地步，那么，"其中"也有的因为好色贪淫使他刚健的身体因此衰败（其间颓其刚健之躯），因为好色贪淫使他清明的神志因此昏聩（昏其清明之志）。其间，就是其中的意思。这些人中间，虽然还没有到"亡国败家，丧身绝嗣"的地步，但也严重地影响了自己的身心健康。他们中间，有的可能还年轻得很，可因为好色贪淫就变成了老弱病残；有的本来精神还好得很，可因为好色贪淫就变成了神志不清，甚至变成痴呆了。一个顶天立地的大丈夫，本来有着成为圣贤的天资，却因此堕落成为碌碌无为的平庸之人，这样的结果可不让人惋惜吗？

然而，上面的报应还算轻的。印光大师说："逆天理、乱人伦，生为衣冠禽兽，死堕三途恶道者，又何能悉知之而悉见之耶？"逆天乱伦之人，是好色贪淫最后一等人，也是报应最惨的一等人。他们生前已经是披着人皮的禽兽，死后自然堕落三途恶道，地狱的烈火正在等着这些人。中国历史上，南朝宋武帝刘子业霸占姑母，与同母姐姐乱伦，在位不到一年，仅十七岁就被自己的叔叔湘东王刘彧发动政变杀死。汉惠帝刘盈霸占外甥女乱伦，年仅二十三岁就驾崩。南北朝时期宋孝武帝刘骏不仅霸占四个堂妹乱伦，还霸占母亲乱伦，在位十二年，年仅三十五岁就得病死亡。

《寿康宝鉴》已经由印光大师编订印行了，现在张瑞曾居士，想要重刻印施，请印光大师写序，想要大师在序中再次阐明止欲的要义。印光大师就在这篇重刻序中，讲了一个家乡的故事。实际上是一个年轻貌美的吊死女鬼现形找替身的事情。传说，吊死鬼是自杀而死，不是阳寿已尽，阎王不会接待，想投胎还要找替身，因此死了就成了孤魂野鬼。大师老家在陕西长安，三个少年夜里在坟墓间捉蟋蟀，不想突然出现一个美少妇，三人淫心顿发，追逐而去，美少妇顿时恢复吊死时的惨状，七窍流血，舌头吐出一尺多长，三人即时吓死过去。事后有一人救活，大病数月。于是，大师就告诉人们，所谓美色现前，就好像做梦一样，只是幻觉而已。《金刚经》说："一切有为法，如梦幻泡影，如露亦如电，应作如是观。"你所看得见的东西，都是假象。这个吊死鬼本来就是这个样子，但她变成了鬼，就可以变幻，开始以美色诱人，然后现出原形，一下子把活人吓死。如果三人不好色贪淫，或者稍微能够控制自己，就会冷静思考，这么晚了，怎么会有女人到这个荒野之地呢？那么，就不会上当受骗了。

通过这个故事，印光大师告诉我们，对美女要作"不净观"（本书有四觉观、九想观），值得我们好好研究。因为通过"不净观"，可透过人皮看见里面全是不干净的东西，那么我们所拥有的美人不就是人皮包着的粪桶吗？无论倾国倾城，还是绝世佳人，其体内统统都是脓血淋漓，骨肉纵横；脏腑屎尿，狼藉满地，臭秽腥臊，不忍见闻。大师说："校前少妇所变之相，其可畏惧厌恶，过百千倍。"如果根据本书中"四觉观"的修行次第，一步步观下去，其结果不就是这样吗？所以，看美人，惟恐我们看得不仔细，若是看得太仔细了，透过脂粉看人皮，透过人皮看脏腑，没有一样值得我们喜欢的。

再说，所谓美色也只是暂时的，一旦病了，一旦不再年轻，美色就不存在了。汉武帝时代，宫中歌舞艺人李延年唱道："北方有佳人，绝世而

33

独立。一顾倾人城，再顾倾人国……"引起了汉武帝的兴趣，然后李延年就把他的妹妹推荐给了汉武帝。汉武帝虽然建立了不世之业，却也是一个好色贪淫的皇帝。《汉武故事》说："能三日不食，不能一日无妇人。"所以得到了李夫人这个倾国倾城的绝世佳人，自然就爱入骨髓。可好景不长，很快李夫人就得病了，临终前汉武帝想见她最后一面，李夫人却说："妾长期卧病，容颜憔悴，不可以见陛下。希望能把儿子和兄弟托付给陛下。"然后不管汉武帝怎么说，她都不露脸，汉武帝发怒而去。众姐妹责备她说："您为什么不可以见一下陛下以托付兄弟呢？"李夫人说："我不愿见陛下，正是为了托付兄弟之事。我因为容貌美好，从微贱地位获得宠爱。以美色事人者，色衰则爱意松懈，爱懈则恩义断绝。陛下之所以还能念念不忘来看我，正因为我平时美好的容貌，现在如见到我容貌毁坏，颜色非故，一定会厌恶抛弃我，还怎么会记得怜悯录用我的兄弟呢？"我们常说年老色衰，李夫人年未老但因病就已经色衰，她明白自己的身份，知道自己因什么得宠爱。正因为汉武帝没有见到她色衰的样子，所以她死后才留下美好的记忆，使汉武帝余情未了，甚至还出现方士少翁为汉武帝招李夫人魂的事。所以，李夫人的心愿也得以实现。

　　从这个汉武帝的故事，我们就可以知道，男人看美女都受骗了。年轻时好看，年老还好看吗？健康时好看，有病时还好看吗？所以，男人看美女，看到年轻时的样子，还要想到她年老时的样子；看到健康时的样子，还要想到她大病时的样子。如果这样联想，就不会为了瞬间的所谓好看，沉迷色欲而难以自拔，最后什么也得不到。

　　如果说年老与有病，还只是不好看，那么死后作"九想观"，就更使人毛骨悚然了。本书所写"九想观"，包括死尸的九种变化，一切尸体都是如此，美女的尸体也不例外，这就使自己对美色更加死心了。所以，印光大师对于流通《寿康宝鉴》，有求必应，现在张瑞曾居士，想要重刻印施，他就马上写了这篇序。

第四章 《不可录》敦伦理序

印光大师《不可录》敦伦理序

　　天为大父，地为大母。一切男女，皆天地之子女，皆吾之同胞。既是同胞，当尽友爱，保护扶持，以期各得其所[①]。如是，则为天地之肖子[②]，无忝[③]所生矣。既能保护扶持天地之子女，则天地必常保护扶持于其人，令其福深寿永，诸凡[④]如意也。倘或肆意横行，欺陵[⑤]天地之子女，则其折福减寿，灭门绝嗣，一气不来，永堕恶道，经百千劫，莫复人身者。乃自取其祸，非天地之不慈也。

　　余且勿论，即如妻女姊妹，人各共有。人若熟视[⑥]己之妻女姊妹，己则愤心怒气，即欲殴击[⑦]。何见人之妻女姊妹，稍有姿色，心即妄起淫念，意欲污辱乎哉？夫同为天地之子女，是吾同胞，若于同胞起不正念，则是污辱天地之子女，欺侮同胞。其人尚得自立于天地之间[⑧]，而犹谓之为人乎？况夫妇之道，与[⑨]乎三纲五常[⑩]。男女居室[⑪]，人之大伦。人之所以异于禽兽者，以其有人伦[⑫]也。人若行蔑理[⑬]乱伦之事，则是以人身行禽兽事。身虽为人，实则禽兽不如也。何也？以禽兽不知伦理，人知伦理。知伦理而复蔑伦理，斯居禽兽之下矣。

　　然一切众生，由淫欲生，故其习偏浓，须深堤防。作亲，作怨，作不净想，庶[⑭]可息灭邪念，而淳全正念矣。"怨"与"不净"，前序已明。兹特约亲而为发挥，冀诸阅者，同敦天伦，毋怀恶念。

　　《四十二章经》[⑮]，示人见诸女云，想其老者如母，长者如姊，少者如妹，幼者如女。生度脱[⑯]心，息灭恶念。《梵网经》[⑰]云，一切男子是我父，一切女人是我母，我生生无不从之受生，当生孝顺心，慈悲心。如是则尚保护扶持之不暇，何可以起恶劣心，而欲污辱乎？

　　明有一生患淫，不能自制，问于王龙溪[⑱]。龙溪曰："譬如有人谓汝曰，此中有名妓，汝可搴帏[⑲]就之。汝从其言，则汝母女姊妹也，汝此时一片淫心，还息否？"曰："息矣。"龙溪曰："然则淫本是空，汝自认做真耳。"果肯将一切女，作母女姊妹视之，则不但淫欲恶念无由而生，而生死轮回，亦当由兹顿出矣。

《不可录》一书，法语巽言之训，福善祸淫之案，与夫戒忌之日期处所，一一毕示。其觉世醒迷之心，可谓诚且挚矣！维扬张瑞曾居士，利人心切，即为刻行，命光发挥窒欲之要，因以怨，以不净，而叙其大旨。继因其堂兄正勋逝世，拟以此功德荐[20]其灵识，俾[21]罪障消灭，福智崇朗[22]；出五浊[23]之欲界，生九品[24]之莲邦。因居士孝友[25]之情，故复撰敦伦之序。祈见闻者，各详察焉，则幸甚幸甚！

释印光谨撰

【注释】

① 各得其所：各自得到其所需要的。

② 肖子：在志趣等方面与其父一样的儿子。与"不肖之子"相对。"不肖"指不像，指不能继承祖辈事业、并将其发扬光大的没出息的、品行差的子孙或晚辈。

③ 无忝：不玷辱，不羞愧。《尚书·君牙》："今命尔予翼，作股肱心膂，缵乃旧服，无忝祖考。"孔传："无辱累祖考之道。"

④ 诸凡：所有，一切。

⑤ 欺陵：同"欺凌"。欺压凌辱。

⑥ 熟视：注目细看。

⑦ 殴击：殴打。

⑧ 间：此字与上文一样，有的版本因繁简转换就变成了"闲"，有误。本书其他地方，若出现同样的"闲"，可以类推，应予以纠正。

⑨ 与：在其中。此处指"夫妇之道"在"三纲五常"之中。

⑩ 三纲五常：我国封建社会中谓君为臣纲、父为子纲、夫为妻纲，合称三纲。汉班固《白虎通·三纲六纪》："三纲者，何谓也？君臣、父子、夫妇也。"五常，指五种伦常道德，即父义、母慈、兄友、弟恭、子孝。

《尚书·泰誓下》："今商王受，狎侮五常。"孔颖达疏："五常即五典，谓父义、母慈、兄友、弟恭、子孝，五者人之常行。"

⑪ 居室：指夫妇同居。《孟子·万章上》："男女居室，人之大伦也。"

⑫ 人伦：封建礼教所规定的人与人之间的关系。特指尊卑长幼之间的等级关系。《管子·八观》："背人伦而禽兽行，十年而灭。"《孟子·滕文公上》："人之有道也，饱食暖衣，逸居而无教，则近于禽兽，圣人（舜）有忧之，使契为司徒，教以人伦：父子有亲，君臣有义，夫妇有别，长幼有叙，朋友有信。"

⑬ 蔑理：藐视伦理。蔑：轻视，侮慢。

⑭ 庶：将近，差不多。

⑮ 《四十二章经》：后汉迦叶摩腾、竺法兰共译。为我国最早翻译之佛教经典。收于《大正藏》第十七册。全经共有四十二章，故称四十二章经。每章内容简短扼要，最长者仅百余字，最短者二十余字。经中简要说明早期佛教之基本教义，重点在说明沙门之证果、善恶诸业、心证、远离诸欲、人命无常等诸义，阐示出家学道之要义，其说理方式，平易简明，为佛教之入门书。

⑯ 度脱：超越生死之苦，解脱烦恼。为"得度解脱"之略称。又作"得脱"。即脱离三界流转之境界，而达涅槃之彼岸。

⑰ 《梵网经》：佛教大乘戒律书，全称《梵网经卢舍那佛说菩萨心地戒品第十》，后秦鸠摩罗什译。

⑱ 王龙溪（1498~1583 年）：王畿，字汝中，号龙溪，学者称龙溪先生，浙江承宣布政使司绍兴府山阴县（今浙江省绍兴市）人。明代王门七派中"浙中派"创始人。年轻时协助王守仁指导学生，时有"教授师"之称，为王守仁最赏识的弟子之一。嘉靖十三年（1534 年）中进士，官至南京兵部主事，曾任南京武选郎中之职，因其学术思想为当时首辅夏言所恶而被黜。罢官后，往来江、浙、闽、越等地讲学四十余年，所到之处，听者云集。年过八十，仍旧周流不倦。其著述和谈话，后人收辑为《王龙溪先生全集》。

⑲ 搴（qiān）帏：揭开帏帐。搴，通"褰"，揭起，撩起。

⑳ 荐：荐度。念经或做佛事，使亡灵脱难超升。

㉑ 俾（bǐ）：使。

㉒ 崇朗：增高。

㉓ 五浊：佛教术语。指人寿二万劫以后，有浑浊不净的五种现象：命浊、众生浊、烦恼浊、见浊、劫浊。命浊是众生因烦恼丛集，心身交瘁，寿命短促；众生浊是世人每多弊恶，心身不净，不达义理；烦恼浊是世人贪于爱欲，嗔怒诤斗，虚诳不已；见浊是世人知见不正，不奉正道，异说纷纭，莫衷一是；劫浊是生当末世，饥馑疾疫刀兵等相继而起，生灵涂炭，永无宁日。

㉔ 九品：佛教术语。指往生极乐世界的九个等级，包括上上、上中、上下、中上、中中、中下、下上、下中、下下等九品位。

㉕ 孝友：事父母孝顺、对兄弟友爱。《诗经·小雅·六月》："侯谁在矣，张仲孝友。"毛传："善父母为孝，善兄弟为友。"

【译文】

天是伟大的父亲，地是伟大的母亲。一切男女，都是天地的子女，都是我们的同胞。既然都是同胞，就应当互相友爱，保护扶持，希望各得其所。如此，就是天地的肖子，无愧于天地之所生了。既然能保护扶持天地的子女，那么天地必定会常常保护扶持这个人，使他福深寿长，一切如意。假使肆意横行，欺凌天地的子女，此人必将折福减寿，灭门绝嗣，一气不来，永远堕入三途恶道，经历百千万劫，也难以恢复人身。这种人都是自取其祸，并不是天地对他不仁慈。

别的先不说，譬如妻、女、姐、妹，人们都有。假如别人不怀好意老盯着你的妻、女、姐、妹看，你必定会气愤发怒，恨不得打他一顿。可为什么你看见人家的妻、女、姐、妹，稍有姿色，心里就胡思乱想，生起淫念，企图污辱人家呢？既然同是天地的子女，都是我的同胞，如果对自己的同胞生起不正的邪念，那就是污辱天地的子女，欺侮同胞。这样的人，还配活在天地之间，还能叫他是人吗？况且夫妇之道，在"三纲五常"之中。男女同居，人之大伦。人之所以不同于禽兽，就是因为人有伦理。人若是做了蔑理乱伦的事，那就是以人身去做禽兽事。身体虽然是人，实际上连禽兽都不如。为什么？因为禽兽不知伦理，而人知伦理。知道伦理却蔑视伦理，当然是在禽兽之下了。

然而，一切众生从淫欲而出生，所以与生俱来的淫习很重，必须严加提防。如能在淫念生起时，将其作亲人想，作怨仇想，作不净想，才可以熄灭邪念，而保全正念。"怨仇观"与"不净观"已在前序中说明。现在特将"当作亲人来想"一法加以发挥，希望诸位读者，共敦天伦，莫怀恶念。

《四十二章经》开示，我们见到女人时，把老者想成母亲，长者想成姐姐，少者想成妹妹，幼者想成女儿。生度脱心，熄灭恶念。《梵网经》说："一切男子是我父，一切女子是我母，我今生前生无不从之受生，当生孝顺心、慈悲心。"如此一想，则保护扶持她们都还来不及，怎么敢起恶劣心而污辱她们呢？

明代有一学生，淫欲重而不能自制，就请教于王龙溪先生。龙溪说："譬如有人对你说，这里有一个名妓，你可以揭开帏帐同寝。你听从了他的话，揭开帐一看，竟是你的母亲或女儿、姐姐、妹妹，此时你的一片淫欲之心，熄灭没有呢？"其人回答道："熄灭了！"龙溪说："淫本来就是空的，只是你自己当真罢了！"如果人人都能将一切女人，作为自己的母亲、女儿、姐姐、妹妹来看，那么不仅淫欲的恶念无从生起，而且生死轮回，也定会由此而顿时出离了。

《不可录》一书，有法语巽言的训示，福善祸淫的案例，以及房事戒忌的日期处所，一一详示。作者觉世醒迷之心，可以说是既诚恳又真挚了！扬州张瑞曾居士，利人心切，为了印行此书，请我发挥止欲的要义。因此我就叙述了"怨仇观""不净观"的大意。接着因堂兄张正勋去世，准备把这功德超荐堂兄灵识，使其罪障消灭，福智高升，出离五浊恶世，往生西方极乐世界。感于瑞曾居士孝友之情，我又写了这篇敦伦之序。希望见到这本书的人，能详细阅读，认真领会，则幸甚幸甚！

【解说】

本文是印光大师应张瑞曾居士想要重刻印施《不可录》而作的敦伦理序。

印光大师从"民胞物与"这个主题出发，阐述人与人之间要互敬互爱，哪能侵犯欺凌别人呢？宋张载《西铭》说："民吾同胞，物吾与也。"简述为"民胞物与"，意思是民为同胞，物为同类。泛指要爱人与一切众生。印光大师认为，人类以天地为父母，都是天地的赤子，那么人与人之间都是同胞，就要互相友爱，保护扶持，才能不愧于天地之所生。也就是"民胞物与"的意思。天地对每个人都一视同仁，都是他的赤子，如果有人凭借自己的强大欺负弱小，奸淫妇女，那么天地能放过这个人吗？抽象地来说，天道至公至正无私，善恶必有报应。从三界六道来说，上帝就是欲界的统治者，上天堂下地狱都要根据人的一生作为来决定。那么作为万恶之首，若是犯了淫，上帝会放过这个人吗？所以，印光大师得出结论："此人必将折福减寿，灭门绝嗣，一气不来，永远堕入三途恶道，经历百千万劫，也难以恢复人身。这种人都是自取其祸，并不是天地对他不仁慈。"

子贡曰："我不欲人之加诸我也，吾亦欲无加诸人。"子贡说，我所不欲人加于我之事，我也不欲以此加之于人。这已经是仁者的境界了，所以孔子说"子贡你还难以做到，只有颜回能够做到"。这句话有前后因果关系，因为我不想别人强加于我，所以由此推广到别人身上，我也不能强加于人。这是《论语·颜渊》"己所不欲，勿施于人"里面的意思，自己不愿意的，不要加给别人。用曾子的话来说，就是忠恕而已。自己不愿望的，自己不高兴的，也要想到别人也是不愿意的，不高兴的，怎么可以勉强别人呢？这是以己之心度人之心，也就是"恕"道。

那么，印光大师说："人若熟视己之妻女姊妹，己则愤心怒气，即欲殴击。何见人之妻女姊妹，稍有姿色，心即妄起淫念，意欲污辱乎哉？"这也正是孔子所说"己所不欲，勿施于人"里面的意思。别人不怀好意盯着你的妻女姊妹看一下都不行，那我们要是侵犯了别人家的妻女姊妹，别人会怎么想呢？这就叫作换位思考。联合国大厅悬挂着一则孔子的名言，被认为是处理国家间往来的至高准则，这则名言就是"己所不欲，勿施于人"。人与人之间要换位思考，国与国之间也是要换位思考。怎么可以把自己不喜欢的事情强加于别人呢？

不仅别人家的女人要尊重，就是自己家的妻子也要尊重，也不能把自己的意志强加于妻子身上。印光大师说："况夫妇之道，与乎三纲五常。男女居室，人之大伦。"在历史上，举案齐眉传为美谈。夫妻房事，不可随意放纵，即使为继嗣着想，也要相敬如宾。唐朝薛昌绪与妻子相会，必有礼容，先叫女仆再三通话，然后拿着灯烛进入内室，高谈雅论，茶果后退出。如果想要就宿，必请道："昌绪以为继嗣事重，想要约一次嘉会。"（出自《太平广记》）这虽然也太迂了，但要矫枉必先过正。

印光大师说："一切众生，由淫欲生，故其习偏浓，须深堤防。"淫欲是六道轮回的种子，生命从淫欲产生。佛经认为，人死后他的神识就离开了躯体，叫做中阴身。中阴身有缘遇见自己父母的时候，竟然就是在父母交合之时。其中见父生欢喜心的，就成了女儿；见母生欢喜心的，就成了儿子。因此，若是断除了淫欲的种子，则出六道轮回，成为断惑证真的圣人了。

怎么断除淫欲呢？印光大师说，将其作亲人想，作怨仇想，作不净想，才可以熄灭邪念。前序已经说明作怨仇想（将女阴作毒蛇口），作不净想（四觉观、九想观等）。此文大师则重点说明作亲人想。把一切众生当成自己的亲人，那么就能生起同体大悲之心，从而熄灭了淫欲之心。众生轮回的根本就是有"我"的存在（我执），因为有"我"，就把"我"从宇宙这个整体分割成了自己这样一个个体，就有了相对的一切众生与事物（法执）。我们的本体是无我的，若要达到无我的境界，先就要视一切众生都是我的亲人。所以，《四十二章经》开示，我们见到女人时，把老者想成母亲，长者想成姐姐，少者想成妹妹，幼者想成女儿。《梵网经》则说，一切男子是我父，一切女人是我母。这样，对方都是我的亲人了，我还怎么敢生邪念要污辱对方呢？

　　然后，印光大师举了一个例子，是王阳明心学的传播者王龙溪先生的弟子问如何戒淫。王阳明心学是有大智慧的，在戒除淫欲这个方面也是毫不含糊的。王龙溪先生是王门七派中"浙中派"创始人，他年轻时协助王阳明指导学生，时有"教授师"之称，为王阳明最赏识的弟子之一。王龙溪先生的这个弟子淫欲心很重，不能自制，王龙溪先生就告诉他，如果你打开床帐看到的是你的母亲或女儿、姐姐、妹妹，此时你的一片淫欲之心，熄灭没有呢？这也就是把一切女人当作亲想的例子。

　　《心经》说"色即是空"，可众生有"我"，也就有了淫欲。如果知道"我"本来就不存在，那么淫念也不可能存在。所以王龙溪先生说："淫本来就是空的，只是你自己当真罢了！"王阳明临终时："此心光明，亦复何言？"来自内心的"良知"发出光芒，照彻寰宇。这是无量光，是永恒的光明，无边无际，无始无终。这光就是天人合一，使人走向了生命的本源。当我们的心时刻发出光明，邪念就无处遁形。在光明的世界里，哪里还有淫念呢？

　　进不了王阳明的光明世界，那么不妨先看《不可录》一书吧，它有法语巽言的训示，福善祸淫的案例，以及房事戒忌的日期处所。这就是印光大师一再推荐此书的根源。

第五章 《欲海回狂》普劝受持流通序

印光大师《欲海回狂》普劝受持流通序

天下有极惨极烈、至大至深之祸，动辄丧身殒命，而人多乐于从事，以身殉①之，虽死不悔者，其唯女色乎？彼狂徒纵情欲事，探花折柳②，窃玉偷香③，灭理乱伦，败家辱祖，恶名播于乡里，毒气遗于子孙，生不尽其天年，死永堕于恶道者，姑置勿论。即夫妇之伦，倘一沉湎④，由兹而死者，何可胜数？本图快乐，卒致死亡。鳏寡⑤苦况，实多自取，岂全属命应尔哉？

彼昵情⑥床第⑦者，已属自取其殃。亦有素不狎昵⑧，但以不知忌讳（忌讳，《寿康宝鉴》详言之，俱宜购阅），冒昧从事，致遭死亡者，亦复甚多。故《礼记·月令》，有振铎⑨布告，令戒"容止⑩"之政（"容止"，即"动静"，谓房事也）。古圣王爱民之忱⑪，可谓无微不至矣！

吾常谓世间人民，十分之中，由色欲直接而死者，有其四分；间接而死者，亦有四分。以由色欲亏损，受别种感触⑫而死。此诸死者，无不推之于命。岂知贪色者之死，皆非其命。本乎命者，乃居心⑬清贞⑭、不贪欲事之人。彼贪色者，皆自戕其生，何可谓之为命乎？至若依命而生、命尽而死者，不过一二分耳。由是知天下多半皆枉死之人。此祸之烈，世无有二，可不哀哉！可不畏哉！

亦有不费一钱，不劳微力⑮，而能成至高之德行，享至大之安乐，遗⑯子孙以无穷之福荫⑰，俾⑱来生得贞良⑲之眷属者，其唯戒淫乎？

夫妇正淫，前已略说利害，今且不论。至于邪淫之事，无廉无耻，极秽极恶，乃以人身，行畜生事。是以艳女⑳来奔，妖姬㉑献媚㉒，君子视为莫大之祸殃而拒之，必致福曜㉓照临，皇天㉔眷佑㉕；小人视为莫大之幸福而纳之，必致灾星莅止㉖，鬼神诛戮。君子则因祸而得福，小人则因祸而加祸。故曰："祸福无门，唯人自召。"世人苟于女色关头，不能彻底看破，则是以至高之德行，至大之安乐，以及子孙无穷之福荫，来生贞良之眷属，断送于俄顷之欢娱也。哀哉！

安士先生《欲海回狂》一书，分门别类，缕析条陈㉗，以雅俗同观之笔，述劝诫俱挚之文。于古今不淫获福、犯淫致祸之事，原原委委㉘，详悉备书。大声疾呼，不遗余力；暮鼓晨钟，发人深省。直㉙欲使举世同伦，咸享福乐，各尽天年㉚而后已。

须知其书，虽为戒淫而设，其义与道，则举凡㉛经国治世，修身齐家，穷理尽性，了生脱死之法，悉皆圆具㉜。若善为领会，神而明之㉝，则左右逢源，触目是道。其忧世救民之心，可谓至深切矣！

是以印光于民国七年，特刊《安士全书》板于扬州藏经院。八年，又刻《欲海回狂》《万善先资》二种单行本。十年，又募印缩小本《安士全书》。拟印数十万，遍布全国，但以人微德薄，无由感通，只得四万而已。而中华书局私印出售者，亦近二万。杭州、汉口，俱皆仿排，所印之数，当亦不少。

兹有江苏太仓吴紫翔居士，念世祸之日亟㉞，彼新学派，提倡废伦废节，专主自由爱恋，如决江堤，任其横流，俾一班㉟青年男女，同陷于无底欲海漩澓㊱之中，遂发心广印《欲海回狂》，施送各社会，以期挽回狂澜。然众志成城，众擎易举㊲。恳祈海内仁人君子，大发救世之心，量力印送，并劝有缘，普遍流通。

又祈父诲其子，兄勉其弟，师诫其徒，友告其侣，俾得人人知其祸害，立志如山，守身如玉，不但不犯邪淫，即夫妇正淫，亦知撙节㊳。将见鳏寡孤独㊴，从兹日少；富寿康宁，人各悉得。身家㊵由兹清吉㊶，国界于以安宁。秽德转为懿德㊷，灾殃变作祯祥㊸。毕竟不费一钱，不劳微力，而得此美满之效果。仁人君子，谅㊹皆当仁不让而乐为之也！

爰㊺述大义，以贡㊻同仁！

民国十六年，释印光撰

【注释】

① 殉：为某种目的或理想而舍弃自己的生命。

② 探花折柳：指男人嫖娼。花、柳：借指妓女。亦作"攀花折柳"。

③ 窃玉偷香：亦作"偷香窃玉"。指善于勾引诱拐女人或男女暗中通奸。

④ 沉湎（miǎn）：沉溺，沉迷。

⑤ 鳏寡：鳏夫与寡妇，指老而无妻或无夫的人。《诗经·小雅·鸿雁》："爰及矜人，哀此鳏寡。"毛传："老无妻曰鳏，偏丧曰寡。"

⑥ 昵情：贪恋情爱。昵：沉溺，贪恋。

⑦ 床笫（zǐ）：有些版本因为繁简转换有误变成了"床第"。"床笫"指床和垫在床上的竹席；指闺房之内；枕席之间；指男女房中之事。《周礼·天官·玉府》："掌王之燕衣服、衽席、床笫。"郑玄注："笫，箦也。"箦（zé），即是竹席。

⑧ 狎昵：亲近，亲昵。又指男女淫猥苟合。此处指夫妻沉溺于床笫之欢。

⑨ 振铎：振响木铎。木铎：有木舌的铃。古代宣传政教时用它来号召听众。

⑩ 容止：《礼记·月令》："先雷三日，奋木铎以令兆民曰：'雷将发声，有不戒其容止者，生子不备，必有凶灾。'"郑玄注："容止，犹动静。"有时亦偏指仪容。此处印光大师说是指"房事"。

⑪ 忱：真诚。

⑫ 感触：本指接触外界事物而引起的思想情绪，此处指感染其他病缘。

⑬ 居心：心地，存心。

⑭ 清贞：清白坚贞。

⑮ 微力：微小的能力，微薄的力量。

⑯ 遗：留给。

⑰ 福荫：福庇。

⑱ 俾（bǐ）：使。

⑲ 贞良：贞节贤良。亦指贞节贤良的女子。

⑳ 艳女：美艳的女子。

㉑ 妖姬：美女。

㉒ 献媚：为讨好别人而做出使人欢心的姿态、举动。

㉓ 福曜：福星。

㉔ 皇天：对天及天神的尊称。《尚书·大禹谟》："皇天眷命，奄有四海，为天下君。"《楚辞·离骚》："皇天无私阿兮，览民德焉错辅。"

㉕ 眷佑：眷顾佑助。

㉖ 莅止：来临。

㉗ 缕析条陈：一条条分析，一条条陈述。缕析：析为丝缕，详细分析。条陈：分条陈述。

㉘ 原原委委：即原委。指源委，事物的始末，先后顺序。

㉙ 直：特，但，只不过。

㉚ 天年：自然的寿数，本来的寿命。

㉛ 举凡：凡是，所有。

㉜ 圆具：本指比丘、比丘尼具足戒，受此戒者，近于涅槃之圆果，故称圆具。此处指《欲海回狂》亦近于涅槃之圆果，圆融具足一切道理。

㉝ 神而明之：明其神奇奥妙之道。出自《周易·系辞传上》："极天下之赜者存乎卦，鼓天下之动者存乎辞；化而裁之存乎变，推而行之存乎通，神而明之存乎其人；默而成之，不言而信，存乎德行。"极尽天下繁杂的物象的，在于"六十四卦"；鼓动天下的动作营为的，在乎"爻辞"；变化而裁制之，在乎"变"；发挥而推行之，在于"通"；明其神奇奥妙之道，在乎其人的运用；默默地而成就其事业，不形之以言，而天下皆能相信，则在于德行的深厚。

㉞ 日亟：一天比一天危急。

㉟ 一班：表数量。用于人群。常含贬意。

㊱ 漩（xuán）洑（fú）：水旋转回流貌。

㊲众擎易举：众人用力，东西就容易举起。比喻同心合力，事情就容易办成。

㊳撙（zǔn）节：抑制，节制。

㊴鳏寡孤独：出自《孟子·梁惠王下》："老而无妻曰鳏，老而无夫曰寡，老而无子曰独，幼而无父曰孤；此四者，天下之穷民而无告者。"泛指没有劳动力而独居无依靠的人。

㊵身家：本人与家庭。

㊶清吉：清平吉祥。

㊷懿德：美德，又特制妇女的美德。

㊸祯祥：吉祥，幸福。

㊹谅：料想。

㊺爰（yuán）：于是，就。

㊻贡：示告，告诉。《周易·系辞上》："六爻之义易以贡。"韩康伯注："贡，告也。"

【译文】

天下有一种极惨极烈、至大至深的祸害，动辄丧身失命，可人大多却乐在其中，以身殉之，至死不悔的，难道不就是女色吗？对于那些狂徒纵情欲事，探花折柳，窃玉偷香，灭理乱伦，败家辱祖，恶名播于乡里，毒气遗于子孙，生不能尽其天年，死将永堕于恶道，姑且不论。就是夫妇之间，如果一旦沉迷房事，因此而死，又怎么数得清呢？本图快乐，结果是导致死亡。鳏夫寡妇的痛苦，实际上大多数是自己找来的，难道都是命运应当如此吗？

那些沉溺情爱、贪恋床第之欢的人，固然是自取其祸。也还有一些人，平时并不贪恋房事，只因不知道忌讳（有哪些忌讳，《寿康宝鉴》详言之），冒昧行事，造成死亡的，也有很多。因此，《礼记·月令》记载，古时振铎布告，告诉老百姓禁房事的时节。古代圣王真诚爱民，真是无微不至啊！

我常说，世间的人民，十分之中，因色欲直接而死的，有四分；间接而死的，也有四分。因为纵欲则身体亏损，感染其他病缘而导致死亡。对这些直接或间接因色欲而死的，人们无不推到他们命该如此。哪知贪色之人的死，都没有享尽天年。真正能够享尽天年的人，乃是心地贞洁清净、不贪淫事的人。那些贪图色欲的人，都是自己残害了自己的生命，怎么可以说命该如此呢？至于依命而生、尽命而死的人，不过十分之一二罢了。由此可知，天下多半人都是枉死之人。此祸之惨烈，世上再没有第二种了。可不哀哉！可不畏哉！

也有不花一分钱，不费一点力，就能成就最高的德行，享受最大的安乐，留给子孙以无穷的福庇，使自己来生得到贞节贤良的眷属，难道不只有戒淫才能如此吗？

夫妇之间的正淫，前面已经略说利害关系，这里不再论说。至于邪淫之事，没有廉耻，极其秽恶，乃是用人身去做畜生事。因此，艳女来奔，妖姬献媚，君子视为莫大的祸殃，严加拒绝，其结果必然是福星高照，皇天眷顾；小人则视为莫大的幸福，欣然接纳，其结果必然是灾祸降临，鬼神诛戮。君子则因祸而得福，小人则因祸而加祸。因此说："祸福无门，唯人自召。"世人若在色欲关头，不能彻底看破，那就是将最高的德行、最大的安乐，以及子孙无穷的福庇、来生贞节贤良的眷属，断送在片刻的欢娱之中。可悲啊！

周安士先生《欲海回狂》一书，分门别类，一条条分析，一条条陈述，以雅俗共赏之笔，写下勉励与告诫都很诚挚的好书。对于古今不淫获福、犯淫致祸之事，从头至尾，详尽地记载在书中。大声疾呼，不遗余力；晨钟暮鼓，发人深省。只不过是要使举世同胞，都能享受福乐，各尽天年而后已。

要知道《欲海回狂》一书，虽然专为戒淫而写，但其内容与道理，凡是经国治世，修身齐家，穷理尽性，了生脱死的方法，都圆融具足。如果善为领会此书，明其神奇奥妙之道，就能左右逢源，触目是道。安士先生忧世救民之心，真是极其深切了！

因此，我在民国七年，特在扬州藏经院刊刻《安士全书》。民国八年，又将《安士全书》中的《欲海回狂》《万善先资》两种刻成单行本。民国十年，又募捐善资，印行缩小本《安士全书》。原打算印十万部，遍布全国，但因人微德薄，无由感通，只印了四万部而已。而中华书局自己又私下印刷出售，也近两万部。杭州、汉口也都仿照排版，所印数量，也不在少数。

现有江苏太仓吴紫翔居士，痛念世上灾祸日益加剧，而那些新学派，提倡废除伦常，废除贞操，专门提倡自由恋爱，色欲如决江堤，任其横流，使一班青年男女，一同陷于无底欲海的漩涡之中，因此他发心广印《欲海回狂》一书，施送社会各界，期望挽回狂澜。如果众志成城，大家齐心合力就能办成大事。我恳切祈祷天下的仁人君子，大发救世的善心，根据自己的能力尽量印送，并劝有缘人，普遍流通此书。

又祈望父亲教诲儿子，兄长勉励弟弟，老师训诫学生，朋友劝告同伦，使人人都知道色欲的祸害，立志如高山一样坚定，守身如玉石一样纯洁，不但不犯邪淫，就是夫妇之间的正淫，也知道节制。如此，则见鳏寡孤独，从此减少；富寿康宁，人人都得。身家从此清平吉祥，国家从此安定太平。邪行转成美德，灾祸变为幸福。毕竟不花一分钱，不出一点力，就能取得如此美满的效果。诸位仁人君子，想必都会当仁不让而乐意为之！

于是，就叙述以上要义，以敬告各位同仁！

民国十六年，释印光撰

53

附录：懿德堪钦
（《扬州甘泉县志》）

元秦昭，扬州人，弱冠[①]游京师，已登舟矣。其友邓某，持酒送行。正饮间，忽抬一绝色女子至，邓令拜昭，曰："此女系仆与某部某大人所买之妾，乘君之便，祈为带去。"昭再三不肯，邓作色曰："君何如此其固执也？即不能自持[②]，此女即归于君，不过二千五百缗[③]钱耳。"昭不得已，许之。时天已热，蚊虫甚多，女苦无帐，昭令同寝已帐中。由内河经数十日至京，以女交店主娘，自持书访其人。因问："君来曾带家眷否？"昭曰："只我一人。"其人勃然④愠⑤现于面，然以邓某之书，勉令接女至家。至夜，方知女未破身。其人惭感⑥不已，次日即驰书报邓，盛称昭德。随往拜昭，谓曰："阁下⑦真盛德君子也！千古少有！昨日吾甚疑之，盖以小人之腹，测君子之心耳！惭感无既⑧。"

【批】秦昭之心，若非了无人欲，浑全天理，与此绝色女子，日同食，夜同寝，经数十日之久，能无情欲乎哉？秦昭固为盛德君子，此女亦属贞洁淑媛⑨。懿德贞心，令人景仰。因附于此，用广流通。

民国十六年丁卯，释印光识。

【注释】

① 弱冠：古时以男子二十岁为成人，初加冠，因体犹未壮，故称弱冠。

② 自持：自我克制。

③ 缗（mín）：量词。古代通常以一千文为一缗。

④ 勃然：因愤怒或心情紧张而变色之貌。

⑤ 愠：含怒，怨恨。

⑥ 惭感：惭愧感激。

⑦ 阁下：古代多用于对尊显的人的敬称，后泛用作对人的敬称。

⑧ 无既：无穷，不尽。

⑨ 淑媛：德貌皆美的女子。《后汉书·列女传·曹世叔妻》："若淑媛谦顺之人，则能依义以笃好，崇恩以结援。"李贤注："淑，善也。美女曰媛。"

懿德可敬

（出自《扬州甘泉县志》）

元代的秦昭，扬州人，年轻时游京师，已经登船了。他的朋友邓某，持酒送行。正饮时，忽然抬来一个绝色女子，邓命她拜昭，说："此女是我给某部某大人所买的妾，乘君之便，敬请带去。"昭再三不肯，邓生气了，说："您怎么如此固执呢？要是路上把持不住，此女就归您了，只不过二千五百缗钱罢了。"昭不得已，只好答应同行。当时天已热，蚊虫很多，女因无帐而受苦，昭就叫她同睡在自己的帐中。由内河经数十日至京，把女子交店主娘照管，自己拿邓信访人。找到后，那人就问："你来京可有家眷同行吗？"（言下之意，若无家眷，孤男寡女肯定就有问题了）昭说："只我一人。"此人马上面色难看，很不高兴，只因有邓某的信，勉强叫人接女至家。至夜，才知女未破身。此人惭愧感激。第二天就送信报邓，极其称赞秦昭的道德修养，随即前往拜访昭，对他说："阁下真是盛德君子！千古少有！昨日我很怀疑，真是以小人之心度君子之腹啊！惭愧感激之至！"

【批】秦昭的心，一定只有天理，没有人欲了。否则与此美女相处，白天同食，晚上同寝，经过数十日，能无情欲吗？秦昭固然是盛德君子，此女也属贞洁淑媛，懿德贞心，令人景仰。因附于此，广为流通。

民国十六年丁卯，释印光识。

【解说】

本文是印光大师为印行《欲海回狂》一书而写的普劝受持流通序。

《欲海回狂》是《安士全书》四部书之一。《安士全书》包括《文昌帝君阴骘文广义节录》《万善先资》《欲海回狂》《西归直指》共四部书。其中《欲海回狂》是专门写如何戒淫的。欲海，比喻贪欲、情欲如深广之海。而《欲海回狂》重点写情欲（淫欲、色欲），在情欲如深广之海中，浪子回头，改邪归正，那么不仅能尽享天年，即使跳出三界等究竟法门，其道理也在其中。正如印光大师说："虽为戒淫而设，其义与道，则举凡经国治世，修身齐家，穷理尽性，了生脱死之法，悉皆圆具。"

快乐是人人都想得到的，可是很多人却只顾眼前的所谓快乐，而看不到长远的快乐。那所谓眼前的快乐，实际上并非快乐，是永远痛苦的种子，可人们却乐在其中而不能自拔。这就是印光大师所说的"女色"。这些狂徒纵情欲事，探花折柳，窃玉偷香，灭理乱伦，败家辱祖，恶名播于乡里，毒气遗于子孙，生不能尽其天年，死将永堕于恶道。可见寻花问柳，偷香窃玉，逍遥于一时，却痛苦于永劫。

老子说："祸兮，福之所倚；福兮，祸之所伏。"那么运用到女色来看，如果艳女来奔，妖姬献媚，那么作为好色贪淫之人，他就以为艳福不浅，欣然接纳，表面上他觉得得到了快乐，可实际上却是祸。就如印光大师所说："小人视为莫大之幸福而纳之，必致灾星莅止，鬼神诛戮。"是福不是祸，是祸躲不过。这个祸为什么躲不过？难道就是上天无端降下来的吗？不是的，是自己招惹来的。所以，聪明的人看见艳女来奔，妖姬献媚，就战战兢兢，如履薄冰，他因为想到今后的严重后果，就断然拒绝而决不接纳。表面上来看，不仅把快乐拒之门外，还可能会得罪美女，不是一件好事，而实际上他却种下了福报的种子。所以，印光大师说："君子视为莫大之祸殃而拒之，必致福曜照临，皇天眷佑。"

常言道，色字头上一把刀，英雄难过美人关。印光大师说："世人苟于女色关头，不能彻底看破，则是以至高之德行、至大之安乐，以及子孙无穷之福荫、来生贞良之眷属，断送于俄顷之欢娱也。"也就是说，女色当前，是最考验一个人定力的时候。如果在这个时候，若对女色动心，那么即使是一世修行的高僧也前功尽弃。把平生积累起来的最高德行、最大快乐以及子孙的福荫与来生的贞良眷属，全部抛弃殆尽。这样一比较，与女色苟合仅有俄顷的欢娱，不仅葬送了自己一生的幸福，还葬送了自己来世的幸福以及子孙的幸福，这样做划得来吗？所以邪淫的痛苦果报太大了，哪能不时刻提防呢？

印光大师认为人心不古，今不如昔，就在这里特别举了元代秦昭的例子，希望今天的人好好学习。元代秦昭要去京城，他的好友邓某让他带一个绝色女子送去京城某官作妾。秦昭在路上因为蚊虫厉害，就让此女共聚一帐，同吃同寝几十天，到京城后送给某官还是处女。大师就作批语："秦昭之心，若非了无人欲，浑全天理，与此绝色女子，日同食，夜同寝，经数十日之久，能无情欲乎哉？秦昭固为盛德君子，此女亦属贞洁淑媛。"既点赞了秦昭，也点赞了此女。两人在途中，只要一人动心，都难以使另外一方把持住。美女在前，不能自持，邓某也说过他可以纳为己有，所以即使有所动心，不送某官为妾就行了。在这个条件下，秦昭依旧不动心，可算是盛德君子了！

第六章　文帝戒淫文

文帝①训饬②士子③戒淫文

文帝曰：天道④祸淫，其报甚速。人之不畏，梦梦⑤无知。苟行检⑥之不修，即灾殃之立至。嗟⑦尔有众，听予训言。

惟"惠迪吉"⑧，自古云然；"不善降殃⑨"，昔人明戒。《春秋》⑩之淫乱，皆败国而亡家；《风》《雅》⑪之刺讥⑫，尽鹑奔而鹊逐⑬。故逆理乃自戕⑭其性，而贪淫即自夺其名。人事⑮一乖⑯，天心尽怒。桂香上苑⑰，非洁己者难邀；杏宴⑱天恩，岂污名者可得？

予莅⑲文衡⑳，尝垂教示。奈士子止贪半晌㉑之欢，罔惜终身之计。淫人人淫，交手为市。业报惨酷，洗心者谁？

吾于二八㉒试闱㉓，每多临时去取。一笔勾削，只缘窥彼邻妻㉔；数字增加，端为㉕拒兹室女㉖。欲闻平地之雷㉗，莫起寸心㉘之火。终年潦倒，岂负学苦文高？一世迍邅㉙，悉是踰闲㉚败节㉛。士人不察于所由，反或怨天而恨地。

植来黄甲㉜，只在心田；衣尔紫袍㉝，总由阴骘㉞。棘闱㉟满地皆神，文院三场㊱有鬼。惜哉字字珠玑㊲，忽遇灯煤落卷；怅矣篇篇锦绣，无端墨迹污文。此时予实主持，孰谓苍天无眼？榜发三元㊳，为有惊神之德；莲开并蒂，旋闻坠蕊之凶。倘能持正而不邪，自尔名归而禄得。

特颁新谕㊴，咸使闻知！

【注释】

①文帝："文昌帝君"的简称。他被认为是中国历史上社会信仰最为广泛、影响最为深远的神。他主宰人间功名利禄、文运科名，被广大文人儒士所崇拜。同时他被列入道教神仙系统中一位重要的神，劝人广积阴德，致力提高自身的道德境界，从而实现最高理想。在《文昌化书》中又记载了文昌帝君遇佛授记。所以，文昌帝君是儒释道三教共同崇拜的对象。历史上，

借文昌帝君之名，降写了大量著述，如最著名的有《文昌帝君阴骘文》，本文亦是降文之一。

②训饬（chì）：教训戒勉。

③士子：此处指读书人。

④天道：指天理、天意，亦指有意志的上帝。

⑤梦梦：昏乱，不明。《诗经·小雅·正月》："民今方殆，视天梦梦。"陆德明释文："梦，莫红反，乱也。"朱熹集传："梦梦，不明也。"天，指周幽王。梦梦无知，意思是昏聩无知。若译为做梦，与原意则有区别。

⑥行检：操行，品行。

⑦嗟：叹词，表招呼。《尚书·费誓》："公曰：'嗟！人无哗，听命。'"

⑧惠迪吉：出自《尚书·虞书·大禹谟》："惠迪吉，从逆凶，惟影响。"顺应天道才有吉祥，忤逆天道就有凶灾，两者的关系如影随形，似响应声。惠：顺的意思。迪：道的意思。孔传："迪，道也。顺道吉，从逆凶。"

⑨不善降殃：出自《尚书·伊训》："作善降之百祥，作不善降之百殃。"指做善事的人上天会赐给他种种吉祥，做恶事的人上天会降给他种种灾祸。即善有善报，恶有恶报。晚清王永彬《围炉夜话》："作善降祥，不善降殃，可见尘世之间，已分天堂地狱；人同此心，心同此理，可知庸愚之辈，不隔圣域贤关。"

⑩《春秋》：编年体史书名。相传孔子据鲁史修订而成。所记起于鲁隐公元年，止于鲁哀公十四年，凡二百四十二年。叙事极简，用字寓褒贬。为其传者，以《左氏》《公羊》《谷梁》最著。《孟子·滕文公下》："孔子惧，作《春秋》。"范仲淹《近名论》："孔子作《春秋》，即名教之书也。善者褒之，不善者贬之，使后世君臣，爱令名而劝，畏恶名而慎矣。"

⑪《风》《雅》：指《诗经》中的《国风》和《大雅》《小雅》。《诗经》有三个组成部分。《诗经·大序》认为"风"是用于教化、讽刺的作

品，"雅"是反映王室政治成败得失的作品，"颂"是赞美君主、祭祀神灵的作品。

⑫讥刺：讥评讽刺。

⑬鹑（chún）奔而鹊逐：出自《诗经·鄘风·鹑之奔奔》："鹑之奔奔，鹊之彊彊。人之无良，我以为兄。鹊之彊彊，鹑之奔奔。人之无良，我以为君。"有一种解释是，全诗以比兴手法，告诫人们鹑鹊尚知居有常匹，飞有常偶（专一忠诚），可诗中的"无良"之人，反不如禽兽，朝三暮四，荒淫无耻，"我"却把他当作君子与兄长。实际上并非如此，参见本书颜光衷一节。此诗应为讥讽好色贪淫的男人如禽兽一样追逐美色，没有休止。又，《诗经·卫风·有狐》："有狐绥绥，在彼淇梁。"朱熹集传："狐者，妖媚之兽。绥绥，独行求匹之貌。"后因以"狐绥"喻妇女淫乱。如明代谢肇淛《五杂俎·人部四》："辰嬴以国君之女，朝事其弟，夕事其兄。鹑奔、狐绥之行，见于大邦之主，而恬不为耻也。"综合这两首诗，鹑奔、狐绥都是比喻男女淫乱。

⑭戕（qiāng）：残害。

⑮人事：人之所为。

⑯乖：指违背天道。

⑰桂香上苑：桂花飘香的林苑。上苑：皇家的园林。古代桂苑，指科举考场。此处即是此意，如唐黄滔《二月二日宴中贻同年封先辈渭》诗："桂苑五更听榜后，蓬山二月看花开。"

⑱杏宴：即"杏花宴"，这是在中国古代科举制度下形成的一种宴会，于放榜后由朝廷组织新举人举办的庆祝宴会。始于唐朝，唐神龙元年后由于宴会地点在杏花园故又称"杏花宴"或"杏林宴"。唐赵嘏《喜张濆及第》："春风贺喜无言语，排比花枝满杏园。"

⑲莅：治理。

⑳文衡：旧谓判定文章高下以取士的权力。评文如以秤衡物，故云。唐刘禹锡《唐故尚书主客员外郎卢公集纪》："丞相曲江公方执文衡，揣摩后进，得公深器之。"此处指上帝派文昌帝君主管读书人功名一职。

㉑半晌：半日。此处指时间短暂。

㉒二八：春秋二次科举考试的时间，一般在初八左右进行。春试在三月初九开始，秋试在八月初八开始。

㉓试闱：科举时代的考场。

㉔窥彼邻妻：偷窥别人家妻子，如女人洗澡、上厕所等等。

㉕端为：只因。

㉖室女：未出嫁的女子。

㉗平地之雷：平地一声雷，比喻突然发生的重大变动。此处比喻金榜题名，指名声或地位突然升高。出自于五代前蜀韦庄《喜迁莺》："凤衔金榜出门来，平地一声雷。"

㉘寸心：心。

㉙迍（zhūn）邅（zhān）：处境不利；困顿。

㉚踰闲：亦作"逾闲"。一般解释为越出法度。踰，越过；闲，木栅栏，这里指界限。本文指男女关系上出轨，如奸淫他人的妻女或成为别人家庭第三者等等。《论语·子张》："子夏曰：'大德不踰闲，小德出入可也。'"何晏集解引孔安国曰："闲，犹法也。"汉董仲舒《春秋繁露·玉英》："大德无踰闲者，谓正经。"清纪昀《阅微草堂笔记·姑妄听之二》："夫荡妇逾闲，诚为有罪。"

㉛败节：败坏节操。

㉜黄甲：科举甲科进士及第者的名单。因用黄纸书写，故名。明彭大翼《山堂肆考·科第·登第》："黄甲由省中降下，唱名毕，以此升甲之人，附于卷末，用黄纸书之，故曰黄甲。"

㉝紫袍：紫色朝服。高官所服。唐白居易《初授秘监拜赐金紫闲吟小酌偶写所怀》诗："紫袍新秘监，白首旧书生。"

㉞阴骘（zhì）：犹阴德。阴德，指暗中做的有德于人的事。宋梅尧臣《欧阳郡太君挽歌》之二："暮年终缋福，阴骘不应欺。"清纪昀《阅微草堂笔记·姑妄听之三》："吾辛苦积得小阴骘，当有一孙登第。"

㉟棘闱：考场，贡院的别称。闱指考场，因四周墙上遍铺荆棘，使人不

能爬越，以防传递作弊，故名。亦作"棘院"。

㊱三场：科举时代考试须经三次，叫初场、二场、三场。亦总称三场。《明史·选举志二》："初设科举时，初场试经义二道，四书义一道；二场论一道；三场策一道。"

㊲字字珠玑：比喻谈话、文章的词句十分优美。珠玑：珠子。

㊳三元：科举时代称解试（后称乡试）、省试（后称会试）、殿试（后称廷试）第一为解元、会元、状元，合称三元。宋赵升《朝野类要·举业》："解试、省试并为魁者，谓之双元；若又为殿魁者，谓之三元。"

㊴谕：指告诫的言辞。旧指上对下的文告或指示。亦特指皇帝的诏令。此处指告晓天下。

【译文】

文昌帝君说：天道常会降祸于那些好色贪淫之人，他们的报应也特别快。可人却不知畏惧，糊涂无知。如果自己的行为不检点，那么灾祸就会立刻降临。诸位读书人啊！请听我说下面一席话：

只有顺应天道才会吉祥，自古以来就是如此；"作不善降之百殃"，古训明戒。《春秋》所载的淫乱之人，最后都导致了败国亡家。《诗经》中《风》《雅》，讥评讽刺荒淫无耻之人有如禽兽。所以，违逆天理，就是自己残害自己的性命；而贪图淫欲，就是自己夺走了自己的名声。人之所为一旦违背天理，上帝之心就会震怒。桂苑飘香，非洁身自好的人就难以受到邀请；杏花圣宴，藏污纳垢者岂能享受？

上帝命我主管读书人功名一职，我于此事也曾作过训示。无奈总有读书人只为贪图一时的快活，而不顾一生的前程。奸淫他人的妻女，自己的妻女也必被他人奸淫。如同做买卖一样，有买就有卖。贪淫的报应残酷无情，可是又有谁能洗心革面呢？

我在春秋二试初八那天来到考场，常常临时取舍一些考生。被一笔勾销的名字，只因为他偷窥了邻家的妻室；被增补上来的考生，只因为他拒绝了私奔的少女。要想听到平地一声雷，金榜题名，心中就不要生起淫欲之火。

终生潦倒，难道不辜负了寒窗苦读与满腹经纶？一生困顿，都是因为贪淫出轨而坏了自己的节操。这些读书人不去反省穷困潦倒的根源，却反而怨天尤人，痛骂天地不公。

名登黄甲，根在心田；穿上紫袍，不离阴德。考场禁地处处都有神在注目，三场考试场场都有鬼在监察。可惜啊！考卷字字珠玑，忽有灯灰落纸而毁坏；怅恨啊！文章篇篇锦绣，无缘无故被墨迹污灭。实际上，都是我在冥冥中主持公道，谁说苍天无眼呢？高登金榜前三名的，都是因为有惊动鬼神的阴德；而本来莲开并蒂有瑞兆在先的，随即就听到花败榜落的凶信。如果守正而不犯邪淫，自然能实至名归，福禄随身。

特颁新谕，务必使天下人都能知道！

【解说】

本文是"文昌帝君"对读书人训饬戒淫的文告。

读了《安士全书》都知道"文昌帝君"是什么人，内蒙古人民出版社出了我写的《安士全书白话解》，其中《文昌帝君阴骘文》讲述了文昌帝君轮回转世的经历。

文昌本是天上的星宫名，传统的信仰认为，天上的星宫居住着天神，人间圣贤的精英都可以上升为天神。儒家所说的皇皇上帝，道家则称为玉皇大帝，佛家就名叫释提桓（huán）因。文昌神是上帝的辅臣之一。我们说举头三尺有神明，即是说我们的一举一动，神明都看得清清楚楚。古训说，上天降福祸于人（如本文提到"作善降之百祥，作不善降之百殃"），即是上天按照人的善恶而进行奖罚，而具体实施则各有司职之神，文昌神则主管人间文运、功名、禄位等。

在历史传说中，文昌帝君自周历晋，多次出没世间，投生为士大夫身，在梓潼建祠则已是最后一世。因为他广行阴骘，积功累德，上升为神。《文昌化书》说："上帝以予累世为儒，刻意坟典，命予掌天曹桂籍，凡士之乡举里选，大比制科，服色禄秩，封赠奏予，乃至二府进退，皆隶掌焉。"这里传说帝君前身多世为儒，所以玉帝就派他作文运之神。至于具体封名为文昌帝君，则是元朝的事。元仁宗延祐三年（1316年）将梓潼神加封为"辅元开化文昌司禄宏仁帝君"。《玉清无极总真文昌大洞仙经》卷二（《道藏》第二册）所载"元制诰"说：

> 上天眷命皇帝圣旨：维明有礼乐，维幽有鬼神。妙、显、微之一贯，在天为星辰，在地为河岳。形功用于两间，矧（shěn）能阻鸷子大猷（yóu），必有对扬于懋（mào）典。蜀七曲山文昌宫梓潼帝君，光分张宿，友泳周诗。相予泰运，则以忠孝而左右斯民；炳我坤文，则以科名而选造多士。每遇救于灾患，彰感应于劝惩。贡举之令再颁，考察之籍先定。贵饰虽加于涣汗，微称未究于朕心。于戏！予欲文才辈出，尔丕炳江汉之灵；予欲文治宣昭，尔浚（jùn）发奎（kuí）壁之府。庶臻嘉号，以答宠光。可加封"辅元开化文昌司禄宏仁帝君"。主者施行。

从此，梓潼神就称为文昌帝君。到明代，天下学宫都立文昌祠，清朝也在每年农历二月三日派官员祭祀文昌神。四川梓潼县七曲山的文昌宫，则成为祖庙，当地人称为"大庙"。

文昌帝君说，天道祸淫，其报甚速。可读书人糊涂无知，只顾眼前一时快活，却断送了自己的前途。

什么是天道？天道至公至正至诚。至公至正，就是没有一点私心，不偏不倚，不管是谁，有善必赏，有恶必罚。祸福无门，惟人自召；善恶之报，如影随形。一个人想要求福免祸，是没有后门可走的，因为上天至公至正，所以善恶之报，如影随形。唯一的办法就是从一开始就从内心铲除为恶的苗头，洗心革面，重新做人，那么上天是至诚无欺的，人就会转祸为福。老子说："天道无亲，常与善人。"上天对于众生没有亲疏之分，所以不会有偏私，常常能够使善良的人得到福报。反之，如果为恶，上天对谁都一样，也没有亲疏之分，都会降下灾祸。在所有的灾祸里面，唯有好色贪淫报应最快，所谓"万恶淫为首"。所以，文昌帝君说："天道祸淫，其报甚速。"

文昌帝君引用《尚书》的名言，说明吉凶之道。《尚书》，即上古之

67

书，亦称"书经"，是一部最古老的书，儒家核心经典之一，历代儒家研习之书。所以这本书对于古代读书人非常重要，用《尚书》的名言，说明吉凶之道，对于读书人来说具有针对性。

《尚书》说："惠迪吉，从逆凶，惟影响。"顺应天道才有吉祥，忤逆天道就有凶灾，两者的关系如影随形，似响应声。一般人都会趋吉避凶，读书人亦不例外。可凡夫俗子没有读书，不知道趋吉避凶的道理，情有可原。读书人，一生读圣贤书，难道也不知道趋吉避凶的道理吗？《尚书》明明告诉我们，不能逆天而行。《文昌帝君阴骘文》说："做事须循天理。"天理就是至公至正至诚的天道，文昌帝君告诫我们做事必须依循天理。《文昌帝君阴骘文广义节录》说："天理二字，与人欲相反。天理是做事的准则，犹如工匠有规矩，射箭有靶子。遵守则对，抛弃就错。遵守则公，抛弃则私。遵守则是君子，抛弃则是小人。遵守则忠诚仁恕，天道就会保佑他，动与福随；抛弃则思想狭窄，恶星在上，动与祸随。其中得失相去天远。"（已经译为白话）所以，文昌帝君才说"顺应天道才有吉祥"。

《尚书》又说"作善降之百祥，作不善降之百殃。"指做善事的人上天会赐给他种种吉祥，做恶事的人上天会降给他种种灾祸。即善有善报，恶有恶报。《尚书》既然这么说了，读书人怎么还不明白呢？即使普通的小恶，尚有报应，丝毫不爽，那么好色贪淫的报应，与之对比，难道不知道它的后果吗？先不说死后有铁床铜柱地狱之报，从现实生活中就能看见好色贪淫的果报。

所以，文昌帝君用《春秋》一书中奸夫淫妇的报应来说明这个道理，那些好色贪淫的国君都得到"败国亡家"的后果。《春秋》也是儒家核心经典，相传为孔子所作，春秋末期的史官左丘明为《春秋》作传，所以又称《春秋左氏传》或《左传》。朱熹说："圣人作《春秋》，不过直书其事，善恶自见。"孟子说："孔子成《春秋》，而乱臣贼子惧。"（《孟子·滕文公下》）意思是，圣人把这些历史的丑恶之事记录下来，是为了使后人明辨善恶，警惕后来的人重蹈覆辙。为什么"乱臣贼子惧"，而现在的读书人读了圣贤之书，反而不惧了呢？

　　文昌帝君引用《诗经》里面的诗歌来说明人不能禽兽不如。《诗经》，中国最早的诗歌总集。本称《诗》，因被列为儒家经典，故称《诗经》。《诗经》也是儒家的核心经典，那么读书人不能不读。可《诗经》中讥讽人好色贪淫就如禽兽一样，读书人怎么不引以为戒呢？《诗经·鄘风·鹑之奔奔》说："鹑之奔奔，鹊之彊彊。人之无良，我以为兄。鹊之彊彊，鹑之奔奔。人之无良，我以为君。"诗中所说的"鹑"与"鹊"都是淫鸟，难道人也像它们一样吗？人要是如禽兽一样就枉为人了。然而，在好色贪淫这方面，实际上人还不如鸟。如诗经《关雎》一篇，所赞扬的雎鸠在鸟儿夫妻中，它们一生贞洁而无外遇。他们一生忠诚对方而从不出轨，就是佛教所说的没有"邪淫"。孔子说："《诗》三百，一言以蔽之，曰：思无邪。"思想上没有邪念，那么行动上就没有邪淫了。虽然孔子所说邪念包括更大范围的一切邪念，但人心中最难克服的邪念是"淫"，若这个邪念被克服了，其他邪念也就渐渐迎刃而解了。

　　文昌帝君说："淫人人淫，交手为市。"《文昌帝君阴骘文》中也说："勿淫人之妻女。"《文昌帝君阴骘文广义节录》说："人的爱没有超过爱妻子儿女的，人的恨也没有超过恨奸淫妻子女儿的。"恕"这个字就是推己及人，应该终身奉行。想想自己，再想想别人，就会幡然猛醒。邪淫是万恶之首，古来多少英雄才子，难过此关。因此到阴间受惩罚，在阳间犯国法，丢了性命，亡了国家，怎么能划算呢！人们看不破，忍不过的原因，是淫欲心太重罢了！"佛教有个说法，叫做"菩萨畏因，众生畏果"。菩萨修行，是从因地（心）开始，即断除果报之因；而众生没有远见，不去想未来的果报，及时行乐，等到果报来了，就害怕了，可这个时候还有什么用呢？所以，文昌帝君说："淫人人淫，交手为市。"不要对侵害别人而无所畏惧，不要为了满足暂时的快活而为所欲为，天道循环，冥冥之中，自有鬼神主持公道，想到举头三尺有神明，哪敢再及时行乐呢？

【例证】

"春秋"淫乱的夏姬

（出自《春秋左传·宣公十年》）

文昌帝君说："《春秋》之淫乱，皆败国而亡家。"陈国国君陈灵公与众淫乱即是如此。

夏姬是春秋时代的美女，多位诸侯、大夫与她通奸，史载她三次成为王后，先后七次嫁给别人为夫人，共有九个男人因为她而死，号称"杀三夫一君一子，亡一国两卿"。陈国国君陈灵公即是其中之一。

夏姬守寡后，与陈国国君陈灵公以及孔宁、仪行父私通。陈灵公荒淫无耻，甚至贴身穿着夏姬的衣服在朝中嬉笑。泄冶谏言，惨遭杀害（泄冶是春秋时期陈国大夫，因谏陈灵公与夏姬私通之事而被陈灵公所杀，孔子评价其"可谓捐矣"）。

楚庄王十五年（公元前599年），陈灵公与孔宁、仪行父在夏姬家中喝酒，酒酣后陈灵公对孔、仪二人说："夏徵舒（夏姬的儿子）似汝。"两人说："亦似公。"夏徵舒闻言发怒，待陈灵公酒后出来，就在马厩门伏弩射杀陈灵公（灵公罢酒出，徵舒伏弩厩门，射杀灵公），孔、仪二人逃到楚国去了。夏徵舒将陈灵公射杀后，自立为陈侯。

陈国国君陈灵公因淫乱不仅败国，人也被杀。

此外，周幽王好色贪淫，得到褒姒后如获至宝，为博美人一笑，周幽王亡国而杀身。

褒姒，周幽王宠妃。性不喜笑，幽王为求得她一笑，在烽火台上举烽火以召诸侯，诸侯急至，并无敌情，褒姒见他们受骗而大笑。等到真的有敌情了，再举烽火，再也无人相信了。

拒与处女苟合的状元

（出自明李长科编撰《广仁品》）

文昌帝君说："数字增加，端为拒兹室女。"榜上有名，只因为他拒绝了私奔的少女。据《广仁品》记载：

宣德年间，曹鼐担任泰和典史。因为捕捉盗贼，在驿亭与一个美女相遇。女子想要以身相许，公说："处女可以轻易侵犯吗？"拿出一张纸，书写"曹鼐不可"四字烧毁，一夜不动心。天明喊她的家人领回。后来殿试对答，忽然飘来一张纸，上面有"曹鼐不可"四字，于是文思如涌，考中状元。

不淫人妻子的韩琦

（出自《宋史》卷三百一十二《韩琦传》）

文昌帝君说："淫人人淫，交手为市。业报惨酷，洗心者谁？"若本来有机会与别人妻子行淫却不行淫，则会得到相反的报应。据《宋史》记载：

韩公执政时，买了一个姓张的女子为妾，颇有姿色。买契一完成，张忽然流泪。公问她什么原因，她说："妾本来是供职郎郭守义的妻子，前年丈夫被部使者诬陷，家败无依，故到您这里来了。"公听后很同情，送给她一些钱让她回去，告诉她将为她申冤，要她等澄清事实再来。张离开后，韩公为之申冤，郭将调任时，张如约再来。韩公不再亲自接见她，派人告诉她说："我位居宰相，不可买别人的妻子为妾，以前的钱，不必再还。"归还卖身契，又送她二十金作路费，要他们夫妻完好如初。张感动得流下了眼泪，遥拜而去。后来韩公封为魏郡王，谥忠献，子孙兴旺发达。

第七章　戒淫圣训

戒淫圣训

文帝垂训①曰：吾奉金阙②至尊③之命，于每月寅、卯日，按行④酆都⑤地狱，考定⑥天下有罪人民事实。见夫黑籍⑦如山，皆是世人一生孽案⑧。其间作恶多端，唯淫恶之报，天律⑨最严。

奸人妻女，玷人闺门⑩，在地狱中受苦五百劫⑪，方得脱生。为骡为马，又五百劫，乃复人身，为娼为优⑫。

设谋造计⑬，奸宿寡妇、尼僧⑭，败人操履⑮，在地狱中受苦八百劫，方得脱生。为羊为豕，供人宰杀。又八百劫，乃复人身，为聋为哑。

以卑乱尊，以长乱幼，败坏纲常⑯，在地狱中受苦一千五百劫，方得脱生。为蛇为鼠，又一千五百劫，方得人身。或在母胎中死，或在孩抱中亡，毕竟不享天年。

更有造作淫书，坏人心术，死入无间地狱⑰，直至其书灭尽，因其书而作恶者罪报皆空，方得脱生。

淫书之为害，不可胜数。常有名闺⑱淑媛⑲，识字知文，或绿窗昼静，或青灯夜阑，展卷视之，魂摇魄荡，不禁欲火之焚，遽⑳成奔窃之行㉑，致节妇㉒失节，贞女㉓丧贞。更有聪明子弟，秀而有文㉔，一见此书，遂起欲想，或手淫而不制，或目挑㉕而苟从㉖。小则斲㉗丧元阳㉘，少年夭折；大则渎乱㉙伦纪，不齿士林㉚。若夫巧作传奇，当场演出，教习婪童㉛，备示淫态，乱人清操㉜，不可胜数。职㉝其根由，皆淫书所致。

奈何士子以夙世之慧根，握七寸之斑管㉞，不思有功于世，积福于身，徒造无穷之孽，干㉟上帝之怒，自蹈于冰渊火坑而不恤㊱，深可悲也！

【注释】

① 垂训：垂示教训。

② 金阙：道家谓天上有黄金阙，为仙人或天帝所居。《神异经·西北荒经》："西北荒中有两金阙，高百丈。"

③ 至尊：最高无上的地位，此处指上帝，即玉皇大帝。

④ 按行：巡视，巡行。

⑤ 酆都：道教词汇，又称酆都罗山，中国传说中的阴司地府，人死后的去处。唐代段成式《酉阳杂俎·玉格》："有罗酆山，在北方癸地，周回三万里，高二千六百里，洞天六宫，周一万里，高二千六百里，是为六天鬼神之宫，……人死皆至其中。"本谓罗酆山洞天六宫为鬼神治事之所，后用以附会四川省丰都县。

⑥ 考定：考核审定。

⑦ 黑籍：坏人名单。

⑧ 孽案：罪案。

⑨ 天律：天界的律令。

⑩ 闺门：内室的门，借指妇女、妻子。

⑪ 劫：梵语，音译为劫波、劫跛、劫簸、羯腊波。古代印度的时间单位。亦泛指极长的时间。一说一劫相当于大梵天之一白昼，或一千时，即人间之四十三亿二千万年。道教中的"劫"借鉴自佛教。唐代李少微说："按天地一成一败，谓之一劫。"薛幽栖说："天地世界，一期运终，是名为一劫也。"

⑫ 优：古代表演乐舞、杂戏的艺人。

⑬ 设谋造计：处心积虑。

⑭ 尼僧：佛教出家人，俗称尼姑。出家男为比丘，出家女为比丘尼。另有版本为"女冠"，即女性修道人。女冠亦称"女黄冠"、坤道、女道士。唐代女道士皆戴黄冠，因俗女子本无冠，唯女道士有冠，故名。

⑮ 操履：操守。

⑯纲常：指三纲五常。我国封建社会中谓君为臣纲、父为子纲、夫为妻纲，合称三纲。汉班固《白虎通·三纲六纪》："三纲者，何谓也？君臣、父子、夫妇也。"五常，指五种伦常道德，即父义、母慈、兄友、弟恭、子孝。《尚书·泰誓下》："今商王受，狎侮五常。"孔颖达疏："五常即五典，谓父义、母慈、兄友、弟恭、子孝，五者人之常行。"

⑰无间地狱：音译为阿鼻。受苦没有间断的地狱，为八热地狱中受苦最重之狱。

⑱名闺：名门闺秀。指出身于豪族门第的女子。名门：有名望的门第。闺秀：旧时称有钱有势人家的女儿。

⑲淑媛：德貌皆美的女子。《后汉书·列女传·曹世叔妻》："若淑媛谦顺之人，则能依义以笃好，崇恩以结援。"李贤注："淑，善也。美女曰媛。"

⑳遽（jù）：就。

㉑奔窃之行：私奔、偷人的恶行。

㉒节妇：旧指夫死守贞不再嫁的妇女。

㉓贞妇：旧指从一而终的妇女。《礼记·丧服四制》："礼以治之，义以正之，孝子、弟弟、贞妇，皆可得而察焉。"孔颖达疏："贞妇者，谓贞节之妇。"与"节妇"含义相同。

㉔秀而有文：秀美而有文才。宋代郑清之《送姚提干行》："虚斋填东郿，从之南容君。我初未之识，邕翰倾殷勤。修洁以博习，秀美而有文。"

㉕目挑：用眼神挑逗，眉目传情。

㉖苟从：苟合，指男女间不正当的结合。

㉗斵（zhuó）丧：摧残，伤害。特指沉溺酒色，伤害身体。

㉘元阳：中医谓人体阳气的根本。宋代范成大《问天医赋》："元阳之气，可斤可两。"俗亦谓男子的精气。

㉙渎乱：混乱，使混乱。

㉚士林：指文人士大夫阶层、知识界。

㉛嬖（bì）童：娈童，指的是以色事人的年轻美貌的男子，泛指男妓。嬖：受宠爱的人。

㉜清操：高尚的节操。

㉝职：惟，只。表示主要由于某种原因。《诗经·小雅·巧言》："无拳无勇，职为乱阶。"马瑞辰通释："职当训为适。……适，祇也。言祇为乱阶耳。"《左传·襄公十四年》："盖言语漏泄，则职女之由。"

㉞斑管：毛笔。以斑竹为杆，故称斑管。

㉟干：招惹，招致。

㊱恤：顾及，顾念。

【译文】

文昌帝君垂训说：我奉玉皇大帝的命令，在每月的寅日和卯日，巡视酆都地狱，考核审定天下罪人的犯罪事实。见到黑籍堆积如山，都是世人一生的罪案。其中作恶多端，只有淫恶的报应，天律的处罚最严。

奸淫别人的妻女，玷污别人的闺女，在地狱中受苦五百劫，才能出去。出去后，托生为骡，或者为马，又要经过五百劫，才能恢复人身，成为娼妓。

处心积虑，奸污寡妇或尼僧，败坏人家贞操的人，在地狱中受苦八百劫，才能出去。出去后，托生为羊，或者为猪，供人宰杀。又过八百劫，才能恢复人身，成为瞎子、哑巴。

晚辈乱伦长辈，长辈乱伦晚辈，败坏人伦，在地狱中受苦一千五百劫，才能出去。出去后，托生为蛇，或者为鼠，又要经过一千五百劫，才能恢复人身。初为人身，或死于母胎之中，或在怀抱中夭亡，始终不能长大。

更有造作淫秽图书，坏人心术，这种人死后堕入无间地狱，直到这些书完全消失，而且看了这些淫书而造罪者的苦报也受尽了，淫书的作者才能出离地狱。

淫秽图书对世人的危害，不可胜数。常有名门闺秀、贞洁淑媛，她们识字知文，或于白天绿树飘拂的窗前，或于夜深人静的青灯之下，偷看淫书，心旌摇荡，不禁欲火中烧，就做出了与人私奔、与人偷情的恶行，致使节妇失节，贞女丧贞。更有聪明子弟，秀美而有才华，一见此书，立即燃起欲火，有的引起手淫而不能自制，有的则眉来眼去挑逗异性，从而发生不正当的男女关系。从小处看，则损伤精气，年纪轻轻就夭折；从大处看，则败坏了伦常纲纪，为读书人所不齿。还有一些人，编写传奇故事，当众演出，教授男妓，表演各种淫欲丑态，惑乱他人节操，也是数不清的。其根源只有一个，都是淫秽图书引起来的。

可叹这些读书人，有着多生多世培植的慧根，手握七寸之笔管，不思如何立功于世间，积福德于自身，反而造下无穷的罪孽，招致上帝的震怒，自己往冰窟火坑里跳而不顾，实在太可悲了！

【解说】

本文是"文昌帝君"的戒淫圣训。

上章主要是针对读书人训饬戒淫，本文则针对所有人，当然读书人就更要引起注意。

《西游记》说，天庭的神仙，西天的佛、菩萨，人间的圣人，死了之后，阎王管不了。因为他们不在六道轮回之中，也就不需要阎王查出善恶多少而决定轮回转世的身份。那么，每个人，当他死了以后，都要到阎王那里去报到。报到的地方在哪里呢？传说在酆都城。

某天，文昌帝君巡视酆都城，看见黑籍堆积如山。黑籍，就是上了黑名单的人，都是坏人，其中坏到透顶的人，就是犯了奸淫之罪。凡是有奸淫之罪的，天律的惩罚是最重的。根据其奸淫对象不同，那么受罚的轻重也不同。

第一等罪人，也就是罪最轻的人，他所奸淫的对象是别人家的妻女，包括在妻女中的还有没出嫁的黄花闺女。这种人虽说是罪最轻的人，可也要下地狱，在地狱中受苦五百劫。这个"劫"是极长的时间。按照道家的算法，天地一成一败叫做一劫，那就是我们这个世界从生成到毁灭这么长的时间才只算一劫，其时间之遥远就可想而知了。按照佛家的算法，一劫相当于大梵天之一白昼，或一千时，即人间之四十三亿二千万年，那么数字就更加具体了，可五百劫也是一个遥不可及的数字。而且这些人即使从地狱里面出来，恢复人身，也只是在下九流之中，如娼妓之类。

第二等罪人，是比第一等人罪更重的人。他所奸淫的对象是寡妇或尼僧，也包括道教的"女冠"。这些人要么是守节的贞妇，要么是修道求出世之人，她们能有这样的志向，已经功德很大。去奸淫有功德之人，其报应之惨可想而知。先不说守节的寡妇，只说求道的尼僧，她们一出家，即使还是沙弥尼，也是"出家之道品，人天之师范"（《沙弥律仪要略增注》卷下）。因为她发菩提心才出家，故其功德无量。只要能发菩提心，即使在家成为女居士（优婆夷），也功德无量。《优婆塞戒经》说："在家之人发菩提心时，从四天王乃至阿迦腻咤诸天，皆大惊喜，作如是言：'我今已得人天之师！'"我们看，她们都成了"人天之师"了，不仅是人类的师范，还是天人的师范。天人比我们高很多的等级，可他们仍旧在轮回之中，所以他们也以发菩提心的人为榜样。连天人都尊敬的人，我们还敢玷污她们，怎么不引起天怨人怒呢？再说寡妇，若再嫁人自然不能称为寡妇了，可她们要是从一而终，永不嫁人，守住自己的贞操，那么连皇上都要给她立贞节牌坊，这样的人也是有大功德之人，怎么可以去奸污呢？若奸污她们，其报应之惨亦可想而知。所以，要在地狱中受苦八百劫，即使出去了，也不能恢复人身，还要变羊变猪，任人宰杀，成为餐桌上的食品。就是恢复人身了，也是六根不全，成为残疾之人，或者是瞎子，或者是哑巴。

第三等罪人，比第二等罪人罪过更重。因为他们是以人身而行禽兽事。禽兽不知伦理，人却知伦理，所以知伦理却乱伦，那就是知法犯法，罪加一等，其惩罚之重就可想而知。乱伦包括两种，一种是晚辈对长辈，另外一种是长辈对晚辈。国民党高级将领马步芳荒淫无耻，他说："生我、我生者外无不奸。"生我的就是长辈，我生的就是晚辈，他奸污了那么多人，可他对母亲或女儿还是不敢下手。可世上竟然还有这样一种人，对长辈或晚辈都敢下手。春秋时卫宣公以乱伦著称，"烝于夷姜""筑台纳媳"就是他的事情。"烝于夷姜"指他与父亲的姬妾夷姜私通。烝，下淫上，指与母辈通奸。《左传·桓公十六年》："卫宣公烝于夷姜。"杜预注："夷姜，宣公之庶母也。上淫曰烝。""筑台纳媳"指卫宣公把儿子的媳妇收为己有。把儿媳收为己有的，有名的还有唐玄宗，他把儿媳杨玉环收为己有。乱伦之人，禽兽不如，所以下场很悲惨。在地狱中受苦一千五百劫，才能出去。出去后，只能托生为蛇鼠之类，还要经过一千五百劫，才能恢复人身。初为人身，或死于母胎之中，或在怀抱中夭亡，始终不能长大。

第四等罪人，比第三等罪人罪过更重，可以说是罪行最重的人。因为像上面那三种人，只是一人在犯罪，所影响范围就有限。而写淫书却影响了很多人，不仅影响他写书时的那一代人，还影响到下代乃至无数代人，只要直接或间接读过他的书而堕落，其原罪都在作者那里。我们常说，传播善书，发挥圣贤之理，则功德无量，所以说："一时劝人以口，百世劝人以书。"反之，传播淫书，发挥淫秽之说，那么其罪亦无量。这种人死后堕入无间地狱，还有什么值得怀疑呢？无间地狱又叫做阿鼻地狱，是受苦没有间断的地狱，为八热地狱中受苦最重之地狱。《成实论》说有五种无间：一者，趣果无间。谓有极重罪者，即向彼狱受其果报，无有间歇。二者，受苦无间，谓至彼狱受诸痛苦，无有间歇。三者，时无间。谓至彼狱受苦，时节无有间歇。四者，命无间。谓彼地狱，寿命一中劫（二十小劫为一中劫），无有间歇。五者，形无间。谓彼地狱受罪众生，生而复死，死已还生，身形无有间歇也。如果是写淫书的人，一直到这些书完全消失，而且看了这些淫书而造罪者的苦报也受尽了，淫书的作者才能出离地狱。

为什么写淫书的作者要受这么久的痛苦？文昌帝君告诉我们，女人看了淫书，本来是名门闺秀、贞洁淑媛，可顶不住淫书的诱惑，看着看着就心旌摇荡，不禁欲火中烧，就做出了与人私奔、与人偷情的恶行。年少有才华的读书人，本来读圣贤书是很有前途的，结果被淫书引诱，立即燃起欲火，有的引起手淫而不能自制。既不能报答父母的养育之恩，更不可能刑于寡妻，至于兄弟，以御于家邦。"刑"表示楷模仪范，指文王能施行仪法，先做妻子的榜样，再及于兄弟手足。先把家庭整顿好，才能把国家统治好。一个读书人，本来是要修身、齐家、治国、平天下的，结果因为一本淫书，就把自己的一切都毁了。他不仅患手淫而不能自制，而且还千方百计引诱女人，目挑而苟从，发生不正当的男女关系。孟子说："逾东家墙而搂其处子，则得妻；不搂，则不得妻。则将搂之乎？"处子，就是处女，现在说的黄花闺女。如果跳过东墙，把邻居家的黄花闺女搂抱过来，便能娶到妻，不然就没有妻，难道就去跳墙搂抱人家的黄花闺女吗？连娶妻这样正当的事情，都不能去强行搂抱别人家的闺女，何况"目挑而苟从"，还有读书人的脸面吗？不仅丢了读书人的脸面，还因为损伤精气，年纪轻轻就夭折。难道不是一失足成千古恨？而这一切罪过都来源于淫书。

文昌帝君说，还有一些人，编写传奇故事，当众演出，教授男妓，表演各种淫欲丑态。现在则不单是写传奇故事，而是出现了很多淫秽小说，大肆描写男女之间的性事。现在的淫秽演出则是拍成电影电视，通过视频在各个场合传播，更因为互联网无处不有，那么淫秽视频的传播就更广了。现在有些所谓的作家、文学家，他们写的那些作品真是不堪入目，他们虽然得到了一时的名利，可今后的苦报却没有去思考了。不管是什么样的文学大师，总要以传播真善美为己任，要以传播优秀传统文化为己任。津津乐道于男女之事，是人的行为，还是禽兽的行为？正如文昌帝君说，可叹这些读书人，有着多生多世培植的慧根，手握七寸之笔管，不思如何立功于世间，积福德于自身，反而造下无穷的罪孽，招致上帝的震怒，自己往冰窟火坑里跳而不顾，实在太可悲了！

【例证】

私通庶母又强夺儿媳的卫宣公

（出自《左传》隐公四年至桓公十六年）

卫宣公和父亲卫庄公的姬妾夷姜私通，生下儿子公子伋（又作急子），卫宣公便把公子伋托给右公子抚养。卫宣公很宠爱夷姜，因此将公子伋立为太子，并让右公子教导他。

后来，右公子替太子伋迎娶齐国女子宣姜为妻，还没有成婚。然而卫宣公看到宣姜长得漂亮，喜欢宣姜，竟自己把她娶过来，并再替太子伋娶另外的女子。相传卫宣公在黄河边，建造了一座非常华丽的宫殿，命名"新台"。在卫急子出使宋国期间，卫宣公派人去齐国迎亲，成婚于新台。这就是"筑台纳媳"的故事。

卫宣公得到宣姜后，宣姜生下两个儿子公子寿和公子朔，卫宣公让左公子教导他们。夷姜因此失宠，上吊自杀。夷姜死后，宣姜和公子朔一同诽谤太子伋，企图谋取太子的地位。卫宣公自从夺娶宣姜后，心里开始厌恶太子伋，总想废掉他。当卫宣公听到太子伋的坏话时，大怒，于是派太子伋出使齐国，指使强盗拦在卫国边境莘地等着，交给太子伋白色的旄节，而告诉莘地的强盗，看见手拿白色旄节的人就杀掉他。

太子伋将要动身时，公子寿知道公子朔仇恨太子伋，而卫宣公想杀掉太子伋，于是对太子伋说："边境上的强盗看见你手中的白色旄节，就会杀死你，你可不要前去。"并让太子伋赶快逃走。太子伋竟说："不能违背父亲的命令而求生！"等到太子伋临走时，公子寿用酒把太子伋灌醉，然后偷走太子伋的白色旄节。公子寿车上插着白色旄节奔驰到莘地，莘地的强盗看见来人果真手持白色旄节，就杀死公子寿。公子寿死后，太子伋赶到，对强盗说："应该杀掉的是我。他有什么罪？请杀死我吧！"强盗一并杀掉太子伋，然后报告卫宣公。卫宣公于是立公子朔为太子。

卫宣公与庶母私通，又强夺儿媳，其结果不但杀掉了自己的太子，还因此误杀了自己与宣姜的儿子公子寿。卫宣公在杀死自己儿子没多久后，也死了。他死后，卫国也经历了很长的内乱时期，国家也彻底地沦为末流小国。这都是在生看到的果报，其死后下地狱就不是我们能够看到的了。

按照文昌帝君《戒淫圣训》，卫宣公属于第三等罪人。死后要在地狱中受苦一千五百劫，才能出去。出去后，只能托生为蛇鼠之类，还要经过一千五百劫，才能恢复人身。初为人身，或死于母胎之中，或在怀抱中夭亡，始终不能长大。

多著淫书的金圣叹

（出自《安士全书·欲海回狂》）

金圣叹（1608~1661年），字若采。一说原姓张，明亡后改名人瑞，字圣叹，自称泐庵法师。明末清初苏州吴县人。在中国历史上，他非常有名气，被称为著名的文学家、文学批评家。但是，他点评书籍中，很多地方的淫秽之处，他都加以发挥，甚至引用佛经，所以《安士全书·欲海回狂》是作为一个反面的例子，告诫大家要引以为戒的。《欲海回狂》"金圣叹"一节说：

　　江南人金圣叹，名喟，博学好奇，才思聪敏，自称当世无人超过自己。多著淫书，发挥才华，牟取声名。所评《西厢》、《水浒》等极秽亵处，往往引用佛经。人们佩服他的才华，名扬天下。又著《法华百问》，以己见妄测佛经奥义，混淆视听。顺治辛丑，忽因他事入狱，杀头弃市。

金圣叹别名张喟、金人瑞，入清后，以哭庙案被杀。表面上看与著淫书没有必然联系，但因果报应往往是以某件事为因缘达到善恶报应的结果。不从这件看到报应，那么就会从另外一件事情引起报应，到最后实际上是算总账的。

发挥圣贤之说自然要得善报，而《西厢》之类却不是圣贤之书。金圣叹赞美崔莺莺、张生的叛逆行为，讥讽冬烘（迂腐，浅陋的意思）秀才目《西厢》为淫书，而推《西厢》为"天地妙文"。张生赶考不好好读书，却因遇见崔莺莺一见钟情。此一见钟情，实因好色贪淫而引发。所谓你情我爱，都是两人沉溺于情欲之中而不能自拔。金圣叹竟然把这种文字美化为"天地妙文"，这不是亵渎天地与圣贤吗？他最后被"弃市"也就不奇怪了。弃市，古代在闹市执行死刑，并将尸体暴露在街头，称"弃市"。这也可以说是现世报。

按照文昌帝君《戒淫圣训》，金圣叹是第四等罪人，可以说是罪行最重的人。死后则要堕入无间地狱，直到这些书完全消失，而且看了这些淫书而造罪者的苦报也受尽了，淫书的作者才能出离地狱。

第八章　戒淫文

戒淫文

盖闻业海①茫茫，难断无如色欲；尘寰②扰扰③，易犯唯有邪淫。拔山盖世之英雄，坐此亡身丧国；绣口锦心④之才士，因兹败节堕名。今昔同揆⑤，贤愚共辙⑥。况乃嚣风⑦日炽，古道沦亡！轻狂小子，固耽⑧红粉之场；慧业⑨文人，亦效青衫之湿⑩。言窒欲而欲念愈滋，听戒淫而淫机倍旺。遇娇姿⑪于道左，目注千翻；逢丽色于闺帏，肠回百折。总是心为形役，识被情牵。残容俗妪，偶然簪⑫草簪花，随作西施之想；陋质村鬟⑬，设或带香带麝，顿忘东妇⑭之形。

岂知天地难容，神人震怒？或毁他节行，而妻女酬偿；或污彼声名，而子孙受报。绝嗣之坟墓，无非轻薄狂生；妓女之祖宗，尽是贪花浪子。当富则玉楼⑮削籍，应贵则金榜除名。笞、杖、徒、流、大辟⑯，生遭五等之诛；地狱、饿鬼、畜生，没受三途之罪。从前恩爱，到此成空；昔日雄心，而今何在？

普劝青年烈士⑰，黄卷⑱名流，发觉悟之心，破色魔之障。芙蓉⑲白面，须知带肉骷髅⑳；美貌红妆，不过蒙衣漏厕。纵对如玉如花之貌，皆存若姊若母之心。未犯淫邪者，宜防失足；曾行恶事者，务即回头。更祈展转流通，迭相化导。必使在在齐归觉路，人人共出迷津㉑。

【注释】

① 业海：比喻谓种种恶因如大海。《四十二章经》注："罪始滥觞，祸终灭顶，恶心不息，业海转深。"

② 尘寰：人世间。

③ 扰扰：纷乱。

④ 绣口锦心：形容文思优美，词藻华丽。出自唐代柳宗元《乞巧文》："骈四骊六，锦心绣口，宫沉羽振，笙簧触手。"

⑤ 同揆：同一法则，同一道理。

⑥ 共辙：同一法则，同一道理。

⑦ 嚣风：喧嚷干进之风。干（gān）进，谋求仕进。

⑧ 耽：玩乐，沉湎。《诗经·卫风·氓》："于嗟女兮，无与士耽。"毛传："耽，乐也。"

⑨ 慧业：有才华，此处是讽刺只有一点小聪明的文人。

⑩ 青衫之湿：读书人对女人相思而泪湿青衫。青衫：古时学子所穿之服。"青衫湿"又是词牌名，如《青衫湿·悼亡》是清代词人纳兰性德的作品，这首词抒发对亡妻深切怀念的痴情。

⑪ 娇姿：美女。

⑫ 簪（zān）：插，戴。

⑬ 鬟：古代妇女的环形发髻。

⑭ 东妇：即东施。语出"东施效颦"的典故。《庄子·天运篇》上说，美女西施病了，按着心口，皱着眉头，在村头走过，人们觉得更美。邻人的丑女东施仿效她的样子，在村头走过，结果更丑了。

⑮ 玉楼：传说中天帝或仙人的居所。

⑯ 笞、杖、徒、流、大辟：古代五种刑罚。《清史稿·刑法志二》："《明律》渊源唐代，以笞、杖、徒、流、死为五刑。"笞刑：以竹、木板责打犯人背部、臀部或腿部的轻刑，是针对轻微犯罪而设，或作为减刑后的刑罚。杖刑：指用大竹板或大荆条拷打犯人脊背臀腿的刑罚。徒刑：剥夺罪犯一定期限的自由并强制其服劳役的刑罚。流刑：流放，在中国传统法律体系之中是与笞、杖、徒、死并列的五刑之一，介于死、徒之间。大辟：隋代之前死刑的通称，隋唐之后五刑刑名不用大辟，称死刑。

⑰ 烈士：有节气有壮志的人。《韩非子·诡使》："而好名义不仕进者，世谓之烈士。"

⑱ 黄卷：书籍。古人用辛味、苦味之物染纸以防蠹，纸色黄，故称"黄卷"。写错可用雌黄涂改。

⑲ 芙蓉：荷花的别名，喻指美女。《西京杂记》卷二："文君姣好，

眉色如望远山，脸际常若芙蓉。"

⑳骷（kū）髅（lóu）：无皮肉毛发的全副死人骨骼或头骨。

㉑迷津：迷失津渡，迷路。此处指迷失了人生的方向。

【译文】

业海茫茫，难断无如色欲；红尘滚滚，易犯惟有邪淫。拔山盖世的英雄，在此亡身丧国；衣冠楚楚的才子，因此败节损名。今昔相同，贤愚共理。何况世风日下，人心不古！轻狂小子，往往沉迷红粉之场；风流文人，常常仿效青衫之泪。一谈止欲，而欲念更旺；一听戒淫，而淫心倍增。遇娇姿在道旁，目不转睛；逢丽色于闺帘，辗转难眠。总是心智被外形所蒙蔽，神识被虚情所牵连。残枝败柳，偶然插花戴银，就作西施之想；陋质村女，间或涂脂抹粉，顿忘东妇之形。

哪知天地难容，神人震怒？或毁他节行，而妻女酬偿；或损他声名，而子孙受报。绝后的坟墓，无非风流之辈；妓女的祖宗，尽是贪花浪子。命当富贵而反遭堕落，本应扬名则金榜除名。笞、杖、徒、流、大辟，生前遭受五等刑罚；地狱、饿鬼、畜生，死后堕落三途恶道。从前恩爱，到此成空；昔日雄心，而今何在？

普劝青年烈士，黄卷名流，发觉悟之心，破色魔之障。面如芙蓉，须知带肉骷髅；美貌红妆，只是穿衣粪桶。纵对如花似玉之貌，也只存若姊若母之心。未犯淫邪者，宜防失足；曾行恶事者，务劝回头。更望辗转流通，互相劝化引导。必使处处齐归觉路，人人共出迷津。

【解说】

本文是普劝戒淫之文，与《安士全书·欲海回狂》开头语相同。

业海茫茫，难断无如色欲。什么是"业"？简单地说就是造作的意思，这个词来自于梵语，音译羯磨，指有情众生的一切行为。原是印度独特的思想，在印度人中相当普及，并以之为招致轮回转生之一种动力。人的身、口、意造作善法与不善法，名为身业、口（语）业、意业。业生灭相续，必感苦乐等果，果是业果，结果的因谓之业因。善因必得善果，恶因必得恶果。善恶之业有生起苦乐果之力用，称为业力。一切苦乐之果皆因业力所致，故通常说"业力不可思议"。

为什么业海茫茫，难断无如色欲？那就要寻找色欲产生的根源。好色可以说与生俱来。因为众生轮回的业因就是有"我"，有了"我"，就有占有欲，所以看到美色就想占为己有，心中一起念，身体就有行动，才有奸淫对方的行为。所以，在居家修行的五戒（杀、盗、邪淫、妄、酒）中，不邪淫实际上是最难控制的，控制了邪淫才能投生善道。

淫欲的多少决定三界众生的身份，淫欲的多寡也决定众生投生到福报不同的世界。在三界众生中，欲界众生处于较低的层次。欲界是具有淫欲、情欲、色欲、食欲等有情所居之世界，其中主要指男女色欲。色欲是欲界众生产生的根源，因有色欲才有淫欲、情欲。因色欲多寡不同，使欲界众生有五趣十二处。趣，义为趣向，五趣指有情生死有五个去处，即地狱、畜生、饿鬼、人及六欲天，所以又称五趣杂居地。

色界位于欲界之上，能够投生到色界就是因为远离了淫欲，所以色界众生连男女之别也没有了，就是这个世界连女人也没有了，哪里还可能好色呢？只是还未脱离质碍之身，所谓色即有质碍之意。虽有色的质碍，但此界众生没有食色之欲，其众生没有出生之苦，皆由化生，其宫殿高大，系由色之化生，一切均殊胜妙好。色界众生依各自修习禅定之力而分为四层，即初禅天、二禅天、三禅天、四禅天。

无色界位于色界之上，到了无色界的众生，连色的质碍也没有了，唯有受、想、行、识四心。所以，这个世界没有物质，亦无身体、宫殿、国土，唯以心识住于深妙之禅定，故称无色界。根据心境的不同层次，分为四天，即空无边处天、识无边处天、无所有处天、非想非非想处天。非想非非想处天是最高一层天，享受八万四千劫长寿的福报。

以上三界总为一个世界，大乘佛教认为宇宙之中有无数这样的世界。虽然欲界众生因为淫欲而生，处于三界中最低层次，但因为有生老病死等各种痛苦，众生有出离痛苦之心，所以圣人就诞生到这个世界来普度众生。

一旦修出世之法，就能出离三界六道，到那个时候连享受八万四千劫福报的非想非非想处天也比不了。

怎么修呢？既然难断无如色欲，易犯惟有邪淫，那就从戒色戒淫开始修起。人有"身、口、意"三业。在十恶业中，包括身三（杀、盗、邪淫）、口四（妄语、绮语、恶口、两舌）、意三（贪、嗔、痴）。我们修行，就是把十恶业变成十善业，包括身三（不杀、不盗、不邪淫）、口四（不妄语、不绮语、不恶口、不两舌）、意三（不贪、不嗔、不痴）。因守住十善，才能不堕落三恶道（地狱、饿鬼、畜生）。所以，居家修行，就要坚守五戒（杀、盗、邪淫、妄、酒）。无论是十善，还是五戒，不邪淫是关键的修行。

为什么拔山盖世的英雄，在此亡身丧国？因为不邪淫不是一个人能够轻易做到的。拔山盖世的英雄，也包括历史上那些帝王将相，他们很多人不就因为美色而亡身丧国吗？纵观历史上各个王朝，有一个共同规律，那就是兴于女人，也亡于女人。每当一个王朝兴旺的时候，那么这个君主往往能够清心寡欲，不耽于女色，他身边遇到的女人也往往是贤妻良母。成康之治有后妃之德，使周康王不耽于女色，勤于政事，国家也就兴旺发达了。同是周朝的帝王，到了周幽王就好色贪淫，得到褒姒后如获至宝，为博美人一笑，周幽王亡国而杀身，西周也从此灭亡。在唐朝，唐太宗与长孙皇后伉俪情深，生而同寝，死而同穴。在后宫三千的封建王朝，唐太宗能够专情于一人，也算是很少的，至少不是好色贪淫的帝王能够做到的。所以有长孙皇后这样的贤妻良母辅佐，唐朝才出现了贞观之治。同是唐朝的帝王，到了唐玄宗就开始好色贪淫，他把儿媳杨玉环占为己有，并且封为贵妃。白居易《长恨歌》说："春宵苦短日高起，从此君王不早朝。"我们看，美人在侧就荒废了朝政，唐朝能不由盛转衰吗？安史之乱后，唐王朝也就一蹶不起。

衣冠楚楚的才子，因此败节损名。这是说那些读书人，看起来衣冠楚楚，可以一旦好色贪淫，就变成了衣冠禽兽，不但其功名被上天在冥冥之中剥夺，他的形象也因此在士林中而不齿。《欲海回狂》谈到龙舒读书人刘尧举，租船应试，在船上看见船夫女儿有姿色，就调戏她，因船夫严密防备，而没有机会私通。刘上岸考试，船夫用大锁锁门，料想必无顾虑，于是放心上街，很久未归。本次考试都是刘学习过的功课，很快做完。一出考场，就与船女私通。刘的父母梦见黄衣人持榜至，报刘是第一名，正要看榜，忽然被一人夺走，说："刘某近做亏心事，第一名削去。"醒后说起这个梦感到忧虑。拆卷后，刘因杂犯被除名。主考人员都叹惜他的文章。回来后，父母用梦中的话来责问他，刘躲避不敢说。竟以不第终其一生。乘船仓促之欢，竟用第一名换取，也太愚蠢了！

"轻狂小子，固耽红粉之场；慧业文人，亦效青衫之湿。"这是讲那些风流才子，寻花问柳，出入风月之场，与风尘女子卿卿我我为荣。娼妓本来就是前世好色贪淫得来的报应，稍有自爱者，她们也想赎身跳出火坑。可那些风流文人，只因好色贪淫，竟然还要往这个火坑里跳。《杜十娘怒沉百宝箱》写道："却说李公子，风流年少，未逢美色，自遇杜十娘，喜出望外，把花柳情怀，一担儿挑在他身上。"纵然父亲反对，但李甲贪恋美色而不能自拔。杜十娘虽是风尘女子，却一心想要跳出火坑，她心向李甲，爱的是人，不是钱，见他"手头愈短，心头愈热"，足见真情。如果李甲不是好色贪淫，真心想要救出杜十娘，也算不枉做一个读书人了。可李甲不仅好色，还贪钱。他在孙富的哄骗下，将杜十娘以千金转卖给他。杜十娘闻讯，深感人格被辱。翌日，在船头，她当众打开"百宝箱"，把"不下万金"的紫玉金银古玩一一抛入江中，随后自己抱匣投江而死。这对李公子可以说是一个莫大的讽刺，本来可以人财两得，却因好色没有真情而失去人，又因贪小钱把人贱卖而失去"万金"。这样的读书人，耽于红粉之场，能不身败名裂吗？他若效青衫之湿，就是泪如潮水，填满江湖，这种后悔还有什么用呢？

遇娇姿在道旁，目不转睛；逢丽色于闺帘，辗转难眠。为什么这样呢？这是因为我们的心总是向外攀缘，而不是反过来向内心求仁。颜渊问仁，子曰："克己复礼为仁。一日克己复礼，天下归仁焉。为仁由己，而由人乎哉？"颜渊曰："请问其目。"子曰："非礼勿视，非礼勿听，非礼勿言，非礼勿动。""克己"就是约束自己的私欲，不管是在共同场合还是个人独处，都要让自己没有私心杂念，达到纯善的境界，这也是儒家"慎独"的功夫。"复礼"就是回到"礼"的规范中，让自性本有的"天理"恢复。朱熹等理学家说的"存天理，灭人欲"也是这个意思。"克己"和"复礼"都是达到"仁"的途径，都在于人心的改变。一旦人心改变，天理得以回复，那么天下到处就是"仁"了。所以孔子说"一日克己复礼，天下归仁焉"。道理是这样，可人不去改变自心，不去消除一切私心杂念，那么世界仍旧是那个世界，人也还是那个人，心的改变是靠自己的，不能靠别人的。所以孔子说："为仁由己，而由人乎哉？"当你心中一念是善的时候，你此时就是仁，所以求仁并不难，关键是你要把握心中的当下一念，你要能够主宰你的"心"。那么如何主宰自己的心呢？这就是颜回所问的"仁"的总纲之后的细目。孔子回答说："非礼勿视，非礼勿听，非礼勿言，非礼勿动。"这四个"非"从外在的一切作为来约束自己的心不要走邪路，也就是佛法常说的要从自己的"身、口、意"各个方面去严格要求自己，不犯"五戒"，不做"十恶"。使自己的眼、耳、鼻、舌、身、意都不去接触不良的事物，这样就很容易达到"仁"的境界了。例如"非礼勿视"那就是不合乎"礼"的就不要看。例如黄色录像、淫秽书刊都是使人堕落的，就不应该看。再如走路就应该目不斜视，不要东张西望，不要前面来了什么美色，就盯住不放，这都是使人堕落的因子。视听言动禁止了非礼的因子，内心的仁就到来了。

若不反过来向内心求仁，则难以禁止"非礼"行为，视听言动就会肆无忌惮了，其结果是一失足成千古恨。因此，天地难容，神人震怒。到那时，命当富贵而反遭堕落，本应扬名则金榜除名。笞、杖、徒、流、大辟，生前遭受五等刑罚；地狱、饿鬼、畜生，死后堕落三途恶道。从前恩爱，到此成空；昔日雄心，而今何在？所谓夫妻本是同林鸟，大难临头各自飞。连夫妻的恩爱都是暂时的，各自的因果各自负责。那么，那些露水夫妻，也只是快活一时，一旦大难来到，各各自身难保。所以说："从前恩爱，到此成空；昔日雄心，而今何在？"哪有什么海枯石烂？哪有什么永不变心？一见钟情，没有那么美好，只是好色贪淫罢了。而好色贪淫的结果，现世报已经非常悲惨，死后还有四种不同等级的报应，详见上章"戒淫圣训"。

所以，仁人君子就发出疾呼："普劝青年烈士，黄卷名流，发觉悟之心，破色魔之障。""烈士"是有节操有大志的人（现在所说的烈士是为了正义事业而牺牲了自己的生命的人，故有所区别），怎么能够沉迷于花前月下，成了美色的奴隶呢？青年烈士，要成为国家的栋梁，好像早晨八九点钟的太阳，要把心思花在学习与工作上。正如保尔·柯察金所说："人最宝贵的是生命。生命对于人只有一次。人的一生应当这样度过：回首往事，不会因虚度年华而悔恨，也不会因碌碌无为而羞愧。"不但青年烈士要成为国家的栋梁，还有黄卷名流也要成为时代的榜样。黄卷名流，就是知识分子里面的杰出者，既然读圣贤书，就要做圣贤事，并立志成为圣贤一样的人，怎么可以成为风流才子，寻花问柳，出入风月之场？这不玷污了读书人的名声，为士林所不齿吗？发觉悟之心，破色魔之障，成圣贤之人，应当成为每一个读书人人生理想。

实际上，美色本来是空，我们只要透过现象看本质就不会被它迷惑。面如芙蓉，须知那是带肉骷髅；美貌红妆，只是穿衣粪桶。通过修白骨观，看空美色就是白骨上的皮肉，没有了皮肉就如棺材里面那一堆枯骨。通过修不净观，看透身体就是一个臭皮囊，皮囊里装的实际上没有一样干净的东西。只要我们认认真真把这本书读完，那么美色就不再是美色了。他们只是医院里面解剖的对象，没有一处可以是美的。只有觉悟色即是空，把一切众生都当成自己的父母，不再有人我的区别，那么也就众生同体了，哪里还有色欲的存在呢？这就是本书的最后目的。故要大力辗转流通此书，互相劝化引导。必使处处齐归觉路，人人共出迷津。

《欲海回狂》原文最后还有一句话："若视劝戒为迂谈，请看冒公的报应；倘以风流为佳话，再鉴金氏之前车。"这是正反两个方面的例证，"冒公的报应"详见本书第十四章"冒起宗"，"金氏之前车"即指金圣叹，详见本书上一章。

【例证】

杨贵妃的结局

（出自《旧唐书》卷五十一《后妃传上》）

> 汉皇重色思倾国，御宇多年求不得。
>
> 杨家有女初长成，养在深闺人未识。
>
> 天生丽质难自弃，一朝选在君王侧。
>
> 回眸一笑百媚生，六宫粉黛无颜色。
>
> 春寒赐浴华清池，温泉水滑洗凝脂。
>
> 侍儿扶起娇无力，始是新承恩泽时。
>
> 云鬓花颜金步摇，芙蓉帐暖度春宵。
>
> 春宵苦短日高起，从此君王不早朝。

这是白居易《长恨歌》，写的是中国四大美女之一杨贵妃。杨贵妃（719~756 年）即杨太真，唐蒲州永乐（山西永济）人，小字玉环，晓音律。开始作玄宗子寿王瑁之妃，后入宫得玄宗宠爱，天宝四载（745 年）封为贵妃，姊妹皆显贵。堂兄杨国忠操纵朝政，政事败坏。天宝十四年（755 年）安禄山叛乱，玄宗逃奔到马嵬（wéi）驿（陕西兴平）时，军士以咎在杨家，杀杨国忠，杨贵妃也被缢死。

在《欲海回狂》一书《杂问防淫类》的问答中，有人问："淫秽之事与长生之术，二者既然水火不相容，为何杨贵妃几乎倾覆唐室，还死后成仙呢？"作者回答："谁看见她成仙呢？即使有宿福，流入仙趣，但福尽必然堕落恶道。古德说：'饶汝作仙人，恰似守尸鬼。'何足羡慕呢？"

杨贵妃本为寿王妃，是唐玄宗的晚辈，唐杨乱伦几乎倾覆唐室，这是他们的现世报。按照《戒淫圣训》四种人的划分，唐杨乱伦属于第三等罪人，要在地狱中受苦一千五百劫，才能出去。可是民间传说杨贵妃死后成仙，所以《欲海回狂》作者安士先生说，世人肉眼凡胎，怎么可能看见她成仙呢？就算她前世的福报太好，即使成了仙人，也善恶报应终有时。就算是能够享受一世的神仙福报，那也是"饶汝作仙人，恰似守尸鬼"，也只是延迟她地狱的报应罢了。

风流文人苏东坡的醒悟
（出自《东坡问答录》）

苏轼，自号东坡居士，被贬瓜州（现属扬州市）的时候，经常与一江之隔的金山寺住持佛印禅师谈禅论道。两人过从甚密，称为至交。南宋时《东坡居士佛印禅师语录问答》（又名《东坡问答录》）问世，所记皆为苏东坡与佛印禅师往复之语，有一段文字如下：

东坡在惠州，佛印在江浙，以地远无人致书。有道人卓契者，慨然曰："惠州不在天上，行即到矣。"因请书以行。印即致书云："尝读退之送李愿归盘谷序，愿不遇主知，犹能坐茂林以终日。子瞻中大科，登金门，上玉堂，远放寂寞之滨，权臣忌子瞻为宰相耳！人生一世间，如白驹之过隙，三二十年功名富贵，转眼成空。何不一笔勾断，寻取自家本来面目？万劫常住，永无堕落。纵未得到如来地，亦可以骖鸾驾鹤，翔三岛（蓬莱、方丈、瀛洲）为不死人。何乃胶柱守株，待入恶趣？昔有问师：'佛法在什么处？'师云：'在行住坐卧处，着衣吃饭处，屙屎撒尿处，没理没会处，死活不得处。'子瞻胸中有万卷书，笔下无一点尘，到这地位不知性命所在，一生聪明要做甚么？三世诸佛则是一个有血性汉子，子瞻若能脚下承当，把一、二十年富贵功名贱如泥土。努力向前，珍重！珍重！"

佛印给苏轼写此信，正是他被贬惠州的时候。此前，他一直与佛印禅师有来往，禅师知道他红尘未了。据说苏东坡除了正妻以外，还有几个妾。苏东坡自己只说"有妾数人"，有人说计有七人，其中有一个名叫"朝云"的。据说，有一次佛印禅师来到苏轼家里，他就让自己的小妾朝云侍奉禅师。禅师让她烧了七炉火，用一个茶壶轮流煮，烧到早晨，然后水干壶爆，禅师就走了。苏东坡由此醒悟到，自己好色贪欲，家有七妾，就好像一个茶壶在七个火炉上煮，终归爆裂，这正是暗示他要放下女色，一心修道，才不亏前世修行。前世修行，此世才得"中大科，登金门，上玉堂"的福报。可不要得了这点福报，就可为所欲为，特别是色欲不断，尘不可出。所以，禅师点醒他何不一笔勾断，寻取自家本来面目？

苏东坡是北宋文学家、书画家、嘉祐进士。传说苏轼母亲程氏怀孕时，梦僧至门，就生苏轼。苏轼七、八岁时，常梦身为僧。苏轼在韶关礼六祖肉身时说："我本修行人，三世积精炼；中间一念失，受此百年谴。"自认为前身是出家人。临终时，门人钱世雄说："先生平生践履，至此宜更著力。"苏轼说："著力即差。"说明苏轼一生参禅悟道，虽然境界已经很高，但临终时仍然没有解脱。传说至明朝，袁中郎（袁宏道）即苏轼后身，因为归心净土法门，即得往生。

第九章　戒淫格言

1. 张三丰真人

三丰张真人[1]曰：人生天地间，禀五行[2]之秀，具刚正之气。夫夫妇妇[3]，人道之常。越礼乱伦，等诸禽兽。淫邪之行，志士所当力戒也。夫天下蠢然者莫如物，乃雎鸠[4]定偶而不相乱，哀雁孤鸣[5]而不成行。人不如鸟，负此人名，逊物[6]之灵矣！

奈此蚩蚩之氓[7]，不解色即是空，同于幻泡[8]；犹羡红颜绿鬓[9]，恩爱缠绵。岂知人同此心，反观皆可自悟。尔等于淫人妇女时，当即自思，设此时吾妇被人淫，枕畔[10]戏笑，曲尽绸缪[11]，吾介于其旁，见此种情形，当必心中如刺，眼内如火，奋击追杀，刻不容缓。何至淫人妇女，忘却回想，遽尔[12]牵帷[13]，自鸣得意乎？此时天地鬼神，临之在上，瞵[14]质[15]之在旁，其怨怒犹是，欲杀割犹是。有不目切齿，谋为报应者乎？灾祸之起，至不旋踵[16]。兴言及此，能不寒心！

又况舍身利剑，碎首邻阶。阳台[17]之梦未终，而泉台[18]之扃[19]已掩。青磷[20]碧血[21]，皆红粉之变为之。美人原是胭脂虎[22]，岂不信哉？即不至此，而淫人妻者，强者鸣之当道[23]，弱者隐恨终身。宗族含不解[24]之羞，夫妇绝百年之好。死生莫测，变态多端。或阴图报复，或暗地伤惭[25]。祖父本无大咎[26]，附会[27]者即猜为极恶。至若夫[28]若子若孙，世玷清名。移人骨肉[29]，乱我宗祧[30]。纵身登仕籍，名誉彰闻，终必遗臭无穷。既不齿于人伦，亦永传为话柄。是杀人之惨毒，只及一身；而无刃之锋芒，不啻[31]杀人数世也！

总之淫念根于好色，欲绝淫根，先严色戒。一好色即好淫，则已身不正。而对此柔姿媚骨，不能自制，必多为彼所制。由是徇[32]私情，废孝友，父母、兄弟弃置不顾。舍此一好之外，懵然无知矣。由是妻妾子女，失所防闲[33]，任其秽乱闺阃[34]，默为报应，亦必懵然无知矣。

且夫[35]好淫者，子孙必至夭折，后嗣必不蕃昌[36]。何则？我之子孙，我之精神[37]种之。今以有限精神，供无穷花柳[38]，譬诸以斧伐木，脂液既竭，实[39]必消脱。一己之精神，尚涣散而不积，又安望集于子身？则所生单弱[40]，在所必然。至业已[41]单弱，而父母之淫根不绝，禀气受形，大率都肖[42]。再传而后，薄之又薄，弱之又弱，覆宗绝祀，适得其常。淫祸之烈，可胜言哉？

呜呼！人寿几何？百年一瞬。纵不顾名节[43]，不惜身命，未有不念及子孙，谋及宗祀[44]者。苟一计及，方追悔不暇，有何娱乐，尚思逞欲耶？至于尼僧孀寡[45]、仆妇青衣[46]、娼家妓馆，名分所关，身家所系，尤易明察，无庸多赘。

是在有志者，清净为基，存诚为用，坚忍为守，决烈[47]为志，存之以不动，养之以湛如[48]。举凡[49]诱人入阱，一切诲淫[50]之书，付彼烈火，为天下苍生造福。狎淫[51]之友，摈[52]不与通。易吾好色之心，殚精会神[53]，图为有益。将见何名不立，何利不收？而五福[54]之休[55]，毕集于我躬[56]矣！

是为劝。

102

【注释】

①张真人：武当山道士，名通，又名三丰子等，世称"隐仙"。一说陕西宝鸡人，一说辽东懿州（今辽宁省阜新市彰武县西南或阜新蒙古族自治县塔营子镇）人、一说辽东懿州望平县（今辽宁省锦州市黑山县姜屯镇）人，祖籍江西龙虎山。于元世祖中统元年（1260年）举茂才异等，历官至中山博陵令。入明，自称"大元遗老"，时隐时现，行踪莫测。历代皇帝敕封其有"忠孝神仙""犹龙六祖隐仙寓化虚微普度天尊""通微显化真人""韬光尚志真仙""清虚元妙真君""飞龙显化宏仁济世真君"等。清代汪锡龄和李涵虚编辑有《张三丰先生全集》。

②五行：水、火、木、金、土。我国古代称构成各种物质的五种元素，古人常以此说明宇宙万物的起源和变化。

③夫夫妇妇：出自《周易·家人》："父父子子，兄兄弟弟，夫夫妇妇，而家道正。"其中夫夫妇妇的意思是，夫守夫道，妇守妇道。

④雎鸠：感情专一又相敬如宾的鸟。朱熹说："雎鸠，水鸟，一名王雎。状类凫。今江淮间有之。生有定偶而不相乱，偶常并游而不相狎，故《毛传》以为挚而有别。《列女传》以为人未尝见其乘居而匹处者，盖其性然也。"

⑤哀雁孤鸣：大雁失去配偶，再不择偶，独自哀鸣。

⑥逊物：比不上动物。逊：不如，比不上。

⑦蚩（chī）蚩（chī）之氓（méng）：指愚昧无知的百姓。

⑧幻泡：梦幻泡影，比喻事物虚幻无常。《金刚经》："一切有为法，如梦幻泡影，如露亦如电，应作如是观。"

⑨绿鬓（bìn）：乌黑而有光泽的鬓发，形容年轻美貌。

⑩枕畔：枕边。

⑪曲尽绸（chóu）缪（móu）：男女不顾一切尽情缠绵。曲尽：竭尽。绸缪：缠绵。《诗经·国风·唐风·绸缪》："绸缪束薪，三星在天。今夕何夕，见此良人。子兮子兮，如此良人何！"

⑫遽尔：急切，轻率。

⑬牵帷：拉进帐帷。

⑭瞋：睁大眼睛瞪人，瞋目而视。又指发怒。

⑮质（jié）：通"诘"。问，诘问。

⑯旋踵：指掉转脚跟，比喻时间极短。

⑰阳台：战国楚宋玉《高唐赋》序："昔者先王尝游高唐，怠而昼寝，梦见一妇人，曰：'妾巫山之女也，为高唐之客，闻君游高唐，愿荐枕席。'王因幸之。去而辞曰：'妾在巫山之阳，高丘之岨，旦为朝云，暮为行雨，朝朝暮暮，阳台之下。'"后遂以"阳台"指男女欢会之所。若把"阳台"译为"阳世间"，有误。

⑱泉台：墓穴。亦指阴间。

⑲扃（jiōng）：关闭门户的门闩。

⑳青磷：人和动物尸体腐烂时，会分解出磷化氢，常在夜间田野中自燃，发生青绿色的光焰，古称"青磷"。俗称鬼火。

㉑碧血：《庄子·外物》："苌弘死于蜀，藏其血，三年而化为碧。"后因以"碧血"称忠臣烈士所流之血。此处指行淫者横死后流出的血。

㉒胭脂虎：悍妇。此处指美女是被胭脂掩盖了的老虎。

㉓当道：指执政者、掌权者。

㉔不解：不能解开，不能分开。

㉕伤惭：伤心，感到羞愧。

㉖大咎：大的过错。

㉗附会：牵强附会。勉强地把两件没有关系或关系很远的事物硬拉在一起。

㉘若夫：至于。用于句首或段落的开始，表示另提一事。

㉙移人骨肉：留下了行淫者的骨肉。

㉚宗祧：指家族世系，宗嗣，嗣续。

㉛不啻（chì）：不亚于，无异于，如同。

㉜徇：谋求，营求。

㉝防闲：防，堤也，用于制水；闲，圈栏也，用于制兽。引申为防备和禁阻。《诗经·齐风·敝笱·序》："齐人恶鲁桓公微弱，不能防闲文姜，使至淫乱，为二国患焉。"

㉞闺闱：内室。亦特指妇女居住的地方。

㉟且夫：况且。承接上文，表示更进一层的语气。

㊱蕃昌：蕃衍昌盛。

㊲精神：指人的精、气、神。相对于形骸而言。

㊳花柳：本指娼妓，此处指妻子以外的第三者。

㊴实：树的果实。

㊵单弱：身体瘦弱，不强壮。

㊶业已：已经。

㊷肖：像父亲，此处指遗留了父亲好淫的种子。

㊸名节：名誉与节操。

㊹宗祀：对祖宗的祭祀。

㊺孀（shuāng）寡：守寡。

㊻青衣：指穿青衣或黑衣的人，古代如侍女、婢女。

㊼决烈：刚烈，坚毅。

㊽湛如：安然。

㊾举凡：凡是。

㊿诲淫：引诱人产生淫欲。

(51) 狎淫：又作“淫狎”。荒淫，下流。

(52) 摈：排斥，弃绝。

(53) 殚精会神：竭尽心思，集中精神。

(54) 五福：五种幸福。《尚书·洪范》：“五福：一曰寿，二曰富，三曰康宁，四曰攸好德，五曰考终命。”

(55) 休：喜庆，美善，福禄。《诗经·小雅·菁菁者莪》：“既见君子，我心则休。”郑玄笺：“休者，休休然。”王引之《经义述闻·毛诗上》“我心则休”：“家大人曰：《菁菁者莪》篇：‘我心则喜’、‘我心则休’。休亦喜也，语之转耳。《笺》曰：‘休者，休休然。’休休犹欣欣，亦语之转也。”《左传·襄公二十八年》：“以礼承天之休。”杜预注：“休，福禄也。”

(56) 躬：自己，自身。

【译文】

张三丰真人说：人生于天地间，禀承五行之秀，具有刚正的气质。夫守夫道，妇守妇道，乃人之伦常。越礼乱伦，则等同禽兽。所以淫邪的行为，是一切有志者应当努力戒除的。天下最愚蠢的莫如动物，可是雎鸠一经相配成侣，则终生不渝；失去配偶的孤雁，独自哀鸣而不再择偶。如此看来，人不如鸟，有负于“人”这个尊称，比不上动物的灵性了！

无奈世人愚昧无知，不知色即是空，如同梦幻泡影，却被红颜美貌所迷，恩爱缠绵。其实人心都是一样的，若能换位思考就可以醒悟。当你想淫乱他人的妻女时，应当反过来想想，假如这个时候，我的妻室被他人所淫，枕边调笑，尽情缠绵，而此时自己就在旁边，见到这种情景，必然心如刀刺，眼中冒火，不顾一切地痛打追杀，刻不容缓。为什么到了淫乱别人妻女的时候，却忘记了反想呢？就轻率拉入帐帷，成就淫事，还自鸣得意呢？要知道，冥冥之中，天地鬼神鉴临在上，责问在旁，他们也一样怒不可遏，一样想要砍你的头，割你的肉。哪有不咬牙切齿、怒目而视，想方设法惩戒无耻之徒的呢？一切灾祸，转眼之间就会接连不断。说到此处，能不令人寒心吗？

更何况邪淫者往往丧身于锋利刀剑之下，抛尸于邻居台阶之上。巫山云雨的美梦还没有做完，地府大门的铁闩已经关上。死后化为碧血鬼火，都是红粉转变而来。美人本来就是抹了胭脂的吃人老虎，难道还不相信吗？即使暂时不至于被杀，如果奸淫了别人的妻子，她的家人中，强者会告到官府，弱者也会怀恨终身。行淫者的宗族因此而蒙受了无法解脱的耻辱，夫妻之间也断绝了一世的恩情。死生无常，变化多端。被羞辱的一方，或暗中伺机报复，或背地里伤心痛苦。其祖辈父辈，本来没有大的过失，牵强附会的人就会猜测他们造了大恶。以至于子子孙孙，都玷污了世代的清名。女人若是怀了别人的孩子，就乱了自家的宗谱。这个孩子长大后，纵然身登仕途，名声很大，终必是遗臭无穷。既不齿于人伦，亦永传为话柄。所以，杀人的惨毒，只及一身；而看不见的淫刀，不亚于杀人几代了！

总之，淫念根源于好色，想要断绝淫根，首先严持色戒。只要一好色，必然就好淫，则己身不正。一旦面对柔姿媚骨，便不能自制，必然被淫念打败，然后被此美人控制。由此不惜徇私枉法，丢了孝道与兄弟之情，乃至于弃父母兄弟而不顾。除了淫欲之外，对其他全都糊涂无知了。因此，对自己的妻妾子女，也失去了管教防范，任其秽乱内室，暗中报复他的出轨。而好淫者本人，却懵然无知。

况且好淫之人，子孙必然夭折，后嗣必不昌盛。为什么呢？因为自己的子孙，是自己精气神的产物。如今以我有限的精气，供给无穷的花柳，这好比用斧子砍树木，树的脂液既已枯竭，树的果实也必定会枯萎乃至脱落。自身的精气神尚且消散不能积存，又怎能期望集中于子女之身呢？因此，所生的儿女单薄瘦弱，在所必然。出生后已经单弱也就罢了，又因为父母的淫根不能断绝，禀其气受其形，所以儿女大多都像父母，遗留了父亲贪淫的根脉。再往下传，则薄之又薄，弱之又弱，最后导致断子绝孙，这也是很正常的结果。淫祸的惨烈，怎能说得完呢？

呜呼！人的一生寿命能有多长？百年也是瞬间而已。纵然不顾及自己的名节，不珍惜自身的性命，难道也不爱护子孙，不虑及宗祀吗？如果考虑到了这些，一定会追悔莫及，还有什么心思去寻欢作乐，还想纵欲妄为呢？至于尼姑寡妇、仆妇婢女、娼家妓院，都关系到一个人的名节、身家性命，尤其要明察，这里不再多说。

所以，有志向的人，应当以清净为体，存诚为用，坚忍为守，刚毅为志，存心而不动，养之而安然。凡是诱人堕落的一切黄色图书，都应当付之一炬，为天下苍生造福。凡是下流之友，都要断绝来往。将好色的心，聚精会神，用到有益于众生的事业上去。若能如此，还有什么名誉不能建立？还有什么利益不能收获？五福的吉兆，全都汇聚于我一身了！

这就是我的劝诫。

【解说】

本章是十一位仁者论戒淫嘉言。

首先是一代宗师、武当派的创始祖师张三丰真人的话，这位道教真人曾经作为武林的泰斗，出现在金庸武侠小说《神雕侠侣》末尾，是《倚天屠龙记》中的重要人物。

张真人首先从遵守夫妇之道说起，如果越礼乱伦，等诸禽兽。不但等诸禽兽，而且还禽兽不如。三丰真人举例雎鸠、大雁从一而终，而人可以三妻四妾，甚至乱伦，那么就是禽兽不如了。真人说："雎鸠定偶而不相乱，哀雁孤鸣而不成行。"雎鸠是感情专一又相敬如宾的鸟，朱熹说它"生有定偶而不相乱，偶常并游而不相狎"。大雁也是如此，大雁失去配偶，再不择偶，独自哀鸣。

真人说："奈此蚩蚩之氓，不解色即是空，同于幻泡，犹羡红颜绿鬓，恩爱缠绵。""蚩蚩之氓"来自《诗经》，《诗经·国风·卫风·氓》说："氓之蚩蚩，抱布贸丝。匪来贸丝，来即我谋。送子涉淇，至于顿丘。匪我愆期，子无良媒。将子无怒，秋以为期。"一个本是来卖丝的男人，其实不是真的卖丝，而是看上了一个年轻貌美的女人。这个女人一旦动心，就将全部心思托付给了男人，恩爱缠绵，送他渡过淇水，一直送到顿丘。而男人已经急不可耐，恨不得女人马上以身相许。女人让他不要着急，不要生气，找好媒人，秋天到了就来迎娶。凡是好色的男人，难以有好男人。果然，男女结婚后，演出了一幕"痴心女子负心汉"的悲剧。男人的新鲜期过了以后，就开始喜新厌旧。"士也罔极，二三其德。"罔极，没有道德准则；二三，心不专一。不仅思想出轨，行动也出轨了，又偷情了别的女人。所以，对妻子就看不顺眼了，甚至还实行家庭暴力。旧时的海誓山盟化为乌有，只留下弃妇的无穷悲哀。男人为什么喜新厌旧？因为妻子长年劳累而色衰，所以他就看上了其他貌美的女子。若能觉悟色即是空，同于梦幻泡影，他怎么不会从一而终呢？所以，好色是一切婚姻悲剧的根源。

真人说："淫念根于好色，欲绝淫根，先严色戒。"这里说明了"好色"与"贪淫"的关系，先有"好色"，然后才有"贪淫"，所以要想断绝淫根，先要断绝好色。有些人说好色无罪，哪个人不好色，甚至说不好色的男人不正常。这种说法，不仅毁了自己，也毁了别人。能说好色无罪吗？表面看好色只是心理活动，国家法律确实不会制裁。但是，好色会引起犯罪。平时好色，一见美色就把持不住，然后发生强奸案件，触犯国法。轻则坐牢三年、十年，重则判处死刑。仅仅好色一念，就葬送了自己的性命。这么看来，平时不戒色能行吗？至于说哪个人不好色，甚至说不好色的男人不正常，只是为自己好色找借口。人人都好色确实如此，但人人都有的就是好事吗？因为一善念可以上天堂，因为一恶念可以下地狱，这都决定了每个人都可以主宰自己的命运。如果我们克服与生俱来的好色，那么我们这一善念就足以上天堂。如果我们以人人都好色为借口，任凭自己作为凡夫俗子而堕落，那么这一念最后就会导致自己下地狱。所以，人人都好色，如果我不好色，那么就把我从那些必将堕入三恶道的人区别开来。我们能自甘堕落吗？所以，真人说"欲绝淫根，先严色戒"，我们能不认真理解，并予以实施吗？

真人说："一好色即好淫，则己身不正。"哪个时代的贪官不都是如此吗？先不说历史上的贪官因为好色贪淫，影响了政治的清平。历史上的帝王，都因为好色贪淫，政治的腐败就从自身开始，然后葬送了天下，这不是有目共睹吗？众所周知的唐玄宗，因为好色贪淫，抢了儿媳杨贵妃。由于杨贵妃得到重宠，她的兄弟均赠高官，甚至远房兄弟杨钊，原为市井无赖，因善计筹，玄宗与杨氏诸姐妹赌博，令杨钊计算赌账，赐名国忠，身兼支部郎中等十余职，操纵朝政。唐玄宗游幸华清池，以杨氏五家为扈从，每家一队，穿一色衣，五家合队，五彩缤纷。沿途掉落首饰遍地，闪闪生光，其奢侈无以复加。唐玄宗因为宠幸杨贵妃，进而被杨国忠把持朝政，最后葬送了天下，这样的帝王还少吗？

真人说："一好色即好淫，则己身不正。而对此柔姿媚骨，不能自制，必多为彼所制。由是徇私情，废孝友，父母、兄弟弃置不顾。"一旦面对柔姿媚骨，不能自制，必然被淫念打败，然后被此美人控制。由此不惜徇私枉法，丢了孝道与兄弟之情，乃至于弃父母兄弟而不顾。唐玄宗被杨贵妃控制，然后就徇私枉法，任人唯亲，让杨国忠把持了朝政。他眼里只有美人，就没有父子之道。孔子说："君君，臣臣，父父，子子。"父要有父道，子要有子道。像唐玄宗这样人，抢了儿子的妻子，还有父道吗？

因为好色贪淫，还有乱伦的帝王杀兄篡位，无恶不作。南朝宋孝武帝刘骏，二十四岁时杀兄篡位，乱伦四个堂妹，甚至连母亲也不放过。《魏书》记载："骏淫乱无度，烝其母路氏，秽污之声，布于欧越。"像刘骏这样好色贪淫的人，哪里还有孝道与兄弟之情，不仅弃父母兄弟而不顾，还禽兽不如，烝其母亲。烝，下淫上的意思，指与母辈通奸。如《左传·桓公十六年》："卫宣公烝于夷姜。"杜预注："夷姜，宣公之庶母也。上淫曰烝。"有其父必有其子，刘骏长子刘子业继承父业，好色贪淫。因贪恋新蔡公主的美色，硬是不顾姑侄名分，强行从姑父手中将自己的姑母纳入后宫。刘子业还有一个同母姐姐，也就是已嫁为人妻的山阴公主，刘子业也将其召入宫中。由于刘子业荒淫好色，所以在位不到一年，仅17岁即被自己的叔叔湘东王刘彧发动政变杀死。由于为长不尊，其子女都被拖累。真人说："父母之淫根不绝，禀气受形，大率都肖。"因为父母的淫根不能断绝，禀其气受其形，所以儿女大多都像父母，遗留了父亲贪淫的根脉。刘子业不就是这样的例子吗？

真人说："人寿几何？百年一瞬。纵不顾名节，不惜身命，未有不念及子孙，谋及宗祀者。苟一计及，方追悔不暇，有何娱乐，尚思逞欲耶？"诚然如此！我们常常祝福别人长寿百岁，实际上在宇宙的长河里，百年也只是瞬间而已。在这短暂的生命里，如果不尽快戒色离淫，哪还有时间在这世间留下什么闪光的地方呢？文天祥说："人生自古谁无死，留取丹心照汗青。"我们虽然没有文天祥那么伟大的气节，但我们至少不要因为好色贪淫拖累后人。纵然不顾及自己的名节，不珍惜自身的性命，难道也不爱护子孙，不虑及宗祀吗？如果考虑到了这些，过去如果好色贪淫一定会追悔莫及，现在即使美色在前，还有什么心思去寻欢作乐，还想纵欲妄为呢？

【例证】

变为"药渣"的少年
（出自清代褚人获《坚瓠集·药渣》）

清代学人褚人获在《坚瓠集》"药渣"条目下记载了这么一则故事：某帝时，宫人多怀春疾。医者曰："须敕数十少年药之。"帝如言。后数日，宫人皆颜舒体胖，拜帝曰："赐药疾愈，谨谢恩！"诸少年俯伏于后，枯瘠蹒跚，无复人状。帝问是何物，对曰："药渣。"

说的是某帝的朝代，据说是唐太宗时代，皇宫里面有很多宫女，都得了春疾。春疾是什么疾病，是不是到了春天就得病呢？实际上应当是少女怀春的病，俗称相思病。这种病要开方用药，医生肯定没有办法。可皇帝请来医生，而医生竟然也真的开方用药。医生告诉皇帝："要想治好这些宫女的病，就须找来几十个少年，才能治愈。"皇帝答应了他的要求。经过一段时间，宫女都颜色舒畅，身体也丰满起来，拜帝谢恩。各少年匍匐于后，枯瘦如柴，走路不稳，不像人样。皇帝问医生是什么，医生回答说："这是药渣。"

《安士全书·欲海回狂》说，昆山学生王某，年幼时，与一邻女相恋，往来不绝。父亲痛打责罚，始终不戒。一日胸口受伤，得呕血症，百药无效。完婚才三年，就死了。妇人哀毁（居丧时因过度悲哀而形体憔悴）数年，也死了。

张三丰真人说："今以有限精神，供无穷花柳，譬诸以斧伐木，脂液既竭，实必消脱。"如今以我有限的精气，供给无穷的花柳，这好比用斧子砍树木，树的脂液既已枯竭，树的果实也必定会枯萎乃至脱落。人的精气是有限的，特别当在少年时代，血气未定，若不戒色，变成"药渣"也就不足为怪了。

2. 汪舟次

汪舟次[①]曰：诸恶业中，唯色易犯；败德取祸，亦莫过此。常即"万恶淫为首"一语思之，世间恶业无穷，何至以淫为最？

盖淫念一生，诸念皆起。邪缘未凑，生幻妄心。勾引无计，生机械[②]心。少有阻碍，生瞋恨心。欲情颠倒，生贪着[③]心。羡人之有，生妒毒心。夺人之爱，生杀害心。廉耻尽丧，伦理俱亏。种种恶业，从此而起。种种善愿，从此而消。故曰"万恶淫为首"。

夫一动淫心，未必实有其事，已积恶造业如此。况显蹈明行[④]，罔知顾忌者乎？世有忠厚善人，而身后不昌；才士文人，而终身潦倒者。其病皆由于此。今欲断除此病，当自起念时截断病根。太上不言私美色，而言"见他色美，起心私之"，盖只一起心，而罪已不可逃矣。

杀人者只及一身，淫人者毒其数世。不独伊⑤夫闺门不肃⑥，终身难以对人；即上而公姑⑦，下而子女，莫不耻悬眉睫，痛入心脾。更有夫怒而杀其妻，父怒而鸩⑧其女，甚至因是而斩人子息⑨，绝人宗祧⑩。亦念片时娱乐，所得几何？而将良家妻女，无端诱入火坑。无论冥报彰彰⑪，而此心抑何太忍？

孀居⑫苦节⑬，本是一点贞心，鬼神钦敬。今乃眉来眼去，致她此心一动，不复自持。从前苦节，一时尽丧。罪大恶极，莫此为甚。至于破残闺秀⑭，无论丑声扬播，人所共弃；即或有人娶去，往往败露逐还，父母含羞，兄弟负耻。因而气忿殒命者有之，抑郁伤身者有之。人亦何憾于彼，而必为此害人害己之事哉？

妇女何知远大？或因一时之爱慕，而愿结鸾俦⑮。或因年少之无知，而感怀麛诱⑯。可怜无瑕白璧⑰，顿受尘翳⑱。后虽终身抱悔，而此日之淫污莫涤。更有一朝被染，而毕生之廉耻皆忘。兴言及此，实为寒心！是以古之君子，虽彼揽袂⑲相邀，牵帏⑳相就，当不禁严庄㉑拒绝，回娥眉㉒胥溺㉓之狂澜；婉转开陈，示锦帐㉔回头之道岸。倘能收拾芳心，保全贞性，则数世之阴灵㉕，皆被仁人之厚泽矣！

至若婢女、仆妇，尤易行奸。不知此辈，本属良民，不过因难投充㉖，以贫自鬻㉗。奈何既役其身，又乱其性耶？况家政不肃，家道不和，大都由此。或妒妻鞭挞以伤生，或悍仆反唇以噬主㉘。或父子不知而聚麀㉙，或兄弟交迷而荐寝㉚。甚者以骨肉胞胎，沦为贱媵，后人无知，误行亵狎㉛，名为主婢之分，阴有兄妹之戚。伤风败俗，所不忍言。

又有假随喜㉜之行踪，诱空门之艳质㉝，敢污佛地，败坏清修。此与寻常淫恶，定加百倍！

更有别种狂痴㉞，渔猎㉟男色。外借朋友之名，阴图夫妇之好。彼既见鄙于众人，我亦不齿于正士。等而下之，狎优童㊱，昵俊仆。心因欲乱，内外不分。我既引水入墙，彼必乘风纵火，其间盖有不可知者。

他如寄兴青楼㊲，自谓风流雅事㊳。不知淫娼贱质㊴，百种温存，无非陷人钩饵。一入其中，极聪明人亦被迷惑，遂至乱其心志，废其正业，破家荡产，流入匪类㊵。况遇尸瘵㊶之妇，疮毒之妓，延染及身，脱眉去鼻，痛楚难堪。岂唯不齿于亲朋，抑且见憎于妻子。即良医疗治，获全性命，而毒气内伤，多致不能生育。纵有生育，而先天毒盛，往往发为异疮恶痘，以致夭折，因此覆宗绝祀，嗟何及哉！

【注释】

① 汪舟次（1626~1689年）：汪楫，字舟次（又作次舟），号悔斋，安徽休宁人，寄籍江苏江都。岁贡生，署赣榆训导。康熙十八年（1679年）荐应"博学鸿儒"，试列一等。授翰林院检讨，纂修明史。著有《崇祯长编》《悔庵集》《使琉球杂录》《册封疏钞》《中州沿革志》《补天石传奇》《观海集》一卷等。《清史稿》有传。

② 机械：巧诈，机巧。《淮南子·原道训》："故机械之心，藏于胸中，则纯白不粹，神德不全。"高诱注："机械，巧诈也。"

③ 贪着：贪恋。

④ 显踏明行：明目张胆地实行。

⑤ 伊：她。

⑥ 闺门不肃：对于家里的女人管教不善，后院起火，甚至廉耻丧尽。

⑦ 公姑：丈夫的父母。亦称公婆。

⑧ 鸩：毒害。鸩是传说中的一种毒鸟，以其羽浸酒，饮之立死。

⑨ 子息：儿女。

⑩ 宗祧（tiāo）：指家族世系，宗嗣，嗣续。

⑪ 彰彰：昭著，明显。

⑫孀居：守寡。

⑬苦节：《周易·节》："节，亨。苦节，不可贞。"孔颖达疏："节须得中。为节过苦，伤于刻薄。物所不堪，不可复正。故曰'苦节，不可贞'也。"意谓俭约过甚。后以坚守节操，矢志不渝为"苦节"。

⑭闺秀：南朝·宋·刘义庆《世说新语·贤媛》："顾家妇清心玉映，自是闺房之秀。"后以"闺秀"称大户人家的有才德的女儿，多指未婚者。

⑮鸾俦：比喻夫妻。

⑯麕（qún）诱：用种种手段引人上当。麕：同"群"。成群。《左传·昭公五年》："求诸侯而麕至。"杜预注："麕，群也。"《诗经·召南·野有死麕》："野有死麕，白茅包之。有女怀春，吉士诱之。"

⑰无瑕白璧：白玉上没有一点斑点，比喻品德完美。此处喻女子坚贞自守。

⑱尘翳（yì）：被灰尘遮掩，比喻受蒙蔽。

⑲揽袂：拉着衣袖。

⑳牵帏：掀开帐子。

㉑严庄：严肃庄重。

㉒娥眉：本指女子的秀眉，借指美女。

㉓胥溺：相继沉没。语本《诗经·大雅·桑柔》："其何能淑，载胥及溺。"郑玄笺："胥，相也。"

㉔锦帐：锦制的帷帐，亦泛指华美的帷帐。此处指男女苟合的地方。

㉕阴灵：人死后的魂灵，幽灵。

㉖投充：投靠权势人家充当奴仆以得到庇护。

㉗自鬻：自卖其身。

㉘噬主：被仆人反咬一口。

㉙聚麀（yōu）：《礼记·曲礼上》："夫唯禽兽无礼，故父子聚麀。"孙希旦集解："聚，共也。麀，牝兽也（淫乱的动物）。父子共麀，言其无别之甚。"后以"麀聚"比喻父子共妻，有如禽兽。

㉚荐寝：荐枕。明代沈德符《野获编·兵部·蔡见庵宪使》："数日

后，仍送蔡入城，则虏妇已荐寝于鑫帐数夕矣。"

㉛褻狎：亲近宠幸，此处指奸淫。

㉜随喜：佛教语。谓欢喜之意随瞻拜佛像而生，因用以称游谒寺院。唐代杜甫《望兜率寺》诗："时应清盥罢，随喜给孤园。"《醒世恒言·张淑儿巧智脱杨生》："见寺宇整齐，进来随喜。"顾学颉校注："本是佛教徒瞻拜佛像，随像发生欢喜心的意思；一般当做参观佛寺解释。"

㉝艳质：美色，美女。

㉞狂痴：癫狂痴呆。此处指同性恋，因为他们昏了头，所以说癫狂痴呆。

㉟渔猎：贪逐美色。

㊱优童：娈童，长得美的童子。娈童：专指与男人发生性行为的男童和少年，"娈"字本意形容"美好"，部首为"女"，即"相貌美丽的女子"。南北朝开始，娈字与童搭配，意指被达官贵人当作女性玩弄的美少年。出自南朝梁简文帝《娈童》。

㊲青楼：妓院，妓女。

㊳风流雅事：风雅而有情趣的事。清代曹雪芹《红楼梦》第二十三回："命探春依次抄录妥协，自己编次，叙其优劣，又命在大观园勒石，为千古风流雅事。"

㊴贱质：卑贱的资质。

㊵匪类：行为不端正的人，此处指社会的败类。

㊶尸痨：传尸痨，中医称肺结核病。它是由结核杆菌引起的慢性传染病，可累及全身多个器官，但以肺结核最为常见。

【译文】

汪舟次说：诸恶业中，唯色易犯；败德取祸，亦莫过于此。常常把"万恶淫为首"这句话反复思考，世间恶业无穷，为什么以淫为最呢？

这是因为淫念一生，其他的恶念全都来了。邪缘没有聚合时，生企图心。无法将人家勾引到手，生阴谋诡计心。稍有妨碍，生瞋恨心。颠鸾倒凤，生贪恋心。见他人有佳偶，生炉忌心。夺人所爱，生杀害心。因此，廉耻丧尽，伦理全亏。种种恶业，从此而生。种种善愿，从此而灭。因此说"万恶淫为首"。

仅仅动了淫心，未必实有其事，就已经造作下如此多的罪业。何况明目张胆，无所顾忌地去实行呢？世有忠厚善人，他的后代却不繁荣昌盛；世有文人才士，他的一生却贫困潦倒。其问题就在这里。现在要想断除此病，就应当在淫心才起之时，斩断病根。《太上感应篇》中，太上老君不说"私美色"，而是说"见他色美，起心私之"，可见只此淫心一动，就已经罪不可逃了。

用刀杀人，只祸及此人一身；而奸淫妇女，却毒害了人家几代人。不仅她丈夫担负"闺门不肃"的恶名，终生抬不起头来；而且上至公婆，下到子女，也无不蒙受耻辱，脸面无光，痛入心脾。更有丈夫怒杀其妻，父亲毒死其女，甚至因此而断人子息，绝人宗嗣。也要想想，片刻的快活，究竟能得到了什么？却将良家妇女，无端地诱入火坑。且不说冥冥之中报应昭著，只说现在的存心为什么如此残忍呢？

守寡苦节，本是一片坚贞之心，受到鬼神的钦敬。如今你同她眉来眼去，致使她心旌摇荡，不能自持。从前坚守的节操，一时丧尽。罪大恶极，再也没有比这更严重的了。至于玷污名门闺秀，且不说使其丑名远扬，人皆唾弃，即使有人娶去，往往丑行败露，赶回娘家，父母含羞，兄弟受辱。有的羞愤难当而自尽身亡，有的郁结于心而伤身病亡。你与她到底有何冤仇，非要做这种害人害己的蠢事呢？

很多女子缺少远见，往往因一时爱慕，就愿结同心。有的因年少无知，被种种引诱而上当。可怜无瑕白玉，顿时蒙受污秽。以后即使终身悔恨，可今日的淫污不能洗涤干净。更有一朝被玷污，就从此堕落，一生都忘了廉耻二字。说到这里，实在寒心！因此，古时候的君子，就是被女人拉着衣袖强相邀请，即使已经掀开帷帐非要委身，也无不严肃庄重，加以拒绝，把沦陷在欲海狂澜中头出头没的女人拉上岸来，进而对她婉转开导，指示欲海回头的解脱彼岸。如果她能收拾芳心，保全贞节，那么不仅她本人，就连她祖上数世阴灵，也都受到这些仁人君子厚德恩泽了！

至于婢女、仆妇，是最容易遭受奸淫的。岂不知这些人，本来也是良家女，只因遇难投靠别人，因为贫穷自卖其身。怎么能够既要剥削她们的劳动，又要淫乱她们的身心？况且家政不肃，家道不和，大多是这个原因。有的是被妒忌的妻子鞭打而害了性命，有的是凶悍的女仆反咬其主人。有的是父子不知而共淫一女，有的是兄弟不知而同宿一妇。最严重的后果是，若是这些女仆怀了孕，本与主人是骨肉同胞，生下后沦为下人。后人不知情，误行奸污，名义上是主仆，血缘上却是兄妹。伤风败俗，不忍再说。

又有一种恶徒，混入烧香拜佛的信众，趁机引诱佛门美色，败坏清修。在佛门净地行淫，比起一般的邪淫，更是罪加百倍！

还有一种狂痴，同性相恋，贪逐男色。对外以交友为名，暗中却同夫妇。彼此双方都被大众鄙弃，亦不听从正人君子的教化。更有等而下之者，玩弄娈童，调戏俊仆。心神因淫欲迷乱，致使内外的界限已经不分。将祸水引入家门之内，那些淫乱之徒必然乘风纵火，做出难以预料的丑事。

其他如纵情于妓院，自以为是风流雅事。岂不知妓女以下贱的身子，给你百般的温柔，无非是诱你入火坑的钓饵罢了。一旦陷入其中，极聪明人也会被迷惑，乱了意志，荒废事业，倾家荡产，沦为社会的败类。况且若遇到有尸瘵、疮毒的妓女，就会传染到自身，眉毛脱光，鼻子烂掉，痛苦难堪。既被亲戚朋友耻笑，又被妻子儿女所憎恶。就算求名医治疗，保住性命，而遗毒内伤，多数人不能生育。即使还能生育，生下的孩子，由于先天已受毒害，往往发生怪疮恶痘，以致夭折。因此灭门绝户，再后悔还怎么来得及呢？

【解说】

本文是康熙时代的大知识分子汪舟次先生的嘉言。

汪舟次先生一开头就说："诸恶业中，唯色易犯；败德取祸，亦莫过此。"所以他就重点说明"万恶淫为首"这句话是怎么来的。为什么犯淫不偷不抢，更不杀人放火，反而在诸恶之首呢？

汪舟次先生先不说实有其事，只说一动淫心所引来的后果。因为淫念一生，其他的恶念全都来了。邪缘没有聚合时，生企图心。无法将人家勾引到手，生阴谋诡计心。稍有妨碍，生瞋恨心。颠鸾倒凤，生贪恋心。见他人有佳偶，生妒忌心。夺人所爱，生杀害心。因此，廉耻丧尽，伦理全亏。种种恶业，从此而生。种种善愿，从此而灭。因此说"万恶淫为首"。

从这些情节来看，开始是企图心，然后是阴谋诡计心、瞋恨心、贪恋心、妒忌心、杀害心，一次比一次严重。从淫心一生起，开始只有企图心，到最后产生杀人心，不是已经很严重了吗？"自古奸情出人命"，这句话并非危言耸听。如果从一开始就克制淫心，哪会导致最后的人命案呢？可杀了别人，奸夫淫妇不会轻松，今生不是要被仇杀，就是国法予以惩罚，死后还要堕落万劫不复的地狱。可见淫心一生起，危机也就跟着来了，能不警惕吗？

汪舟次先生认为，太上老君不说"私美色"，而是说"见他色美，起心私之"，可见只此淫心一动，就已经罪不可逃了。因此，《太上感应篇汇编》写到这一句时发挥说："太上对贪财杀生等事，再三告诫，而独对于万恶之首淫，则仅有这一句话。这并非对它忽略。因为贪财杀生等恶业，明显易见，可用言语来表述；而淫欲的罪恶，隐晦深藏，难以用言语来表达。所以在此用谴责的口气下笔，从最初一邪念，来唤醒痴迷的人，说'见他色美，起心私之'。因为人面对美色，只要眼睛一看见，就会动心，则思慕贪求的念头，就会坚固地纠缠在心中而难以摆脱。这种念头一萌生，不必等到身体去犯，就已违背天理而陷入人欲，阴府已经将它列入无穷恶行的罪案了。所以太上无限慈悲，不用繁琐的言语，只用一句话从此处点醒。警示人们在见到美色要起心动念时，不可不从发源处极早禁绝。当在刚刚起念时，奋勇当先，一刀斩断。不可有一点犹豫，不容有丝毫情念。此时你的心念是归于天堂还是地狱，立刻就分清了。若在这时稍有些认识不清，看得不破，不能斩钉截铁，毅然立定脚跟，那么瞬息之间就会受到牵引，欲念滋长蔓延开来，不知不觉就飘入了罗刹鬼国。幽微难知的地方是最危险的地方啊！所以太上这句话的用意，实在精确深远，而且用心良苦之至！"

汪舟次先生说："有些女人缺少远见，往往因一时爱慕，就愿结同心。"这是告诉我们有些女人容易上当受骗。如果男人色心一起，给女人一点甜头，就很容易勾引到手。像上文提到的"蚩蚩之氓"，假装去卖丝，很快就勾引到一个年轻貌美的女人，这个女人很快就对他死心塌地。可这仅仅是男人好色才对她好的，一旦结婚，男人的本性就显现出来了。新鲜感一过去，加上女人劳累色衰，男人就喜新厌旧。像这种男人，女人能轻易托付终身吗？所以，聪明的女人未婚前洁身自好，对于自己心仪的对象重德不重色，这样才能找到托付终身的好男人。所以，汪舟次先生说："有的因年少无知，被种种引诱而上当。可怜无瑕白玉，顿时蒙受污秽。"现在很多大学生被人包养，不就是为了那么一点利益，把处子之身托付给了已婚男人，心甘情愿做他地下的情人，她的结果必然是很悲惨的。不是所托之人，女人一定不能以身相许，自己的第一次一定要留给自己结婚的男人，并且要从一而终，这样的女人才能得到真正的幸福。女人一旦上当受骗，丢了自己的贞洁，就有可能破罐子破摔。正如汪舟次先生说："一朝被玷污，就从此堕落，一生都忘了廉耻二字。说到这里，实在寒心！"男人一念色心，就把女人害到这个田地，所以处子之身能随随便便就奸污她吗？

除了处子不能奸污，汪舟次先生还说到家里的下人也不能奸污。这些女孩子，因为各种原因，走投无路，才被卖作婢女。不要以为她们低人一等就好欺负，既要剥削她们的劳动，又要淫乱她们的身心。你作为主人，还有妻子管着。如果下人与你通奸，就会引起妻子的嫉妒心。古代婢女被主妇打死的事情，时有发生。如果你是有地位的人家，那就是"闺门不肃"，仕途就要走下坡路了。如果你强行奸淫婢女，她要是一个狠角色的话，就会把你反咬一口。如果家里父子都好色贪淫，都对婢女下手，就可能引起乱伦。有的是父子不知而共淫一女，有的是兄弟不知而同宿一妇。最严重的后果是，若是这些女仆怀了孕，本与主人是骨肉同胞，生下后沦为下人。后人不知情，误行奸污，名义上是主仆，血缘上却是兄妹。

此外，还有佛门清净之地，一些恶徒侵犯那些虔诚信仰的信众，那就不是一般的邪淫了，将堕落无间地狱，永远不得翻身。还有同性恋，对本不能淫的人却生起淫心，颠倒阴阳，更是伤风败俗，也是无间地狱的种子。还有妓女，做妓女本身是一种恶报，若生起同情心救她出火坑是一件好事。可一般人却把纵情妓院当作风流韵事，不知道入了妓院，乱了意志，荒废事业，倾家荡产，沦为社会的败类。妓女传播性病，一旦被传染，性命堪忧。所有这些人，都不是我们可以奸淫的对象。

【例证】

对婶婶偶动邪念
（出自《太上感应篇汇编·见他色美》）

江西贵溪有位读书人，每次考试都不中，乞请张真人替他向上天奏疏查看天榜。神明批示说："此人有登科福分，但因淫盗了婶婶，所以夺除其功名。"张真人得旨后，就将此事告诉他，某生却说没这回事，于是自备申辩文启奏上天。神明再批示说："虽然没有淫盗事实，但心中确实有过此想法。"这位读书人惭愧后悔不已，因为他年少时，看到婶婶容貌美艳，偶而动了一个邪念的缘故。

3. 颜光衷

颜光衷[①]曰：少年欲心，何所不至？譬如口腹嗜味，愈纵愈狂。力自简制，则味淡将去矣。又有肆[②]邪说以鼓其欲，曰："好色非慧性[③]男子不能。"吁！鹑之奔奔[④]求偶，狐之绥绥[⑤]求媚，彼非其慧性哉？任我之欲而无礼，则禽兽何殊焉？且少年才士，染指[⑥]良家，则阴谴[⑦]

杀祸可惧；恃财嫖荡，则耗家恶疾可虞；渔猎男色，则辱人败行可耻。何如渐忍渐戒，可以省些肠断[8]，积些阴德乎？有倡此蛊惑人者，罪应与此同科。

由来纵欲导淫，莫甚于市井[9]。聚谈则无非闺阃[10]，结伴则浪迹花街。无心偶盼，辄谓多情；中道相逢，便矜[11]奇遇。以窃玉偷香为趣事，视败伦伤化若寻常。相扇成风，毫无顾忌。不知心无二用，花柳情深，必至抛荒生理[12]。由是求利者资本渐消，帮人者生涯[13]难保。且恶因日积，罪孽日深。显则倾家荡产，市中之拮据[14]徒劳；阴则削禄减年，命里之荣华尽丧。大则父母无依，肝肠暗裂；小则身名顿隳[15]，流落堪嗟。甚至败露触凶，而七尺之躯，顷刻作刀头之鬼。奈何彰彰[16]淫祸，动曰迂谈，而甘心流为匪类[17]哉？

世人好于后生小子前，语及淫亵[18]，以为笑乐。彼年少无知，乌知利害？闻此欲念跃跃。由是凿其未破之真，竭其未充之髓，以致奄奄[19]成疾，甚至夭亡。终身祸患，实由旁人之鼓舞[20]始也。夫不能正言规戒，已非益友，况又从而导之？拔舌地狱，当为此等人设！

昔人谓阅淫书有五害：妨正业害一，耗精神害二，乱心志害三，或友人借看则害友人，或子孙窃视则害子孙。谈淫秽有三罪：扬人丑，伤己德，亵天地神明。若能以身率物，或逢人观看稗史[21]，谈及香闺[22]，当援引贞淫[23]果报，晓劝一切；或广座[24]危言[25]，或密室苦口；无畏揶揄[26]，无避迂腐。婉转劝导，则千百人中，必有受其益者。

近日淫词小说，街坊赁卖者甚众。凡淫秽难堪之语，不可形于齿颊[27]者，公然笔之于书。即就其尤雅者，亦无非偷会私期、败名丧节之事。后来反得显贵团圆。将中冓[28]之丑，说得毫无足怪。无知闺女，遂误认为佳人才子之事，由此丧贞失节，玷辱家风，万年难洗。至于开小儿未萌之窦，启村夫羡慕之心，种种祸害，不可殚述[29]。更有春宫淫画，尤属导淫之阶。

此皆流毒人心之甚者也。居显位、有言职㉚者，诚能严行禁止，搜刻板而尽毁之，其有裨于风化，岂浅鲜哉！

【注释】

① 颜光衷（1578~1637 年）：颜茂猷，字壮其，又字光衷，号宗壁居士（题署"霞漳宗壁居士"），福建漳州府平和县人。天启四年（1624 年）举人。崇祯七年（1634 年），帝念其兼通五经，特赐进士。著有《迪吉录》《云起集》《六经纂要》《官鉴》《圣朝破邪集序》《七辩》等。

② 肆：宣扬，传播。

③ 慧性：聪明的气质。

④ 鹑之奔奔：出自《诗经·鄘风·鹑之奔奔》："鹑之奔奔，鹊之彊彊。人之无良，我以为兄。鹊之彊彊，鹑之奔奔。人之无良，我以为君。"有一种解释是：全诗以比兴手法，告诫人们鹑鹊尚知居有常匹，飞有常偶（专一忠诚），可诗中的"无良"之人，反不如禽兽，朝三暮四，荒淫无耻，"我"却把他当作君主与兄长。"鹑之奔奔求偶"，斥责鹌鹑是非常淫乱的鸟类，并非那种从一而终之鸟。如雎鸠、大雁，才是忠贞的鸟。此诗应为讥讽好色贪淫的男人如禽兽一样追逐美色，没有休止。

⑤ 狐之绥绥：《诗经·卫风·有狐》："有狐绥绥，在彼淇梁。"朱熹集传："狐者，妖媚之兽。绥绥，独行求匹之貌。"后因以"狐绥"喻妇女淫乱。如明代谢肇淛《五杂俎·人部四》："辰嬴以国君之女，朝事其弟，夕事其兄。鹑奔、狐绥之行，见于大邦之主，而恬不为耻也。"综合以上两首诗，鹑奔、狐绥都是比喻男女淫乱。

⑥ 染指：比喻参与做某种事情。此处指奸淫良家妇女。

⑦ 阴谴：冥冥之中受到责罚。

⑧ 肠断：形容极度悲痛。

⑨ 市井：街头，大众聚会之地。

⑩ 闺阃（kǔn）：本指内室，此处指男女之事。

⑪ 矜：自夸。

⑫生理：职业，产业，做买卖。此处指维持自己生存的事业。

⑬生涯：生活，生计。

⑭拮据：艰难困顿，经济窘迫。

⑮斁：毁坏。

⑯彰彰：昭著，明显。

⑰匪类：行为不端正的人，此处指社会的败类。

⑱淫亵：淫荡猥亵。

⑲奄奄：气息微弱貌，衰弱不振。

⑳鼓舞：煽动。

㉑稗史：稗官野史，指记载民间轶闻琐事的书，与正史有别。

㉒香闺：本指青年女子的内室，此处指男女之事。

㉓贞淫：守贞与纵欲。

㉔广座：众人聚坐的场所。

㉕危言：直言。

㉖揶揄：嘲笑。

㉗齿颊：嘴巴，此处指说出口。

㉘中冓（gòu）：内室，指闺门以内。

㉙殚述：详尽叙述。多用于否定。

㉚言职：言官的职务。

【译文】

颜光衷说：少年淫欲之心如果任其发展，那什么事做不出来？好比贪图口腹之欲，越放纵就越贪吃。如果能极力克制，则口味逐渐清淡，贪吃的心也就渐渐减弱了。又有传播歪理邪说，鼓吹纵欲的，他们说："好色非慧性男子不能。"啊呀！鹑之奔奔而求偶，狐之绥绥而献媚，难道也是有慧性吗？人如果纵欲而无礼，则与这些禽兽有什么不同？少年有才之士，若是侵犯了良家妇女，则冥冥之中要受惩罚，有杀身之祸可惧；若是依仗自家富有嫖娼放荡，则有败家和恶疾之忧；若是贪逐男色，则是辱人败节可耻。何不逐步忍耐，逐步戒除，可以今后少受痛苦，多积些阴德呢？那些提倡纵欲，蛊惑人心的，他们的恶报与淫乱相同！

自古放纵情欲，诱导淫乱，没有比市井小人更厉害的了。他们聚集闲聊之言，无非就是男女之事；结伴闲游之处，无非就是花街柳巷。女人无心看他一眼，就以为对他多情；路上与女人相逢，就吹嘘有艳福奇遇。把偷香窃玉当作趣事，把伤风败俗视为平常。相助成风，毫无顾忌。岂不知人不能一心二用，如果钟情于花街柳巷，必然导致荒废自己的事业。因此，经商的，资本渐渐消减；拿薪水的，生活越来越艰难。况且恶业日日增长，罪孽天天加深。明地里，倾家荡产，生意失利，徒劳奔波；暗地里，福寿被削减，命中本该有的荣华富贵全部丧失。从大的方面看，父母无依无靠，肝肠寸断；从小的方面看，自己身败名裂，流离失所。甚至有的恶行败露，被人凶杀，七尺男儿之躯，顿时化作刀下之鬼。淫祸报应如此昭著，为何还有人动辄说是迂腐之谈，而心甘情愿沦为社会的败类呢？

世人常常喜欢当着青少年的面，说及淫荡猥亵之事，以为玩笑取乐。他们年少无知，哪能知道利害关系？听了这些话后，生起欲念，跃跃欲试。因此，凿破了血气未定的童贞，枯竭了尚未成熟的精髓。以至于衰弱不振，渐渐成疾，甚至夭亡。他这一生的灾祸，就是听了那些下流笑话的煽动才开始的。不能对青少年善言规劝，已经不是益友，更何况又以淫言秽语诱导他们？那万劫难出的拔舌地狱，就是为此等人准备的！

前人说，看淫书有五大害处：妨碍正当事业是第一害，耗损精气神是第二害，迷乱心志是第三害，朋友借阅则害了朋友是第四害，子孙偷看则害了子孙是第五害。谈论淫秽有三大罪过：传扬了别人的丑闻是第一罪，损害了自己的道德是第二罪，亵渎了天地神明是第三罪。若能以身作则，或者在见人读稗官野史，谈及男女之事时，应当引用守贞与纵欲的报应事例予以劝说；或在人多之处直言相告，或在单独相处时苦口相劝。不要怕人嘲笑，不要怕人说迂腐。如此时时处处方便劝导，那么千百人中，必然会有受益的。

近来色情小说，在街头巷尾出售的很多。凡是淫秽下流之语，难以说出口的，竟公然写上了书。即便是一些自命为高雅的文学作品，也无非是些偷情私会、败名丧节的苟且之事。而到最后，这些人竟然还能得到贵显团圆的结局。把那些闺门丑事，说得冠冕堂皇，不足为怪。无知少女，就误认为那是才子佳人的风流雅事，于是就丧身失节，玷辱家风，万年难以洗除这种耻辱。至于此等淫书，污染少年未能涉世的童贞，助长村夫羡慕艳遇的妄想，种种祸害，不能说尽。还有春宫淫画，更是导淫的阶梯。

以上这些都是流毒世间、毒害人心最可怕的东西。那些身居显位、有进言职责的人，若能严行禁止，搜查淫秽书刊而全部销毁，那么将大有益于社会风气的好转，这种功德还小吗？

【解说】

本文是明朝进士颜光衷先生的嘉言。

这段话主要讲了两件重要的事情，一是少年怎么戒淫，二是淫书的毒害。

颜光衷先生说："少年欲心，何所不至？"少年淫欲之心如果任其发展，那什么事做不出来？为什么呢？因为少年还没有形成正确的世界观与人生观，他还不能判断是非，如果没有正确的引导，他就可能走入歧途。从另外一方面来看，少年还是一张洁净没有污点的白纸，只要我们正确地地予以引导，这张白纸就能画上最新最美的图画。

对于少年最急迫的就是正确引导戒色远淫的问题，可在当前形势下，少年成长的环境并不好。首先，社会风气不好。颜光衷先生说，现在很多人传播歪理邪说，鼓吹纵欲，他们说："好色非慧性男子不能。"这样就会给少年们以错误的引导，那么不好色反而有问题了。这样君子就会被排挤，小人乐得为小人。对于这个问题，君子要坚决地站出来说不。如果好色才是聪明人，那么就如颜光衷先生的比喻，鹑之奔奔求偶，狐之绥绥求媚，是不是它们也很聪明，人不是与禽兽等同了吗？"鹑之奔奔"出自《诗经·鄘风·鹑之奔奔》，"鹑之奔奔求偶"，斥责鹌鹑是非常淫乱的鸟类，并非那种从一而终之鸟。如雎鸠、大雁，才是忠贞的鸟。此诗讥讽好色贪淫的男人如禽兽一样追逐美色，没有休止。"狐之绥绥"出自《诗经·卫风·有狐》，朱熹说："狐者，妖媚之兽。绥绥，独行求匹之貌。"后因以"狐绥"喻妇女淫乱。两首诗，鹑奔、狐绥都是比喻男女淫乱。

第二，少年生长的环境不好。颜光衷先生说："聚谈则无非闺阃，结伴则浪迹花街。"街谈巷议都是邪淫，结伴出游都是花街柳巷。今天出游则到处都是地下红灯区，在家里则有电视电影经常出现男女接吻交欢镜头。这样的环境比古时候，有过之而无不及。颜光衷先生说："以窃玉偷香为趣事，视败伦伤化若寻常。"今天的人一见面，也是三句话不离本行，开玩笑总是不离女人，见面不是问你吃饭了没有，而是今天去哪里潇洒？把好色纵欲当成男人的本事，伤风败俗，恬不知耻。少年生长在这样的环境里，能不带坏吗？

鉴于这些原因，颜光衷先生希望成年人嘴里留德，不要当着青少年的面说及淫荡猥亵之事，不要以玩笑取乐。年少无知的人，哪能知道好色贪淫的利害关系？他们听了成年人这些话后，生起欲念，跃跃欲试。因此，凿破了血气未定的童贞，枯竭了尚未成熟的精髓。以至于衰弱不振，渐渐成疾，甚至夭亡。他这一生的灾祸，就是听了那些下流笑话的煽动才开始的。不能对青少年善言规劝，已经不是益友，更何况又以淫言秽语带坏了他们？那万劫难出的拔舌地狱，不就是为此等人准备的吗？

二是淫书的毒害。这些淫书就是通俗小说、人物传奇，人人都能看懂。有些作品离现时代比较远，我们已经有很多人看不懂，但在书面语言全是文言文的时代，那些小说传奇的语言就可以当成当时的白话，在古代可以说是最早的白话，其毒害就更广了。现在则不用看书，通过电视电影等视频传播淫秽作品，其毒害与传播比古代又是有过之而无不及了。

文如其人，凡是写这些淫书的文人，人品一般不好，因此他们的报应也很悲惨。本书第十五章祸淫案"江南书生"批文说到，唐朝诗人元稹，看到自己的表妹崔莺莺长得绝世美貌，于是就想娶她为妻。他向她求婚，但是却遭到了拒绝，于是他就很生气写下了《会真记》。虚构他表妹和别人偷情的故事，来毁谤他表妹的名节，致使他的表妹崔莺莺蒙垢千秋。结果怎么样呢？元稹在死的时候痛苦万分，而且死后尸体还惨遭雷电焚烧。

王实甫后来写《西厢记》，也是根据《会真记》改编的。描写男子偷情私会的情形，导致很多人看了之后，就起邪思淫念。结果这部书还没有写完，作者自己竟然无法克制，嚼舌而死。

【例证】

写淫词艳曲的黄庭坚
出自《五灯会元·太史黄庭坚居士》

太史山谷居士黄庭坚，字鲁直。以般若夙习，虽膴仕澹如也。出入宗门，未有所向。好作艳词，尝谒圆通秀禅师，秀呵曰："大丈夫翰墨之妙，甘施于此乎？"秀方戒李伯时画马事，公诮之曰："无乃复置我于马腹中邪？"秀曰："汝以艳语动天下人淫心，不止马腹中，正恐生泥犁耳！"公悚然悔谢，由是绝笔。惟孳孳于道，著《发愿文》，痛戒酒色，但朝粥午饭而已。（摘自《五灯会元·太史黄庭坚居士》）

黄庭坚（1045~1105 年）是北宋诗人、词人、书法家。治平四年（1067 年）进士，官秘书丞兼国史编修官，知宣州（今安徽宣城）、鄂州（今湖北武汉）等地，崇宁二年（1103 年）十一月，被除去官衔，羁管宜州（今广西宜州市）。崇宁四年（1105 年）九月，黄庭坚在饥寒交迫中凄凉离世。

《五灯会元》是中国历史上一部禅宗大典，名字能够上到这部书中，那是因为其禅悟造诣在历史上是首屈一指的。黄庭坚虽然没有出家，但他以居士身份载入《五灯会元》，也是很了不起的。然而，黄庭坚并非一开始就虔诚皈依佛门，年轻的黄庭坚不仅擅长书法，更是以写淫词艳曲而著称。他也常常出入花街柳巷，在青楼与歌妓宴饮弹唱。他写的情书，柔肠百转，恩爱缠绵，更有一些露骨的场景描写，使人看了心动神摇。可见，早年的黄庭坚把自己的文学才华用错了地方。

因为这个问题，有一天，黄庭坚拜访了圆通秀禅师，被禅师一顿呵斥：

"你也是顶天立地的大丈夫，以你的才华可以妙笔生花，难道就把它用到写淫词艳曲上吗？"黄庭坚恭敬而来，却突然遭到禅师棒喝，也没有作思想准备，肯定心里不高兴。禅师就转换一个话题，提起李伯时（李公麟）画马的事。据说他画马太逼真了，可以摄走活马的魂魄，画马就死马。李伯时把全副精力放在画马上，他就没有自己了，那么他就可能投到马胎里去。所以禅师要黄庭坚以李伯时画马为鉴，黄庭坚就讥讽禅师："难道我黄庭坚写点诗文也要投马胎吗？"禅师说："你以淫词艳曲动天下淫心，其果报不仅仅是到马胎里去，恐怕是要下地狱了！"黄庭坚一听，顿时恐惧，一下子大为后悔，当时就拜倒向禅师谢罪。从此，淫词艳曲在他手里绝迹。每天都是精进修行，还写了一篇《发愿文》，痛戒酒色。天天早晨是粥，中午是素食饭菜，过午不食。

黄庭坚书写《发愿文》时正值壮年（40岁），《发愿文》是他为戒淫、戒饮酒、戒食肉、净心向佛而所发的誓愿，是黄庭坚学佛的一个里程碑。《发愿文》说："我从昔来，因痴有爱，饮酒食肉，增长爱渴，入邪见林，不得解脱。今者对佛发大誓：愿从今日尽未来世，不复淫欲；愿从今日尽未来世，不复饮酒……"

黄庭坚发愿后，真的戒了酒色吗？从文献来看，此后十五年间，他基本上严格遵守了所发之愿，戒酒，蔬食，洁身自好。苏辙在给他的信中称："比闻鲁直吏事之余，独居而蔬食，陶然有得"，并且盛赞他"目不求色，口不求味，此其中所有过人远矣"（《栾城集》）。他的好友张耒的诗也印证了黄庭坚发愿前后的差别："黄子少年时，风流胜春柳，中年一钵饭，万事寒木朽，室有僧对谈，房无妾待寻。"（《赠无咎以"既见君子，云胡不喜"为韵》）在晚年被贬戎州后，为了避除瘴气的侵害，他才开了酒戒。任渊在《谢何十三送蟹》题下注："山谷出峡后，以病故，颇开荤酒之戒。"

四十岁是黄庭坚戒淫的一个分水岭，四十岁后虽然他勇猛精进，但四十岁前所犯下的淫业并非一下子就能消除。像写淫词艳曲的果报，根据"文昌帝君"的戒淫圣训，属于第四等罪人，在淫业里面属于罪行最重的人，是要下无间地狱的，无间地狱是受苦没有间断的地狱，为八热地狱中受苦最重之地狱。因为黄庭坚勇猛精进，消灭了他的无量罪过，但此生必定不顺。后来他仍遭到一生坎坷的果报，两位爱妻也先后死亡，仕途几起几伏，老年时多病缠身。最后流放到广西，在饥寒交迫中凄凉离世。但这仍旧要感谢圆通透禅师的及时棒喝，再加上他自己又能幡然悔悟，悬崖勒马，才避免更悲惨的果报。以半生不顺换取无间地狱，怎么能说划不来呢？

4. 朱善

乐圃朱善①曰：闺房②之乐，本非邪淫③。妻妾之欢，虽无伤碍，然而乐不可极，欲不可纵。欲纵成患，乐极生悲，古人已言之矣。人之精力有限，淫欲无穷，以有限之精力，资无穷之淫欲，无怪乎年方少而寿遽④夭，人未老而力先衰也。况人之一身，上承父母，下抚妻子。大之有功名富贵之期，小之有产业家私⑤之受，关系非浅。乃皆付之不问，而贪一时之宴乐⑥，不顾日后之忧危，是诚何心哉？且寡欲者必多男，贪淫者每无后。盖精力衰薄，养育难成⑦，遂至子息单微，甚而后嗣灭绝。是其为祸，可殚述哉！

【注释】

① 朱善（1314~1385年）：一作朱善继，字备万，号一斋，丰城（今属江西省）人。九岁通经史大义，能属文。洪武初，为南昌教授。廷对第一，授修撰。尝讲《家人卦》《心箴》，帝大悦。累官至文渊阁大学士，终于家。明武宗正德中，谥"文恪"。善以文章为明太祖所知。著有《一斋集》《诗经解颐》《史辑》《辽海集》。《明史》列传第二十五有传。

② 闺房：此处指夫妻的内室。

③ 邪淫：以男性而言，指与妻子以外之女性行淫；又虽与妻子，但行于不适当之时间、场所、方法等，亦为邪淫。

④ 遽（jù）：就。

⑤ 家私：家产，家务。

⑥ 宴乐：此处指房事之乐。古代宴乐，又称燕乐，周代已有所谓"燕乐"，即"房中乐"，为后妃在宫中所用，其歌词俱在《诗经》的《周南》《召南》中。

⑦ 养育难成：此处指纵欲耗费了大量精气神，生育孩子难以成功，更别说是生儿子了。所以，养育不是指养育子女，有些译文有误。

【译文】

乐圃朱善说：夫妻房事之乐，本来不是邪淫。妻妾之欢，虽无伤大碍，但乐不可极，欲不可纵。纵欲成患，乐极生悲，古人早已说过了。人的精力是有限的，而淫欲无穷，以有限的精力，去行无尽的淫欲，难怪有人年纪轻轻就突然早逝，或者人未老而力先衰了。何况人的一身，上要奉养父母大人，下要抚育妻子儿女。大的来说有功名富贵的期望，小的来说有产业家私的责任，关系非浅。如果对这些都一概置之而不顾，只贪图自己一时的欢乐，不顾以后的忧患危险，这是什么居心呢？况且寡欲者必多男，贪淫者常无后。这是因为自身精力衰薄，生育后代就难以成功，即使生了孩子，其子息也体质单薄，甚至后嗣灭绝。这么多祸患，能说得完吗！

【解说】

本文是朱善先生的嘉言。

朱善先生说："妻妾之欢，虽无伤碍，然而乐不可极，欲不可纵。"古代法律规定一夫多妻制，所以一个男人有妻妾之欢，都是正当的，更不是犯法的。但从自己的身体来说，古人则强调戒色节欲，不能早婚，三十而娶。不仅要求女人从一而终，实际上也要求男人从一而终。但为了继嗣（不孝有三，无后为大），若在五十岁还没有儿子，可以娶妾。可见娶妾，不是寻欢作乐，而是为了尽孝。

朱善先生说："欲纵成患，乐极生悲，古人已言之矣。"《素问·上古天真论》说："以欲竭其精，以耗散其真，……故半百而衰也"。《养性延命录》："壮而声色有节者，强而寿"。《金匮要略》："房室勿令竭乏，……不遗形体有衰，病则无由入其腠理"。孙思邈说："人年四十以下，多有放恣，四十以上，即顿觉乏力，一时衰退，衰退既至，众病蜂起"，"所以善摄生者，凡觉阳事辄盛，必谨而抑之，不可纵心竭意以自贼也"。又说："四十已上，常固精养气不耗，可以不老"，"六十者闭精勿泄"，"若一度制得，则一度火灭，一度增油。若不能制，纵情施泄，即是膏火将灭更去其油，可不深自防"。

肾藏精，为先天之本。精是人体赖以生存的东西。肾气充足，精充则体健寿长、肾气亏虚，精耗则体衰而不能尽其天年。倘不知爱惜，那么尽管有很好的营养和优越的生活环境，也不能健康长寿。历代帝王的寿命史就可以说明这个问题。据说清代乾隆皇帝之所以长寿（89岁），全靠御医教他"远房闱，习武备"之故。如果只讲习武，不注意保精，长寿也是不可能的。

朱善先生说："且寡欲者必多男，贪淫者每无后。盖精力衰薄，养育难成，遂至子息单微，甚而后嗣灭绝。"节欲保精有益于优生，孙思邈指出："胎产之道，始求于子，求子之法，男子贵在清心寡欲以养其精，女子应平心定志以养其血。"明代万全亦说："男子以精为主，女子以血为主，阳精溢泻而不竭，阴血时下而不愆，阴阳交畅，精血合凝，胚胎结合而生育滋矣。"张景岳指出："凡寡欲而得之男女，贵而寿；多欲而得之男女，浊而夭"。总之，节欲保精不仅有利于健康长寿，而且是优生优育的首要保证。

【例证】

名医仓公的医案
出自《史记·扁鹊仓公列传》

仓公就是西汉名医淳于意（约前215~前140年），西汉临淄（今山东淄博东北）人，姓淳于，名意。曾任齐太仓令，精医道，辨证审脉，治病多验。《史记》记载了他的二十五例医案，称为"诊籍"，是中国现存最早的病史记录。司马迁在《史记》中，把他与扁鹊合并立传，即《扁鹊仓公列传》。

《史记·仓公传》载病例二十五个，其中病因于"内"即房劳者有八例之多。因为失精过度，或不懂方法，违反禁忌，必然耗伤精气，正气虚损，致使百病丛生。下面是仓公亲自诊断的病例：

齐国名叫成的侍御史自述得了头疼病，我诊完脉，告诉他说："您的病情严重，不能一下子说清。"出来后只告诉他的弟弟昌说："这是疽病，在肠胃之间发生的，五天后就会肿起来，再过八天就会吐脓血而死。"成的病是酗酒后行房事得的。成果然如期而死。（本书评：酗酒行房而死，可谓酒色齐全。）

齐国的中尉潘满如患小腹疼的病，我切他的脉后说："这是腹中的气体遗留，积聚成了'瘕症'。"于是对齐国名叫饶的太仆、名叫由的内史说："中尉如不能自己停止房事，就会三十天内死去。"过了二十多天，他就尿血死去。他的病是因酗酒后行房而得。（本书评：同样是酒色齐全。）

齐国章武里的曹山跗生病，仓公诊脉后说："这是肺消病，加上寒热的伤害。"我告诉他的家人说："这种病必死，不能治愈。你们就满足病人的要求，去供养他，不必再治了。""这种病三天后会发狂，乱走乱跑，五天后就死。"后来果然如期死了。山跗的病，是因为大怒后行房事得的。（本书评：大怒后行房死得快。）

安陵坂里名叫项处的公乘有病，我为他诊脉，然后说："这是牡疝病。"牡疝是发生在胸膈下，上连肺脏的病，是因行房事不节制而得。我对他说："千万不能做操劳用力的事，做这样的事就会吐血死去。"项处后来却去"蹴踘"（古代的足球运动），结果腰部寒冷，汗出很多，吐了血。我再次为他诊脉后说："会在第二天黄昏时死去。"到时就死了。（本书评：因为行房事不节制而死。）

齐王从前是阳虚侯时，病得很重，许多医生都认为是蹶病。我为他诊脉，认为是痹症，病根在右胁下部，大小像而要扣着的杯子，使人气喘，逆气上升，吃不下东西。我就用火剂粥给他服用，过了六天，逆气下行；再让他改服丸药，大约过了六天，病就好了。他的病是房事不当而得。（本书评：房事不当而得病，但没有致死。）

5. 周思敏

周思敏①曰：人生天地间，圣贤豪杰，唯其所为。然须有十分精神，方做得十分事业。苟不知节欲，以保守精神，虽有绝大志量②，神昏力倦，未有不半途而废者。

欲火焚烧，精髓易竭，遂至窒其聪明，短其思虑。有用之人不数年而废为无用，而且渐成痨瘵③之疾。盖不必常近女色，只此独居时展转一念，遂足丧其生而有余。故孙真人④云："莫教引动虚阳⑤发，精竭容枯百病侵。"盖谓此也。

色是少年第一关，此关打不过，任他高才绝学⑥，都无受用⑦。盖万事以身为本，血肉之躯所以能长有者，曰精，曰气，曰血。血为阴，气为阳，阴阳之凝结者为精。精含乎骨髓，上通髓海⑧，下贯尾闾⑨，人身之至宝也。故天一⑩之水不竭，则耳目聪明，肢体强健。如水之润物，而百物皆毓⑪。又如油之养灯，油不竭，则灯不灭。故先儒以心肾相交为"既济⑫"。盖心，君火⑬也。火性炎上⑭，常乘未定之血气，炽为淫思。君火一动，则肝肾之相火⑮皆动，肾水遭铄⑯，泄于外而竭于内矣。男子十六而精通，古者必三十而后娶。盖以坚其筋骨，保其元气。且血气稍定，亦不至如少年之自耗也。近世子弟，婚期过早，筋骨未坚，元神⑰耗散。未娶而先拨其本根，既婚而益伐其萌蘖⑱。不数年而精血消亡，奄奄不振，虽具人形，旋登鬼箓^⑲。此固子弟之不才，亦由父兄之失教。今为立三大则，曰：勤职业以劳其心，别男女以杜其渐，慎交游以绝其诱。如此则内外交修，德业日进，而父兄之道尽矣。

欲戒淫行，必自戒淫念始。淫念起，则淫行随之矣。然则何以制之？曰邪友不宜近，邪地不宜入，邪书不宜看，邪话不宜听。盖邪友一近，则益友日疏，自然渐染引诱，渐入下流，放僻邪侈^⑳，无不为已^㉑。邪地一入，则正念难持，自然技痒^㉒心热，把持不定，游移俄顷，悔恨终身。言念及此，可不戒诸？至邪书、邪话，不过文人游戏，闲汉谑谈。彼欲编成一事，自然说得美好团圆。要皆捏造虚诬^㉓，岂可信为真实？若以为偶触无妨，焉能动我？则潜滋暗长^㉔，有隐受其害而不知者。总之，守身之法，宁可过为防闲^㉕，不可稍自宽纵。宁可人笑迂板^㉖，不可自命圆通。苟非致严于平日，能保无失于临时哉？

【注释】

①周思敏：明代湖广黄州府麻城县现为麻城市顺河镇李斯文村人。周思敏生平不详，他与周思敬、周思久是兄弟，这两位则都是进士，名气很大。周思敬（1532~1597年），字子礼，号友山，隆庆二年（1568年）进士。为张居正所赏识。援朝之役，护解粮饷，协同御倭总兵官刘綎作战有功，赠工部尚书。周思久，字子征，号柳塘，晚年筑室石潭，故又号石潭居士。嘉靖三十四年（1555年）进士，与海瑞是好朋友。隆庆四年（1570年）从琼州知府任上退休，在麻城建辅仁书院，讲学授徒。著有《柳塘遗语》《求友录》《石潭诗抄》等。周家兄弟与明代大学者李贽皆交好。李贽55岁时，携妻从云南直奔湖北黄安的天台书院，白天讲学论道，夜宿好友耿定理（刑部左侍郎耿定向的哥哥）家中。耿定理一去世，李贽就从耿家搬出来，迁往麻城，依靠周思敏和周思久。

②志量：志向与抱负。

③痨（láo）瘵（zhài）：由于痨虫侵袭肺叶而引起的一种具有传染性

的慢性虚弱疾患，俗称肺痨。

④孙真人：孙思邈（581~682年），唐代医学家。京兆华原（今陕西耀县）人。幼年患病，刻意学习医术，总结前人的医疗理论和临床经验，编成《备急千金要方》和《千金翼方》两书。医德高尚，对病人不分贵贱贫富，一心救治。被后人尊为"药王"。

⑤虚阳：即阳虚，身体出现了阳气衰弱的现象。

⑥绝学：造诣独到之学。

⑦受用：受益，得益。

⑧髓海：中医学名词，人体四海之一，指脑。《灵枢·海论》："脑为髓之海，其输上在于其盖，下在风府。"又"髓海有余，则轻劲多力，自过其度；髓海不足，则脑转耳鸣，胫酸眩冒，目无所见，懈怠安卧。"《类经》卷九注："凡骨之有髓，惟脑为最巨，故诸髓皆属于脑，而脑为髓之海。"

⑨尾闾：又名尾骶、骶、骶端，橛骨、穷骨，位于脊椎骨的最下段，上连骶骨，下端游离，在肛门的后方。

⑩天一：清代医学家郑钦安说："天一生水，在人身为肾，一点真阳，含于二阴之中，居于至阴之地，乃人立命之根，真种子也，诸书称为真阳。"有人问郑钦安曰："冬伤于寒，春必病温，其故何也？"郑钦安答："夫曰冬伤于寒者，伤于太阳寒水之气也。冬令乃阳气潜藏，正天一生水之际。少年无知，不能节欲。不能化生真水，即不能克制燥金之气，故当春之际，温病立作。苟能封固严密，指冬能藏精者。元精即能化生真水，而燥金自不敢横行无忌，春即不病温矣。"天一是元精，是先天之精，天一生水，后天之精来源于先天之元精，水是生命的起源。不能节欲，耗后天之精，那么也就枯竭了元精。故周思敏说："天一之水不竭，则耳目聪明，肢体强健。"

⑪毓：繁殖，养育。

⑫既济：《周易》卦名，离下坎上。《周易·既济》："既济，亨，小利贞，初吉终乱。"孔颖达疏："济者，济渡之名；既者，皆尽之称。万

事皆济，故以既济为名。"水火既济，盛极将衰。坎为水，离为火，水火相交，水在火上，水势压倒火势，救火大功告成。既，已经；济，成也。既济就是事情已经成功，但终将发生变故。《既济卦》象征成功，此时功德完满，连柔小者都亨通顺利，有利于坚守正道；开始时是吉祥的，但如有不慎，终究必导致失败。

⑬ 君火：指心火。因心为君主之官，故名。中医称主宰神明之火。君火居于上焦，主宰全身；相火居于下焦，温养脏腑。二者各安其位，共同维持机体正常功能。《素问·天元纪大论》："君火以明，相火以位。"明代李时珍《本草纲目·序例·脏腑虚实标本用药式》："心，藏神，为君火，主血，主汗，主笑。"

⑭ 炎上：火焰向上，火向上燃烧。

⑮ 相火：指寄居于肝肾二脏的阳火，是人体生命活动的动力。《格致余论·相火论》："火内阴而外阳，主乎动也，故凡动皆属火。以名而言，形气相生，配于五行，故谓之君；以位而言，生于虚无，守位禀命，因其动而可见，故谓之相。""其于人者，寄于肝肾二部，肝属木而肾主水也。胆者，肝之府；膀胱者，肾之府；心包络者，肾之配；三焦以焦言，而下焦司肝肾之分，皆阴而下者也。天非此火，不能生物；人非此火，不能有生。肝肾之阴，悉具相火，人而同乎天也。"

⑯ 铄：消损，削弱。

⑰ 元神：按照道家说法，元神为先天之神。张伯端说："夫神者，有元神焉，有欲神焉。元神者，乃先天以来一点灵光也；欲神者，乃后人所染气禀之性也。"（《青华秘文》）近人张锡纯也说："元神者，无思无虑，自然虚灵也；识神者，有思有虑，灵而不虚也。"（《医学衷中参西录·人身神明诠》）

⑱ 萌蘖：植物的萌芽。《孟子·告子上》："是其日夜之所息，雨露之所润，非无萌蘖之生焉。"

⑲ 鬼箓：阴间死人的名簿。

⑳ 放僻邪侈，无不为已：肆意为非作歹。出自《孟子·梁惠王上》：

"苟無恒心，放辟邪侈，無不為已。"

㉑技痒：有某种技艺的人遇到机会急欲表现。

㉒虚诬：捏造事实加以毁谤或陷害。

㉓潜滋暗长：在暗中不知不觉地滋生发展。

㉔防闲：防，堤也，用于制水；闲，圈栏也，用于制兽。引申为防备和禁阻。《诗经·齐风·敝笱·序》："齐人恶鲁桓公微弱，不能防闲文姜，使至淫乱，为二国患焉。"

㉕迂板：迂腐古板。

【译文】

周思敏说：人生在天地之间，之所以能成为圣贤豪杰，都来自于他们的所为。然而，一个人必须有十分的精神，才能做得十分的事业。如果不知道节欲，以保守精气神，即使有天大的志向与抱负，可由于神昏力倦，没有不半途而废的。

欲火焚烧，精髓容易枯竭，就会阻止其聪明智慧的发挥，思维能力也必然降低。有用之人没有几年时间就变成无用的废人，而且还渐渐染上肺痨之病。不必常近女色，哪怕只在自己独居时，辗转一念淫欲之心，就足以丧身失命而有余了。故孙真人说："莫教引动虚阳发，精竭容枯百病侵。"就是这个道理。

色欲是少年人的第一关，过不了这一关，任凭他高才绝学，都不会有什么大作为。因为万事以身体为本，血肉之躯之所以能长存于世，是由于精、气、血的作用。血为阴，气为阳，阴阳凝结成为精。精含于骨髓之中，上通大脑，下贯尾闾，是人身的至宝。因此，元精之水不竭，则耳聪目明，肢体强健。好比水能润物，因而万物都能得到养育。又好比油能养灯，油不干，灯就不会灭。故先儒以心肾相交为"既济"，心火下降，肾水上升，相互协调才能养生。因为心是君火，火性是炎上的，常趁少年未定的血气，引发强烈的淫欲之思。君火一动，则肝肾的相火也全都被牵动，肾水一旦遇到损耗（泄精），泄漏于外则枯竭于内。男子十六岁精水才通，所以古礼规定男子三十岁以后才结婚，目的就是要使他坚固筋骨，保护元气。一旦血气已稳定，不至于像少年人那样容易受到致命的损耗。近来，男女结婚年龄过小，筋骨尚未坚固，元神耗散。未娶就染上手淫恶习，自拔命根；结婚之后，又砍下刚刚发出的新芽。没有几年时间，就精血亏损，萎靡不振，虽然还像一个人，但名字已经登记在鬼簿上了。造成这个后果，固然是子女本人没有出息，同时也是父兄失教所引起。今提出三大准则：勤奋工作以劳其心，男女有别以防患于未然，谨慎交友以断绝坏人的诱惑。如此内外互修，德业日进，父母兄长才算尽到自己的责任了。

要想戒掉淫行，必须先从戒除淫念开始。因为淫念一生，淫行就随之而起了。那么淫念如何遏制呢？邪友不宜近，邪地不宜入，邪书不宜看，邪话不宜听。因为邪友一接近，益友就疏远了，渐渐被邪友诱惑，渐渐沦落为下流之徒，为非作歹，为所欲为。邪地一入，正念就难以坚持，自然技痒心热，把持不住，留下片刻的快乐，导致终身的悔恨。说到这里，还能不引以为戒吗？至于色情图书、污言秽语，那不过是下流文人的游戏、游手好闲者的玩笑。他们想编故事，自然把结局说得美好圆满。其实都是他们挖空心思捏造出来的，哪能信以为真？若以为偶尔接触一下并无大碍，怎能动我之心？殊不知潜移默化中就已经中毒很深，暗受其害而不自知罢了。总而言之，守护身心的妙法，在防范的时候宁可做过头，不可稍有放纵自己的念头。宁可让人笑我迂腐古板，也不可自命圆通。假如在平时不严加防范，怎么能保证临时而不失足呢？

【解说】

本文是周思敏先生的嘉言。

人要有所成就，周思敏先生认为必须有十足的精神，才做得十分的事业。他所说的这个精神，不是我们通常所说的精神，它是指人的精气与元神，相对于形骸而言。《吕氏春秋·尽数》说："圣人察阴阳之宜，辨万物之利，以便生，故精神安乎形，而年寿得长焉。"汉代王符《潜夫论·卜列》说："夫人之所以为人者，非以此八尺之身也，乃以其有精神也。"

这就是说人的躯体若没有精神的支配，那么就变成了行尸走肉了。所以，人能有所成就，先要有十足的精神。而要保持十足的精神，先要节欲。周思敏先生说："苟不知节欲，以保守精神，虽有绝大志量，神昏力倦，未有不半途而废者。"不管你有多大的志向，不节欲就是一句空话。

那么，作为青少年，虽然我们常说要树立远大的志向，但是要想志存高远，就必须先要戒色节欲。周思敏先生说："色是少年第一关，此关打不过，任他高才绝学，都无受用。"然后，周先生告诉我们，万事以身体为本，血肉之躯之所以能长存于世，是由于精、气、血的作用。血为阴，气为阳，阴阳凝结成为精。精含于骨髓之中，上通大脑，下贯尾闾，是人身的至宝。现代医学研究认为，精液中含有大量的前列腺素、蛋白质、锌等重要物质。过频的房事生活会丢失大量与性命有关的重要元素，促使身体多种器官系统发生病理变化而加速衰老。另外，精子和性激素是睾丸产生的，失精过度，可使脑垂体前叶功能降低，同时加重睾丸的负担，并可因"反馈作用"抑制脑垂体前叶的分泌，导致睾丸萎缩，从而加速衰老的进程。这充分说明"纵欲催人老，房劳促短命"的传统观点是很科学的。

然而，从科学来说明"精"的物理作用还没有看到"精"是生命的本源，未必十分科学，但是科学已经高度证明"精"在身体健康中所起到的关键作用。不过，传统中医学把人的身体视为一个整体，并且看重后天的精气神与先天的精气神的区别与联系。周思敏先生说："天一之水不竭，则耳目聪明，肢体强健。"天一是元精，是先天之精，天一生水，后天之精来源于先天之元精，水是生命的起源。不能节欲，耗后天之精，那么也就枯竭了元精。故周思敏说："天一之水不竭，则耳目聪明，肢体强健。"清代医学家郑钦安说："天一生水，在人身为肾，一点真阳，含于二阴之中，居于至阴之地，乃人立命之根，真种子也，诸书称为真阳。"如果能够看到先天之精的重大作用，才能知道保护后天之精的重要性。性命之所攸关，全在于要使后天之精贯通先天之精。天一乃人立命之根，真种子也。

周思敏先生说："先儒以心肾相交为'既济'"。既济，《周易》的卦名，离下坎上。《周易·既济》说："既济，亨，小利贞，初吉终乱。"

水火既济，盛极将衰。坎为水，离为火，水火相交，水在火上，水势压倒火势，救火大功告成。既，已经；济，成也。既济就是事情已经成功，但终将发生变故。《既济卦》象征成功，此时功德完满，连柔小者都亨通顺利，有利于坚守正道；开始时是吉祥的，但如有不慎，终究必导致失败。这是从人事上来说的，周先生是把"既济"当作中医学名词来解释的。他认为，先儒以心肾相交为"既济"，心火下降，肾水上升，相互协调才能养生。因为心是君火，火性是炎上的，常趁少年未定的血气，引发强烈的淫欲之思。君火一动，则肝肾的相火也全都被牵动，肾水一旦遇到损耗（泄精），泄漏于外则枯竭于内。君火，指心火。因心为君主之官，故名。中医称主宰神明之火。君火居于上焦，主宰全身；相火居于下焦，温养脏腑。二者各安其位，共同维持机体正常功能。

由此可见，周先生的传统中医学更看到了问题的本质，只是对于天一、元精、阴阳、既济、君火、相火这些传统中医学名词以及《周易》学的博大精深，我们现代人多有不懂。但只要仔细去研究，我们就能发现生命的本源。周先生之所以要这样说明根源，那是要针对青少年戒色节欲来说的。既然君火不能动，因为一动，就影响了相火，就是寄居于肝肾二脏的阳火，这是人体生命活动的动力。牵动了相火，就会泄精。作为青少年，血气未定，一旦泄精，就会泄漏于外则枯竭于内。

因此，周先生坚决反对早婚。古代人甚至比现代人结婚还早，那是人类传统的观念，要早生贵子，希望多子多福。殊不知，男子十六岁精水才通。如果在十几岁就结婚，不但不能早生贵子，若纵欲过度，还会因此夭折。即使没有夭折，也会影响今后生育，甚至不能生育。溥仪是中国历史上最后一个皇帝，他就是因为少年时代纵欲而永远地失去了生育能力。所以，孔子说："三十而立。"不仅仅是指男人要在三十岁开始立业，而且还要到三十岁才能成家，"三十而立"是成家立业的意思。周先生说："男子十六而精通，古者必三十而后娶。盖以坚其筋骨，保其元气。且血气稍定，亦不至如少年之自耗也。"遗憾的是，在周先生那个时代，早婚已经是一种普遍现象，能不使仁人君子而痛心吗？周先生说："未娶而先拨其本根，既婚而益伐其萌蘖。不数年而精血消亡，奄奄不振，虽具人形，旋登鬼箓。"这样的人在古代死得多，难道在今天就没有了吗？今天虽然大部分人至少在二十多岁才结婚，但目前这种环境下，不结婚并非他们没有性生活，所以很多人也大早死了，只是我们不知道他们是死于纵欲罢了。

【例证】

没有生育能力的溥仪

（出自贾英华著《末代太监孙耀庭传》）

清朝末代皇帝溥仪一生没有子嗣，他为什么没有生育能力？在他去世后，其中秘密在采访溥仪身边的太监后得到了答案，贾英华在其著作《末代太监孙耀庭传》中说"他性功能的丧失，是由于淫乱所致"，书中第五章伴"君"御"后"有一节"圣上的隐秘"说到溥仪还在十几岁的时候就被太监所害。"三宫六院七十二嫔妃"对成年人来说都难以应付，可溥仪这个十几岁的孩子，他身边的太监为图省事，竟然整晚让她们为溥仪侍寝。书中说：

> 溥仪十多岁住在故宫的时候，因为服侍他的几个太监怕他晚上跑出去，而且他们自己也想回家去休息，经常把宫女推到他的床上，要她们晚上来侍候他，不让他下床。那些宫女年龄都比他大得多，他那时还是一个孩子，什么都不懂，完全由宫女来摆布，有时还不止一个，而是两三个睡在他的床上，教他干坏事，一直弄得他精疲力竭，那些宫女才让他睡觉。第二天起床常常头晕眼花，看到太阳都是黄的。他把这些情况向太监一说之后，他们便拿些药给他吃，吃了虽然又能对付那些如饥似渴的宫女，但后来慢慢越来越感到对那些事没有兴趣了……[①]

[①]　贾英华：《末代太监孙耀庭传》，人民文学出版社，2004 年 8 月版，第 174 页。

在无数个日日夜夜当中，一直面临着年龄比溥仪大、在性生活上懂得也更多的宫女，相对于溥仪，她们的精力更为旺盛。在这么多个夜晚，溥仪也沾染上这样的恶习，哪怕身体撑不住，也会吃药，以此来维持这样的现状。

表面看来是溥仪改不了这样的心思，但其实此时的溥仪已经是受到数位如狼似虎的宫女所百般摆布，造成了精神的衰竭，灵魂受到了极大的腐蚀。一个身心未发育完全的孩子，在每个夜晚被如此摆布，不仅影响身心发育，使他永远失去了生育能力，而且性功能也出现了问题。这样的结果是必然的。

引起性功能障碍的原因很多，但从中医辨证上主要分为命门火衰和湿热下注二种情况，但命门火衰占到七八成，这主要是因为手淫过度或房劳过度引起阴精亏耗。因为肾阴不足而导致的不育症，又因肾精虚衰、脑髓不足而致神经衰弱，使精神上也出现了问题。

受到精神冲击的溥仪打小内心便受到了极其严重的创伤，自结婚后，与婉容行房次数可谓是掐指可数，仿佛如例行公事一般，或者说是意思意思一下。不是他没有欲望，而是他的性取向渐渐被扭曲了。这就是贾英华所著《末代太监孙耀庭传》说到的"放着'水路'不走，走'旱路'"，其中有详细揭示：

　　幼年，溥仪的隐秘处受到损害后，也在寻求一种解脱。正常的欲望没有出路，于是，他可怕地陷入了与太监的淫乱之中。那时，宫内有一个太监，人称"小王三儿"，是津浦路东光县人，性格温柔，长得一表人才，用太监的话说，比女孩儿还像女孩儿，是宫里有名的美人，比起几经挑选进宫的宫女乃至妃嫔，毫不逊色。

　　显然，他个子比一般女子高，细高挑的身材，又无胡须，秀丽而端正的脸蛋，显得异常白净，更另有一番俊俏。由此，深得溥仪宠爱，溥仪还专为他起了一个大号，叫王凤池。"小王三儿"自幼受宫内太监的淫害，产生了与常人相悖的性偏离。他曾被老太监作为玩物，十七八岁又有了另一种淫欲，以摧残刚进宫的小太监作为畸形发泄为能事，暗地里，亵玩了不少俊秀的小男孩儿。

　　命运使他当上了溥仪的殿上太监，轮流当班坐更。宫内，"皇上"那边的太监通常被称作"御前太监"，"皇后"那边的太监则称"小太监"。王凤池显然是称作"御前太监"那种了。他比溥仪年龄仅大几岁，脾气也不错，有一段，渐渐变得与溥仪形影不离，而成了宫内的一对畸形人物。[②]

虽然后来溥仪写的《我的前半生》认为，这是封建思想对自己的迫害，对此事也有隐讳的揭示。但终究不会具体写到"王凤池"这个人。《末代太监孙耀庭传》说：

　　其实，据溥仪在那部《我的前半生》中所叙述的叫太监吃铁豆、吃屎之类的恶心事儿，并没有超出性虐待的范畴。据《我的前半生》一书的执笔人文达先生于生前所述，这本书的"未定稿"曾删去了关于他往太监嘴里尿尿的内容，显然这更是不正常的淫欲行为。不过，他本人即使是历经菩提树下的大彻大悟，也不可能有将前半生的丑事，倾囊倒出的勇气。孙耀庭作为宫内太监的一员，对当年那些风流逸事不愿多谈，尤其对有关"万岁爷"的行径，更是谨微慎言，绝不提及。

　　但他对这一点却毫不讳言，那个太监里的美人儿——王凤池，自从溥仪出宫后，就再也没有与他谋面。而且忒有趣，据孙耀庭所知，他不再与旧日宫中的太监来往，连个音讯也没有。偶然，有的太监在京城僻静地方与他避近，也并未多言便相别去。可以断言，他一直活到了共和国建立之后。[③]

显然，在大清覆灭后，溥仪也幡然醒悟，认识到了淫乱对自己的毒害。因为淫乱导致自己性无能，又因淫乱导致自己性取向扭曲。甚至直到新中

---

② 贾英华：《末代太监孙耀庭传》，人民文学出版社，2004年8月版，第175页。
③ 同上，第175-176页。

国建立后，虽然经过改造重新做人，但是最大的痛苦依然是他因此永远地失去拥有子嗣的能力！

6. 赵鸿宝

赵鸿宝①曰：色欲一节，说得硬，拿不定。一念稍疏，陷溺难返。念念坚忍，当境忽移。唯于平日，对先哲于简编，置格言于座右，清心寡欲，胸中于礼法、因果，确信不疑，偶动邪念，当下痛除，如此则当境自能猛省。至于男女之际，务远嫌于瓜李②。虽系至亲至厚，定须内外分明。一言一笑不苟，妄心自然不萌动矣。此正本清源之法也。

凡人最易失足，只在艳冶③当前，勃然④难制之一刻。试思闭目不窥，坐怀不乱，不过片念能持，而可以登大魁，致显位，光祖考，福子孙。较之半世青灯黄卷⑤，与他途积德累功者，事半功倍。又何苦以俄顷欢娱，弃盖世之功名，博终身之荼毒哉？倘操守不严，纵情任意，彼粉白黛绿⑥，转眼成空。而由此夺算⑦，由此减禄，由此杀身，且命该富贵者注贫贱，应有子者罚无嗣，妻女有淫佚⑧报，子孙受困穷报。种种恶业，不一而足。噫！悔已晚矣！

今人平居⑨，不知谨饬⑩。或对子女而夫妇嬉笑，或畜媵妾⑪而涂敷脂粉，或纵妻出外游观，或奴婢犯奸不禁。种种不肃，何以齐家？若寡欲清心，笑言不苟，内外有别，防闲有法，则闺门之内，雍肃如宾，有不令人爱敬者哉？

【注释】

①赵鸿宝：生平不详。

②瓜李：即瓜田李下。瓜田纳履，李下整冠，有被怀疑为盗瓜窃李的可能。因以比喻容易引起嫌疑的地方。

③ 艳冶：艳丽妖冶，多形容女子容态。此处指美女。

④ 勃然：因愤怒或心情紧张而变色之貌。

⑤ 黄卷：书籍。古人用辛味、苦味之物染纸以防蠹，纸色黄，故称"黄卷"。写错可用雌黄涂改。

⑥ 粉白黛绿：犹粉白黛黑。唐代韩愈《送李愿归盘谷序》："飘轻裾，翳长袖，粉白黛绿者，列屋而闲居。"

⑦ 夺算：削去寿数，缩短寿命。

⑧ 淫佚：淫荡，淫乱。

⑨ 平居：平日，平素。

⑩ 谨饬：谨敕，谨慎小心。

⑪ 媵妾：陪嫁的女子。此处指小妾。

【译文】

赵鸿宝说：色欲一事，说得硬，拿不定。只要念头稍有疏忽，陷进去就出不来了。念念坚忍，当境忽移。只有在平日里，把古圣先贤书籍摘录出的格言警句，放在身边，作为座右铭，清心寡欲，心中对礼法、因果，确信不疑，偶动邪念，当下痛除，如此则当境自能猛省。至于男女之间，务必瓜田李下，自避嫌疑。即使是至亲至厚的亲属，也必须内外分明。自己的一举一动、一言一行，都不能随便，妄念邪心自然就不会萌发了。这就是正本清源的方法。

人最容易失足的时候，就是在美色当前，心中勃然难以克制的那一瞬间。试想一想，闭目不窥，坐怀不乱，也只不过是片刻的邪念把持住罢了，却因此上金榜，登显位，光祖宗，福子孙。比起那些半世寒窗苦读，以及用其他方法积累功德的人来说，真是事半功倍。又何苦贪恋片刻的欢娱，而抛弃了盖世的功名，招致终身的毒害呢？如果此时把持不住，纵情任意，粉白黛绿的佳人，转眼成空。因此，要减寿，要夺禄，甚至要杀身，并且命中本该富贵的罚为贫贱，本该有儿子的罚为无子嗣，妻女有淫佚报，子孙受贫困报。种种恶业，不一而足。啊呀！后悔已经晚了！

现今的人，在日常生活中，自己的言语行为都不知道谨慎。或是当着孩子的面，夫妻嬉笑打闹；或畜养小妾，任由她们打扮妖艳；或放纵妻子，任由她出外观光游览；或家里奴婢犯奸，不严加禁止。种种不肃，何以齐家？如果自己能清心寡欲，不嬉笑打闹，内外有别，防范有法，则闺门之内，相敬如宾，能不令人肃然起敬吗？

【解说】

本文是赵鸿宝先生的嘉言。

赵鸿宝先生说："色欲一事，说得硬，拿不定。"所谓说得硬，只是平时自吹自擂罢了，等到真正美色面临的时候，那就拿不定了。有人说，济公不是出入青楼酒肆吗？可济公的定力我们能够做到吗？若做不到，还是多看圣贤书，或者看这本《寿康宝鉴》。记住赵先生的话，把古圣先贤书籍摘录出的格言警句，放在身边，作为座右铭，清心寡欲，对礼法、因果，确信不疑。平时，一定要反省心中是否有邪念，决不能以考验自己为借口，与异性接触。男女授受不亲，瓜田李下，自避嫌疑。这样才能保证自己不犯邪淫，没有济公那个本事，就不要做济公那个事。

赵鸿宝先生说："念念坚忍，当境忽移。"出家人若是真正做到没有色心，那就是真正的人天之师了。若是看不破一个"色"字，则出家不能成就。所以，四大皆空，真正做到又谈何容易？常常有初发心的学佛人，开头很精进，就想着要出家，可是他没有想到出家以后，于此"色"字看不破，因而堕落的又有不少。印光大师是不轻易劝人出家的，如果是女人要求出家他更是不允许，不是大师不希望人出家，而是人做不到这样的境界，还不如不出家。在家做一个居士，有夫有妻，不犯邪淫就容易做到了，这样渐渐修上去，就容易得解脱。一学佛，还不明白学佛是怎么回事，就去出家，结果是爬得高，则摔得也重。印光大师曾经给一个女居士回信说："一切众生，从淫欲而生。汝发心守贞修行，当须努力。倘有此等情念起，当思地狱刀山剑树、镬汤炉炭种种之苦，自然种种念起，立刻消灭。每见多少善女，始则发心守贞不嫁，继则情念一起，力不能胜，遂与人作苟且之事。而一经破守，如水溃堤，从兹横流，永不能归于正道，实可痛惜。当自斟酌，能守得牢则好极。否则出嫁从夫，乃天地圣人与人所立之纲常，固非不可也。"（《印光大师文钞三编》复陈莲英书）

【例证】

刀枪不入却为美色亡身的"高僧"

（出自民国中华书局编《古今怪异集成》）

民族英雄郑成功（1624~1662年），在守卫台湾时，遇到一个从广东来的高僧，袒臂端坐，用利剑去刺他，如刺铁石，论兵法也侃侃而谈。郑成功正在招募豪杰，就很敬重他。后来他渐渐骄傲，态度傲慢，郑成功无法忍受，又怀疑他是间谍，想要杀他，但是又怕杀不死他。

当时有一员大将叫做刘国轩，对郑成功说："一定要除掉他的话，我有办法。"

他于是邀请僧人，盛情款待他，忽然说："大师固然是佛位中人，但不知遇摩登伽女（《大佛顶首楞严经》卷一记载，有一摩登伽女名钵吉帝，曾蛊惑阿难），还会收纳吗？"

僧人说："我心空旷，心似泥土，何能动心？"

刘将军说："不过我还是想看看真实的情况，才肯相信。"

于是就精选善于行淫的美色十多人，安排大床，让他们侍候僧人，个个都是风情万种，柔情蜜意，尽天下美色妖惑之能事。僧人开始时与他们谈笑自如，似无所见。时间一久，忽然闭目不视。刘即拔剑一挥，僧人头即落下。

郑成功问其缘故，刘将军回答："他能够刀砍不入，是他练功的定力所形成的。他心定则气聚，心动则气散。开始时，因为他不动心，所以敢张目见色，后来闭目不视，我知道他已经动心了，只是极力在控制，所以我剑一挥，他即人头落地。"

7. 姚庭若

姚庭若[①]曰：今人一身不淫，只了得一身事业。何如一劝十，十劝百，百劝千万，并流布后世无穷，同证善果乎？犹如布种[②]然，一升落地，报以石[③]计。种无穷，生亦无穷。但须勤布，莫使田荒。又如传灯然，一灯燃，千灯皆燃；灯无量，光亦无量。但自我传，莫自我灭。人特未肯实心苦劝耳。倘谓劝人而人不应，是犹布种而种不生，传灯而灯不明也，有是理哉？

王大契[④]问莲池大师[⑤]："弟子自看师《戒杀文》，遂持长斋。唯是色心炽盛，不能灭除。乞师方便教诲，使观欲乐，一如杀生之惨。"答云："杀是苦事，故言惨易。欲是乐事，故言惨难。今为一喻：明明安毒药于恶食中，是杀之惨也；暗暗安毒药于美食中，是欲之惨也。智者思之！"

凡人见美色起邪心，种种恶心都生，恶心生而良心死矣。唯于邪念勃发，不可遏抑之时，思一"死"字，或思己身患难疾苦事，则必淡然而止。否则思此女死后，腐肉朽骨，臭不可近，眼前色相，无非幻境，则必憬然[⑥]悟。否则思吾爱此女，而毁其名节，即秽同粪土；全其名节，斯珍如珠玉；便当矜[⑦]之恤[⑧]之，成全之；愈爱而愈不忍污。如是则必肃然敬。否则思吾图片刻之欢娱，而折功名，削富贵，夺纪算[⑨]，遭杀害，斩嗣续，败声名，皆由于此，如是则必猛然省。即不然，则思羞恶之心，人皆有之。女子失节，只因一时之迷，迨[⑩]见恶于父母兄弟，见弃于舅姑[⑪]丈夫，见笑于邻里亲族。每致悔不可追，含怨殒命。更或苟合堕胎，母子俱毙。冥冥中怨魂，岂肯相舍？如是则必瞿然[⑫]惊。又不然，则思女子背夫外交，夫且忍负[⑬]，狠毒甚矣，更何论乎外人！便当作豺狼看，作蛇蝎看，作勾魂鬼使看，作前生怨家看。如是则必惕然戒。视人之女，要想如己女之恶人犯；视人之妻，要想如己妻之怕人污。人当动念之始，深自警惕曰：我淫人之妻女，设我之妻女亦被人淫，奈何？对面一想，则此心自然遏灭。此降火最速之药。且犯人之女，己女未有不为人犯者；污人之妻，己妻未有不为人污者。不必证之于古，历观近时报应，天道真不差累黍⑭。看已受报应的淫人，个个如是；便知未受报应的淫人，也是个个如是。古诗云："劝君莫借风流债，借得快来还得快。家中自有代还人，你要赖时他不赖。"旨哉斯言，唤醒梦梦⑮不少！

【注释】

① 姚庭若：姚士坚，字庭若，号静斋，又号深园，清代人，岁贡生。十二岁作《汉景帝论》，王大初赞为史才。县西挂车河，洪水暴涨，行人时有淹死。姚士坚募造石桥，以利行人。康熙十年（1671 年）、十一年连年饥荒，两倡粥厂于太霞宫。著有古文五卷、诗三卷，合名《深园集》。另有《不可不可录》四卷、《历代世系表》、《历代年表》等。年未满五十卒。参见《桐城人物（大全）录》。

② 布种：撒籽栽种。

③ 石（dàn）：量词，计算重量的单位，一百二十斤为一石。

④ 王大契：明代高僧莲池大师的弟子。

⑤ 莲池大师（1535~1615 年）：袾宏，明末僧人。字佛慧，自号莲池，俗姓沈。浙江杭州人。17 岁补邑庠。后信奉净土宗，志在出世。31 岁投性天理和尚出家。既而于杭州昭庆寺受具足戒，学华严，参禅要，历游诸方，遍参知识。37 岁回杭州，见云栖山水幽寂，即结茅安居，日久渐成丛林。同门因尊称他为"云栖大师"。他住持云栖寺三十余年，施衣药，救贫病；终身布素，修持禅、净；披阅三藏，注释经典；严持毗尼，制定规约；弘宗演教，修订焰口、水陆和课诵等仪。著述编成《云栖法汇》，其内容分释经、辑古和手著。释经有《戒疏发隐》和《弥陀疏钞》等；辑古有《具戒便蒙》和《禅关策进》等；手著有《楞严经摸象记》和《竹窗随笔》等共三十多

种。他在《竹窗二笔》中有《儒佛交非》《儒佛配合》条，前者主张儒佛不该互非；后者认为"儒主治世，佛主出世"，不宜分歧，亦不必合。主张佛教各宗并进，戒为基础，弥陀净土为归宿。清守一《宗教律诸祖演派》排他为华严圭峰下第二十二世；但他提倡净土最力，门人尊他为莲宗第八祖。

⑥憬然：觉悟貌。《二刻拍案惊奇》卷二四："瞑目一想，憬然明悟。"

⑦矜：怜悯，同情。

⑧恤：体恤，顾及。

⑨纪算：一百天为一算，十二年为一纪。

⑩迨：等到。

⑪舅姑：称夫之父母，俗称公婆。

⑫矍然：惊惧貌，惊视貌。

⑬负：背叛。

⑭累黍：古代以黍粒为计量基本单位。此处指极微小之量。

⑮梦梦：昏乱，不明。《诗经·小雅·正月》："民今方殆，视天梦梦。"陆德明释文："梦，莫红反，乱也。"朱熹集传："梦梦，不明也。"天，指周幽王。梦梦无知，意思是昏聩无知。若译为做梦，与原意则有区别。

【译文】

姚庭若说：如果一个人不淫，也只是完成了一人的事业。哪里比得上一劝十，十劝百，百劝千，将这些戒淫劝善的书籍，永久地流传下去，使世人一同证得善果呢？这就好比播种一样，一升种子落地，可收获一石。如果播下的种子无穷，则收获也无穷。但是必须辛勤耕种，不要让田地荒芜了。又譬如传灯一样，一盏灯，可以相互点燃千盏灯；灯无量，光明也无量。只是这盏灯，一定要从我这里传递下去，千万不能从我这里就灭了。不要怕没人听从，就怕我们不去真心苦劝。真心苦劝而毫无响应，就好比说播下种子不见发芽、油灯点燃不见光明。有这样的道理吗？

王大契问莲池大师说："弟子自从看了师父的《戒杀文》后，立即就长斋吃素了。但只是色欲炽盛，不能灭除。还请求师父方便教诲，使我明白淫乐，就如同杀生一样的惨痛。"莲池大师回答说："杀生时被杀的众生非常痛苦，言其惨状显而易见。淫欲对于众生而言有短暂的快乐，故言其惨状比较难。现在作一个比喻：如果公开地把毒药放进粗劣的食物之中，人见了一定会厌恶，这好比是说杀生的惨痛；如果暗地里把毒药放进美味佳肴之中，贪图口腹者不觉中毒身亡，这好比色欲的惨痛。智者思之！"

世人见美色起邪心，种种恶心都生，恶心生则良心就死了。只有在邪念突发、不可遏制的瞬间，想到一个"死"字，或回想自己患难疾苦事，则必淡然而止。否则就想这个美女死后，腐肉朽骨，臭不可近，眼前色相，无非幻境，则必定幡然醒悟。或者想我既然爱这女子，如果现在毁坏了她的名节，那么她就如同粪土一样为人所不齿；如果现在保全了她的名节，那么她就会如同珍珠碧玉般完美无瑕。于是就怜悯她，体恤她，成全她；愈是爱她，就愈不忍心玷污她，如此必定肃然起敬，不去侵犯。或者想我若是贪图这片刻的欢娱，就会损功名，夺富贵，减寿年，遭杀害，绝后嗣，败名声。种种灾祸，都由此造成。如此必定会猛然醒悟。再若不然，就想羞耻之心，人皆有之。女人失去贞节，只是因为一时的糊涂，等到丑闻败露，定被父母兄弟所憎恶，被公婆与丈夫所抛弃，被邻里亲朋所耻笑。往往悔恨莫及，含怨自杀。还有的因怀孕堕胎，而导致母子俱亡。那样的话，冥冥之中的怨魂，岂肯放过？这样一想，必定突然恐惧而熄灭淫心。又再不然，就想这样的人背着丈夫与外人滥交，连自己的丈夫都可以背叛，其心也太狠毒了，更何况是外人？所以应当将此等女人，当作豺狼看，当作蛇蝎看，当作勾魂的鬼差看，当作前世的怨家看。这么想则必然警惕而不上当。看到别人家的女儿，要当成自己的女儿一样怕被恶人侵犯；看到别人家的妻子，要当成自己的妻子一样怕被恶人玷污。当人在动邪念的瞬间，就要警惕自己说：我奸淫别人的妻女，假使我的妻女也被他人奸淫，我又将是什么心情呢？反过来这么一想，淫心自然消灭。这是熄灭欲火最快速的良药。况且凡是侵犯他人女儿的人，自己的女儿没有不被他人侵犯的；奸污他人妻子的人，自己的妻子也没有不被他人奸污的。这种种的因果报应，不必验证于古代，只要留心现时周围的种种报应，就明白天道的报应真是不差分毫。看已经受到恶报的淫人，个个都是如此；便知还没有受到惩罚的淫人，也必定是个个如此。古诗云："劝君莫借风流债，借得快来还得快。家中自有代还人，你要赖时他不赖。"此言真说到了关键，唤醒了不少糊涂之人。

【解说】

本文是姚庭若先生的嘉言。

姚庭若先生说："今人一身不淫，只了得一身事业。"如果一个人不淫，也只是完成了一人的事业。也就是只好了一个人。然而，仁人君子，自己好，还要大家好。所以，姚先生说，哪里比得上一劝十，十劝百，百劝千，将这些戒淫劝善的书籍，永久地流传下去，使世人一同证得善果呢？《华严经·普贤菩萨行愿品》说："诸供养中，法供养最。"钱财是有限的，法供养是无限的；钱财只能解决眼前之急，法供养却能永出六道轮回。所以，佛经又说："一切布施中，法布施为最。"（《无量寿经》）用钱财或急需的物质，布施给众生，只能解决他眼前的困难，如果把解脱法告诉他就能解决他永远的六道轮回之苦。而在法供养与法布施中，写书并流通善书是对众生最有利益的事。所以说："一时劝人以口，百世劝人以书。"

姚庭若先生说："凡人见美色起邪心，种种恶心都生，恶心生而良心死矣。"怎么办呢？姚先生告诉了我们很多办法。首先是"不净观"，用死后的"不净观"，使自己不再贪恋美色。美女死后，腐肉朽骨，臭不可近，眼前色相，无非幻境，则必定幡然醒悟。第二是"真爱观"，若是真心爱这个女子，就不能侵犯她，使她从此无脸做人，一定要保全她的名节。于是就怜悯她，体恤她，成全她。愈是爱她，就愈不忍心玷污她。第三是"对比观"，眼前的快活只是一瞬间，对比一下，因为眼前的快活引来今后无穷的灾难，包括损功名，夺富贵，减寿年，遭杀害，绝后嗣，败名声等等，划得来吗？第四是"羞耻观"，女人最爱惜的是贞洁，贞洁丢了，是一生中最羞耻的事，因自己一时的色欲使处子换取一生的羞耻，我还能有良知吗？若女人因此自杀，她的怨魂能放过我吗？第五是"怨仇观"。这是针对无羞耻之心的女人，她已经有了丈夫，却背叛丈夫偷人，是不是太无廉耻了？这种人勾引我，我前世一定与她有怨仇，千万不能上当受骗。第六是"换位观"，看到别人的女儿，想到自己的女儿；看到别人的妻子，想到自己的妻子。第七是"因果观"，侵犯他人女儿的人，自己的女儿没有不被他人侵犯的；奸污他人妻子的人，自己的妻子也没有不被他人奸污的。从古到今，因果不爽。有了这七个法宝，我们一身欲火，还能不熄灭吗？

【例证】

得大福报的北俱卢洲
出自《法苑珠林·方土部第六》

北俱卢洲的人，寿命都有千岁，想衣得衣，想食得食，看不见忧愁苦闷的人们，听不见争夺吵闹的声音，和我们历史上唐虞三代相比，还胜过百千倍。从世俗的眼光来看，一定认为不是一般的盛世，但以佛法来看，还排列在八难之中（在宇宙的长河之中，活一千岁也只是一瞬间）。因为他们只能享受痴福（由前世所修痴福而来），不信解脱的善法，更不知道有出世的大法（韦驮菩萨不能感化这一个洲的人，所以叫作三洲感应）！

因此，无量的福报比不上得到一句解脱的偈子。释迦牟尼在无量劫前，为求佛法，舍生入死。有时为求一句偈，或捐王位，或丢妻子，只要能求得佛法，一切都可以舍弃。于是看来，我们就明白"诸供养中，法供养最"了。

153

8. 吴泽云

吴泽云[①]曰：人自赋气[②]成形而后，最重者莫如生命。然未能养生[③]，安知保命？既知保命，即能养生，此不易之理也。乃近世人心不古，风俗浇漓[④]，其最足戕贼[⑤]人之生命者，要唯色为巨。色犹刃也，蹈之则伤；色犹鸩[⑥]也，饮之则毙。虽男女居室，为人伦所不废，苟不知制情止义，其中亦有杀身之虞[⑦]。而人顾甘之如饴[⑧]，漫无节制者何哉？盖由道德之心先亡，而邪淫之念遂因缘而起。当其年少气盛，留恋狎邪[⑨]，尝以有用之精神，消磨于妇人女子之手，而不之惜。甚至钻穴逾墙，视为韵事；宿娼挟妓，自诩风流。甚或对妻孥[⑩]而诲淫，向闺房而谑笑[⑪]。因斯门风败坏，伦纪[⑫]丧亡。中冓[⑬]新台[⑭]，贻羞[⑮]内外。然彼犹以为乐，而不以为苦焉。迨[⑯]至陷溺已深，精枯髓竭，志气因之堕落，耳目因之瞆[⑰]聋，形骸[⑱]因之瘠尫[⑲]，人格因之卑下。而一切虚弱瘫痪之病，又复乘隙而丛生。以致一身无穷之事业，绝大之希望，均消归于乌有[⑳]。卒之命殒中年，名登鬼箓[㉑]。且或死不得所，而害及子孙者，要皆未节色欲之过也。其真以生命为儿戏哉！

人于钱财，锱铢[㉒]计较，百计营求[㉓]，量入为出，犹恐不继。有浪用[㉔]不节者，指为败子。夫财乃外至之物，犹珍重若此。若精液之可贵，非特钱财也。淫欲之所伤，非特锱铢也。财尽则穷，精尽则死。而乃恣意纵欲，毫不知惜，一旦精竭髓枯，水干火炽，医药罔效，悔之晚矣。苏东坡云："伤生之事非一，而好色者必死。"人之一身，神以御[㉕]气，气以化精。精神充实，百骸强壮，足以有为。若淫欲无度，则精竭气耗，神不守舍[㉖]，疾病夭亡，职此之由。可不慎欤？

身体发肤，受之父母，不敢毁伤，孝之始也[㉗]。夫"毁伤"云者，岂戕[㉘]手折足之谓哉？有如嘉树初生，发荣[㉙]滋长之际，必戒勿蹢伐，朝培夕护，然后可冀其成荫。人当成童婉娈[㉚]之日，筋力未充，血气未定，而先丧真元㉛，以致形体枯羸㉜，菁华㉝销铄㉞，百病丛生。父母相对惊惶㉟，束手无措。此姑无论阴骘㊱所关，减龄削算㊲，即奈何以自作之孽，贻二亲以无涯㊳之隐痛？古之人一跬步㊴不敢忘父母，以其遗体行殆㊵，况玷其清白乎？其为不孝，孰大于是！

轻薄㊶少年，至亲友家，辄窥内室，或倾耳窃听。道逢佳丽㊷，停趾㊸凝瞩㊹，尾缀㊺其后，访其氏族，甚至以所见与同侪㊻肆口嘲评。试问此何心也？蘧伯玉㊼不以冥冥堕行，司马温公㊽生平无一事不可对人言。而于白昼之时，众人属目㊾之地，傲然㊿出之，恬不为怪！轻薄如此，尚不入端人正士之目，而谓不干(51)鬼神之怒者乎？交游中有此等辈，早宜斥绝，不可与一日居也。

【注释】

① 吴泽云：生平不详。

② 赋气：文天祥说："天地有正气，杂然赋流形。"一切有形的的生命来自天地之正气，气是构成有形生命的根源。朱熹《答黄道夫》："天地之间，有理有气。理也者，形而上之道也，生物之本也；气也者，形而下之器也，生物之具也。是以人物之生必禀此理，然后有性；必禀此气，然后有形。"所以说，人禀气而生，但此气非父母之气，而是元气，阴阳未分之气，生命赖以存在之气。

③ 养生：摄养身心而延年益寿。

④ 浇漓：浮薄不厚。多用于指社会风气。

⑤ 戕贼：摧残，破坏。

⑥ 鸩：毒害。鸩是传说中的一种毒鸟，以其羽浸酒，饮之立死。

⑦ 虞：忧虑，担心。

⑧ 甘之如饴：把它看成像麦芽糖那样甘甜，比喻甘心情愿地从事某种辛苦工作或虽处危困境地也能安然忍受。语出汉赵晔《吴越春秋·句践归国外传》："尝胆不苦甘如饴，令我采葛以作丝。"

⑨ 狎邪：行为放荡，品行不端。又指狭斜、小街、曲巷，借指妓院或妓女。

⑩ 妻孥：妻子与儿女。

⑪ 谑笑：开下流的玩笑。

⑫ 伦纪：伦常纲纪。

⑬ 中冓（gòu）：内室，指闺门以内。

⑭ 新台：《诗经·邶风》篇名。小序谓刺卫宣公。春秋时，卫宣公为儿子伋娶齐女，闻其貌美，欲自娶，遂于河边筑新台，将齐女截留。"国人恶之，而作是诗也。"新台故址在今河南濮阳境。后用以喻不正当的翁媳关系。

⑮ 贻羞：使蒙受羞辱。

⑯ 迨：等到。

⑰ 瞶（guì）：目昏，眼睛看不清楚。

⑱ 形骸：人的躯体。

⑲ 瘯尫（wāng）：亦作"尪瘯"。瘦弱。

⑳ 乌有：虚幻，不存在。

㉑ 鬼箓：阴间死人的名簿。

㉒ 锱铢：锱和铢。比喻微小的数量。

㉓ 营求：谋求，追求。

㉔ 浪用：浪费，乱用。

㉕ 御：统治，控制。

㉖ 神不守舍：神魂离开了身体，比喻丧魂失魄，心神不安定。

㉗ 身体发肤，受之父母，不敢毁伤，孝之始也：出自《孝经·开宗明义》。

㉘ 戕（qiāng）：残害。

㉙ 发荣：（草木）生长茂盛。

㉚ 婉娈：儿童美好的样子。出自《诗经·齐风·甫田》："婉兮娈兮，总角丱（guàn，古代儿童束的上翘的两只角辫）兮。"郑玄笺："婉娈，少

好貌。"

㉛真元：人的元气。

㉜菁（jīng）华：精华。

㉝枯赢：憔悴而赢弱。

㉞销铄：消损。

㉟惊惶：震惊惶恐，惊慌。

㊱阴骘（zhì）：犹阴德。阴德，指暗中做的有德于人的事。宋梅尧臣《欧阳郡太君挽歌》之二："暮年终飨福，阴骘不应欺。"清纪昀《阅微草堂笔记·姑妄听之三》："吾辛苦积得小阴骘，当有一孙登第。"

㊲算：寿命。作为数目，一百天为一算。

㊳无涯：无穷，无边。

㊴跬步：半步，跨一脚。《大戴礼记·劝学》："是故不积跬步，无以致千里；不积小流，无以成江海。"王聘珍解诂："跬，一举足也。"

㊵殆：危险。

㊶轻薄：轻佻浮薄。

㊷佳丽：美女。

㊸停趾：停步。趾：脚。

㊹凝瞩：注视。

㊺尾缀：尾随。

㊻同侪：同伴，伙伴。

㊼蘧伯玉：春秋时卫国人，名瑗。相传他"年五十而知四十九年非"，是一个求进甚急并善于改过的贤大夫。

㊽司马温公（1019~1086年）：即司马光，字君实，号迂叟，陕州夏县涑水乡（今山西省夏县）人，出生于光州光山（今河南省光山县），世称"涑水先生"。北宋时期政治家、史学家、文学家，自称西晋安平献王司马孚后代。宋仁宗宝元元年（1038年）进士，累迁龙图阁直学士。历仕仁宗、英宗、神宗、哲宗四朝，官至尚书左仆射兼门下侍郎。去世后追赠太师、温国公，谥号"文正"。名列"元祐党人"，配享宋哲宗庙廷，图形昭勋阁；

从祀于孔庙，称“先儒司马子”；从祀历代帝王庙。为人温良谦恭，刚正不阿；做事用功，刻苦勤奋。以“日力不足，继之以夜”自诩，堪称儒学教化下的典范。主持编纂了编年体通史《资治通鉴》。著有《温国文正司马公文集》《稽古录》《涑水记闻》《潜虚》等。

㊾ 属目：注目，注视。

㊿ 傲然：高傲的样子。

(51) 干：招惹，招致。

【译文】

吴泽云说：人自从禀承天地之气而形成人身之后，最宝贵的莫过于生命了。然而，人若不知道养生，怎能保命呢？既然知道保命，当然也就知道养生了，这是不变的道理。由于近世人心不古，世风日下，人们不知道，其中最能残害人生命的，就是色欲了。色欲好比锋利的刀刃，碰到必受伤害；色欲好比剧毒的鸩酒，喝了就会毙命。虽然夫妇同室，为人伦正淫，可如果夫妻房事不知节制，不知禁忌，其中亦有杀身之忧。可世人却不顾一切，甘之如饴，漫无节制，为什么呢？这是因为道德之心先亡，邪淫之念就因此而生。年轻力壮之时，沉迷于纵欲嫖娼，将自己宝贵的精气神，耗散于妇人女子之手，在所不惜。甚至把钻洞翻墙偷情当作美事，把宿娼挟妓淫乱自夸为风流。更有甚者，在自己的妻室儿女面前谈论淫事而不知忌讳，在女性亲眷面前开下流的玩笑。因此，门风败坏，伦纪丧尽。翁媳乱伦，内外蒙羞。然而，他们不以为耻，反以为乐。等到陷溺已深，精髓枯竭，志气因此堕落，耳目因此昏聩，身体因此枯槁，人格因此卑劣。一切虚弱瘫痪等疾病，乘虚而入，百病丛生。以至于一生大好的事业，无限的希望，均化为乌有。到最后，中年早夭，名登鬼簿。还有的死不得其所，又遗害于子孙，都是不能节制色欲的罪过。这种人真是把生命当成儿戏了啊！

人于钱财，锱铢必较，百计谋求，量入为出，生怕不够用。对那种浪费乱用的人，大家都指责他是败家子。钱财乃身外之物，世人尚且如此珍惜。若精液之可贵，非钱财可以相比；淫欲之所伤，不是锱铢那么一点点。钱财没有了只会穷，精气耗尽了就会死。如果任性放纵，毫不知惜，一旦精髓枯竭，水干火盛，医药无效，后悔也来不及了。苏东坡说："伤害生命的事不止一种，而好色者必死。"人的身体，神以御气，气以化精。精神充实，则筋骨强壮，可以大有作为。若是淫欲无度，必然精气耗散，神不守舍，疾病丛生，不日死亡。能不慎重吗？

身体发肤，受之父母，不敢毁伤，孝之始也。所谓毁伤，哪里仅指伤手断腿呢？一棵优秀的小树苗，当它正在茂盛生长的时候，一定要严禁砍伐，朝夕培护，然后它才有希望长成参天大树，绿树成荫。人还在发育成长的少年之时，筋骨尚未充实，血气还没有稳定，此时若有泄精，则丧失先天的元气，必将导致形体憔悴，身体羸弱，精华消损，百病丛生。父母泪眼相对，震惊惶恐，束手无策。姑且先不说邪淫伤阴德，减寿命，只谈你自己造下的罪孽，给你父母留下了无穷隐痛。古时候的人，走半步都不敢忘记父母，因为身体是父母给的，所以不敢去做危险的事，何况玷污其清白呢？其为不孝，还有比这更大的吗？

轻薄的少年，到了亲友家，就去偷看人家的闺房内室，侧耳窃听。若是在路上遇到了美丽的女子，就停步注视，或尾随其后，打听此女的姓氏家族，甚至把自己的所见向同伴肆无忌惮地评论，开下流玩笑。请问，这是何居心呀？蘧伯玉在别人看不见的地方，也不敢使自己的行为稍有随便；司马温公平生光明磊落，所做的事没有一件是不可以对人说的。如今，竟然在光天化日之下，众目睽睽之地，傲然出来，如此放肆，真是恬不知耻！轻薄如此，正人君子尚且看不惯，还能不招惹鬼神的愤怒吗？在日常的交友往来中，若有此等下劣之辈，应及早与他断绝联系，不可同他有一日的交往。

【解说】

本文是吴泽云先生的嘉言。

吴先生认为，高谈阔论一大堆养生的理论没用，如果不知道保命，连命都没有了，还谈什么养生呢？所以吴先生说："既知保命，即能养生，此不易之理也。"那么最容易夺取人的生命的事是什么呢？吴先生说："其最足戕贼人之生命者，要唯色为巨。色犹刃也，蹈之则伤；色犹鸩也，饮之则毙。"没吃没穿，还不至于毙命，而色欲好比锋利的刀刃，碰到必受伤害；色欲好比剧毒的鸩酒，喝了就会毙命。可色欲是看不见的刀子，以至于自己死了，还不知道是什么原因所致，所以至今没有引起人们的重视。

吴先生说："人于钱财，锱铢计较，百计营求，量入为出，犹恐不继。"但人们不知道，钱财是可以赚回来的，"精"却是人身的至宝，得之则生，不得则死，丢了就赚不回来了，人们为什么不知道珍惜呢？人们对于花钱很吝啬，生怕花完了就没有了，可是对于作为至宝之"精"，却不知道吝啬呢？不仅不吝啬，还以纵欲为乐呢？所以，吴先生说："恣意纵欲，毫不知惜，一旦精竭髓枯，水干火炽，医药罔效，悔之晚矣。"苏东坡说："伤害生命的事不止一种，而好色者必死。"人的身体，神以御气，气以化精。精神充实，则筋骨强壮，可以大有作为。若是淫欲无度，必然精气耗散，神不守舍，疾病丛生，不日死亡。能不慎重吗？

吴先生引用《孝经》的话，身体发肤，受之父母，不敢毁伤，孝之始也。可是，人们往往肤浅地认为，不敢毁伤身体，以为就是伤手断腿之类的外伤，甚至还认为理发也不对，头发是父母给的，不能剪掉。按照吴先生的分析，不敢毁伤的地方包括两个方面。一是从身体来说，要保住父母遗传过来的精气神。人还在发育成长的少年之时，筋骨尚未充实，血气还没有稳定，此时若有泄精，则丧失先天的元气，必将导致形体憔悴，身体羸弱，精华消损，百病丛生。二是要保护清净之身，而要有清净之身，先就要有清净之心，这是从身心两个方面来说，重点在道德不受损，才算真正保护了父母给我们的身体。邪淫伤阴德，减寿命，造下的罪孽，给父母留下了无穷隐痛。作为儿子若玷污自己的清白，其为不孝，还有比这更大的吗？

曾子的孝

（出自《论语·泰伯》）

曾子有疾，召门弟子曰："启予足！启予手！《诗》云：'战战兢兢，如临深渊，如履薄冰。'而今而后，吾知免夫，小子！"

这是曾子临终前的一段话，其意思是，曾子有病，他预计自己要离开这个世间了，就把自己的学生召集到身边来，说："打开被子，摆正我的脚！摆正我的手！《诗经》上说：'小心谨慎呀，好像站在深渊旁边，好像踩在薄冰上面。'从今以后，我知道我的身心可以免除一切损伤了，小子们啊……"

一般人认为，曾子在这里借用《诗经》里的三句，来说明自己一生谨慎小心，避免损伤自己的身体，就是对父母尽孝。其根据就是《孝经》记载，孔子曾对曾参说过："身体发肤，受之父母，不敢毁伤，孝之始也。"就是说，一个孝子，应当极其爱护父母给予自己的身体，包括头发和皮肤都不能有所损伤，这就是孝的开始。曾子在临死前要他的学生们看看自己的手脚，以表白自己的身体完整无损，是一生遵守孝道的。

可意义不仅仅就在这里。君子不毁伤发肤就是尽孝，如果父母处于危难之际，需要自己挺身而出甚至要献出生命的时候，也因为不敢毁伤，而让父母落于虎口吗？再说君子杀身成仁，连一根头发都不敢毁伤，又怎么去杀身成仁？圣人都是甘愿为众生而奉献自己的一切的，释迦牟尼修行时，连头目手脚等身体的一切都可以奉献给众生，又怎么连一根头发都舍不得呢？

所以，曾子说的不是保全了"身"，而是保全了"心"。曾子是发明慎独的人，他是善于反省和观心的，所以他在临终就敢于说我的这颗心不会受世间污染了，它清白地而来，也要清白地而去。

那么又怎么才能保持这颗心一辈子出污泥而不染？那就是曾子所说的"战战兢兢，如临深渊，如履薄冰。"这是借用《诗经》里面的话来告诫人们要时刻反省自己，若稍有放松，就会堕落，以致一失足成千古恨。如果这样做到了，就会免除这颗心不受污染，一生也就不会犯大错误了，到临终也就死而无憾了。所谓"启予足！启予手！"而不是要让大家去看自己的手脚，而是让大家摆好自己手脚，而显出君子临终安祥的姿态。曾子是得孔子心传的弟子，他临终是无恐惧的，是安祥的，虽然他的手脚不能动了，但他的心是安祥的。当君子的心归于"仁"的时候，这身体又还有什么作用呢？抛下臭皮囊，而今得自在。

在这个世界上能够做到临终而没有遗憾的又有多少呢？可曾子做到了。

9. 毕忠告

毕忠告[①]曰：方今世界之愈形黑暗污浊，青年子女之益多败节丧身者，推其故，皆发端[②]于淫书淫画之流毒也。窃观近年新出版之艳情淫书淫画（每出一书，不知害了几百千人。在著作者，往往自圆其说，谓揭破黑幕，不知反酿导淫之法。历来悬[③]禁淫书，有阳奉阴违，暗中出售者，实堪浩叹），不知凡几[④]，层出不穷，触目皆是。少年子女，见报端所载之目录告白，已五花八门，说得形容尽致，意动购阅，不免同伴传观，致使目醉心迷，神魂颠倒。胆怯者不敢轻于尝试，然身体已无形受耗折矣。胆泼而意不自持者，若一失足，小则失业失学，耗精耗神。（人身三宝，精、气、神是也。若此则根本已丧，废病[⑤]随之，哪得长命乎？）大则倾家丧命，绝嗣断宗，当此之时，悔已无及。沪上黑暗淫风，甚于他埠[⑥]。试观藏垢纳污，引人入阱之地，到处皆是。耳濡目染[⑦]，平日之志定自重者，尚不免受损友[⑧]之怂恿失足也。吾故曰：淫书淫画，实杀人之利刃。唯愿青年子弟、闺阁少女，遇此等淫书，撕毁勿阅。遇此等损友，摈弃^⑨勿面。尚望互相警戒，勿蹈无形之杀人危机也！

我今九顿首^⑩于出版界、著作界之前曰："谁无子弟，谁无妻女，而忍令其入黑暗，陷死亡，断宗绝嗣乎？"我又九顿首于各校长、各家长、各号^⑪经理之前曰："务各随时严行稽察^⑫，循循劝导，使各青年子女，出黑暗，免死亡也。"而其源则仍在于出版界、著作界之好行其德也。倘采及刍荛^⑬，竟毁版而绝笔焉，吾知其子弟妻女，必为共和国之大伟人、大阃范^⑭也。倘谓淫书中寓有恶果报，阅者自能警惕。试问何册淫书，不寓果报之说，何以只见阅者之沉沦陷溺乎？

我又拜手稽首^⑮于作艳情之著作家、绘淫画之美术家之前曰："椽笔^⑯辉辉，何求不得？何苦自留污点，自累盛名？引社会于黑暗，陷人民于死亡，所博者只蝇头之微利耳！"阴骘因果之说，虽为时流^⑰所罕言。然《五经》《四书》，古今通人^⑱，各皆发挥提倡，岂以时流不信，遂致无有乎哉？恶业之中，淫恶为最。生前暗中获种种折福折寿、灭子绝孙之报应，死后灵魂必永受痛苦。凡我同胞，能不触目惊心耶？

敬求沪上慈善长者，如不以鄙言为谬，开会集议，妥筹劝导之法。不独造福一方，而德风所被，人各景从^⑲，则天下同胞，咸受恩泽。不禁馨香百叩祷之！

【注释】

① 毕忠告：生平不详。依文笔来看，疑为民国时期仁者。

② 发端：开始，起源。

③ 悬：公布。

④ 凡几：共计多少。

⑤ 废病：卧病不起。

⑥ 埠：有码头的城镇。

⑦ 耳濡目染：经常听到看到，无形之中受到影响。语本唐代韩愈《清河郡公房公墓碣铭》："目擩耳染，不学以能。"宋代朱熹《己丑与汪尚书书》："耳濡目染，以陷溺其良心而不自知。"

⑧ 损友：对自己有害的朋友。语本《论语·季氏》"益者三友，损者三友：友直、友谅、友多闻，益矣；友便辟、友善柔、友便佞，损矣。"

⑨ 摈弃，主要指抛弃，多用于人和具体事物。出自汉刘向《列女传·齐孤逐女》："妾三逐于乡，五逐于里，孤无父母，摈弃於野，无所容止。"

⑩ 顿首：磕头，旧时礼节之一，以头叩地即举而不停留。

⑪ 号：国家之名、商行之名，都可称号。此处指书店。

⑫ 稽察：检查。

⑬ 刍（chú）荛（ráo）：割草打柴的人，草野之人；浅陋的见解，多用作自谦之辞。

⑭ 闺（kǔn）范：指妇女的道德规范。此处指女德的榜样。

⑮ 拜手：亦称"拜首"。古代男子跪拜礼的一种。跪后两手相拱，俯头至手。《尚书·太甲中》："伊尹拜手稽首。"孔传："拜手，首至手。"稽首：古时一种跪拜礼，叩头至地，是九拜中最恭敬者。

⑯ 椽笔：《晋书·王珣传》："珣梦人以大笔如椽与之，既觉，语人云：'此当有大手笔事。'俄而帝崩，哀册谥议，皆珣所草。"后因以"椽笔"指大手笔，称誉他人文笔出众。

⑰ 时流：世俗之辈。

⑱ 通人：学识渊博通达的人。《庄子·秋水》："当桀纣而天下无通人，非知失也。"王先谦集解："贤人皆隐遁，非其智失也。"汉代王充《论衡·超奇》："博览古今者为通人。"

⑲ 景从：如影随形，比喻追随之紧或趋从之盛。

【译文】

毕忠告说：如今世界越来越黑暗污浊，青年男女败节丧身者越来越多，究其根源，都发端于淫秽书画的毒害。且看近年来新出版的艳情淫秽书画（每出一本，不知害了多少人。而作者本人，往往自圆其说，说这是揭露阴暗面，不知反而酿成导淫之法。历来政府都公布严禁出版淫书，但总有人阳奉阴违，暗地里出售，实在可叹），不知道有多少，层出不穷，触目皆是。少年男女，见了报刊登载的图书目录简介，已经是五花八门，广告说得淋漓尽致，使人心动想要购阅。买回自己看了不要紧，还不免在同伴中传阅，致使更多的人，目醉心迷，神魂颠倒。胆小者，虽不敢轻易尝试，但身体已在无形之中受损耗了。胆子大的不能自持的人，若一失足，小则失学失业，耗精耗神（精、气、神是人身三宝，如果人身的根本已经亏损，随之而来就卧病不起，怎么可能长寿呢），大则倾家丧命，断子绝宗，到了那时，追悔莫及。上海地下淫风，超过了其他地方。试看藏污纳垢，引人落入陷阱的色情场所，到处都是。耳濡目染，即使平时意志坚定并能自重的人，尚且不免受到损友的怂恿而失足。因此，我说：淫秽书画，实在是杀人不见血的利刃。但愿青年男女、闺中少女，见到此等坏书，撕毁勿阅。遇到此等损友，一定要远离，决不交往。还希望大家要互相警戒，切不要接近那无形的杀人危机啊！

今天我向出版界、著作界九顿首，我有话要说："谁没有子女？谁没有妻子？您能忍心使他们跌落黑暗之中，陷入死亡之境，而断宗绝嗣吗？"我又向各学校校长、各位家长、各位书店经理九顿首，我有话要说："务请各位随时严格检查，循循劝导，使这些青年子女，出黑暗，免死亡！"当然堵塞淫秽书画的源头，仍在出版界、著作界推行高尚的职业道德。假如采纳了我这浅陋的意见，毁版而绝笔，那么我相信，你们的子孙后代必为共和国的大伟人，你们的妻女必为女德的好榜样。如果借口说淫秽书籍中，也寄托了因果报应的思想，读者自然能引起警惕。请问世上哪本淫书没有果报之说？为什么只见读者沉迷堕落呢？

我又向写艳情小说的作家、绘制淫画的美术家稽首，我有话要说："您有大手笔，笔下生辉，还愁什么得不到呢？何苦自留污点，以负盛名呢？引社会于黑暗，陷人民于死亡，所得到的仅是蝇头小利罢了！"阴骘因果之说，虽为时流所罕言。但《五经》《四书》，古今通人，无不发挥提倡。怎能因时流不相信，就认为没有了吗？所有的恶业中，淫恶的罪业最大。生前

165

会遭受各种各样折福折寿、断子绝孙的报应，死后灵魂必永受痛苦。凡我同胞，能不触目惊心吗？

敬求上海的慈善长者，如不以鄙言为谬，恳请召开大会，集思广益，妥善筹划解决这一问题的有效办法。不只造福于一方，德风所及，人人跟从，则天下同胞，咸受恩泽。不禁馨香百拜祈祷祝愿之！

【解说】

本文是毕忠告先生的嘉言。

毕忠告先生说："方今世界之愈形黑暗污浊，青年子女之益多败节丧身者，推其故，皆发端于淫书淫画之流毒也。"到现在不仅有淫书淫画，还有黄色录像（三级片）。按照国家法律，制作、复制淫秽的电影、录像等音像制品组织播放是要从重处罚的，特别向不满十八周岁的未成年人传播淫秽物品更要从重处罚。那些播放黄色影片的人，明要受国家刑罚，阴要受良心谴责，并且影响子孙，拖累后世，能心安吗？毕忠告先生说："恶业之中，淫恶为最。生前暗中获种种折福折寿、灭子绝孙之报应，死后灵魂必永受痛苦。"此言并非危言耸听，得到报应的人，古今比比皆是。毕忠告先生说："恶业之中，淫恶为最。生前暗中获种种折福折寿、灭子绝孙之报应，死后灵魂必永受痛苦。凡我同胞，能不触目惊心耶？"

【例证】

写淫词小说的张某

（出自民国《寰球名人德育宝鉴》）

有一个天赋异才的张姓青年，喜好写小说，而且是那种淫词小说，他还自行刊刻售卖。在他看来，写的这些淫书不过都是笔底云烟，根本不会损伤自身的阴德。

然而，他终是想错了。一天夜里，他梦见过世的父亲严厉斥责道："你所写所刊印的淫秽小说，令人看了眼花缭乱，神飞魄散，很多人因为看了你的书变得行为不检点，走向堕落。冥府对于这类案子，一向惩罚很严酷。你原本前程远大，寿数绵长，如今却因为做了这等坏事，你一生的福分都尽数销毁。可惜祖宗几代人积累的功德，都败在你的手中。这样了，你还认为没有损伤阴德吗？"

张某从梦中惊醒，内心痛悔不已。然而罪业已成，恶报来到。没过多久，张某全家竟然全部都溺亡了。

10. 黄孝直

黄孝直①曰：《论语》云："少之时，血气未定，戒之在色。"圣人之于色，无时而不戒也。《礼》，庶人②非五十无子，不娶妾。其不二色③可知。男子三十而娶，其不杂色可知。诸侯不娶境内，其不夺人之妻可知。先王④以分、至⑤日闭关⑥，其清心寡欲可知。乃孔子概不之及，特提出"少之时血气未定，戒之在色"一语，诚重之也，抑畏之也。盖人之方少，犹草木之始萌也，百虫之在蛰⑦也。草木当始萌之日，而即摧其芽，未有不枯槁⑧者。百虫当藏蛰之会，而忽发其扃⑨，未有不死亡者。圣人提醒少年，使其力制色心，悚然⑩自爱，以保养柔嫩之驱。少年时能于此色欲一关，把得牢，截得断，他年元神⑪不亏，气塞两间⑫。立朝⑬之日，精神得以运其经济⑭，作掀天事业。真人品，真学问，皆由于此。即使不成大器⑮，亦必克尽其天年⑯，不致死于非命。此少年所当猛省也！

父母爱子甚切，自幼无不管教，唯至色欲伤身大事，则多不甚明切训诲。推原其故，盖因未婚时，以为子弟知识未开，不可明言。及既娶后，又以子弟已壮，兼碍媳面，不便尽言。不知子弟年轻，阅历未深，凡古今好色必死之事，未经目睹亲见，不甚相信。又不能详读远色戒淫之书，兼听匪友^⑰荒唐之语，每将房事，视为乐境，遂至伤身毙命。因以绝后者，不可胜数，良可叹息而堕泪也！为父母者，须于子弟十四五岁时，先于暗中，察其动静，省^⑱其嗜好。如知识已开，则于易换衣裤时，密为周视，察有遗精斑渍，急须援引^⑲古训，与之明言，详告以好色必死之理，引证以好色已死之人，令子弟自知畏惧，即能保养精神。及既娶后，尤须不惮烦碎，婉为开导，父勉其子，婆勉其媳，急须将远色戒淫各书，为媳讲解，令媳私下规劝其夫。万不可懒于一时，碍于情面，而遗终身之痛也！

淫祸最大，不只邪缘，即妻妾欲事稍过，或独寝心想欲事，皆足致疾丧身，不可不戒。道书有曰："人生欲念不兴，则精气舒布五脏，荣卫^⑳百脉。及欲念一起，欲火炽然，翕撮^㉑五脏，精髓流溢，从命门^㉒宣泄而出。即尚未泄出，而欲心既动，如以烈火烧锅内之水，立见消竭，未几则水干而锅炸矣！"此欲念尤足伤身之实据也。吾愿世人有病自疗，唯在正其心而主于敬耳。

少年新婚之日，欲念正盛。若不为之节，往往种死根而促其茂龄^㉓，此甚可痛也！昔有一士，婚后赴试，觉孤枕为苦，未毕遽归。一日走百余里，二鼓抵家。其父怒曰："是必在郡^㉔生事，惧祸逃归者。"命缚而置诸空仓，疾呼觅杖，曰："明日当痛笞^㉕之！"明日，父徐起释之，亦弗问也。其子初归，兴甚浓，突遭斥辱，惴惴终夕，既释，终莫喻父意。时有一友，与之偕归，翌日死矣，盖以百里行房而精脱也，始悟父缚之之故。古称事亲者视于无形，听于无声。抑知父母之爱子，乃真有视听于形声之外者乎！噫！家室犹然，而况履蹈危机！风露侵逼于外，惊恐交战于中，更有什百于是者。人子知此，体亲之心以为心，则寿康可得矣。

【注释】

① 黄孝直：江西人，曾于乡试中赏识晚清名臣刘坤一，后刘为江西巡抚，举黄为江西境内书院总顾问，终身执弟子礼。黄孝直终年八十二岁。

② 庶人：平民百姓，西周、春秋时对农业生产者的称谓。

③ 二色：旧时指置妾或有外遇，此处指二房。

④ 先王：指上古贤明君王。

⑤ 分、至：春分、秋分、夏至、冬至。

⑥ 闭关：闭门谢客，斋戒静修。

⑦ 蛰：动物冬眠，潜伏起来不食不动。

⑧ 枯槁：草木枯萎。

⑨ 扃（jiōng）：门户，此处指洞口。

⑩ 悚然：惶恐不安貌。

⑪ 元神：按照道家说法，元神为先天之神。张伯端说："夫神者，有元神焉，有欲神焉。元神者，乃先天以来点灵光也；欲神者，乃后人所染气禀之性也。"（《青华秘文》）近人张锡纯也说："元神者，无思无虑，自然虚灵也；识神者，有思有虑，灵而不虚也。"（《医学衷中参西录·人身神明诠》）

⑫ 两间：天地之间。

⑬ 立朝：在朝为官。

⑭ 经济：经世济民。

⑮ 大器：比喻有大才、能担当大事的人。《管子·小匡》："管仲者，天下之贤人也，大器也。"

⑯ 天年：自然的寿数，本来的寿命。

⑰ 匪友：行为不端的朋友，损友。

⑱ 省：知晓。

⑲ 援引：引证。

⑳ 荣卫：中医学名词。荣指血的循环，卫指气的周流。荣气行于脉中，

属阴，卫气行于脉外，属阳。荣、卫二气散布全身，内外相贯，运行不已，对人体起着滋养和保卫作用。《素问·热论》："五藏已伤，六府不通，荣卫不行，如是之后，三日乃死。"

㉑翕（xī）撮（cuō）：结聚一起撮走。翕：聚合。

㉒命门：中医名词。一般指右肾。《难经·三十六难》："左者为肾，右者为命门。命门者诸神精之所舍，元气之所系也，故男子以藏精，女子以系胞。"《云笈七签》卷五六："右肾谓之命门。"

㉓茂龄：壮年。

㉔郡：此处指在城里。

㉕笞：用鞭、杖或竹板打人。

【译文】

黄孝直说：《论语》中说："少之时，血气未定，戒之在色。"但古代圣贤对于戒色，无时而不戒。《礼记》说，古时平民百姓，到了五十岁还没有生儿子的话才会娶妾。由此可知，古人一般不娶二房。男子到三十岁方才娶妻，其不贪色可想而知。诸侯不娶自己境内的女子为妻，其不夺人之妻也可想而知。上古贤明君王在春分、秋分、夏至、冬至的日子都闭关修行，其清心寡欲也可想而知。可是孔子，对这些一概不说，却特别提出，人在少年时期，血气未定，应当严格戒除色欲，可见他非常重视这个问题，也非常畏惧这个问题。因为少年时期，犹如当草木刚刚开始萌芽的时候，就像虫类正在潜伏冬眠的状态一样。当草木刚萌芽时，就拔去小芽，没有不枯萎的。当虫类正在潜伏冬眠期间，就去挖掘它蛰伏的洞穴，没有不死亡的。圣人提醒少年，使其力制色心，谨慎自爱，以保养柔嫩之躯。若少年时期，能够对此色欲一关，把得牢，截得断，则成年之后元神不亏损，正气充塞天地之间。为国家服务的时候，有饱满的精神经世济民，干一番轰轰烈烈的伟大事业。真人品，真学问，都来源于此。即使不成大器，也必定会尽享天年，不致死于非命。这就是少年应当猛醒的地方！

父母爱子甚切，自幼无不管教，唯独对色欲这样伤身害命的大事，大多数父母都不能明白恳切地进行教育。究其原因，只因为在没有结婚之前，以为孩子这方面的知识还没有，不可以明说。等到已经娶妻后，又认为他已是大人了，又碍媳妇的情面，不方便详说。殊不知孩子年纪轻，阅历不深，凡古今好色必死之事，还没有亲眼目睹，不大相信。又不能详读远色戒淫之书，兼听损友荒唐之语，于是就将房事，视为乐境，以至于伤身毙命。因此而绝后的，不可胜数，实在是可悲可叹，使人落泪呀！做父母的人，须在孩子十四五岁时，暗中观察，了解他的兴趣和爱好。如果子女进入青春发育期，就要在其换洗衣裤的时候，仔细检查，若有遗精污渍，要马上援引古训，对他明讲，详细告诉他好色必死的道理，引证因好色而导致惨死之人的事例，使子女知道利害，这样就能保养精气神了。等到已经娶妻后，尤其要不怕烦琐，婉转开导教育，父亲劝勉儿子，婆婆劝勉媳妇，并且尽快将远色戒淫各种善书，给媳妇讲解，使媳妇私下规劝丈夫。万万不可懒惰，怕麻烦，碍于情面，而造成终生的痛悔啊！

淫祸最大，不单单是指邪淫，就是与自己的配偶之间，稍有不节制，或者在独居时心中思想淫欲之事，都足以导致疾病而丧身，不可不戒呀。道教的书上说："如果淫欲的念头不起，则人身中的精气舒布五脏，荣卫百脉。如果淫欲的念头一生，则欲火旺盛，聚合五脏，精髓流溢，从命门宣泄而出。即使还没有泄出，由于欲心既动，就像用烈火烧锅里的水，水立见消失，要不了多久，就水干锅炸了！"这就是欲念足以伤身的实据。我愿世人有病自疗，对治的方法就是端正自心和敬畏天地鬼神。

青少年在新婚之时，欲念正盛。如果不加以节制，往往就于此时种下了死亡的祸根，缩短了自己的大好年华，太可痛惜了！从前有一学子，新婚不久，离家应考，觉孤枕难眠，考完试还没有发榜，就急忙返家。一天步行百余里，晚上二更时候到家。他父亲怒斥道："你一定是在城里惹下祸，才连夜逃跑回家来躲避。"命家人将他双手反绑，关在仓库里，并叫人拿来棍子，说："明天定当以家法痛打！"第二天，父亲很迟才起床，放出儿子，什么也没有说，也没有责罚。这个青年刚到家时，性欲正浓，谁知突遭父亲怒骂捆绑，一夜惴惴不安，直到天亮被放，也不明白父亲到底是什么意思。

而当时与他一同赴考、一同返家的同窗好友，由于当夜与妻子同房，第二天便死了。这是因为一天步行一百多里路后行房事，虚脱而死。此时他才恍然大悟。古时的人说，真正孝顺父母的人，会用心去观察，在父母还未表现出来、未讲出来之前，就已经觉察出父母的意思。因此也可以想见，父母疼爱儿女，更是如此。啊呀！家室尚且让父母如此忧心，更何况在外偷情邪淫，处于危险之中！风露侵逼于外，惊恐交战于中，其危险更甚于家中十倍百倍。做儿女的人，如果明白了这个道理，以体亲之心以为心，那么健康长寿就可以得到了。

【解说】

本文是黄孝直先生的嘉言。

黄先生说："圣人之于色，无时而不戒也。"《论语》中说："少之时，血气未定，戒之在色。"难道中年、老年就不要戒色了吗？实际上并非是这样。印光大师说，人从淫欲而来，淫欲偏重，那么从一开始一直到死亡，淫欲都存在，甚至死后随人而去的也是它。所以，人的一生都要戒色节欲。人心不古，世风日下。在古时候，人们无论到什么年龄都在自觉地戒色。黄先生举了一些例子。《礼记》说，到了五十岁还没有生儿子的话才会娶妾。说明古人并非妻妾成群，一般人一生就只有一个妻子。男子到三十方才娶妻，其不贪色可想而知。当然今天也有大男大女，但今天的人到三十岁才结婚，并非他三十岁以前就没有性生活，就没有女人，而且正因为他没有固定的妻子，他的女人就更多，他的性生活就更加不检点。诸侯不娶自己境内的女子为妻，其不夺人之妻也可想而知。自己境内的女人，不管多么美，都不能娶为妻子，真正的兔子不吃窝边草。那么看见别人的美妻，又怎么会夺人所爱呢？上古贤明君王在春分、秋分、夏至、冬至的日子都闭关修行，其清心寡欲也可想而知。我们看，君王带头清心寡欲，上有所好，下必甚焉，那么他所治下的百姓，也必然个个清心寡欲。从黄先生所举的这些例子来看，古人无论在什么年龄，都时刻注意戒色节欲。所以，《黄帝内经》说："上古之人，春秋皆度百岁，而动作不衰。"

其中戒色节欲起了重要作用。

那么，孔子为什么特别提到青少年戒之在色呢？黄先生打了两个比方。青少年时期就好像正在生长的草木，长出一颗颗小芽，如果一动淫欲，就好像把刚刚长好的小芽拔去了，怎么能够长成参天大树呢？又好像正在冬眠的虫类，正在洞穴里潜伏，正在积蓄力量，如果去挖掘它们的洞穴，哪能不死亡呢？青少年若不戒色，就有可能引起淫欲，那就不是早晨八九点钟的太阳了。男子十六岁精水才通，如果过早出现泄精，就会早衰，人未老，身已衰，做父母的能不慎重吗？

黄先生认为，对于青少年的性教育，不能遮遮掩掩，这样的大事，要是以为不好开口讲，那就可能误了大事。黄先生说，没有结婚之前，以为孩子这方面的知识还没有，不可以明说。等到已经娶妻后，又认为他已是大人了，又碍媳妇的情面，不方便详说。那么，自己的孩子，这一生就可能缺了性教育这一课了，中途出现问题，我们做父母的能没有责任吗？因此，最好的做法，还是到了适当的时候，把《寿康宝鉴》这本书给孩子看看。其他还有《安士全书》《欲海回狂》《太上感应篇汇编》等善书都给孩子们看看，其中的福善祸淫的例证，要引起他们的特别注意。黄先生还特别提到一个细节，如果在孩子的裤子上发现了遗精的痕迹，那就要特别注意了。要马上援引古训，对他明讲，详细告诉他好色必死的道理，引证因好色而导致惨死之人的事例，使子女知道利害，这样就能保养精气神了。就是结了婚，对夫妻都要进行性教育。父亲劝勉儿子，婆婆劝勉媳妇，并且尽快将远色戒淫各种善书，给媳妇讲解，使媳妇私下规劝丈夫。

最后，黄先生举了一个父亲爱子的故事。一个新婚不久后赶考的学子，考试还没有结束，就一天步行百余里，晚上二更时候赶到家，本来要与妻子成其好事，却被父亲抓起来关进仓库。这是父亲爱子之切，关键时候也不能讲道理了，只能动用家法。后来这个学子，知道了与他一同赴考、一同返家的同窗好友，由于当夜与妻子同房，第二天便死了。至此才知道父亲的苦心。

新婚纵欲的彭先生

（出自中华道德学会编《养生保命集》）

彭先生，廿七岁结婚，妻子廿一岁，生得身材苗条，皮肤白里透红，美丽动人，朋友们称羡不已，彭先生自然欣喜万分、心满意足。

婚后感情好，亲密得形影不离。彭先生贪恋妻子的美色，沉沦于色欲，不知节制，结婚一年多，得了虚损症，身体瘦弱，食欲不振，久嗽不止，间中痰里有血，夜冒冷汗，到医院求诊，服用西药，未见好转，身体日见虚弱，常卧病于床。

后来转求中医，医生诊断彭先生患了"肾衰症"，夫妻必须分房。有一天，妻子端着药来到他床前，心想自己的身体黑干瘦弱，像似枯木，与一年前比较仿如二人，不禁感慨叹息，眼泪不由自主地流下来，妻子见他暗泣，便询问是何原因，彭先生叹了口气说："我的身体本来强壮，自从结婚后，就逐渐消瘦，未知是否能够康复，所以伤心。"

彭先生服用中药和分房三个月后，病情略有好转，以为康复了，难忍三个月独床而睡的日子，恢复与妻子同床。一个月后彭先生终因虚损过度，医治无效去世，终年廿九岁。一对恩爱夫妻，不到二年而阴阳各处一方，令人惋惜不已。正如中医学所言："凡虚痨症，虽养好强健，犹须断欲一年，若以为复原而行房者多半必死。"

彭先生死后不久，年轻美貌的妻子难守空房寂寞的日子，改嫁他人。至此，一场夫妻，就像一台舞台剧，曲终人散。正是：

色刀欲剑斩凡夫，暗里摧人骨肉枯；

一旦身陷欲海中，病入膏肓悔恨迟。

11. 黄书云

黄书云[①]云：邪淫者，凡属他人之妻女，我以邪心犯之者皆是。即己之妻室，而犯之非其时（经期、孕月、产后、乳哺时、疾病中、斋戒日），非其地（非交合之处所），或于其身有生死之关系，或于其日犯人神之禁忌，或于其体失交合之正理，或于其日属神圣之诞期，皆邪淫也。至于娼妓，以宿世恶业，致堕此中，宜生怜悯。乃反幸其下贱，恣行淫秽，其损德招报，诚堪畏惧！若犯幼童，奸处女，乱寡妇，污尼僧，是乃禽兽所不为，人神所同嫉，天律所不容者，尤为罪大恶极！所当惕然省，悚然畏，戒慎自持，战兢勿犯者也。又或交及禽兽，乱至伦常，此为口之所不忍言，乃成事之所竟或有。嗟乎！人心之坏，至于此极！岂止沦于禽兽，殃及子孙耶！

《感应篇》以"见他色美，起心私之"为有罪。起心犹不可，况见诸实事，习为故常者乎？夫古人有献女不纳者，而我乃百计以图之；古人有昏夜拒奔者，而我乃强逼以污之；古人有舍金还妾者，而我乃多方以挑之；古人有措资嫁婢者，而我乃恃势以奸之；古人有赎贱为良者，而我乃乘危以胁之；古人有捐金完人夫妇者，而我乃离间以夺之；古人有出财助人嫁娶者，而我乃阴险以破之。隐之为闺阁之羞，显之系全家之辱。小之亦终身之恨，大之成性命之忧。生则负疚于神明，而无以对其丈夫、父母、儿女；死则沉沦于恶道，而相连以入于地狱、饿鬼、畜生。我之罪诚不可逃，而彼之怨终未能解，驯至[②]生生世世，久为业缘，子子孙孙，受其惨报。顷刻之欢娱有限，多生之罪累无穷。总由妄认空花，遂沉欲海。风流孽债，何忍结之？须是识得破，忍得过；若是忍不过，仍是识不破耳。故见人妻女，当作自家眷属想：其长者视如母，壮者视如姊，少者视如妹如女。则淫心便无由而起矣。

《华严经》曰："菩萨于自妻常自知足。"自己之闺房，淫欲过度犹不可，而敢乱他人妻女乎？《速报录》云："我不淫人妇，人不淫我妻。"《冥律》云："奸人女者，得绝嗣报。奸人妻者，得子孙淫泆报。"古今罪案，见于《戒淫宝训》《感应》《阴骘》诸书注案者多矣，可不畏乎？须知色相本空，娇姿如幻，画瓶盛粪，锦袋藏刀。每当暗室闲居，莫生妄想；即使邪缘凑合，勿丧良心。唯以慧力照之，正念持之。当念自心之良知，炯炯然[3]其在我也；虚空之鬼神，森森然[4]其鉴我也；头上之三台[5]、北斗[6]，赫赫然[7]其临我也；家中之灶神[8]，身上之三尸[9]，凛凛然[10]其伺我也。天堂之福乐，一转瞬而可登；地狱之苦轮，一失足而将入。临崖勒马，苦海回头，于万难自持之时，存一万不可犯之想。《文昌帝君遏欲文》《钟离祖师戒淫歌》，当熟读而力守之。勿造隐昧[11]之业，勿为败德之行。勿以娼优[12]为贱人，而弗加怜悯；勿以仆婢为卑下，而不与保全。勿以淫奔为自来，而失身蹈火；勿以妻妾为家饭，而纵欲伤生。勿忘长幼之名分，而紊纲常；勿污尼僧之净行，而触神怒。勿紊人禽之界，而与毛羽[13]为缘；勿于仇怨之家，而以闺门泄忿。勿看淫词艳曲，以启邪心；勿谈美色淫声，以惑人意。除自犯外，凡引诱良家子弟淫荡，及好谈闺阃[14]，编作淫书，摹写淫画，以启人情窦[15]者，为教人邪淫。见闻人欲犯淫，而欢喜赞成者，与自犯同。

《楞严经》曰："十方如来，色目行淫，同名欲火。菩萨见欲，如避火坑。""若不断淫，修禅定者，如蒸沙石，欲其成饭，经百千劫，只名热沙。"若刻[16]实论之，即不必实有其事，而苟有一念之私，已犯万恶之首。盖恒性[17]降自维皇[18]，元命[19]赋自父母。见美色而起淫心，则客感[20]夺其恒性之主，维皇所降者，便亵渎[21]一次，即大不忠也（忠从中心，不欺之谓；自欺欺天，故为不忠）。外诱摇其元命之根，父母所赋者，即亏损一次，即大不孝也。盖以性不离命，命不离性，动一次淫欲，便耗一次理气，即丢一次性命，即犯一次首恶矣。噫！红颜之白圭^㉒未玷，而青年之黑籍^㉓已增。故君子先以正心清其源，次以寡欲养其德。何敢恣情纵欲，悖天蔑理，驯至^㉔折福减禄，短寿贻殃也乎？

《华严经》曰："邪淫之罪，亦令众生堕三恶道。若生人中，得二种果报，一者妻不贞良，二者得不随意眷属。"语曰："世上无如人欲险，几人能不误平生。"可哀也夫！

【注释】

①黄书云：黄觉，字书云，四川荣县人。民国时期著名居士，著有《觉园笔记》等。

②驯至：逐渐招致。

③炯炯然：明察的样子。

④森森然：威严可畏的样子。

⑤三台：星名。《晋书·天文志上》："三台六星，两两而居。……在人曰三公，在天曰三台，主开德宣符也。西近文昌二星曰上台，为司命，主寿。次二星曰中台，为司中，主宗室。东二星曰下台，为司禄，主兵，所以昭德塞违也。"此处指三台神。

⑥北斗：此处指北斗神。

⑦赫赫然：显赫盛大的样子。

⑧灶神：旧俗供于灶上的神。传说灶神于农历腊月二十三日至除夕上天陈报人家善恶。被尊为"一家之主"。《庄子·达生》"灶有髻"西晋司马彪注："灶神，其状如美女，着赤衣，名髻也。"

⑨三尸：道家称在人体内作祟的神有三，叫"三尸"或"三尸神"，每于庚申日向天帝呈奏人的过恶。

⑩凛凛然：威严而使人敬畏的样子。

⑪隐昧：指暗昧不明的事。

⑫娼优：从事歌舞的艺人，后多指妓女。

⑬毛羽：此处指禽兽。

⑭ 闺阃（kǔn）：闺房隐私。

⑮ 情窦：《礼记·礼运》："故礼义也者……所以达天道，顺人情之大窦也。"孔颖达疏："孔穴开通，人之出入；礼义者亦是人之所出入，故云'达天道，顺人情之大窦也'。"后以"情窦"指情意的发生或男女爱悦之情的萌动。

⑯ 刻：今天，现在。

⑰ 恒性：常性，固有的本性。

⑱ 维皇：维皇上帝。又叫无生老母、无极老母、瑶池金母、育化圣母、明明上帝，简称老母或皇母。

⑲ 元命：指六十一岁。旧以干支纪年，六十岁为一甲子，至六十一岁，又当生年干支，谓之元命。此处指人的生命。

⑳ 客感：客居异乡的情感，此处指从外而引起的情欲。

㉑ 亵渎：轻慢，不恭敬。

㉒ 白圭：古代白玉制的礼器，如《诗经·大雅·抑》："白圭之玷，尚可磨也。"此处比喻清白之身。

㉓ 黑籍：坏人名单。

㉔ 驯至：逐渐招致。

【译文】

黄书云说：所谓邪淫，凡属他人的妻女，我用邪心去侵犯了都是。而对自己的配偶，凡在不适当的时候（经期、孕期、产后、哺乳时、疾病中、斋戒日）、不适当的地点（不是交合的处所），或于其身有生死的关系，或于其日犯人神的禁忌，或于其体失交合的正理，或于其日属神圣的诞期，而行房事，都属于邪淫。至于娼妓，由于她们过去世造作恶业，所以今生沦落为妓女。如果对其下贱反而幸灾乐祸，恣行淫欲，则必定损德招恶报，后果堪畏！如果侵犯幼女，强奸处女，淫乱寡妇，奸污尼僧，乃是禽兽不如，人神共愤，天律不容，尤其罪大恶极！因此应当猛然醒悟，深知畏惧，谨慎自持，战战兢兢，千万不要触犯。还有的人淫及动物，紊乱伦常，这种无法说出口的无耻行为，竟然也有。可叹呀，人心之坏，到了这个地步！此种人死后，岂止他自己下辈子要沦落为禽兽，还要殃及子孙后代啊！

《太上感应篇》中说"见他色美，起心私之"，只这一念就已经造下了罪业。起心尚且不可，更何况是造成事实，甚至习以为常呢？古人对送来的美女都拒绝接纳，而我却千方百计图谋女色；古人在昏夜拒绝私奔而来的美女，而我却依仗势力而强行奸污；古人赎贱为良，而我却乘危而胁迫；古人捐钱使别人夫妻团圆，而我却离间占为己有；古人出钱助人嫁娶，而我却暗中去破坏。隐而不宣，也是闺门的羞耻；传扬出去，则是全家的污辱。小的方面看，有终生的悔恨；大的方面看，有性命的危险。生前则负疚于天地鬼神，也无脸面对其丈夫、父母、儿女；死后沉沦于恶道，相继入于地狱、饿鬼、畜生之中。我的罪孽诚然是逃脱不了，而她的怨恨始终也不能消除。乃至生生世世，常为恶缘而纠缠不休，连累子孙都受其惨报。片刻的欢娱有限，多生的恶报无穷。总由妄认空花，沉溺于无边欲海。风流孽债，怎能忍心结下？一定要看得破，才能忍得过；若是忍不过，那还是因为看不破。把别人的妻女，当作自己的眷属想：长者视如母亲，壮者视如姐姐，少者视如妹妹或女儿。如此，则淫心就不会生起了。

《华严经》说："菩萨于自妻常自知足。"自己的妻室，淫欲过度尚且不可，还敢去淫乱他人的妻子女儿吗？《速报录》说："我不淫人妇，人不淫我妻。"《冥律》说："奸人女者，得绝嗣报，奸人妻者，得子孙淫泆报。"古今罪案，在《戒淫宝训》《太上感应篇》《文昌帝君阴骘文》诸书众多注释中，列举的例证太多了，怎么可以不畏惧呢？须知色相本空，娇姿如幻，画瓶盛粪，锦袋藏刀。每当闲居暗室，不可生淫念妄想；即使是邪缘巧合，也不可丧失良心。要用智慧的力量观照，坚持正念而不可放弃。我自心的良知，明察分毫，时刻警戒着我；遍满虚空的鬼神，正威严可畏地监视着我；头顶上的三台、北斗神君，正巍峨屹立在我眼前；家中的灶神、身中的三尸神，正威严地巡察着我。天堂的福乐，一转瞬而可登；地狱的苦轮，一失足而将入。悬崖勒马，苦海回头，在万难把持之时，要心存万不可侵犯的想法。《文昌帝君遏欲文》《钟离祖师戒淫歌》，都应当反复熟读并竭力遵守。无人处不要造作别人看不见的罪业，不要去做败坏道德的丑行。不要以为娼优是下贱人，而不加怜悯；不要以为婢仆是下等人，而不加保全。不要以为淫奔是自投怀抱，就自落火坑；不要以为妻妾是家常便饭，就纵欲伤身。不要忘记了长幼的名分，而紊乱伦常；不要玷污了僧尼的净行，而触犯神怒。不要乱人与物的界限，而与禽兽滥交；不要因为要报私仇，而以闺门泄忿。不要接触淫词艳曲，以免生起邪心；不要谈论美色淫声，以免惑乱人意。除自犯邪淫外，引诱良家男女淫荡，以及喜好讲闺房秘事，编写淫书，绘写淫画，能诱发人情欲的，是教人邪淫。看到听到他人想去行邪淫，不仅不加劝阻，反而欢喜赞成的，与自犯邪淫相同。

《楞严经》说："十方如来，色目行淫，同名欲火。菩萨见欲，如避火坑。""若不断淫，修禅定者，如蒸沙石，欲其成饭，经百千劫，只名热沙。"今天就实情来论，即不必实有其事，而只要生起邪淫的念头，已犯万恶之首。因为本性来自育化圣母，生命来自父母所赐。见美色而起淫心，则从外而引起的情欲夺去了本性的主人，来自圣母的本性，便亵渎一次，就是大不忠（忠从中心，不欺之谓；自欺欺天，故为不忠）。外来的诱惑摇动了生命的根本，父母所赐的身体，即亏损一次，就是大不孝。因为性不离命，命不离性，动一次淫念，便耗一次理气，即丢一次性命，即犯一次首恶了。啊呀！美女的清白之身还没有被玷污，可青年已经在黑簿上了名单。故君子先以正心清其源，次以寡欲养其德。怎么敢恣情纵欲，背天逆理，以致折福减禄，短寿贻祸吗？

《华严经》说："邪淫之罪，亦令众生堕三恶道，若生人中，得二种果报，一者妻不贞良，二者不得随意眷属。"朱熹说："世上无如人欲险，几人能不误平生。"太可悲了啊！

【解说】

本文是黄书云先生的嘉言。

黄先生首先是讲明邪淫的范围。什么是邪淫？《现代汉语词典》没有收这个词，《汉语大词典》说："奸淫；下流的行为。"丁福保《佛学大辞典》说："非自己之妻妾而淫之曰邪淫。"可见，一般的词典工具书并没有对"邪淫"有一个界定的范围。然而，在《寿康宝鉴》这本书里，邪淫是一个重要的词汇，并有界定的范围，黄先生在这里就作了说明。

以丁福保《佛学大辞典》所界定的范围，非自己的妻妾行淫才叫做邪淫。可实际上，对自己的配偶也有邪淫行为。黄先生说，在不适当的时间与地点行淫，也是邪淫。不适当的时间，如经期、孕期、产后、哺乳时、疾病中、斋戒日。不适当的地点，即不适合行淫的处所，例如在寺庙里，在庄严的场所，在大庭广众之中，等等。还有其他情况，与配偶行淫也是邪淫。如正在生死危机的时候，性命攸关，还有心思行淫吗？再如人神的禁忌，有哪些禁忌？本书后面都有说明。

邪淫还有轻重之分，黄先生告诉我们，如果侵犯幼女，强奸处女，淫乱寡妇，奸污尼僧，乃是禽兽不如，人神共愤，天律不容，尤其罪大恶极！还有的人淫及动物，也是紊乱伦常，可比紊乱人伦要严重得多，他自己下辈子要沦落为禽兽，还要殃及子孙后代。还有同性恋，紊乱阴阳，其果报严重。各种情节，可以参见本书前章文昌帝君《戒淫圣训》，关于四种不同等级罪业的划分。

后面黄先生引用佛经来说明戒色节欲的道理。《华严经》说："菩萨于自妻常自知足。"自己的妻室，淫欲过度尚且不可，还敢去淫乱他人的妻子女儿吗？《楞严经》说："十方如来，色目行淫，同名欲火。菩萨见欲，如避火坑。""若不断淫，修禅定者，如蒸沙石，欲其成饭，经百千劫，只名热沙。"《楞严经》为何从阿难遇难说起？阿难为佛之宠弟，而恃娇怜，虽有多闻，却不能折伏娑毗罗邪咒。一遇摩登伽淫女，竟然丧失道力。这是向众生点破：食色，性也；淫，生死之根也。这也是世尊在经中反复强调的第一清净明诲：淫心不除，尘不可出。实际上，全经委婉道来，几经曲折，全为破色淫二字。《华严经》说："邪淫之罪，亦令众生堕三恶道，若生人中，得二种果报，一者妻不贞良，二者不得随意眷属。"朱熹说："世上无如人欲险，几人能不误平生。"太可悲了啊！

【例证】

世上无如人欲险

（出自朱熹《宿梅溪胡氏客馆观壁间题诗自警》）

朱熹写了一首《宿梅溪胡氏客馆观壁间题诗自警》，起源于名臣南宋胡铨见美女酒窝而生爱题诗。

胡铨（1102~1180年），字邦衡，号澹庵。吉州庐陵芗城（今江西省吉安市青原区值夏镇）人。南宋爱国名臣、文学家，庐陵"五忠一节"之一，与李纲、赵鼎、李光并称"南宋四名臣"。南宋建炎二年（1128年）进士，授文林郎、抚州军事判官、枢密院编修官。因反对秦桧被贬，编管新州，后更移至吉阳军（今海南三亚）。秦桧死后，起知饶州，官工部侍郎。因上书力反"隆兴和议"，后以资政殿学士致仕。

胡澹庵被贬边远之地十年。北归时，在湘潭胡氏园中饮酒。见到身边有一个侍妓，名字叫梨倩，微笑时，脸上有两个小酒窝。胡澹庵乘兴题了两句诗说："君恩许归此一醉，傍有梨颊生微涡。"

后来朱熹见了此诗，自题绝句说："十年浮海一身轻，归对梨涡却有情。世上无如人欲险，几人到此误平生？"

这首诗的大意是：胡铨十年漂流在海外，那时一身轻，现在刚刚归来，便对梨涡生了情。看来世上再没有比色欲更危险了，多少人因此毁误了一生？

第十章　邪淫十二害

冒起宗①注《感应篇》"见他色美，起心私之"二句云：见他人妻女之美貌，便起了奸邪的私心，这个念头一起，虽无实事，已难逃鬼神的祸罚。盖万恶淫为首，愚人不知利害，作此罪孽。今试讲种种祸害，指醒迷途。

一害天伦②。男女各有配偶，这是天定的伦。乱了他，不要讲到他们情义乖离③；他的伦，我去乱了，便与禽兽披毛带尾是无别的。戴帽穿衣，岂可做此事乎？

一害人节④。妇女一生大事，只重"节"字。乱了他，使他失节，瓦破岂能再完？

一害名声。凭你机密，无人不知，臭声远播，供人传笑。就是他的亲戚，也是面觉无颜。

一害门风⑤。羞辱他父母公婆，羞辱他丈夫，及兄弟姊妹，羞辱他子女孙媳。一门中耻挂眉额，痛缠心骨，实是杀他三代了。

一害性命。或妇女因受气致死，或其夫愤死，或夫杀妻，或父杀女，或妇杀夫，或夫杀奸人，或奸人被众打死，或婢女因妒妻致死。

一害风俗。邻里中有这廉耻丧尽、人面兽心的人，愚人看了榜样，朋比为奸⑥，最足伤风败俗。这种恶习，定遭劫数。

这六样害，是害人的。

一害心术。淫念一生，种种恶念都生，如幻妄心、贪恋心、机心⑦、妒心，牵缠不住，意恶最重。

一害阴骘⑧。骘是定说，上天冥冥中有安定人的道理，就是本善的性，做人的胎元⑨。今乱了常道⑩，败德丧行，伤天理，灭良心，斲削⑪了阴骘的理，便要堕入地狱、畜生的恶道。

一害名利。《感应篇》说，三台、北斗、三尸、灶神，随身察过。哪有夜深人静，上天不知的理？历看果报，如李登⑫犯了，削去状元、宰相。宜兴木客某犯了，黑虎衔他头去。命该富贵，也要削尽；况福分浅薄，狼狈何堪！

一害寿命。鬼神削夺人寿，淫恶为最。况且欲火焚烧，精神竭，骨髓枯，又或惊恐死，痨瘵[13]死，恶疮死。好色必死，早年短折。

一害祖父。祖父相传的血脉，抛在那里，这最是忤逆路头[14]，并一生的福分削尽。从此败家声，绝祭祀，阴间祖先当作馁鬼[15]了，能不恨极？

一害妻子。佛经说："无有子息，乱人妻故。妻女淫乱，乱人室女故。"把妻女去还债，又绝了后嗣。这不但看书上的果报，试看故世的淫人，个个这样。便知未故世的淫人，也是个个这样的。

这六样害，是害己的。

以上十二害，都从格言因果中来，更兼目睹时事。望我同志，预把祸患认清，庶[16]不临时迷昧[17]。前贤说："这一关要忍，要坚忍，要狠忍。"又说："常想病时、死日，邪念便消。"又说："早夜点香一炷，静坐半时，使心猿意马，渐渐调伏。"依这三说，更把十二害，日日看看，时时想想，便是戒邪淫的良法。况如唐皋、罗伦、谢迁、王华的科甲，只因力拒奔女[18]。赵秉忠、周旋、冯京的贵显，只因其父不犯邪淫。片刻间关系祸福，岂不极大？这"他"字，包括婢女、仆妇在内。昔文帝重降《阴骘文》说："香帏[19]私婢，绣榻[20]憩奴，俱膺[21]必诛之律。"人同一体，都是不该犯的。

要知善人终身不贰色[22]，视老如母，视长如姊，视少如妹，视幼如女。他来就你，终要力拒。守定了远邪十法：一清心地，二守规矩，三敬天神，四养精神，五勿目看，六戒谈秽，七烧淫书，八省房事，九勿晚起，十劝共戒。前人有戒邪淫单式刻送，内说："每领一单，劝十人，写名签押，具疏神前，共誓戒淫。"这法最好，单式也是易做的。

【注释】

① 冒起宗（1590~1654 年）：字宗起，号嵩少，如皋（今属江苏）人。明万历四十六年（1618 年）举人，崇祯元年（1628 年）进士。官至山东按察司副使，督理七省漕储道。效法包拯，言出法随，天性耿介，刚直廉洁，居官数十年，行贿请托无人敢入，官端州时不取一砚，人讥"笨伯"。入清不复仕，与长子冒襄并以气节文章名满天下。（参见本书《福善案》）

② 天伦：天然的亲属关系，指父子、兄弟、夫妻等亲属关系。

③ 乖离：背离。

④ 人节：此处特指女人的贞节，即不失身。译为"男女在一生中，最重'节'字"则有误。

⑤ 门风：家风，旧指一家或一族世代相传的道德准则和处世方法。

⑥ 朋比为奸：互相勾结做坏事。

⑦ 机心：巧诈之心。

⑧ 骘：安定。《书·洪范》："惟天阴骘下民，相协厥居。"孔传："骘，定也。天不言而默定下民。"阴德。宋代俞文豹《吹剑四录》："见人纷争斗讼，而为之和解，实甚盛德大骘也。"

⑨ 胎元：事物的初始。

⑩ 常道：法则，原来的轨道。

⑪ 斲（zhuó）削：摧伤损害。

⑫ 李登：本书例证，见后文。

⑬ 痨（láo）瘵（zhài）：由于痨虫侵袭肺叶而引起的一种具有传染性的慢性虚弱疾患，俗称肺痨。

⑭ 路头：喻指某种发展趋势或情况。

⑮ 馁鬼：语出《左传·宣公四年》："鬼犹求食，若敖氏之鬼不其馁而！"后因以"馁鬼"指不能享受祭祀之鬼。

⑯ 庶：但愿，希望。

⑰ 贰色：即二色，旧时指置妾或有外遇，此处指二房。

⑱ 奔女：私奔之女。

⑲ 香帏：芳香艳丽的帏帐。

⑳ 憩：休息，此处指仆妇睡在自己的枕头边。

㉑ 膺：承受，接受。

㉒ 迷昧：迷惑暗昧。

【译文】

明朝进士冒起宗，在注解《太上感应篇》中"见他色美，起心私之"二句时说：看见他人妻女的美貌，便起奸邪之心，只要念头一起，虽无事实，已难逃鬼神的惩罚。因为万恶淫为首，愚人不知道利害，便犯了邪淫的罪孽。今在此讲邪淫十二害，以使人迷途知返：

一害天伦。男女各有配偶，这是天然的亲属关系。与别人发生关系，先不说使她夫妻情义分离；别人的妻子，我去占有，已与披毛带尾的禽兽没有区别了。人戴帽穿衣，怎么可以做禽兽之事呢？

二害贞节。妇女一生大事，只重"节"字。与别的女人发生关系，使她失身，瓦破怎能再完整？

三害名声。无论做得多秘密，最后总会无人不知，臭名远扬，被人耻笑。就是她的亲戚，也脸上无光。

四害家风。羞辱了她父母公婆，羞辱了她丈夫以及兄弟姊妹，羞辱了她子女孙媳。一家大小耻辱挂在眉头，痛入心骨，实在是杀她三代。

五害性命。或妇女因受气致死，或其夫气愤而死，或夫杀妻，或父杀女，或妻杀夫，或夫杀奸人，或奸人被众打死，或婢女因妒妻致死。

六害风俗。邻里中若有这种廉耻丧尽、人面兽心的好色贪淫之人，使愚人看到了榜样，朋比为奸，伤风败俗。如此罪恶，定遭劫数。

以上六害，是害人的。

七害心术。淫念一生，种种恶念都生，如幻妄心、贪恋心、机心、妒心，牵缠不停，思想越来越坏。

八害阴骘。骘是安定的意思，上天冥冥中有安定人的道理，就是本善的性，做人的起点。现在背离了常道，败德丧行，伤天理，灭良心，损伤了阴骘的理，就要堕落到地狱、畜生的恶道。

九害名利。《太上感应篇》说，三台、北斗、三尸、灶神在每个人身边随时查核记录人的罪过。夜深人静做坏事，上天能不知道吗？例如李登犯案，削去状元、宰相。又如宜兴县木商犯案，黑虎现身，咬去其脑袋。命中应该富贵的，也要削尽；何况福分浅薄，其下场更是狼狈不堪。

十害寿命。鬼神削夺人寿，淫恶排在第一。况且欲火焚烧，精神竭，骨髓枯，又或惊恐死，肺痨死，恶疮死。好色必死，早年夭折短寿。

十一害祖父。祖父相传的血脉，不能继承，这是最忤逆不孝的路子，连带一生的福分都会削尽。从此败家声，绝祭祀，阴间的祖先也作了馁鬼，能不恨到极点？

十二害妻子。佛经说："没有子息，是因为淫乱了别人的妻子。妻女淫乱，是因为淫乱了别人的妻女。"若犯邪淫，等于是拿自己的妻女去还债，又会绝了后嗣。这些例子不只是书上有，试看死去的淫人，个个都这样。于是可以推知，没有死的淫人，也将个个是这样。

以上六害，是害己的。

以上邪淫十二害，不仅是从格言因果中来，更是从我所目睹的事例中总结出来的。希望各位同仁，预先把祸患认清，才不至于临时迷路。前贤说："对色这一关，一定要忍，要坚忍，要狠忍。"又说："常常想着人生病的时候、死亡的日子，邪念便消。"又说："早夜点香一炷，静坐半个时辰，使猿心意马，渐渐调伏。"依照这三说来做，又把邪淫十二害天天看看，时时想想，便是戒邪淫的良法。唐皋、罗伦、谢迁、王华能考上状元，主要因为他们能力拒奔女。赵秉忠、周旋、冯京的贵显，只因其父不犯邪淫。片刻间所关系到的祸福，岂不极大？这"她"字，包括婢女、仆妇在内。从前文昌帝君重降《阴骘文》说："香帏私藏婢女，枕边睡着仆妇，都犯了必杀的天律。"众生同体，都是不该犯的。

要知道，善人终身不娶二房，视老者如母，视长者如姊，视少者如妹，视幼者如女。即使是她主动来找，也一定要严加拒绝。守定远离邪淫十法：

一清心地，二守规矩，三敬天神，四养精神，五勿目看，六戒秽语，七烧淫书，八节房事，九勿晚起，十劝人共戒。前人刻送"戒邪淫单"，内说："每人领一张单，劝十个人，每劝一人，则有一人在单上签名画押，劝十人，则有十人在单上签字画押。聚集十个人后，具疏神前，共誓戒淫！"这个法子最好，单子也容易做。

【解说】

本文列举邪淫十二害。前六害为害人，后六害是害己。既害人，又害己，怎么能不远离十二害呢？

害人的六种，读来触目惊心。第一害，实际上是与有夫之妇发生关系，奸人成了第三者，破坏了别人的家庭。人都愿享受天伦之乐，邪淫却破坏别人的天伦，与禽兽的行为等同。第二害是奸淫处女，夺去别人一生的幸福。第三是男女通奸，以为做得天衣无缝，最后仍旧是臭名远扬。第四是羞辱了一个女人，就羞辱她全家大小几代人。第五是自古奸情出人命，奸夫淫妇，总会有人被杀，也有奸夫杀了淫妇的丈夫，或者淫妇杀了自己的丈夫，或者淫妇的丈夫杀了奸夫，或者淫妇的父亲杀了女儿，等等不同的杀害，都是因为奸情引起来的，能不引起警惕吗？奸夫杀了别人要偿命，死后还要下地狱；别人杀了奸夫是报应，余罪还足够堕落三恶道。第六是一个人邪淫，带坏了一个地方的风气，流毒无穷。

害己的六种，读来也触目惊心。第一是邪淫使人思想变坏，一念邪淫，百恶丛生。第二是背了天理，损了阴骘。第三是功名因此消去，有时还会掉脑袋，都是冥冥之中有上天在主持公道。第四是伤生害命，短命夭折。第五是祖宗受到拖累，邪淫绝后，也绝了祭祀。第六是妻女被拿去还债。

既然邪淫有百害而无一利，那么不如集合同志，一起来戒淫。这里有"戒邪淫单"的转递之法，一人戒不如众人戒，众人拾柴火焰高，大家都来戒邪淫，我们这个社会何愁不风清气正？

第十一章　不净观

1. 四觉观

四觉观（此观成时，深知彼我同具陋质^①，是为随境除贪方便门）

凡夫淫欲念，世世常迁徙。宿生为女时，见男便欢喜。今世得为男，又爱女人体。随在觉其污，爱从何处起？

睡起生觉第一

默想清晨睡起，两眼朦胧，未经盥漱^②，此时满口粘腻，舌黄堆积，甚是污秽。当念绝世娇姿，纵具樱桃美口，而脂粉未傅^③之先，其态亦当尔尔^④。

醉后生觉第二

默想饮酒过度，五内^⑤翻腾，未久忽然大呕，尽吐腹中未消之物，饿犬嗅之，摇尾而退。当念佳人细酌^⑥，玉女轻餐^⑦，而杯盘狼藉^⑧之时，腹内亦当尔尔。

病时生觉第三

默想卧病以后，面目黧黑^⑨，形容枯槁，又或疮痈^⑩腐溃，脓血交流，臭不可近。当念国色芳容，纵或年华少艾^⑪，而疾苦缠身之日，形状亦当尔尔。

见厕生觉第四

默想通衢^⑫大厕，屎尿停积，白蛆青蝇，处处缭绕。当念千娇百媚之姿，任彼香汤^⑬浴体，龙麝^⑭熏身，而饮食消融之后，所化亦当尔尔。

【注释】

① 陋质：弱质，多指女子或女子的身体。此处指男女身体丑陋的本质。

② 盥漱：洗手和漱口。

③ 傅：涂搽。

④ 尔尔：如此。

⑤ 五内：心、肺、肝、脾、肾五脏。因位于人体内，故称为"五内"。

⑥ 细酌：慢慢喝酒。

⑦ 轻餐：小餐厅，此处指男女在避开众人的小餐厅宴饮。

⑧ 杯盘狼藉：亦作"杯盘狼籍"。杯盘等放得乱七八糟，形容宴饮已毕或将毕时的情景。

⑨ 黧（lí）黑：脸色黑。

⑩ 疮痈（yōng）：即痈疮，指痈疽（jū）恶疮，是溃疡的一种。

⑪ 少艾：形容（女子的）年轻美丽。

⑫ 通衢：四通八达的道路。

⑬ 香汤：调有香料的热水。

⑭ 龙麝：龙涎香与麝香的并称，或泛指香料。

【译文】

四觉观（此观修成时，深知男女同具陋质，这是随境除贪方便法门）

凡夫淫欲念，世世常迁徙。宿生为女时，见男便欢喜。今世得为男，又爱女人体。随处觉其污，爱从何处起？

睡起生觉第一

默想清晨睡起，两眼朦胧，没有洗脸漱口，此时满口粘腻，舌黄堆积，非常污秽。当今绝世娇姿，纵有樱桃美口，但未涂脂粉之先，本质就是如此。

醉后生觉第二

默想饮酒过度，五内翻腾，不久忽然大呕，尽吐腹中未消之物，饿犬嗅之，摇尾而退。由此而联想到与佳人把酒共餐，而杯盘狼籍之时，腹内也是这样。

病时生觉第三

默想卧病以后，面目黧黑，形容枯槁。又或疮痈腐溃，脓血交流，臭不可近。由此联想到国色天香，即使年轻美貌，而到疾苦缠身之日，形状也是这样。

见厕生觉第四

默想大路公厕，屎尿停积，白蛆青蝇处处缭绕。由此联想到千娇百媚之姿，任她香水浴体，龙麝熏身，而饮食消融之后，所化也是这样。

【解说】

四觉，是为观禅不净观之一种，实际就是看到人生四种尴尬场景的觉悟。这四种场景几乎是日常所见，可人们习以为常，而没有去仔细思考。特别是见到美色时，就昏了头，什么都不管了，如果去想想这四种场景，好色贪淫之心，即使欲火顿烧，也会一时熄灭。

例如见厕生觉，厕所屎尿堆积是人们最不想看见的，可哪个人的身体内没有肠胃，食物在肠胃内消化后，不就是屎尿吗？所以人的身体不就是一个臭皮囊吗？

【例证】

人是皮袋，盛满污秽
（出自《出曜经》）

拘睒（shǎn）弥国有个叫做摩因提的，生了一个端正美丽的女儿，将要献给佛陀，为佛陀打扫庭厨。佛说："你以为女儿长得好吗？"他回答说："从头至足，全身观察，没有哪处不好。"佛说："糊涂啊！肉眼欺骗了人。我从头至足，仔细观察，没有一处是好的。你看见头上有发，发就是毛，马的尾巴也是这样。发下是头骨，头骨就是骨头，杀了的猪头也是这样。头中有脑髓，脑髓就象泥巴，臊臭难闻，掉到地上，脚不敢踩。眼睛是水池，取下来都是水汁。鼻中有鼻涕，口里有唾液。腹藏肝肺，都很臊腥。肠胃膀胱，盛满屎尿。四肢手足，骨骨相拄。筋挛皮缩，全靠气息。好像做出来的木头人，一件件零件拼凑起来就变成了人，做成以后，把它拆开，节节相离，首足狼藉。人就是这样，有什么好看的地方呢？"

人的肉体除了有屎尿，还汇集了各种寄生虫。根据佛典说，人从出胎以后，体中就生了许多微细虫子，眼睛看不见的共有八十种，胃里还有大而可见的虫子。世人所吃的东西，从喉入胃，虫子们非常欢喜，在里面高低屈伸。食物刚刚消化，湿的就进入膀胱，渣滓就进入大肠，臭秽难近。

2. 九想观

九想观（此观成时，方悟身后①无量凄惨，是为返终绝爱方便门）

人想死亡日，欲火顿清凉。愚人若闻此，愁眉叹不祥。究竟百年后，同入烬②毁场。菩萨九想观，苦海大津梁③。

新死想第一

静观初死之人，正直仰卧，寒气彻骨，一无所知。当念我贪财恋色之身，将来亦必如是。

青瘀④想第二

静观未敛骸尸，一日至七日，黑气腾溢，转成青紫，甚可畏惧。当念我如花美貌之身，将来亦必如是。

脓血想第三

静观死人初烂，肉腐成脓，势将溃下，肠胃消糜。当念我风流俊雅⑤之身，将来亦必如是。

绛汁⑥想第四

静观腐烂之尸，停积既久，黄水流出，臭不可闻。当念我肌肤香洁之身，将来亦必如是。

虫啖⑦想第五

静观积久腐尸，遍体生虫，处处钻啮，骨节之内，皆如蜂窠。当念我鸾俦凤侣⑧之身，将来亦必如是。

筋缠想第六

静观腐尸，皮肉钻尽，只有筋连在骨，如绳束薪，得以不散。当念我偷香窃玉⑨之身，将来亦必如是。

骨散想第七

静观死尸，筋已烂坏，骨节纵横，不在一处。当念我崇高富贵之身，将来亦必如是。

烧焦想第八

静观死尸，被火所烧，焦缩在地，或熟或生，不堪目击。当念我文章盖世之身，将来或亦如是。

枯骨想第九

静观破冢⑩弃骨，日暴雨淋，其色转白，或复黄朽，人兽践踏。当念我韶光易迈⑪之身，将来亦必如是。

【注释】

① 身后：死后。

② 烬：烧毁，化成灰烬。

③ 津梁：桥梁，比喻济渡众生。

④ 青瘀：皮下出现的青紫色淤血。

⑤ 俊雅：秀美文雅。元代季子安《粉蝶儿·题情》套曲："想当初，倚翠偎红。我风流，他俊雅，恩深情重。"

⑥ 绛汁：此处指尸水。绛：深红色，但作为尸水是浑浊的黄色。

⑦ 啖（dàn）：吃。

⑧ 鸾俦凤侣：指男女欢爱如鸾凤般相谐作伴。

⑨ 偷香窃玉：指善于勾引诱拐女人或男女暗中通奸。

⑩ 冢（zhǒng）：坟墓。

⑪ 迈：老。

【译文】

九想观（此观修成时，才醒悟人死后的无量凄惨，是为断绝爱欲的方便法门）

人想死亡日，欲火顿清凉。愚人若闻此，愁眉叹不祥。究竟百年后，同入火葬场。菩萨九观想，苦海大津梁。

新死想第一

静观刚死的人，挺直仰卧，寒气彻骨，一无所知。由此联想到我这贪财恋色之身，将来也是如此。

青瘀想第二

静观未入殓的尸体，一至七日，黑气腾溢，转成青紫色，很是可怕。由此联想到我这如花似玉之身，将来也是如此。

脓血想第三

静观死去的人，开始腐烂时，肉腐成脓，势将溃流，肠胃糜烂。由此联想到我这风流俊雅之身，将来也是如此。

绛汁想第四

静观腐烂的尸体，停放的时间一长，黄水流出，臭不可闻。由此联想到我这肌肤香洁之身，将来也是如此。

虫啖想第五

静观尸体停放时间一久，遍体生虫，处处钻啃，骨节之内，就像蜂窝一样。由此联想到我这鸾俦凤侣之身，将来也是如此。

筋缠想第六

静观腐烂的尸体，皮肉被虫钻咬已尽，只剩筋连着骨，如绳索捆柴，得以不散。由此联想到我这偷香窃玉之身，将来也是如此。

骨散想第七

静观死尸，筋已烂坏，骨头散乱，不在一处。由此联想到我这崇高富贵之身，将来也是如此。

烧焦想第八

静观死尸，被火所烧，焦缩在地，或熟或生，不堪入目。由此联想到我这文章盖世之身，将来也是如此。

枯骨想第九

静观破坟弃骨，日晒雨淋，其色转白，或复黄朽，人兽践踏。由此联想到我韶光易老之身，将来也是如此。

【解说】

九想观，是为观禅不净观之一种，即对人之死状作九种不净观，以灭除色欲。因为人贪着五欲之法，起美好耽恋之迷想，若觉知人之不净，则除其贪欲。九想依经典，提法稍有出入。《大智度论》二十一说："胀想、坏想、血涂想、脓烂想、青想、啖想、散想、骨想、烧想。"《大乘义章》十三说："死相、胀相、青淤相、脓烂相、坏相、血涂相、虫食相、骨锁相、分散相。"基本上大同小异。以上九想均为假想观，非实观，但对治力强，能除粗障。恰如软斧伐坚树，则不能断，应更取强斧断之，实观对治力弱故，须用对治强之假想观。假想观亦名得解观，此九想即得解观之初步。

依本书，九想观可列表如下：

刚死┐	┌	笔直仰卧阴寒彻骨
青瘀│	│	遍体肌肤转成青紫
脓血│	│	五脏糜烂尽成脓血
绛汁│	│	七窍之中流出臭水
虫咬├观想┤	处处虫咬臭不可近
筋连│	│	肉已烂完唯存筋骨
骨散│	│	筋也烂完骨散在地
烧焦│	│	被火烧焦形状可恶
枯骨┘	└	日晒雨淋仅见枯骨

【例证】

看破色空，依佛观想
（出自《禅秘要经》）

佛说：如果有众生，贪淫风动，昼夜思欲，如救头燃，应当赶快对症治疗。治疗的办法，先去观想子脏（子宫）。子脏在生脏之下熟脏之上，有九十九重膜，如死猪胞，盛满恶露，形如马肠，上圆下尖，一直到产门。中有一千九百细枝节，如芭蕉叶纹，八万尸虫围绕在周围。人饮水时，散布在四百四脉的尸虫子也来喝水，吐出败脓，它的颜色如血。又有细虫，在内游戏，积累一个月，就容纳不下了，所以女人一定有月经。

佛告阿难，如果有四众弟子，穿惭愧衣，服惭愧药，想要求得解脱，应当学习这种办法，就等于饮到了甘露。这个办法就是观想前面所说的子脏，以及女根和男子身体内所有尸虫都张开了口，竖起耳朵，鼓起眼睛，吐出秽脓。平心静气，数自己的呼吸。一一观想，如手上的螺纹，闭目开目，总是清清楚楚。这个观想成功，淫欲之火自然熄灭，即使看见天子天女，也像是生了癞疮的人，自己、别人以及所有欲界众生都是这样。如果能服下这剂药，他就可称为大丈夫，是天人之师，不会在爱欲大河漂沉。应当知道这个人虽然暂时没有超出生死，但他已经如优钵罗花、人中香象，龙王力士、摩醯首罗天人，世间一切都不能超过他啊！

视美为丑，看破假象
（出自《杂譬喻经》）

佛在世时，有一个婆罗门生了一个非常端正艳丽的女儿，他就悬金奖赏能把女儿骂为丑恶的人。九十天内，没有人敢来应试。婆罗门把女儿带到佛那里，佛就诃斥说："这个女子很丑，没有一点好的地方。"阿难说："这个女子实在长得漂亮，为什么说她丑呢？"佛说："眼睛不看美色，才是好眼睛；耳朵不听邪声，才是好耳朵；舌不贪味，才是好嘴；身体不接触细滑，才是好身体；手不偷盗财物，才是好手。现在这个女子眼视色，耳听音，鼻嗅香，身触细滑，手喜偷盗财物，难道能说她好吗？"

第十二章 劝戒十则

处女　闺秀岂容玷辱，一生名节攸关①。六亲②体面没遮栏，结定怨家不散。纵使临婚瞒过，隐含羞耻难安。痛缠心骨怨如山，蒙垢千秋莫瀚③。

孀妇④　人孰不思偕老，可怜独守空房。芳池拆散两鸳鸯，此后双飞绝望。死者别无余愿，只求为我增光。智欺势压太猖狂，终作怨家孽障。

婢女　有女皆期得所，守贞待字⑤于归。只因穷困两相违，骨肉亲情如水。莫认阶前之草，休贪席上之杯。百年难保旧门楣⑥，只恐后嗣不美。

仆妇　仆妇虽然下贱，含羞带耻心同。入牢无奈强相从，罪恶一般深重。彼自分明⑦配偶，我当严整家风。从来义仆干奇功，都是主恩感动。

乳妪⑧　她既为我鞠子⑨，吾宁因子奸她？终年琴瑟⑩远违和，只为家贫难过。况彼良人⑪在室，望她守节心多。自羞自恨痛如何，劝尔早些看破。

贫妇　贫窘⑫甘心忍辱，端须⑬仁者保全。逞财乘急肆淫奸，作孽终身不浅。穷富由来无定，家资聚散如烟。阿谁能买子孙贤，只恐后来难免。

尼姑　彼既修行出世，岂容觅趣调情。败她戒行坏她名，不顾佛家清净。神目赫然如电，地方借隙相乘⑭。官刑冥罚祸非轻，真是堕身陷阱。

娼妓　有种青楼妓女，倚门百媚夭斜⑮。须知君子爱身家，执玉一般恐怕。彼自落花无主，我终白璧蒙瑕。破伤财物误生涯，染毒罹疴⑯祸大。

姬妾⑰　娶妾只因嗣续，何须少艾⑱重重⑲。脂红粉白髑髅工，总是一场春梦。每见富翁多宠，糟糠⑳冷落闺中。随时取乐逞淫风，性命攸关实重。

男色　男女居室正理，岂容颠倒阴阳。污他清白暗羞怆㉑，自己声名先丧。浪费钱财无算，戕生更自堪伤。请君回首看儿郎，果报昭昭不爽。

【注释】

① 攸（yōu）关：常说生死攸关，指与生命联系到一起，意指这是一件极重要的选择或事项。攸：所；关：关联，关系。此处指与处女一生的名节所关联。

② 六亲：《老子》："六亲不和有孝慈。"王弼注："六亲，父、子、兄、弟、夫、妇。"

③ 澣（huàn）：同"浣"，洗涤。

④ 孀妇：寡妇。

⑤ 字：旧时称女子许配，出嫁。

⑥ 门楣：门第，门庭。

⑦ 分明：明明。

⑧ 乳妪：乳母，奶妈。

⑨ 鞠子：抚养孩子。

⑩ 琴瑟：《诗经·周南·关雎》："窈窕淑女，琴瑟友之。"后比喻夫妇间感情和谐，亦借指夫妇、匹配。此处指夫妻长期分离，不能互相关心。

⑪ 良人：古时女子对丈夫的称呼。《孟子·离娄下》："齐人有一妻一妾而处室者，其良人出，必餍酒肉而后反。"赵岐注："良人，夫也。"

⑫ 贫窘：贫穷窘迫。

⑬ 端须：正需。

⑭ 相乘：相加，相继。

⑮ 天斜：亦作"天邪"。袅娜多姿貌。白居易《和春深》诗之二十："扬州苏小小，人道最天斜。"

⑯ 罹（lí）疴（kē）：即罹患沉疴，患下重病。罹患：遭受不幸、患病。沉疴：指拖延长久不能治愈的重病。

⑰ 姬妾：妾。

⑱ 少艾：形容（女子的）年轻美丽。

⑲ 重重：此处指数目多。

⑳ 糟糠：《后汉书·宋弘传》："贫贱之知不可忘，糟糠之妻不下堂。"意谓贫困时与之共食糟糠的妻子不可遗弃。后因以"糟糠"称曾共患难的妻子。

㉑ 怆（chuàng）：悲伤。

【译文】

处女　良家闺秀岂容玷，一生名节所关联。六亲眷属都丢脸，结定怨家不会散。纵使临婚瞒过夫，必定含羞心难安。终生痛苦缠心骨，蒙垢千秋恨如山。

寡妇　白头偕老谁不想，可怜孤独守空房。芳池拆散两鸳鸯，此后双飞已绝望。丈夫已去无余愿，只求生者增我光。智欺势压太猖狂，终作怨家成孽障。

婢女　有女皆想好归宿，守贞待字与谁归？只因穷困两相违，骨肉亲情今分离。阶前莫踩家中草，席上休贪交欢杯。百年难保旧门楣，只恐后嗣也不美。

仆妇　仆妇从来地位低，羞耻之心与人同。坐牢只因强相从，罪恶一般很深重。人家明明有配偶，我肃家风众人钦。从来义仆立奇功，都因主恩有感动。

乳母　既然为我育孩子，我怎忍心去奸她？终年夫妻难相聚，只为家贫讨生活。其夫在家有期望，望她守节就心多。犯她羞恨痛难当，劝君戒淫早看破。

贫妇　贫窘甘心来忍辱，正需仁者去保全。趁人之危肆淫奸，作孽终身罪不浅。穷富由来无定数，家资聚散如云烟。阿谁能买子孙贤，只恐后来罪难免。

尼姑　她既出家修出世，岂容寻欢去调情？败她戒行坏她名，佛家之地不清净。神目驾临如闪电，地方乘机施官刑。官刑冥罚祸非轻，真是堕身入陷阱。

娼妓　青楼妓女吸眼神，身姿袅娜又多情。须知君子爱身家，白玉无瑕修清净。落花无主我有意，白璧蒙瑕恐伤身。伤身破财误生计，染毒罹疴大祸临。

姬妾　娶妾只因要嗣续，何须美貌又成群？脂红粉白要看破，风流总是一场梦。每见美貌多宠幸，糟糠冷落在闺中。随时取乐逞淫风，性命攸关要慎重。

男色　男婚女嫁正气扬，岂容颠倒阴和阳？污他清白暗悲伤，自己声名也早丧。浪费钱财不可算，伤生害命自堪伤。请君回首看儿郎，因果昭昭历不爽。

【解说】

劝戒十则，实际上就是十种人不能侵犯。这十种人各有特征，不同于普通人。若侵犯他们，罪行就很重。

处女的贞节只有一次，如果侵犯了她，她的一生就被毁了。处女的第一次只能给自己的丈夫，如果她的丈夫看到不是一次，她的地位则一落千丈。一种情况是会休了她，二种情况是经常用家庭暴力惩罚她，三种情况是经常羞辱她。种种惨状，不一而足。她自己没有一天好日子过。

再说寡妇，若再嫁人自然不能称为寡妇了，可她们要是从一而终，永不嫁人，守住自己的贞操，那么连皇上都要给她立贞节牌坊，这样的人也是有大功德之人，怎么可以去奸污呢？若奸污她们，其报应之惨亦可想而知。所以，要在地狱中受苦八百劫（参考《文昌圣训》），即使出去了，也不能恢复人身，还要变羊变猪，任人宰杀，成为餐桌上的食品。就是恢复人身了，也是六根不全，成为残疾之人，或者是瞎子，或者是哑巴。

尼姑（参考《文昌圣训》），也包括道教的"女冠"。这些人是修道求出世之人，她们能有这样的志向，已经功德很大。去奸淫有功德之人，其报应之惨可想而知。求道的尼僧，她们一出家，即使还是沙弥尼，也是"出家之道品，人天之师范"（《沙弥律仪要略增注》卷下）。因为她发菩提心才出家，故其功德无量。只要能发菩提心，即使在家成为女居士（优婆夷），也功德无量。《优婆塞戒经》说："在家之人发菩提心时，从四天王乃至阿迦腻咤诸天，皆大惊喜，作如是言：'我今已得人天之师！'"我们看，她们都成为"人天之师"了，不仅是人类的师范，还是天人的师范。天人比我们高很多的等级，可他们仍旧在轮回之中，所以他们也以发菩提心的人为榜样。连天人都尊敬的人，我们还敢玷污她们，怎么不引起天怨人怒呢？

至于婢女、仆妇、乳母、贫富都是弱势群体（参考汪舟次一节）。汪舟次先生说，这些女孩子，因为各种原因，走投无路，才被卖作婢女。不要以为她们低人一等就好欺负，既要剥削她们的劳动，又要淫乱她们的身心。你作为主人，还有妻子管着。如果下人与你通奸，就会引起妻子的嫉妒心。古代婢女被主妇打死的事情，时有发生。如果你是有地位的人家，那就是"闺门不肃"，仕途就要走下坡路了。如果你强行奸淫婢女，她要是一个狠角色的话，就会把你反咬一口。如果家里父子都好色贪淫，都对婢女下手，就可能引起乱伦。有的是父子不知而共淫一女，有的是兄弟不知而同宿一妇。最严重的后果是，若是这些女仆怀了孕，本与主人是骨肉同胞，生下后沦为下人。后人不知情，误行奸污，名义上是主仆，血缘上却是兄妹。

男色，是同性恋引起的（参考汪舟次一节）。汪舟次先生说，还有一种狂痴，同性相恋，贪逐男色。对外以交友为名，暗中却同夫妇。彼此双方都被大众鄙弃，亦不听从正人君子的教化。更有等而下之者，玩弄娈童，调戏俊仆。心神因淫欲迷乱，致使内外的界限已经不分。将祸水引入家门之内，那些淫乱之徒必然乘风纵火，做出难以预料的丑事。同性恋，对本不能淫的人却生起淫心，颠倒阴阳，伤风败俗，也是无间地狱的种子。

其他如纵情于妓院，自以为是风流雅事（参考汪舟次一节）。汪舟次先生说，岂不知妓女以下贱的身子，给你的百般的温柔，无非是诱你入火坑的钓饵罢了。一旦陷入其中，极聪明人也会被迷惑，乱了意志，荒废事业，倾家荡产，沦为社会的败类。况且若遇到有尸瘵、疮毒的妓女，就会传染到自身，眉毛脱光，鼻子烂掉，痛苦难堪。既被亲戚朋友耻笑，又被妻子儿女所憎恶。就算求名医治疗，保住性命，而遗毒内伤，多数人不能生育。即使还能生育，生下的孩子，由于先天已受毒害，往往发生怪疮恶痘，以致夭折。因此灭门绝户，再后悔还怎么来得及呢？

第十三章　戒之在色赋

荡荡①情天②，昏昏欲界③，智慧都迷，痴呆④难卖⑤。亦念夫夫妇妇⑥，正家道以无乖⑦；庶几⑧子子孙孙，肃闺门而勿坏。如何钻穴，绝无烦蛱蝶之媒⑨；竟至逾墙，偿不了鸳鸯之债⑩。万恶以淫为首，曾榜森罗⑪；百殃悉降于身，非徒夭瘥⑫。削他桂籍⑬，生前则穷巷空悲；斩尔椒条⑭，死后之荒茔⑮孰拜？个个《中庸》记得，"九经⑯"忘远色之经；人人《论语》读完，"三戒⑰"昧⑱少时之戒。血气多缘未定，智愚哪得不移？和也者财先可饵，强乎哉力莫能支。刑于寡妻⑲，破节而故夫暗泣；搂其处子，含羞而新妇群疑。以佣妪⑳为易奸，而忽聚麀㉑；以乳娘为可犯，蛊㉒岂堪医？美婢调来，狮吼㉓之威教遍受；顽童㉔比及㉕，龙阳㉖之丑更难知。带肉骷髅，偏喜狎㉗颠狂㉘之妓；低眉㉙菩萨，亦怒污清净之尼。《传》曰："男有室，女有家，毋相渎也。"《礼》云："内外乱，禽兽行，则必灭之。"则有舌上灿花㉚，毫端错彩㉛，诱人颠坠于邪山，罚尔沉沦于苦海。自诩文人才子，风流之趣语频翻；遂令怨女旷夫㉜，月下之佳期早待。好谈中冓㉝，一言伤天地之和；妄著淫书，万劫受泥犁㉞之罪。演出横陈㉟之剧，声音笑貌，谁则弗思？描来秘戏之图，袒裼裸裎㊱，焉能不浼㊲？酣歌艳曲，魂已荡而魄已消；伪造仙方，阳可补而阴可采。是皆导入三途，能不孽添百倍！放郑声㊳而有训，此语应闻；思鲁颂㊴以无邪，其言犹在。何勿念淫，转而好德？无思乃保无为，有物本来有则。想到悬崖撒手，欲火难红；急从彼岸回头，狂澜勿黑㊵。过而能改，福尚可以自求；善更能迁，祸定消于不测㊶。绿衣引去，洪学士㊷之上寿还登；黄纸标来，项秀才之高魁旋得。出乎尔，反乎尔，报应分明；不可逭，犹可违㊸，挽回顷刻。罪不加忏悔之人，梦已入清凉之国㊹。非礼勿动，衾影㊺中浩浩其天；反身而诚，伦纪中贤贤易色㊻。乐尔妻孥㊼，毕其嫁娶。夭桃㊽各咏于归，少艾㊾焉容外慕？鸳帏㊿梦畅，提头而人面模糊；凤管㈤词新，拔舌㈥而鬼形恐怖。戒得心中如铁，法网讵罹㈦；色原头上从刀，杀机已露。生贪有限之欢，没^㊹受无穷之苦。能忍、坚忍、狠忍，便致神钦；视淫、意淫、语淫，都防天怒。奔还要拒，风清月白之吟^㊽；烈更须扬，露峡雪江之句^㊾。自己闺房之乐，亦莫常耽^㊿；他人床第⁵⁸之言，胡堪轻诉？青楼薄幸⁵⁹，休教纵欲三年；白璧无瑕，只在闲情一赋。

批：商子⁶⁰莘亭，越中名士⁶¹也。一夕梦文昌帝君谓之曰："子有赋才，曷⁶²不作《戒色赋》一篇，为我唤醒世人？"醒而为之，下笔似有神助。字字穷形尽相⁶³，言言怵目惊心⁶⁴。愿天下文人才士，低徊⁶⁵往复之。

【注释】

① 荡荡：广大无边的样子。

② 情天：唐大李贺《金铜仙人辞汉歌》："衰兰送客咸阳道，天若有情天亦老。"后因以"情天"称爱情的境界。

③ 欲界：三界之一。淫欲的多少决定三界众生的身份，淫欲的多寡也决定众生投生到福报不同的世界。在三界众生中，欲界众生处于较低的层次。欲界是具有淫欲、情欲、色欲、食欲等有情所居之世界，其中主要指男女色欲。色欲是欲界众生产生的根源，因有色欲才有淫欲、情欲。因色欲多寡不同，使欲界众生有五趣十二处。趣，义为趣向，五趣指有情生死有五个去处，即地狱，畜生、饿鬼、人及六欲天，所以又称五趣杂居地。

④ 痴呆：愚昧。

⑤ 卖：炫耀，卖弄。

⑥ 夫夫妇妇：出自《周易·家人》："父父子子，兄兄弟弟，夫夫妇妇，而家道正。"其中夫夫妇妇的意思是，夫守夫道，妇守妇道。

⑦ 乖：指违背天道。

⑧ 庶几：差不多，也许。

⑨ 蛱蝶之媒：出自宋代诗人丁谓《再赋》："蛱蝶无媒妁，鸳鸯见子

孙。"此处指明媒正娶。蛱蝶：蝴蝶。

⑩ 鸳鸯之债：比喻情侣间未了却的凤愿。

⑪ 森罗：森罗殿，传说阴间阎罗王所居之殿。

⑫ 瘵（zhài）：病，多指痨病。

⑬ 桂籍：科举登第人员的名籍。

⑭ 斩尔椒条：斩去椒上的枝条，比喻夺走你的子嗣，指此人将断子绝孙。出自《诗经·唐风·椒聊》："椒聊之实，蕃衍盈升。彼其之子，硕大无朋。椒聊且，远条且。椒聊之实，蕃衍盈匊。彼其之子，硕大且笃。椒聊且，远条且。"此诗以椒喻人，赞美那个高大健壮的男子，人丁兴旺，子孙像花椒树上结满的果实那样众多。

⑮ 荒茔：荒坟。

⑯ 九经：《中庸》："凡为天下国家有九经。曰：'修身也，尊贤也，亲亲也，敬大臣也，体群臣也，子庶民也，来百工也，柔远人也，怀诸侯也。'"孔颖达疏："治天下国家之道，有九种常行之事，论九经之目次也。"

⑰ 三戒：出自《论语》。孔子说："君子有三戒：少之时，血气未定，戒之在色；及其壮也，血气方刚，戒之在斗；及其老也，血气既衰，戒之在得。"

⑱ 昧：丢了，丧失了。

⑲ 刑于寡妻：与下文"搂其处子"均出自孟子说的话。孟子说："刑于寡妻，至于兄弟，以御于家邦。""刑"表示楷模仪范，指文王能施行仪法，先做妻子的榜样，再及于兄弟手足。先把家庭整顿好，才能把国家统治好。此处"刑于寡妻"，指侵犯寡妇，寡妻作寡妇解释。"搂其处子"出自《孟子》："逾东家墙而搂其处子，则得妻；不搂，则不得妻。则将搂之乎？"处子，就是处女，现在说的黄花闺女。如果跳过东墙，把邻居家的黄花闺女搂抱过来，便能娶到妻，不然就没有妻，难道就去跳墙搂抱人家的黄花闺女吗？

⑳ 佣妪：女仆。

㉑ 麀聚（yōu）：《礼记·曲礼上》："夫唯禽兽无礼，故父子聚麀。"孙希旦集解："聚，共也。麀，牝兽也（淫乱的动物）。父子共麀，言其无别之甚。"后以"麀聚"比喻父子共妻，有如禽兽。

㉒ 蛊：病名。神经错乱。因好色贪淫而得病。《左传·昭公元年》："是谓近女色，疾如蛊。非鬼非食，惑以丧志。……女阳物而晦时，淫则生内热惑蛊之疾。"孔颖达疏："蛊者，心志惑乱之疾，若今昏狂失性，其疾名之为蛊。公惑于女色，失其常性，如彼惑蛊之疾也。"

㉓ 狮吼：此处指悍妻。宋洪迈《容斋三笔·陈季常》："陈慥字季常，……自称'龙丘先生'，又曰'方山子'。好宾客，喜畜声妓，然其妻柳氏绝凶妒，故东坡有诗云：'龙丘居士亦可怜，谈空说有夜不眠。忽闻河东师子吼，拄杖落手心茫然。'"按，河东是柳姓的郡望，暗指陈妻柳氏；师（狮）子吼，佛家以喻威严，陈慥好谈佛，故东坡借佛家语以戏之。后用以比喻妒悍的妻子发怒，并借以嘲笑惧内的人。

㉔ 顽童：娈童，同性恋所贪的"男色"。明陈洪谟《治世余闻》下篇卷三："时朝政宽大，廷臣多事游宴，……内不检者，私以比顽童为乐。"

㉕ 比及：等到。

㉖ 龙阳：借指男色。指战国魏国男宠龙阳君。据《战国策·魏策四》载：魏王与龙阳君共船而钓。龙阳君得十余鱼而涕下，王问故，对曰："臣之始得鱼也，臣甚喜，后得又益大，今臣直欲弃臣前之所得矣。今以臣凶恶，而得为王拂枕席，……四海之内，美人亦甚多矣，闻臣之得幸于王也，必褰裳而趋王。臣亦犹曩臣之前所得之鱼也，臣亦将弃矣，臣安能无涕出乎？"王乃令四境之内，有敢言美人者族。三国魏阮籍《咏怀》之十二："昔日繁华子，安陵与龙阳。"后因以"龙阳"指男色。

㉗ 狎：戏谑，狎玩。此处指调戏，玩弄。

㉘ 颠狂：言语行动失常的病理现象。亦指玩世不恭，放纵不羁。

㉙ 低眉：低头。

㉚ 舌上灿花：出自"舌灿莲花"典故，源自南北朝高僧佛图澄的一段事迹。在《高僧传》和《晋书·艺术传·佛图澄》里记载：后赵国主石勒在襄

国（今邢台）召见佛图澄，想试验他的道行。佛图澄即取来钵盂，盛满水，烧香持咒，不多久，钵中竟生出青莲花，光色曜日，令人欣喜。后人便引"舌灿莲花"来譬喻说话的文采很美妙。形容人口才好，口齿伶俐，能言善道，有如莲花般地美妙。

㉛毫端错彩：笔下写出锦绣文章。毫端：笔端。错彩：喻修饰词藻。

㉜怨女旷夫：指没有配偶的成年男女。出自《孟子·梁惠王下》："内无怨女，外无旷夫。"

㉝中冓（gòu）：内室，指闺门以内。此处指闺门隐私之事，淫秽丑事。

㉞泥犁：地狱。

㉟横陈：横卧，横躺。语本战国·楚·宋玉《讽赋》："内怵惕兮徂玉床，横自陈兮君之旁。"南朝·梁·沈约《梦见美人》诗："立望复横陈，忽觉非在侧。"此处指淫秽的床上戏。

㊱袒裼裸裎：赤身露体。《孟子·公孙丑上》："尔为尔，我为我，虽袒裼裸裎于我侧，尔焉能浼我哉？"朱熹集注："袒裼，露臂也。裸裎，露身也。"此处指淫秽的裸体画。

㊲浼（měi）：玷污，污染。

㊳郑声：原指春秋战国时郑国的音乐。因与孔子等提倡的雅乐不同，故受儒家排斥。此后，凡与雅乐相背的音乐，甚至一般的民间音乐，均为崇"雅"黜"俗"者斥为"郑声"。《论语·卫灵公》："放郑声，远佞人。郑声淫，佞人殆。"刘宝楠正义："《五经异义·鲁论》说郑国之俗，有溱、洧之水，男女聚会，讴歌相感，故云郑声淫。"

㊴鲁颂：孔子云："《诗》三百，一言以蔽之，曰：'思无邪。'""思无邪"源自《诗经·鲁颂·駉》篇，孔子取之作为"《诗》三百"的核心价值。

㊵狂澜勿黑：狂澜不再卷成黑天巨浪。此处指回头是岸，放下屠刀，立地成佛。

㊶不测：料想不到的事情。

㊷洪学士：与后文"项秀才"均见本书《悔过案》。

217

㊸不可逭（huàn），犹可违：原句出自《尚书》，原文为："天作孽，犹可违。自作孽，不可逭。"逭，逃避的意思。《孟子·公孙丑上》引文为："天作孽，犹可违。自作孽，不可活。"孽，灾也。违，逭相通，避也，逃也。言天灾可避，自作灾不可逃。

㊹清凉之国：清净凉爽的地方，此处指清净而没有痛苦的天道世界。

㊺衾影：衾影独对。独自一人，不可苟且。北齐刘昼《新论·慎独》："独立不惭影，独寝不愧衾。"衾：被子。

㊻贤贤易色：《论语·学而》："贤贤易色，事父母能竭其力，事君能致其身。"本谓对妻子要重品德，不重容貌。后多指尊重贤德的人，不看重女色。《汉书·李寻传》："圣人承天，贤贤易色，取法于此。"颜师古注："贤贤，尊上贤人。易色，轻略于色，不贵之也。"

㊼乐尔妻孥：《诗经·小雅·棠棣》："宜尔家室，乐尔妻孥。"家人都平安，妻儿都快乐。

㊽夭桃：《诗经·周南·桃夭》诗中有"之子于归，宜其室家"之句，后以"咏《夭桃》"表示求偶之意。夭桃：艳丽的桃花，此处比喻美丽容颜的少女。

㊾少艾：形容（女子的）年轻美丽。

㊿鸾帷：绣着鸾凤的帷帐，此处指男女私事。

(51)凤管：竹笙、洞箫等乐器的美称，此处指淫词艳曲。

(52)拔舌：拔舌地狱。造作口业的人所堕落的地狱。经云："从其口中拔出其舌，以百铁钉而张之，令无皱褶，如张牛皮。"

(53)讵罹：岂能遭受灾祸，不会遭受灾祸。讵：副词，表示反诘，相当于"岂"、"难道"；又表示否定，相当于"无""非""不"。罹：触犯，遭受（灾祸或疾病）。

(54)没（mò）：去世，死了。

(55)奔还要拒，风清月白之吟：明朝太仓陆容的典故，参见本书《福善案》。

(56)烈更须扬，露峡雪江之句：元朝杨廉夫作的一首赞叹节妇的诗，原本即将绝后的杨廉夫，竟然生得了一个儿子。参见本书《同善养生》。

㊐耽：玩乐，沉湎。《诗经·卫风·氓》："于嗟女兮，无与士耽。"毛传："耽，乐也。"

㊞床第（zǐ）：有些版本因为繁简转换有误变成了"床第"。指床和垫在床上的竹席；指闺房之内；枕席之间；指男女房中之事。《周礼·天官·玉府》："掌王之燕衣服、衽席、床第。"郑玄注："第，箦也。"箦（zé），即是竹席。

㊟薄幸：薄情，负心，对感情不专一。

㊱商子：商姓仁者。子：古代男子尊称。

㊲名士：旧时指以学术诗文等著称的知名士人。

㊳曷：何。

㊴穷形尽相：形容描摹极其生动逼真。《文选·陆机〈文赋〉》："虽弃方而遁圆，期穷形而尽相。"

㊵怵目惊心：触目惊心。

㊶低佪：回味。

【译文】

生活在广大无边的情欲世界里，欲界天的众生昏庸无知，迷失了智慧，所卖弄的都是愚昧。要想想，夫守夫道，妇守妇道，正家风而不背离天理，就能让子孙肃闺门而使家风不会败坏。怎么可以钻洞翻墙去私会，丢弃了明媒正娶，还不清风流孽债。万恶淫为首，阎罗殿上，邪淫罪人排在第一；百殃降于身，种种灾祸都找上门来，不会只是生病夭折罢了。金榜除名，身居穷巷空悲；断了后嗣，死后荒坟谁拜？《中庸》个个都记得，"九经"忘了远色之经；《论语》人人都读完，"三戒"丢了少年之戒。少年血气未定，若生欲念，智愚哪能不移？温柔的用钱财去引诱涉世不深的女人，强横的用暴力去侵犯无力反抗的美色。侵犯寡妇，她破节后，死去的丈夫在地下暗泣；搂抱处女，她失身后，嫁人时被夫家怀疑。因女仆容易得手，父子共淫一婢女；因奶妈容易侵犯，得恶疾怎能治愈？调戏美婢，招来悍妻嫉妒，男人被狮吼，女仆被鞭笞；引诱美童，同性之间淫乱，家人要蒙羞，祖先也受耻。美色只是髑髅上带肉，偏偏喜爱玩弄癫狂的妓女；菩萨只因慈悲而低眉，唯独因污辱清净的尼姑而愤怒。《左传》说："男人有妻子，女人有丈夫，不要亵渎别人的妻女。"《礼记》说："内外淫乱，行禽兽之事，就会家破人亡。"可以舌灿莲花，写出锦绣文章，却把才华用错了地方，他们的语言文字只是引诱世人堕落邪淫，必将导致沉沦苦海；自诩文人才子，风流之语翻飞，怨女旷夫满地，只顾花前月下私会，婚嫁的吉日遥遥无期。好谈男女色情，一言伤天地之和；妄著淫秽书籍，万劫受地狱之罪。演出玉体横陈的床戏，音容笑貌，谁不动心？描绘男女色情的图画，赤身裸体，谁能免诱？淫词艳曲，销魂动魄风流债；假托仙方，采阴补阳云雨情。以上所述都将众生导入三恶道，那些作者画家能不罪增百倍？像远离"郑声"那样诱人淫的音乐，圣人早有金言；多听"鲁颂"那样思无邪的音乐，圣教犹在耳边。何如不念淫，转而好德？不思淫才能保证不去做，万物生存都有应当遵守的法则。想到悬崖撒手，欲火再炽也顿时消亡；赶紧欲海回头，狂澜再大也难成巨浪。有过而能改，未来福禄可以自求；行善就会变，不测之祸也会消灭。绿衣引去，洪学士之上寿还登；黄纸标来，项秀才之高魁旋得。做什么，得什么，报应分明；不可活，犹可避，挽回顷刻。罪不加忏悔之人，梦已入清凉之国。非礼勿动，衾影独对，头上有浩浩上天；反身而诚，心无邪念，有妻重德不重色。家人都平安，妻儿都快乐，男有娶，女有归。桃之夭夭，灼灼其华，少女要有自己的归宿，容颜美丽的少女岂容他人觊觎？锦帐里颠鸾倒凤，奸夫淫妇春梦正畅，可曾看见人头落地血肉模糊？歌舞场淫词艳曲，新歌一曲人头攒动，可曾看见拔舌地狱鬼形恐怖？戒淫戒得心如铁石，法网再大也难以被捕；色字本来头上带刀，只要好色就杀机已露。生贪有限之欢，死受无穷之苦。能忍，坚忍，狠忍，使神钦敬；视淫，意淫，语淫，要防天怒。私奔能拒，陆公容吟风清月白之诗；宣扬烈女，杨廉夫写露峡雪江之句。自己闺房之乐，亦莫沉迷；他人床笫之言，哪能轻诉？青楼多是负心人，且莫纵欲三年；白璧不能有污点，每天朗诵此赋。

[批] 商蒋亭先生是越中名士。有一天晚上，梦见文昌帝君对他说：

"您有写赋的才能，何不作《戒色赋》一篇，为我唤醒世人？"醒而为之，下笔似有神助。字字穷形尽相，言言触目惊心。愿天下文人才士，反复体会此赋！

【解说】

本文是莘亭先生所作《戒之在色赋》，文后批语说明莘亭先生作文之前，曾经梦见文昌帝君看见他的才华，约他作《戒色赋》。故醒来后，一动笔就有似有神助，一气呵成。

作者从欲界天众生写起，因为众生沉迷于淫欲才生到欲界天来。在三界众生中，欲界众生处于较低的层次。欲界是具有淫欲、情欲、色欲、食欲等有情所居之世界，其中主要指男女色欲。色欲是欲界众生产生的根源，因有色欲才有淫欲、情欲。因色欲多寡不同，使欲界众生有五趣十二处。趣，义为趣向，五趣指有情生死有五个去处，即地狱，畜生、饿鬼、人及六欲天，所以又称五趣杂居地。

在欲界五趣中，只有没有邪淫，才能生人道与六欲天。邪淫的众生，根据罪业轻重不同，会投生地狱、饿鬼、畜生道。所以，先不说投生天道，如果下辈子还想做人，那么至少不能邪淫。

戒邪淫在人伦之首。莘亭先生说："亦念夫夫妇妇，正家道以无乖；庶几子子孙孙，肃闺门而勿坏。"郭店楚简《六德》篇说："故夫夫、妇妇、父父、子子、君君、臣臣，六者各行其职而侩逆无由作也。观诸《诗经》《尚书》则亦在矣，观诸《礼记》《乐记》则亦在矣，观诸《周易》《春秋》则亦在矣。"这里把家庭放在第一位，血缘关系放第二位，君臣关系最次。孔子说："君子之道，造端乎夫妇，及其至也，察乎天地。"（《中庸》）这也说明郭店楚简《六德》顺序没有放错，符合圣人的言教。

为什么要夫妇之伦放在第一，因为人从淫欲来，好色贪淫是人的天性，所以必须把戒色放在第一，其他问题才会解决。莘亭先生说："非礼勿动，衾影中浩浩其天；反身而诚，伦纪中贤贤易色。"这是圣人具体告知我们要在生活工作实践中戒色。孔子说："非礼勿视，非礼勿听，非礼勿言，非礼勿动。"(《论语》)这四个"非"从外在的一切作为来约束自己的心不要走邪路，"非礼勿视"那就是不合乎"礼"的就不要看。例如黄色录像、淫秽书刊都是使人堕落的，就不应该看。再如走路就应该目不斜视，不要东张西望，不要前面来了什么美色，就盯住不放，这都是使人堕落的因子。视听言动禁止了非礼的因子，内心的仁就到来了。孔子又说："贤贤易色；事父母，能竭其力；事君，能致其身；与友交，言而有信。虽曰未学，吾必谓之学矣。"(《论语》)贤贤易色，就是对待妻子重德不重色。所有这些，圣人都在谈戒色的问题，所以莘亭先生写《戒之在色赋》正当其时。

"戒之在色"本来就是孔子说的话，来自《论语》。莘亭先生说："个个《中庸》记得，'九经'忘远色之经；人人《论语》读完，'三戒'昧少时之戒。"先不说《中庸》提到的"九经"，只说孔子在《论语》中提出了"三戒"："君子有三戒：少之时，血气未定，戒之在色；及其壮也，血气方刚，戒之在斗；及其老也，血气既衰，戒之在得。"这"三戒"明明把戒色放在第一戒，可读《论语》的人为什么偏偏都忘记了呢？虽然戒色是针对青少年来说的，可正在读书的学生也正是青少年啊！作为聪明的读书人，对于圣人的言教也会融会贯通。虽然重点提出青少年要戒色，那么中年人、老年人难道就不好色了吗？圣人只是没说罢了，实际上是中年人与老年人除了要戒色，还要增加戒斗、戒得的任务，他们的任务更加重了。至于"九经"出自《中庸》："凡为天下国家有九经。曰：'修身也，尊贤也，亲亲也，敬大臣也，体群臣也，子庶民也，来百工也，柔远人也，怀诸侯也。'"虽然没有明确地提到戒色，但是戒色不就是修身第一大事吗？所以，莘亭先生才说"个个《中庸》记得，'九经'忘远色之经"。

人虽然有前世的命运，但是青少年却是可以改变自己命运的，可以变好，也可以变坏。莘亭先生说："血气多缘未定，智愚哪得不移？"因为青少年血气未定，那么他的命运也未定，可以因为善缘而变好，可以因为恶缘而变坏。如果出生在一个"正家道""肃闺门"的环境，那就是善缘，他就会戒色远淫，那么他的命运就会越来越好。如果他出生在一个家道不正、闺门不肃的环境，那就是恶缘，他就会好色贪淫，那么他的命运就会越来越不好。不仅他的道德伦理堪忧，就是他的身体因为纵欲也可能性命堪忧。连命都没有了，前世即使可以金榜题名，显亲扬名，那么到这时又还有什么用呢？所以说，人的命不用算，自己就可以算。洁身自好至少不会中途夭折，邪淫的人福报更大也没有用。瞎子给你算了有那么好的命，但因为邪淫而改变，又有什么用呢？正如莤亭先生所说："血气多缘未定，智愚哪得不移？"

人会做出哪些邪淫的丑事？莤亭先生予以总结。莤亭先生说："和也者财先可饵，强乎哉力莫能支。"温和一点的，家里有点钱财的，他就用钱财为钓饵，引诱美女上钩。性格粗暴的，也没有钱财的，他要是欲火上身，就会暴力侵犯女人，成为强奸犯。若侵犯了寡妇，她破节后，死去的丈夫就在地下暗泣。若侵犯了处女，她失身后，嫁人时就被夫家怀疑。还有父子共淫一婢女，还有同性之间淫乱，还有玩弄放荡的妓女，还有污辱清净的尼姑。这些都是邪淫中最严重的罪行，明有国法，阴有天律。莤亭先生说，菩萨只因慈悲而低眉，唯独因污辱清净的尼姑而愤怒。尼姑是修道求出世之人，她们能有这样的志向，已经功德很大。去奸淫有功德之人，其报应之惨可想而知。少女也不能被侵犯，她们今后有自己的归宿，容颜美丽的少女岂容他人觊觎？偷情淫乱更是性命堪忧。莤亭先生说，锦帐里颠鸾倒凤，奸夫淫妇春梦正畅，可曾看见人头落地血肉模糊？自古奸情出人命，奸夫淫妇，总会有人被杀，也有奸夫杀了淫妇的丈夫，或者淫妇杀了自己的丈夫，或者淫妇的丈夫杀了奸夫，或者淫妇的父亲杀了女儿，等等不同的杀害，都是因为奸情引起来的。奸夫杀了别人要偿命，死后还要下地狱；别人杀了奸夫是报应，余罪还足够堕落三恶道。所有这些，报应不爽。

莤亭先生说："戒淫戒得心如铁石，法网再大也难以被捕；色字本来头上带刀，只要好色就杀机已露。"邪淫的罪业如此之大，顶天立地的大丈夫就要下决心戒除，只有心如铁石，才能不被勾引。大丈夫不可能主动去侵犯女人，但要是有美色勾引，就要有自己的定力了。如果能够像陆公容那样拒绝奔女，那么法网恢恢，疏而不漏，对陆公容这样的人又有什么用呢？所以，荦亭先生劝我们向陆公容学习。如果生贪有限之欢，死后则受无穷之苦。正如荦亭先生说："能忍，坚忍，狠忍，使神钦敬；视淫，意淫，语淫，要防天怒。"

最后，让我们记住："青楼多是负心人，且莫纵欲三年；白璧不能有污点，每天朗诵此赋。"

第十四章　福善案

1. 曹鼐

明宣德中，曹文忠公鼐^①以岁贡^②授学正^③，不就，改泰和典史^④。因捕盗，获一女于驿亭^⑤，甚美。意欲就公，公奋然曰："处子^⑥可犯乎？"取片纸书"曹鼐不可"四字焚之。天明，召其母家领回。后大廷对策^⑦，忽飘一纸堕几前，有"曹鼐不可"四字，于是文思沛然^⑧，状元及第。

【注释】

① 曹文忠公鼐：曹鼐（1404~1449 年），字万钟，号恒山先生。北直隶真定府宁晋县（今河北省邢台市宁晋县凤凰镇东王里村）人，祖籍北直隶真定府灵寿县（今河北省石家庄市灵寿县），明朝初期名臣、内阁首辅，北宋开国名将曹彬第十九世孙。曹鼐为永乐二十一年（1423 年）举人，授代州训导，改泰和典史。宣德七年（1432 年），督工匠到京师，曹鼐上疏请求入闱考试，大学士杨士奇嘉奖其有志向，不久中顺天府乡试第二人。翌年廷试，为状元，擢翰林院修撰。正统元年（1436 年），选为日侍讲读，参与编修《明宣宗实录》。书成，进翰林院侍讲。正统五年（1440 年），命入文渊阁参预机务。正统九年（1444 年），升翰林院学士。正统十年（1445 年），升吏部左侍郎，仍兼学士。正统十一年（1446 年），继杨溥为内阁首辅。正统十四年（1449 年），曹鼐随英宗亲征，于土木之变中殉难。明代宗继位后，追赠荣禄大夫、少傅、吏部尚书兼文渊阁大学士，谥号"文襄"。英宗复位，加赠太傅，改谥"文忠"。（参见《明史》卷一百六十七《曹鼐传》《明英宗实录》卷一百八十一正统十四年八月附《曹鼐传》）

② 岁贡：科举时代贡入国子监的生员的一种。明清两代，每年或两三年从府、州、县学中选送廪生升入国子监肄业，故称。

③ 学正：宋、元、明、清国子监所属学官，协助博士教学，并负训导之责。

④典史：官名。元始置，明清沿置，为知县下掌管缉捕、监狱的属官。如无县丞、主簿，则典史兼领其职。

⑤驿亭：驿站所设的供行旅止息的处所。古时驿传有亭，故称。

⑥处子：处女。

⑦对策：亦作"对册"。古时就政事、经义等设问，由应试者对答，称为对策。自汉起作为取士考试的一种形式。

⑧沛然：充盛貌，盛大貌。《孟子·梁惠王上》："天油然作云，沛然下雨，则苗浡然兴之矣。"此处指文思如泉涌。

【译文】

明朝宣德年间，曹鼐以岁贡授国子监学正，他没去，改任泰和县典史。因为捕盗，在驿亭救了一女子，长得很美。当天晚上，这女子愿意以身相许（因为救了她而感恩），曹鼐很激动地说："处女可以侵犯吗？"于是取出一张纸来，写"曹鼐不可"四字，将纸焚化。天明后，找到女子的母亲将她领回。后来，他在朝中考对策时，忽飘来一纸掉在桌上，上书"曹鼐不可"四字，于是文思如泉涌，考取状元。

【解说】

大丈夫不可能主动去侵犯别人，但要是一个美丽纯洁的少女以身相许，对于血气方刚的男人来说，恐怕难以拒绝。曹鼐就拒绝了，所以他能够考取状元也理所当然了。曹鼐说："处子可犯乎？"这一问，不是问少女，而是问自己。因为少女以身相许，不存在侵犯，可曹鼐心中在反问，在犹豫，所以他认为是侵犯，所以赶快制止。此例证被《安士全书》引用，安士先生评："人首先有不为，然后才会有为，不可之中，大有力量。"

2. 陈医

余杭陈医，有贫人病危，陈治之痊①，亦不责报②。后陈因避雨过其家，其姑③令妇伴宿以报恩，妇唯唯④。夜深就之曰："君救妾夫，此姑意也。"陈见妇少而美，亦心动，随力制之，自语曰："不可！"妇强之，陈连曰："不可不可！"坐以待旦，最后几不自持⑤，又大呼曰："不可二字最难！"天明遁⑥去。

陈有子应试，主试弃其文，忽闻呼曰："不可！"挑灯复阅，再弃之。又闻连声呼曰："不可不可！"最后决意弃之，忽闻大呼曰："不可二字最难！"连声不已，因录之。榜后召问故，其子亦不解。归告父。父曰："此我壮年事也，不意天之报我如此！"

【注释】

①痊：使病痊愈。

②责报：求取报答。

③姑：丈夫的母亲，婆婆。

④唯唯：恭敬的应答声。

⑤自持：自我克制。

⑥遁：本指逃跑，此处指陈医生悄然避开少妇。

【译文】

浙江余杭陈医生，把一个病危的穷人医好了，没有求取任何回报。后来有一天陈医生因避雨路过这病人的家，天黑雨不止，病人的母亲留陈医生过夜，暗地里叫媳妇伴陈医生同睡，以报答救命之恩，媳妇连声答应。半夜里，媳妇来到医生床前，对医生说："感谢您救了我丈夫，我来是代表我婆婆的心意。"陈医生见此媳妇年轻美貌，心也动了，但马上努力克制自语道："不可。"少妇再三要求，医生连连回避说："不可不可！"坐到天明，中间差一点不能克制，就大声喊道："不可二字最难！"天亮，悄然离去。

后来，陈的儿子参加科举考试，主考官阅卷，准备放弃他的试卷时，忽然听见一个声音说："不可！"于是，主考官挑灯再阅，还是认为不行，决定放弃。这时，又听见有声音连喊："不可不可！"最后主考官决意放弃，那声音又喊："不可二字最难！"而且连续不停，主考官就录取了。发榜后，主考官把他找来，他也不明白是怎么回事。回家告诉其父，父亲不禁叹道："这是我壮年时做的一件好事，没想到老天会用这种方式来回报我啊！"

【解说】

面对美色，谁不动心？少妇报恩，也是全家默认的行为，陈医生不禁犹豫起来。然而，心中的良知起了作用，在"不可二字最难"中结束了他这次善举。此例证被《安士全书》引用，安士先生评："陈的儿子几乎考不上，都从父亲几乎控制不住的原因来。"

3. 冯商

冯商，壮年①无子，妻每劝其置妾生男。后如②京师，买一妾，成券偿金矣。问女所自，涕泣不能言，固③问之，曰："父因纲运④负欠⑤，鬻妾以偿。"冯恻然，亟还其父，不索原银。归，妻问："妾安在？"具告以故。妻曰："君用心如此，何患无子？"阅数月，妻娠。将诞之夕，里人皆见鼓吹喧阗⑥，送状元至冯家。是夕生儿，即冯京⑦也，后中三元⑧，官至太子少师⑨，相业⑩甚盛。

【注释】

① 壮年：壮盛之年，多指三四十岁。

② 如：去，往。

③ 固：一再。

④纲运：成批运送大宗货物。每批以若干车或船为一组，分若干组，一组称一纲，谓之"纲运"。其法始于唐代刘晏。北宋、元代运盐也用纲运。宋代叶适《上光宗皇帝札子》："御前之军，屯驻四处，铸兵买马，截拨纲运。"

⑤负欠：拖欠，亏欠。

⑥喧阗：热闹。

⑦冯京（1021~1094年）：字当世，鄂州江夏（今湖北武昌）人，北宋大臣。仁宗时进士，自乡举、礼部以至廷试，皆第一，后拜翰林学士，知开封府，又出安抚陕西，知太原府。神宗时，为参知政事，与王安石争议新法，被贬亳州、成都府。后被召入朝，哲宗即位，拜保宁军节度使，知大名府，又改镇彰德。后为侍讲，改宣徽南院使，拜太子少师致仕。

⑧三元：冯京少年就人才出众，读书用功。其参加乡试中解元，参加礼部主持会试中会元，再参加殿试中状元。连中三元时才二十八岁。明潘恩《过冯当世祠》诗赞其："三元瑚琏士，颖异况无伦。"

⑨太子少师：太子少师与太子少傅、太子少保，简称"三少"，原是天子或太子左右最亲近的人。"师"是传授其知识的，"傅"是监督其行动的，"保"是照管其身体的，即分别是负责君主智育、德育、体育的人。隋唐以后，太子的师傅均以别的官衔任命，"三师"、"三少"为加官赠官的官衔，没有职事。宋代"三师"是宰相、亲王的加官官衔。"三师"是正一品，"三少"是从一品。

⑩相业：宰相的功业。

【译文】

冯商壮年还没有儿子，妻子常劝他纳妾生男。后来冯商去京城，买了一妾，已经写好契约，付清银钱。问该女从哪儿来，女子只是哭泣不说话，再三问她才说："父亲因为纲运亏欠，卖我还债。"冯商听后动了恻隐之心，立刻将该女归还其父，也不讨还银钱。回家后，冯妻问丈夫："买回的妾在哪里呢？"冯商便把经过告诉妻子。妻子说："你的善心阴德如此好，何必担心没有儿子？"果然经过数月，冯妻竟然怀孕。将要分娩的那天傍晚，乡里邻居都看见一群人，锣鼓喧天，很是热闹，说是护送一个状元到冯商家。当晚所生就是冯京，后来连中三元，官至太子少师，宰相政绩显著。

【解说】

不孝有三，无后为大。冯商壮年无子，买来一妾为传宗接代，也是正常。可当他听到其父亲是在朝廷负责纲运的官员，因为亏欠，才使自己的女儿落到卖身的地步，油然生起恻隐之心。他这个做法，至少有三个功德：一是不贪色，二是财布施，三是保全了处子的名节。仅不贪色就可以使命中无继嗣变成有继嗣，再加上后面的功德，那么其子连中三元，官至一品，也是理所当然了。

4. 孙继皋

明无锡孙继皋①，馆②于某家。主母遣婢送茶一杯，杯中一金戒指。孙佯为不知，令收去。是夜婢来叩门，云："主母到矣。"公急取大板，顶门不纳，明日遂归。人问故，曰："生徒不受教也。"终不露其事。后大魁天下，子孙贵显。

【注释】

① 孙继皋（1550~1610年）：字以德，号柏潭，南直隶无锡（今属江苏）人。明代诗人、大臣。孙继皋七岁入塾。万历二年（1574年），中状元，任翰林院修撰。历任经筵讲官、少詹事兼侍读学士、礼部转吏部侍郎等职。万历八年（1580年），充任会试同考官时，提拔魏大中、顾宪成等。万历二十四年（1596年），皇帝不送太后出丧，孙继皋上疏劝说，因忤旨致仕，晚年讲学于东林书院。著有《孙宗伯集》十卷。追赠为礼部尚书。

②馆：旧时私塾。此处指设馆教书。

【译文】

明朝江苏无锡人孙继皋，在某大户人家教书。一日，女主人让婢女送一杯茶来，杯内藏着一枚金戒指，孙佯装不知，又给婢女退回去。当天深夜，婢女在房门外扣门，说："主母到了！"孙赶紧拿来大木板，顶住房门不开。第二天，孙便辞去家教返乡。有人问他为何辞教，孙不愿扬人之丑，只说是学生顽皮不受教导，始终不透露原因。后来孙到京考试，得中状元，而且子孙也都做了大官。

【解说】

看来考取状元的人，未考取之前大都有一段不为人知的阴德。孙状元年轻时，为减轻家里负担，一边读书，一边教书。当他馆于某家的时候，因其仪表堂堂，被女主人看中。女主人首先用钱财引诱他，把一枚金戒指藏在茶杯里，假托婢女送茶附来，孙状元佯装不知退还。到了晚上，女主人直接来敲门，孙状元顶门不纳。然后偷偷跑了，也不说女主人的丑事。这个事就叫做阴德。阴德是做了好事别人不知道，其功德就比阳德大。《了凡四训》说："阳善享世名，阴德天报之。"阳德世人都知道，那么就享受了世间名利。阴德世人不知道，可天知道，天的威力无边，那么得到福报自然就更大。

5. 周旋父

温州周旋之父，多子而贫。邻人富而无子，令姜与之乞种①。夜招饮，其夫佯醉而出，姜出陪，告以故。旋父愕然②，遽起而门已闭，乃以手书空曰："欲传种子术，恐惊天上神。"面壁不顾。

正统乙卯，旋中乡榜。太守③梦迎新状元，即旋也，彩旗上大书："欲传种子术，恐惊天上神。"太守莫测其故。丙辰果中状元，太守称贺，因述梦中所见，父曰："此老夫二十年前书空语也。"终为讳之。

【注释】

① 乞种：借精生子。

② 愕然：惊讶的样子。

③ 太守：官名。宋以后改郡为府或州，太守已非正式官名，只用作知府、知州的别称。明清时专指知府。

【译文】

温州人周旋的父亲，家贫子女多。邻人却富而无子，想让小妾向周父借种。有天晚上，富翁把周父请来饮酒，中途装醉退席，单让小妾作陪。小妾提出向周父借种的事，周父十分惊愕，急速起身，奈何门已紧锁，无法脱身，只得以手在空中写下："欲传种子术，恐惊天上神。"（我想传给你生儿子的种子，也怕老天爷不肯原谅。）写完，面向墙壁，再不理睬。

正统乙卯年，周旋参加乡试，榜上有名。太守梦见迎接新科状元，此人即周旋，彩旗上有大字："欲传种子术，恐惊天上神。"太守莫名其妙。丙辰年，周旋果然高中状元。太守前来祝贺，谈起梦中所见，这时周旋的父亲才告诉他："这两句话确是老夫二十年前对空书写的。"至于具体的当事人则始终没有透露出来（为别人隐讳）。

【解说】

今有借腹生子，古有借种生子。借腹生子是男人找外面的女人生子，借种生子是让家里女人找外面的男人生子。情况不同，从道理上分析，都是邪淫。周旋之父拒绝了别人的小妾借种生子，并且一直到考取状元都为对方隐讳不说，也就是说积下了阴德。凡是拒绝邪淫的善报如此之大，值得我们深思。

6. 陆容

明太仓陆公容^①，美丰仪^②。天顺三年，应试南京。馆^③人有女，夜奔公寝。公绐^④以疾，与期后夜，女退。遂作诗云："风清月白夜窗虚，有女来窥笑读书。欲把琴心通一语，十年前已薄相如^⑤。"迟明^⑥，托故去。是秋中式^⑦。

先时公父，梦郡守送旗匾鼓吹^⑧，匾上题"月白风清"四字。父以为月宫^⑨之兆，作书遗^⑩公。公益悚然^⑪，后成进士，仕至参政。

【注释】

① 陆公容：实际上名字是"陆容"，有些版本与译文把"陆公容"当成一个名字，"公"尊称，并非是名字。陆容（1436~1497年），字文量，号式斋，南直隶苏州府太仓县（今属江苏）人。性至孝，嗜书籍，与张泰、陆钱齐名，时号"娄东三凤"。成化二年（1466年）进士，授南京主事，进兵部职方郎中。西番进狮子，请大臣往迎，容谏止之。迁浙江右参政，所至有绩。后以忤权贵罢归，卒。著有《世摘录》《式斋集》《菽园杂记》十五卷，《四库全书总目》王鏊称为明朝记事书第一；又有《式斋集》，并行于世。

② 丰仪：风度仪表。

③ 馆：客舍，招待宾客居住的房舍。

④ 绐（dài）：欺诈。

⑤ 薄相如：看不起司马相如与卓文君私奔，言下之意该女来私奔我也是不可能接纳的。

⑥ 迟明：黎明，天快亮的时候。

⑦ 中式：考取。

⑧ 鼓吹：演奏乐曲。

⑨ 月宫：桂宫，南朝·梁·沈约《八咏诗·登台望秋月》："桂宫袅袅落桂枝，露寒凄凄生白露。"科举登第人员的名籍叫做"桂籍"，所以"月宫之兆"就是考中的吉兆。

⑩ 遗：寄。

⑪ 悚然：此处指更加警惕谨慎。

【译文】

明朝太仓人陆容，仪表堂堂，风度翩翩。天顺三年，去南京赴考。房东有个女儿，夜里到他房内，表爱慕之心。陆骗她说自己身体有病，约其后夜再来，女子退出。然后，他作了一首诗："风清月白夜窗虚，有女来窥笑读书。欲把琴心通一语，十年前已薄相如。"天亮后，借口离去。那年秋天他考中了。

考前陆的父亲做了一个梦，地方官吹吹打打送来一块匾，上书"月白风清"。父亲认为这是儿子考中之兆，于是写信给陆。陆更加警惕谨慎，后来中了进士，官至参政。

【解说】

据《尧山堂外纪》（明代蒋一葵编撰）记载："陆式斋少美风仪，天顺三年应试南京，馆人有女善吹箫，夜奔公寝，公绐以疾，与期后夜，女退。遂作诗云：'风清月白夜窗虚，有女来窥笑读书。欲把琴心通一语，十年前已薄相如。'迟明托故去之，是秋领荐，时年二十四。"

此与本书记载大同小异，稍有细节出入，就是此女善吹箫，估计不仅有貌，也有才。夜深人静，郎才女貌，谁也难以免除这种诱惑。所以说，这个奔女来聚，还是被陆公拒绝了，不是一般男人能够做到的。陆公也不伤别人的自尊心，用善意的谎言，假托自己有病，然后趁机自己逃跑，这也算是积阴德了。

7. 钱翁

毗陵^①有钱翁者，行善乏嗣。里中喻老，为势家索逋^②，负械不决，妻女冻馁，求贷于翁。翁如数与之，不收文券。事解，喻挈妻女踵谢^③。翁妻见女色美，欲聘为妾。喻夫妇欣然。翁曰："乘人之难，不仁。本意作善，而以欲终，不义。吾宁无子，决不敢犯。"喻夫妇拜泣而退。翁妻是夕，梦神谓曰："汝夫阴德隆重，当锡汝贵子。"逾年，果生一子，名天赐。十八岁联捷^④，官至都御史^⑤。

【注释】

① 毗（pí）陵：亦作"毘陵"。古地名。本春秋时吴季札封地延陵邑。西汉置县，治所在今江苏省常州市。

② 索逋：催讨欠债。

③ 踵谢：登门道谢。

④ 联捷：科举考试中两科或三科接连及第。

⑤ 都御史：官名。明朝都察院的长官为左右都御史（正二品），下设副都御史、佥都御史。清朝时都御史为从一品。都御史职专纠劾百司，辩明冤枉，提督各道，为天子耳目风纪之司。

【译文】

毗陵有个姓钱的老翁，常行善事，可是还没有儿子。乡中喻老，有势人家催讨欠债，被官府抓去，久拖不决。妻子女儿都受饥挨冻，便向钱翁借钱。翁如数给予，并且不立借据文书。事后，喻老夫妻携带女儿登门拜谢。钱翁的妻子见他女儿很美，想聘为小妾。喻氏夫妻也欢喜接受。但钱翁却说："乘人之危，不仁。本意作善，却因色欲而终，不义。我宁可无子，也绝不敢侵犯。"喻氏夫妻听了，拜泣而退。当天夜晚，翁妻梦见天神对她说："你丈夫阴德厚重，当赐你贵子。"一年后，果然生下儿子，名叫天赐，年十八，每考必中，官至都御史。

【解说】

年纪大却占有了人家的少女，因为年龄的悬殊，没有一个父母会同意，因为觉得自己女儿吃亏了，更何况嫁过去还是做小妾。可喻老不同，因为钱翁在他困难的时候救了他一家，所以当钱老夫人提出聘为小妾时，喻老夫妻俩都欢喜接受。然而，钱翁想法有所不同："乘人之危，不仁；本意作善，却因色欲而终，不义。"所以他说宁可无子，也不做这种有损阴德的事。一个人当他心里想的总是别人利益的时候，那么上天就会给他善报。所以当钱翁决心这辈子认命了，上天就给了他"天赐"。那么一个人不计较个人利益，一心行善，还用担心没有善报吗？此例证被《安士全书》引用，安士先生评："经说：'淫人妇女者，得绝嗣报。'可以返观而悟了。"

8. 沈桐

归安沈桐①，字观颐，家贫。族兄②逊洲，荐至姻家③训蒙④。妇媚⑤子幼。一夜妇私奔焉，桐峻⑥拒之，次日即辞归。妇恐语泄，备礼敦请⑦，又促逊洲往邀数次，不赴。屡诘其故，桐终不言，但曰不便而已。次年联捷⑧，官至巡抚⑨。

【注释】

① 沈桐：明代万历年间任福建巡抚，其中进士后移居双林（今属福建省泉州市南安市双林镇），他开通南兜和南阳兜的水系，使得双林镇南部的交通更为便利。《双林镇志》："观音桥，按沈桐未遇时奉母居乡，一日负米归晚，到水口唤渡无人。天又将雨，因念老母倚阁望彷徨畔岸时，恍惚闻

有人语，遂见一小舟，长髯者持篙，后一白衣妇人摇橹，桐遂得渡登岸，人舟忽不见。后致仕建此桥，而奉神佛像于庙。"明代嘉兴鉴藏家冯梦祯《快雪堂日记》癸卯十一月二十八日日记："晴。舟至双林，访沈观颐中丞，其弟出见，先生以童子扶而出，但失明，应接谈论如故。"沈桐系孝子，因母丧而哭瞎。明万历首辅朱国桢亲撰《都察院右佥都御史巡抚福建观颐沈公墓志铭》："先生姓沈氏名桐，字时秀，号观颐。世居乌程马要里，六世祖元龄赘归安双林蔡氏，因家焉。"

② 族兄：同高祖兄弟的兄辈。

③ 姻家：联姻的家族或其成员。

④ 训蒙：教育儿童。多指旧时学塾对儿童进行启蒙教育。语本《尚书·伊训》："具训于蒙士。"孔颖达疏："蒙谓蒙稚，卑小之称。"

⑤ 妇孀：妇因夫亡而守寡。

⑥ 峻：严厉。

⑦ 敦请：恳请。

⑧ 联捷：科举考试中两科或三科接连及第。

⑨ 巡抚：官名。明代洪熙元年始设巡抚专职。清代为省级地方政府长官，总揽全省军事、吏治、刑狱、民政等，职权甚重。

239

【译文】

归安县人沈桐，字观颐，家贫穷。族兄名叫沈逊洲，介绍他到姻家教书。妇人守寡，儿子还幼。有一天深夜，寡妇私奔到他房里，沈桐严加拒绝。第二天，沈便辞去返家。妇人深恐事情传出去没脸面，备厚礼恳请回来，又敦促族兄沈逊洲往邀多次。但沈桐坚决不去。族兄几次问他原因，沈桐始终不说，只推说自己不方便而已。第二年，沈桐考试联捷，后来官至巡抚。

【解说】

有便宜不占，一般人认为是傻瓜。沈桐在别人家教书，孤儿寡母，如果非正人君子，就会趁人之危，占人便宜。沈桐则不同，不仅不主动占便宜，就是寡妇私奔他，他也严词拒绝。拒绝寡妇，一是保全了人家的贞节，二是自己积了阴德。此事要顾全女人的面子，所以正人君子遇到此事都不会泄漏，就积了阴德。那么，沈桐考上进士，官制巡抚，还有什么疑虑呢？

9. 王志仁

徽商王志仁，三十岁无子，有相士谓其十月当有大难。王素神其术，因亟往苏，敛资归寓。晚偶散步，见一妇投水，王急取十金，呼渔船救之。问故，妇曰："夫佣工度日，畜豕①偿租。昨卖之，不意皆假银也。恐夫归见责，无以聊生②，故谋死耳。"王恻然，倍价周之③。归语其夫，夫不信，乃与妇共至王寓质焉。王已寝矣，妇叩门呼曰："投水妇来谢！"王厉声曰："汝少妇，吾孤客，昏夜④岂宜相见？"夫悚然曰："吾夫妇同在此。"王乃披衣出见。才启户，墙忽倾倒，卧榻已压碎矣。夫妇感叹而别。后归家，遇相者大骇曰："子满面阴骘纹⑤现，是必曾救人命，后福未可量也。"后连生十一子，寿九十六，尚康健。

【注释】

① 畜豕：养猪。

② 聊生：赖以生活。

③ 倍价周之：比卖猪的钱多一倍来救济她。

④ 昏夜：黑夜。

⑤ 阴骘纹：又作"阴骘文"，相术家称人脸上可藉以推定其命运的纹路。元代元淮所著《水镜集》归纳为三十六阴骘部位，如双眼、天中、天庭、天门、天府、山根、年寿、准头、法令、地阁、眉角、命门、天仓、印

堂等。这些部位出现吉纹或吉气喜色，皆可补救面相中原有的缺陷；化凶为吉。五代陈抟所著相书《神异赋》有"阴骘，肉满福重心灵"之说，意谓阴骘部位丰满者为福贵之相。古人以多子多孙为福，故相学认为，若眼下阴骘部光明润泽，紫色环绕，为行善积德所至，纵然有克子之凶兆，也会因为积有阴德而生贵子；若改恶从善，助人积德，蠢肉即会生出阴骘纹，化凶为吉，绝处逢生。

【译文】

安徽商人王志仁，三十岁尚无子。有相士对他说，你十月份有大难。王一向觉得该相士的话很准，于是急忙往苏州清理账务，然后收钱准备回家。傍晚到河边散步，恰巧见到一名妇女投河自杀，王立刻拿出十两银子，呼叫渔船将该妇救起。问为何自杀，妇人说："丈夫替人做佣工，我在家中养猪，以此来偿还欠债。昨天卖猪，收到的却是假银，害怕丈夫回家责骂，难以过日，所以自杀。"王志仁听了很同情，送她比卖猪的钱多一倍来救济她。妇人回家后告诉丈夫，丈夫不但不信，反而怀疑妻子（是否有出轨行为）。于是带着妻子，深夜到王所住旅馆对质。此时王已入睡，妇人敲门喊道："投水妇来道谢！"王志仁听了，马上严厉地说："你少妇，我孤客，黑夜怎可相见？"妇人的丈夫听了，很震惊（惶恐中又肃然起敬）地说："我夫妇二人一同来拜谢！"王才披上衣服出门相见。才开门出来，墙壁忽然倒塌，床都被压碎了（王因此逃过一劫）。夫妇感叹而别。回家后，相士见到他大惊说："你满面阴骘纹，一定曾救过他人性命，后福不可限量了。"果然王志仁连生十一个儿子，到九十六岁时，身体依然康健。

【解说】

救人一命，反而被其丈夫怀疑，这也是很正常的事。一般人怎会相信有这样的好事？若不是女人勾引对方，对方会无缘无故救一个素不相识的人吗？所以其夫深夜携妇去对质，也情有可原。没想到，上天就是要在关键时候让人看到好人有好报。黑夜妇人敲门谢恩，若男方心动则会落入陷阱，可王善士拒绝，其夫大惊，不用对质也明白了门内是好人。然后就在开门出来时，说时迟，那时快，屋就倒了，若停留片刻，则王善士命休矣。这不是让好人有好报，既展示给夫妇看，也给大家看吗? 不仅如此，还后福不可限量。再看相时多了阴骘纹，"相由心生"还有什么值得怀疑呢?

10. 杨希仲

宋杨希仲，新津人，微时①馆②成都富家。有一美妾，自负才色，诣③馆调戏，希仲正色④拒之。其妻是夕梦神告曰: "汝夫独处他乡，不欺暗室⑤，当魁多士⑥，以彰善报。"次年蜀闱⑦第一。

【注释】

①微时: 卑贱而未显达的时候。《史记·吕太后本纪》: "吕太后者，高祖微时妃也。"

②馆: 旧时私塾。此处指设馆教书。

③诣: 前往，到。

④正色: 神色庄重，态度严肃。

⑤不欺暗室: 虽独处隐僻处，亦居心端正。形容坦诚磊落。西汉刘向《列女传·卫灵夫人》: "此其人必不以暗昧废礼，是以知之。"唐代骆宾王《萤火赋》: "类君子之有道，入暗室而不欺。"

⑥多士: 古指众多的贤士。也指百官。

⑦闱: 科举时代的考场。

【译文】

宋朝杨希仲是新津人，未得功名前，曾到四川成都一富人家教书。富家有一美妾，自认才色出众，到书房调戏杨，杨严词拒绝。当天晚上，杨的妻子梦见神告诉她："你丈夫独处他乡，不欺暗室，当在众多贤士中夺魁，以彰显善报。"第二年科考，杨希仲果然中了四川第一名。

【解说】

什么是不欺暗室？那就是在别人看不见的地方积了阴德。其中最大的阴德，没有比严词拒绝女色更大的了。杨希仲在暗室严词拒绝别人的美妾，其阴德能不大吗？隔年就考了四川第一，是上天给他的善报。

11. 程孝廉

徽州①程孝廉②，滨溪③而居。溪上木桥甚窄。有一女子探亲过此，失足落水。孝廉遣人救之，令妻为之烘衣。日暮不能归，又令妻伴宿。次日送归母家。女之舅姑④闻之不悦曰："媳未过门，宿于人家，非完女矣。"令媒妁⑤退婚。孝廉闻之，亲往力谕⑥，乃得成婚。不一年而夫卒，有遗腹一子⑦。嗣后孀妇教之，读书灯下，常流涕曰："汝若成名，无忘程孝廉之恩。"其子少年登科，丙辰入会场，每成一艺，必朗诵，拍案得意。后忽放声大哭。适孝廉与之隔号⑧，亟问其故。少年曰："七篇皆极得意，不意灯煤焚卷，势必贴出⑨，是以哭也。"程曰："可惜佳文，置于无用。若肯与我誊写，得中，当图厚报。"少年即以文与程，果中进士。出榜后，少年诣程寓索报。程置酒与饮。少年因问："程君有何阴德，而以我文成名？"程自反平生，无他阴德。少年固请不已，程良久述前曾救一女子事。少年俯地而拜曰："先生是我母之大恩人也，敢望报乎？"因以母灯前语泣告之。事以师礼，世为婚媾⑩。

243

【注释】

① 徽州：地名，以明清而计，徽州府辖境为今安徽境内地级黄山市。

② 孝廉：孝，指孝悌者；廉，清廉之士。分别为统治阶级选拔人才的科目，始于汉代，在东汉尤为求仕者必由之途，后往往合为一科。亦指被推选的士人。明清两代是对举人的称呼。

③ 滨溪：靠近溪水边。

④ 舅姑：此处指未婚妻的公婆。

⑤ 媒妁：说合婚姻的人。媒，谓谋合二姓者；妁，谓斟酌二姓者。一说男方曰媒，女方曰妁。《孟子·滕文公下》："不待父母之命，媒妁之言，钻穴隙相窥，踰墙相从，则父母国人皆贱之。"

⑥ 谕：告知，此处指解释。

⑦ 遗腹一子：遗腹子，指怀孕妇人于丈夫死后所生的孩子。

⑧ 号：考号，考生编号。

⑨ 贴出：科举考试时，凡有夹带、冒名顶替及试卷违式者被摈斥场外，不准考试。清代袁枚《随园随笔·贴出》："元《选举志》有试卷不考格、犯御名、庙讳及涂注一百五十字以上者不考。不考，即今之贴出也。"《六部成语注解·礼部》："凡犯以上弊端者，例用蓝笔书其姓名事故，贴出场门之外，摈斥不准入试，谓之被贴出。"《清史稿·选举志八》："试卷题字错落，真草不全，越幅、曳白、涂抹、污染太甚，及首场七艺起讫虚字相同，二场表失年号，三场策题讹写，暨行文不避庙讳、御名、至圣号，以违式论，贴出。"

⑩ 婚媾（gòu）：有婚姻关系的亲戚。

【译文】

徽州程孝廉，家住小溪边。溪上木桥很窄。一天，一女子探亲路过，失足落水。孝廉叫人把她救起来，并让妻子给她烘干衣服。天黑了，女子不能回家，又叫妻子陪她睡。第二天，送她回家。女子的婆家知道后很不高兴地说:"媳妇没有过门,就在别人家过夜,一定不是处女了。"令媒人退婚。程孝廉听说后,亲自去解释才得以成婚。婚后不到一年丈夫去世,留下一个遗腹子。此后,女守寡教子,孩子灯下读书时,她泪流满面地说:"你若有出头之日,千万不要忘记程孝廉的大恩。"孩子少年即考中功名。丙辰年入京会考,每写成一篇文章,必朗诵,拍案得意。后来,却忽然放声大哭。碰巧程孝廉就在他相邻考号,连忙问他哭什么。少年说:"作了七篇文章都极其满意,不料灯煤落下,卷子烧坏,残卷必被贴出,所以痛哭。"程说:"可惜好文章就要没有价值了。不如你送给我誊写,如果我得中,一定厚谢。"少年即将文章给了程,程果然中了进士。发榜之日,少年到程寓所索取报酬。程备酒菜加以款待。少年问程:"您有什么大阴德,能拿我的文章成就您的功名?"程回忆平生好像没有什么大阴德。少年坚持要程说,程想了好久,才说出曾救过一个落水女子之事。少年听后,跪倒在程的面前说:"原来先生您就是我母亲的大恩人呐!我怎敢想先生的报酬呢?"然后流着眼泪把母亲灯下哭泣叮咛的话说给程听。从此少年像对师长一样对待程孝廉,两家并互为婚嫁。

【解说】

救了女子一命,又完璧归赵,凡人难以相信有这样的好人。其夫家怀疑,亦正常,所以要退婚。好人做到底,程孝廉又前往夫家解释,成就一桩姻缘。然而,怀疑者没有得到好报,儿子死了,而做好人者最后终于得到了好报。这不是举头三尺有神明吗?哪能让好人一直委屈下去呢?

12. 徐昂

徐昂,扬州人,试春闱①。京中有王相士,多奇中。徐往质之。王曰:"君相乏嗣,奈何?"及登第②,为西安郡守③,途间纳一姬,颇妍丽④。徐讯⑤其姓氏，答曰："予父某，作某官，丧于某年。向以饥岁，为强暴⑥掠售于此。"徐深悯之，即焚券，不令为妾。及之任，具奁资⑦，择善士嫁之。秩满⑧如京，王见之骇曰："君相异矣，子星⑨满容，讵⑩非阴德所致乎？"未几，徐庶妾⑪，一再岁而育五子。

【注释】

① 春闱：唐宋礼部试士和明清京城会试，均在春季举行，故称春闱。犹春试。

② 登第：登科。第，指科举考试录取列榜的甲乙次第。

③ 郡守：郡的长官，主一郡之政事。

④ 妍丽：美丽。

⑤ 讯：询问。

⑥ 强暴：强奸。此处指强盗买来卖人，并非强奸，故强暴可指强盗。

⑦ 奁资：嫁妆。

⑧ 秩满：官吏任期届满。

⑨ 子星：象征多子多孙的相。唐代沈佺期《岁夜安乐公主满月侍宴》诗："除夜子星回，天孙满月杯。"

⑩ 讵：副词，表示反诘，相当于"岂""难道"。

⑪ 庶妾：众妾。

【译文】

徐昂是扬州人，春季到京城赴考。京城中的王相士看相很准。徐昂也去问了。王相士说："从你面相来看，你命里无子，没有办法呐！"后来徐昂考中，委派到西安做官。途中买了一名很美的女子打算做小妾。问她家中情况，回答说："我父亲在某地做官，几年前死了。当地灾荒，被强盗抢劫，把我抓到到京城卖了。"徐昂听了很同情她，将她的卖身契烧了，打消了娶她做妾的念头。到西安上任后，准备好嫁妆，为她挑选了一个有德才的后生，像女儿一样嫁出去。西安任满回到京城，王相士见到他后惊奇地说："你的面相大变了，子星已经满面，难道不是积了阴德而改变的吗？"不久，他的妻妾一连生了五个儿子。

【解说】

本来绝嗣，可上任途中不淫处女，就得到了多子多孙的福报。按理说，女子是被买来的，做自己的小妾也无可厚非。可徐昂先生不同，当听到女孩出身于官宦之家，书香门第，同情之心油然而生，觉得没有父母之命、媒妁之言就买来做小妾，对女孩不公平，不能趁人之危，不仅把卖身契烧了，还把她当作女儿一样嫁了一个好人家。正如经说："淫人妇女者，得绝嗣报。"这里就要反其意而用之了。

13. 姚三韭

姚三韭，本姓卞，博学善诗文。馆①于怀氏，有女常窥之，卞岸然②不顾。一日晒履于庭，女作书纳其中。卞得之，即托故辞归。袁怡杏作诗赞之，有"一点贞心坚匪石③，春风桃李莫相猜"之句。卞答书，力辩并无此事。怡杏缄④其书而题曰："德至厚矣，子孙必昌。"后其子谌，曾孙锡，皆成进士。

【注释】

① 馆：旧时私塾。此处指设馆教书。

② 岸然：严正或高傲的样子。

③ 匪石：非石，不像石头那样可以转动。形容坚定不移。《诗经·邶风·柏舟》："我心匪石，不可转也。"孔颖达疏："言我心非如石然，石

虽坚尚可转，我心坚，不可转也。"

④缄（jiān）：为书信封口。

【译文】

姚三韭，本姓卞，学问渊博，诗文都做得很好。曾在怀姓人家教书，有个女子常常偷看他（暗送秋波），他脸色严正不予理睬。一天，他把鞋子晒在庭院里，女子写了情书塞进他的鞋内。卞见到后，就找了一个借口辞职了。袁怡杏写了首诗称赞他，其中有"一点贞心坚匪石，春风桃李莫相猜"之句。姚回信坚称并无此事。袁怡杏将他的回信封好，并题词于上："德至厚矣，子孙必昌。"后来，姚的儿子谌、曾孙锡，皆中进士。

【解说】

在私塾教书，被美女看中，还一再挑逗，又偷偷写情书藏进他的鞋子里，哪个男子能不动心？别人写诗称赞他："一点贞心坚匪石，春风桃李莫相猜。"他反而坚称没有这么回事。一是说明姚三韭为人谦虚低调，二是要为女孩隐讳，不宜把别人的丑事外扬。这就积了阴德，所以子孙连中进士。

14. 林增志

林增志，温州人，奉佛持戒。一日梦观天榜，见己名在第十，下书"不杀不淫之报"六字。戊辰果中第十名。

【译文】

温州人林增志，信佛持戒。一夜梦见天上榜文，自己名在第十，下注"不杀不淫之报"六字。戊辰年考试果然中第十名。

【解说】

为什么要信佛？那是要求出世之道；怎么求出世之道？以戒为师。《遗教经》说："汝等比丘。于我灭后，当尊重珍敬波罗提木叉。如暗遇明，贫人得宝。当知此则是汝等大师，若我住世，无异此也。"波罗提木叉就是戒律，出家有出家的戒律，在家也有五戒。在家五戒，就包括不杀不淫的戒律，林增志居士谨守不杀不淫，他的名字就上了天榜，并且得了善报。所以说，守一戒就有五位戒神跟在身边，冥冥之中自然就有报应。那么，我们的一举一动，能不慎重吗？

15. 何澄

何澄，以医著名。同郡孙子，久病不愈，邀澄治之。其妻密语澄曰："良人①病久，典卖殆尽，愿以我身酬药资。"澄正色②却③曰："娘子胡为④及此？但安心勿忧，当为疗治。慎勿以此污我，且自污也。"其妻惭感而退。

是夕梦一神引至公署⑤，主者⑥曰："汝行医有功，且不于急难中乱人妇女。奉上帝敕⑦，赐汝一官，钱五万。"未几，东宫⑧得疾，诏澄一服而愈。赐官、钱，悉如梦。

【注释】

① 良人：古时女子对丈夫的称呼。

② 正色：神色庄重，态度严肃。

③ 却：拒绝。

④ 胡为：何为，为什么。

⑤ 公署：古代官员办公的处所。

⑥ 主者：主管人，长官，首长。

⑦ 敕：古时自上告下之词。

⑧ 东宫：太子所居之宫，亦指太子。

【译文】

何澄以医术高超而著名。同城有位姓孙的，久病不愈，请何医生去治疗。病人的妻子偷偷对何说："良人生病多年，财产都变卖光了，付不起医药费，愿以我身体做报酬。"何正色拒绝说："娘子为什么要这样呢？只管安心莫忧，我会尽心治疗。但请你千万不要以此污辱我，也污辱了你自己。"病人妻子又惭愧又感激，退出去了。

那天夜晚，何医生梦见一位神人引他到官署办公室，长官对他说："你行医有功，在急难中不淫人妻子。奉上帝之命，赐你一个官位，钱五万。"不久，东宫太子生病，诏请何进宫诊治，一帖药就好了。皇上赐官与钱，和梦中说的完全一样。

【解说】

有良心的医生把救人放在第一，把赚钱放在第二。然而，要是有人以身体为报酬，这个女人又有姿色，现在的医生估计不会拒绝。好色贪淫的医生，大概就恨不得她的丈夫常生病，久生病，他才有机会趁人之危占有别人的妻子。医生本来就应当能看透人的身体，他懂得解剖学，人的身内哪有一处干净的地方？他要是趁机作不净观，就看不到一个完整的女人。无论如何美丽的女人，也是一堆器官的组合，而这些器官没有一件是干净的。为什么把这些器官组合起来，眼前就成了美人呢？那是看不透，看不仔细，而医生凭借自己的研究，应该就能看透，看得仔细。所以，不从道德观念来看，单从不净观来看，医生应当比普通人有先知先觉，怎么还能好色贪淫呢？何医生既不贪钱，也不好色，他是不是真正看透了呢？值得所有医生学习。

16. 高尚书之父

扬州高尚书父，贩货京口①，客寓中，时闻安息香②扑鼻。一日忽见壁隙中，伸进一枝。公从隙窥之，见少女独坐。次日，公访之主人，即其女也，问："何不字人③？"答曰："择婿难耳！"数日，公访得一婿，谓主人曰："吾见高邻④某郎⑤甚佳，欲为作伐⑥，何如？"曰："吾意亦属⑦之，但其家贫。"公曰："不妨，吾当借资与之。"即为说合，赠数十金，以完其美。公归，梦神语曰："汝本无子，今赐汝一子，可命名铨。"逾年果生一子。后登进士，仕至尚书⑧。

【注释】

①京口：古城名。在今江苏镇江市。公元209年，孙权把首府自吴（苏州）迁此，称为京城。公元211年迁治建业后，改称京口镇。东晋、南朝时称京口城。为古代长江下游的军事重镇。

②安息香：落叶乔木，叶子卵形，开红花，产于印度尼西亚、越南等地。树脂干燥后呈红棕色半透明状，可制成香料。以其树脂为主要原料加工做成的香，也称安息香。

③字人：嫁人。

④高邻：对邻居的尊称。

⑤郎：青少年男子的通称。

⑥作伐：《诗经·豳风·伐柯》："伐柯如何？匪斧不克；取妻如何？匪媒不得。"后因称做媒为"作伐"。

⑦属：注目。

⑧尚书：官名。始置于战国时，或称掌书，尚即执掌之义。宋以后三省分立之制渐成空名，行政全归尚书省。元代存中书省之名，而以尚书省各官隶属其中。明初犹沿此制，其后废去中书省，径以六部尚书分掌政务，六

部尚书遂等于国务大臣，清代相沿不改。

【译文】

扬州高尚书的父亲，早年贩货京口，在客店中常嗅到安息香香味。一日忽见壁缝中伸进一枝香，高父在孔隙中见到隔房一少女独坐。第二天，高父问店主，原来是他的女儿。又问为什么不嫁人，回答说："良婿难找啊！"几天后，高父遇到一位人品很好的青年，于是对店主说："我见你邻居某小伙子很好，我想替你做个媒，怎么样？"店主说："我也注意到这个人了，只是他家太穷，恐怕无力办婚事。"高父说："不碍事，我借钱给他，让他娶亲。"随即做媒说合，并赠数十两银子给小伙子，以成人之美。回到家中，梦见神给他说："你命里本来无子，今赐你一子，可以取名叫铨。"第二年，果然生了一子。后来这个孩子考中进士，官至尚书。

【解说】

见色不起意，这是高父第一德；成人之美，这是高父第二德；助人之资，这是高父第三德。一定要把好事做圆满才罢休，这就是高父别人难以比得上的地方。命里无子变成有子，这也不足为奇了。

17. 沈鸾

松江诸生沈鸾，中年尚艰子嗣，家贫就馆塾。一夕归家遇雨，门已关，闻室中有处女声，询之乃邻女也，以夫人寂处，来作伴。沈遂嘱勿启门，冒雨去，宿道院。是夜，梦上帝以两色丝授之。觉时方子夜，见殿内光辉四映，五彩眩目。盖雨散而月华①也。嗣连举二子，长文系，次可绍，相继登第②。

【注释】

① 月华：月亮周围的五彩光环。由月亮光线通过云层内小水滴或细小冰晶，经衍射所致。

② 登第：登科。第，指科举考试录取列榜的甲乙次第。

【译文】

明朝松江县书生沈鸾，人到中年时尚无子嗣。家里贫困，在外教书。一天夜里回家，路遇大雨，到家家门已关。他听到屋里有少女说话的声音。隔墙一问，是邻居女儿，怕夫人寂寞，来做伴。沈就嘱咐妻子不要开门，自己冒雨去道院借宿。那夜，沈鸾梦见玉帝赐给他两条彩带（暗示两个儿子）。醒来才半夜子时，见殿内光辉四射，五彩夺目。原来已经雨过天晴，月光照进来了。后接连生下两个儿子，长子文系，次子可绍，相继考取功名。

【解说】

不犯处子，第一德；自避嫌疑，第二德；有家不归，第三德。书生沈鸾本来绝嗣，却因此三德被上帝赐给他两个儿子，可见戒色远淫的功德太大了。

18. 蔡启传

清德清蔡启传，初应乡荐①，时尚无子，夫人私蓄三十金，为置一妾。妾至，垂泣不止。公问其故，曰："夫以负营债②至此。"公乘夜往其夫家，语曰："吾为尔了此事。我今不可归，归则心迹不白。"遂宿其家，候营卒来，详告以故，云："汝缴券，我即付金。"公乃命轿舁③妇还其夫，以三十金为赠。后夫人即生子。康熙庚戌，公及第。

【注释】

①乡荐：唐宋应试进士，由州县荐举，称"乡荐"。后世称乡试中式为领乡荐。

②营债：封建时代军营中一种高利贷款。

③舁（yú）：抬。

【译文】

清朝德清县蔡启传，地方推荐他到京城去考试。此时他尚无儿子，妻子用三十两私房钱，给他买了一个妾。这个女子进门后，垂头哭泣不止。蔡公问为何伤心，回答说："丈夫因为欠了军营的债，将我卖身抵债。"蔡连夜赶往其夫家说："我为你们了结此事。今夜我就住你家不回去，回去的话就说不清了。"蔡公于是住在他家，等营卒来后，把详情告知，然后说："你把欠条拿来，我把债还了。"然后蔡又命家人抬轿把女子归还其夫，另外又赠了三十两银子给他们。后来蔡妻即生一子，并且蔡公也于康熙庚戌年间考取了功名。

【解说】

幸福的家庭都相似，不幸的家庭各有各的不幸。仁者，爱人，对于不幸的家庭伸出援助之手不难，可还要把得到的美人完璧归赵送回去就比较难。蔡公买下了妾，却不动心，并且完璧归赵。又把好事做到底，不仅还了他丈夫的高利贷，又赠送家资让他们夫妻俩好好生活下去。当一个人心里全部为别人着想时，那么上天也会被感动。蔡公从无子到有子，从无功名到有功名，不就是他的这一片仁心获得的吗？

19. 谢迁

明谢文正公迁^①，少馆毗陵^②某家。有女乘父母出，遂奔公。公谕之曰："女子未嫁而失身于人，终身之玷也，将使父母、夫族，皆无颜面。"厉色拒之，女惭愧而退。明日即辞馆去。后中成化乙未状元，至相位。子丕，官侍郎。

【注释】

① 谢文正公迁：谢迁（1450~1531 年），字于乔，号木斋，浙江余姚人。明成化十一年（1475 年）状元，授翰林修撰。弘治八年（1495 年），入内阁参与机务，与刘健、李东阳同心辅佐朝政，请罢选妃嫔，禁约内官。正德（1506~1521 年）初，因坚决反对宦官刘瑾干政，与刘健同时罢职，被誉为"贤相"。嘉靖六年（1527 年）复入阁，居位数月，力求去。嘉靖十年（1531 年）去世，谥"文正"。著有《湖山唱和》。

② 毗（pí）陵：亦作"毗陵"。古地名。本春秋时吴季札封地延陵邑。西汉置县，治所在今江苏省常州市。

【译文】

明朝人谢迁，谥号"文正"。年轻时曾在毗陵某家教书。其家女儿乘父母外出，就私奔谢迁。谢告知她："女子未嫁就失身于人，是终生的污点，将使父母、夫家都没有脸面。"于是严词拒绝，女子满面羞惭而退。第二天，谢即辞职回家。后来谢迁考中成化乙未年状元，官至宰相。他的儿子谢丕也官至侍郎。

【解说】

在中国历史上，能够得到"文正"谥号的大臣没有几个。经纬天地曰"文"，内外宾服曰"正"。可见，没有经天纬地之才，没有内外宾服之德，是得不到"文正"这个谥号的。中国历史上各朝各代对于有贡献的大臣在去世后的封号非常谨严，其中特别难以得到"文正"这个谥号。谢迁能够谥号"文正"，其突出的表现就是"立德"。他考取状元，官至宰相，其功业显赫。但功业显赫，也离不开立德。谢迁道德高尚，年轻时候就拒绝私奔的少女，这件事情可能知道的不多。不犯处女，实际上功德很大，况且年轻的谢迁血气方刚，要忍住处女的诱惑，没有一定的意志力是难以做到的。所以他后来考取状元，以及一生都成为忠臣，与他从小就洁身自好是有关的。谢迁的功名引人羡慕，可他洁身自好的品德，难道不更值得我们学习吗？

20. 费枢

费枢，蜀人也，会试至京。日晡①时，一妇人前诉曰："某贩缯人女，嫁后夫死。贫无以归，愿得相依。"费曰："吾不欲犯非礼，当访汝父来迎。"遍访得其父，语以女状。父泣谢，即取女回。是年费登第，官太守②。

【注释】

① 日晡：时间名词，同"日晡"，是指申时，即下午三点至五点。

② 太守：官名。宋以后改郡为府或州，太守已非正式官名，只用作知府、知州的别称。明清时专指知府。

【译文】

四川人费枢，到京城会考。傍晚一妇人上前诉苦，说："我是贩绸人的女儿，出嫁后丈夫死了。没有路费回家，愿意跟你一起生活。"费枢说："我不想犯非礼之事，我当请你父亲来接你回家。"于是，费枢四处寻访，终于找到了她父亲，告诉他女儿的情况。父亲很感动，立即带女儿回去了。当年费枢就考中了，后来官至太守。

【解说】

费枢不犯寡妇，确实难得。但是寡妇无依无靠，仅仅不犯她就不管了，也不是仁者所为。淳于髡曰："男女授受不亲，礼与？"孟子曰："礼也。"曰："嫂溺，则援之以手乎？"曰："嫂溺不援，是豺狼也。男女授受不亲，礼也；嫂溺，援之以手者，权也。"嫂子落水了去不去救？如果以男女授受不亲而不去救，孟子认为这个人是豺狼。在这个时候，救人是第一位的，所以仁者在救人的时候，要变通处理"授受不亲"这个问题。那么当一个寡妇无依无靠的时候，费枢仅仅不侵犯她也不行。他后来到处寻访她的父亲，一直到她归家才罢休，这就圆满了费枢的无量功德。

21. 靳翁

镇江靳翁，五十无子，训蒙于金坛。其邻女颇有姿色，夫人鬻[1]钗钏[2]，买作妾。翁归，夫人置酒于房，告翁曰："吾老不能生育，此女颇良，或可延靳门之嗣。"翁俯首面赤。夫人谓己在而公赧[3]也，遂出而反扃[4]其户。公即逾窗而出，告夫人曰："汝意良厚，但此女幼时，吾常提抱之，恒愿其嫁而得所。吾老矣，又多病，不可以辱。"遂反其女。次年夫人生文禧公。十七发解[5]，次年登第[6]，后为贤宰相。

【注释】

① 鬻（yù）：卖。

② 钗钏：钗簪与臂镯。泛指妇人的饰物。

③ 赧：害羞。

④扃（jiōng）：关闭门户的门闩，此处指锁上。

⑤发解：明清时乡试举人第一名称为解元，考中举人第一名为"发解"。

⑥登第：登科。第，指科举考试录取列榜的甲乙次第。

【译文】

镇江人靳翁，到五十岁还没有儿子，在金坛教书。邻家女子很有姿色，靳夫人卖掉了首饰，将女子买来做妾。靳翁回家时，夫人备了酒菜在房里，并对丈夫说："我老了，不能生育，这个女子很好，也许可以给靳家延续香火。"靳翁低头面红耳赤，夫人以为自己在场他难为情，就出去了，并把门反锁。靳翁从后窗跳出，对夫人说："你的好意我知道，但这个女子小时候我常抱她，希望她嫁到好地方去。我年老，又多病，不能委屈她一生。"就将女子退回去了。第二年夫人生个儿子，就是文禧公。公少年英俊，十七八岁就登科，后来成为贤明的宰相。

【解说】

按照古礼，到五十岁还没有儿子，就可以婆妾了。靳夫人心地善良，为靳家有后，就自作主张，宁可卖了自己的首饰，也要给丈夫买一个妾。可没想到他的丈夫是一个忠厚的人，这个邻家女他是看着长大的，小时候还抱过她，也就是把她当作自己的女儿一样，他是期望她嫁得其所的，而不是要嫁给自己这个老头子。当夫人刚买回妾，他也并不知道是邻家女孩，毫无心理准备，所以一说这个事就面红耳赤。当把他两人关在房子里，才知道女孩的身份，虽然孤男寡女共处一室，动心也难以避免，可靳翁还是天理战胜了人欲，从后窗逃出来了。不侵犯处女，是靳翁之德。把处女完璧归赵，也是难忍能忍，非大丈夫难以做到。此事在《安士全书》有所引用，安士先生评价："如镇江靳翁，虽年老无子，不忍以幼女为妾，而还之邻，此难忍处能忍也。故天之降福亦厚。"

22. 曹某

松江曹生，应试，寓中有妇来就，曹惊，趋往他寓借宿。行至中途，见灯火喝道①，来入古庙中，击鼓升堂。曹伏庙前，闻殿上唱新科榜名，至第六，吏禀曰："某近有短行②，上帝削去，应何人补？"神曰："松江曹某，不淫寓妇，正气可嘉，即以补之。"曹且惊且喜，果中第六。

【注释】

① 喝道：封建时代官员出行，仪仗前列导引传呼，令行人回避，谓之喝道。

② 短行：过失。

【译文】

松江曹生，去考试时，旅途住宿，有妇人私奔他，曹生急忙跑到别的旅店去借宿。走到半路，忽见前面灯火通明，有人开道"回避"，然后进入古庙中，击鼓升堂。曹生藏在庙前，听到殿上唱新科录取名单。唱到第六名时，有人禀告说："此人近来有过失，上帝削去，应补何人？"一神说："松江曹生，不淫奔妇，正气可嘉，可以补上。"曹生听了又惊又喜，发榜果然中了第六名。

【解说】

曹生赴考，他的命运并非能够考中，可因为旅途中拒绝了私奔的女人，就补了别人的缺。可见命运不全是自己作主吗？本来能够考上的，却因有过失而除名；本来不能够考上的，却因积阴德而补缺。此事在《安士全书》

259

有所引用，安士先生评价："好色之人，有女相就，不异恶星临门；积德之士，有女来奔，正是福星光照。所以说，祸福无不是自己找来的。"

23. 某老师

明浙有指挥使①，延师训子。师病，子取被为师发汗，误卷母鞋，堕师床下，师徒皆不知。指挥见而疑之，入问，妻不服。遂乃遣婢，诡以妻命邀师，而己持刀伺其后，俟其门启，即杀之。师闻扣门，问："何事？"婢曰："主母相招。"师怒叱其婢，不肯开门。指挥复强其妻亲往，师复固拒之，曰："某蒙东翁②相延，岂以冥冥堕行哉？请速回！"门终不启，指挥怒顿平。明日，师即辞馆。指挥谢曰："先生真君子也！"始述其事谢罪。师是年登第，居显爵。

【注释】

① 指挥使：官名，明朝的军职。为卫（卫所制度）最高军事长官，秩正三品。下辖指挥同知二人（副长官，从三品）、指挥佥事四人（正四品）等属员。

② 东翁：旧时塾师、幕友对主人的敬称。

【译文】

明朝浙江有位指挥使，请老师教儿子。一天，老师病了，儿子取被子为老师发汗，误将母亲的鞋子卷入被中，落在老师床下，师徒二人都不知。指挥使看望老师时，见到此鞋，怀疑妻子与之私通。审问妻子，妻子不服。指挥使晚上就叫婢女去叩老师的房门，假说主母有请，自己则持刀躲在门后，等到门一打开，就将老师杀死。老师听见有人敲门，就问："什么事？"婢女说："主母有请。"老师怒斥婢女，不肯开门。指挥使又强迫妻子亲往试探，老师坚决予以拒绝，说："我蒙主人聘请，岂可以背着主人，偷偷做见不得人的丑事呢？请速回！"门始终没有打开，指挥使怒气顿息。第二天，老师辞职。指挥使立即赔礼道歉说："先生真君子啊！"于是将事情原委详细说明并谢罪。师随后在这一年金榜题名，地位显赫。

【解说】

故事情节好危险，只要某老师稍有好色贪淫之心，命就休矣！在关键时刻，只要一个人正念在胸，丝毫没有苟且的想法，那么就能自己救自己。某老师，因为一身正气，不仅救了自己，还救了夫人，其阴德能不伟大吗？此事在《安士全书》有所引用，安士先生评价："红颜扣户，白刃临门。稍一疏忽，就冤杀多人了。"

24. 林茂先

信州林茂先者，才学过人，既与乡荐①。家极贫，闭门读书。邻巨富，妇厌其夫不学，私慕茂先才名，夜奔之。茂先呵之曰："男女有别，礼法不容。天地鬼神，罗列森布②。何可以污我？"妇惭而退。茂先次年登第，三子成进士。

【注释】

① 乡荐：唐宋应试进士，由州县荐举，称"乡荐"。后世称乡试中式为领乡荐。

② 森布：密布。

【译文】

信州人林茂先，才学过人，已经成为乡荐。他家境极贫，只是闭门读书。邻巨富，妻子厌恶丈夫没有学问，私慕林茂先的才华，夜里私奔林。林呵斥她说："男女有别，礼法不容。天地鬼神，罗列密布。怎可污我？"妇惭愧而退。第二年林茂先考中，后来三个儿子都中进士。

【解说】

此事在《安士全书》有所引用，安士先生评价："《中庸》一开端，就说要'慎独'，论及小人，则说'无所忌惮'。可见修身要务，实在敬畏二字。'男女有别，礼法不容'，敬也；'天地鬼神，罗列森布'，畏也。从这里可见林君平素修养之深。"

所谓慎独即是说君子在别人看不见的地方也不要作非礼之事。《中庸》第一章："天命之谓性，率性之谓道，修道之谓教。道也者，不可须臾离也，可离非道也。是故君子戒慎乎其所不睹，恐惧乎其所不闻。莫见乎隐，莫显乎微，故君子慎其独也。喜怒哀乐之未发，谓之中；发而皆中节，谓之和。中也者，天下之大本也；和也者，天下之达道也。致中和，天地位焉，万物育焉。"

25. 袁公

清陕西袁公，以闯贼乱，父子失散。流寓①江南，欲娶妾生子。适买一妇，至袁宅，背灯而哭。袁诘②之，妇曰："无他故。只以家中贫饿，夫欲求死，故卖身以活之。妾念平日夫妇情笃，故不禁伤痛耳。"公恻然，背坐达旦③。除身价外，复赠百金，同妇送其夫，令之贸易④。夫妇泣哭而去，后欲觅一闺女，送与袁公生子，久而未得。偶至扬州，遇人领一俊童欲卖。因私计："我未得女子，先买此童，伏事袁公，有何不可？"遂买之，渡江送袁。袁谛视⑤之，则其所失子也。报应其神如此！

【注释】

① 流寓：流落他乡居住。

② 诘：追问，询问。

③ 达旦：直到第二天早晨。

④ 贸易：此处指做生意。

⑤ 谛视：仔细察看。

【译文】

　　清朝陕西人袁公，因为李闯王作乱，父子失散。袁公流落到江南居住，想娶妾生子。买回一妇，至袁宅，背灯而哭。袁公询问她什么情况，妇人说："没有别的原因。家里穷得没饭吃，丈夫饿极要自杀，所以我才想卖身救他。如今想到平日夫妻情深义笃，所以不禁内心伤痛。"袁公生了恻隐之心，和她背对背坐到天亮。然后送女子回家，不仅没有讨回身价，又赠银一百两，叫他们夫妻做生意度日。夫妻俩流泪而去，后来为报恩想要找一个闺女，给袁公做妾生子，但一直没有找到。偶至扬州，遇人领一个俊童要卖。夫妻俩私下里计划："未得女子，先买下此童，服侍袁公，有何不可呢？"就买下了，然后渡江送给袁公，袁公仔细察看，原来竟是他失散多年的儿子。报应如此神速！

【解说】

　　一念仁慈，不仅退回买下的妾，也不讨回身价，还赠送他夫妻一百两去做生意，好好活下去。就平常人来看，全亏了！可袁公宅心仁厚，他想的是别人的幸福与痛苦，为别人的幸福和痛苦着想，那他自己的幸福和痛苦，上天就要帮他圆满了。所以前脚送回妇人，后脚就得到了儿子。报应也真的太神速了！

26. 陆树声

明云间^①陆文定公树声^②，辛丑北上。时郡守^③王公华，梦见城隍庭下，众保树声为善士。因召其外父^④李某，问其平日作何善事？对曰："他不及知，唯于邪色不苟而已。"后中会元^⑤。其子彦章，己丑进士。

【注释】

① 云间：云间为松江的别称之一。唐乾符间陆广微撰《吴地记》，华亭县条下记："地名云间，水名谷水"。华亭县是上海地区最早设置的县。由华亭县而升为松江府，由松江府而析出上海县，上海由此而来。

② 陆文定公树声：陆树声（1509~1605 年），曾名林树声，字与吉，号平泉，直隶松江华亭（今属上海市）人。明朝中后期官员、学者。出身务农家庭，自幼贫而好学。嘉靖二十年（1541 年），会试第一，被选为翰林庶吉士，授翰林编修。历任南京国子监司业、左春坊左谕德、太常寺卿等职。期间两度归家丁忧，数次称病回籍。后召为吏部右侍郎，屡辞不就。明神宗即位后，升授礼部尚书，受首辅张居正看重。因议论不合，不久后仍坚辞致仕。归家三十余年间多次得到神宗遣使存问，优礼有加。去世后获赠太子太保，谥号"文定"。著有《平泉题跋》《茶寮记》《汲古丛语》《病榻寤言》《长水日钞》《陆学士杂著》《陆文定公集》《耄余杂识》等。陆树声为人清正耿直，一生屡辞朝命，不喜为官，史称"登第六十四年，其官两都不及一纪"，深为士论所重。（《明史》卷二一六有《陆树声传》）

③ 郡守：郡的长官，主一郡之政事。

④ 外父：岳父。

⑤ 会元：科举时代，乡试中式为举人。举人会试中式第一名为会元。

【译文】

明朝云间人陆树声，谥"文定"，辛丑年北上应考。地方郡守王华，夜里梦见很多人在城隍面前推举陆树声为善人。王就将陆的岳父李某召来，问陆平日做过什么善事，李回答说："其他的我不太清楚，只是对于邪淫女色不苟且罢了。"后来陆考中会元，其儿子彦章，己丑年中了进士。

【解说】

"文定"这个谥号最早见于宋朝，属于一种美谥。"文定"在宋之后的朝代不缺名人、高官、文学家、思想家，颇为知名的有北宋苏辙、南宋叶适、明朝杨溥、清朝刘纶等。陆文定公树声也是其中之一。

陆文定公树声，为什么能够会试第一，官至一品，主要来自他高尚的品德。当他刚刚进京应考，地方郡守王华就梦见很多人向城隍推举陆树声为善人。可王华问他岳父，岳父却只知道他对于邪淫好色不苟且罢了，原来不邪淫好色就是最高尚的品德，难怪那么多人推荐他为善人！

27. 唐皋

唐皋①，少时读书灯下，有女调之，将纸窗掐破。公补讫题云："掐破纸窗容易补，损人阴骘②最难修。"后一僧过其门，见状元匾，左右悬二灯，书所题二语，异而问之。后果大魁天下。

【注释】

①唐皋（1469~1526年）：字守之，号新庵（一作心庵），别号紫阳山人。南直隶徽州府歙县岩镇（今安徽黄山市徽州区岩寺镇）人。明正德年间状元，官至侍讲学士兼经筵讲官。曾奉旨出使朝鲜，是中朝交流史上的重要

人物之一。《明史稿》有传。

② 阴骘：阴德。

【译文】

唐皋，年轻时在灯下读书，有女子勾引他，故意将纸窗捅破。唐皋把窗纸补好后就题诗于上："掐破纸窗容易补，损人阴骘最难修。"后来一个僧人经过他家，见门上挂着状元匾，左右悬挂两灯笼，上写着那两句话，感到奇怪，就去问他原因。后来唐果然状元及第。

【解说】

唐皋是明朝正德年间的状元，他年轻的时候读书就不近女色。窗下少女勾引他的故事最脍炙人口，传为佳话。所以他还没有考上状元的时候，就被一个高僧看出了端倪。因为经过他家门看见悬挂着状元府的匾，实际上这应当是高僧定中出现的景象，透露了唐皋的未来。状元府大门写着他的诗（掐破纸窗容易补，损人阴骘最难修），就说明了为什么能够考取状元的原因。此事在《安士全书》有所引用，安士先生评价："窗前题语，门外悬灯。感应之机，如此之快！"

28. 张畏岩

明江阴张畏岩，梦至一高房，得试录一册，中多缺行，问旁人，曰："此今科试录。"问："何多缺名？"曰："科第三年一考较①，须积德无咎者方有名。如前所缺，皆系旧该中式②，因新有薄行③而去之者也。"指后一行云："汝平生从无淫业，或当补此，宜自爱。"是科果中一百五名。

【注释】

① 考较：稽查，检查。

② 中式：科举考试合格。

③ 薄行：品行不端，轻薄无行。

【译文】

明朝江阴人张畏岩，夜梦进一所大房子，见到一本考试录取名册，名册中有很多空白缺行，问旁边的人这是什么，答道："这是今年的科第录取名册。"又问："为何缺名这么多？"答："科第每隔三年检查一次，积有阴德而没有犯过失的人才能列入名册中。前面缺名的，都是本可以考中，因新近犯了损德之事而被上天削去名字的人。"又指着后面一行说："你平生无邪淫，或许可补这一行，要自爱。"果然，张畏岩在该年科考中，考取了第一百零五名。

【解说】

张畏岩的这个善报是从改过迁善得到的，他开始是一个恃才傲物的人，《了凡四训》记载比较全面，现翻译如下：

江阴有一位读书叫人张畏岩，学问积得很深，文章写得很好，在读书人当中很有名声。甲午年（1594 年）南京乡试，他借住在一处寺院里。等到放榜，榜上没他名宇，他不服气，大骂考官眼睛进了砂子。那时有一个道士在旁微笑，张畏岩马上就把怒火发到道士身上。道士说："你的文章一定不好。"张畏岩更加发怒道："你没看到我的文章，怎知道我写得不好？"道士说："我常听人说，做文章最要紧的是心平气和。现在听到你大骂考官，表示你的心非常不平，气也太暴了，你的文章怎会好呢？"张听了道士的话，不禁被折服。就改向道士请教。道士说："要考中功名，全要靠命。命里不该中，文章虽好，也没益处。一定要你自己去改变命运。"张问道："既然是命，怎么能去改变呢？"道士说："造命的权虽然在天，立命的权还是在我。只要你肯尽力去做善事，多积阴德，什么福不可求得呢？"张说："我是个穷读书人，能做什么善事呢？"道士说："行善事，积阴功，都是从这个心做出来的。只要常存做善事、积阴功的心，功德就无量无边了。就像谦虚这件事，又不要费钱，你为什么不自我反省，反而骂考官不公平呢？"张听从了道士的话，从此就降低自己的身份，谦逊待人，严格要求自己。善天天加功夫去修，德天天加功夫去积。到了丁酉年（1597 年），有一天，他做梦见到了一处很高的房屋里，看到一本考试录取的名册，中间有许多缺行。张不懂，就问旁边的人"这是什么？"那人说："这是今年考试录取名册。"张问："为什么名册里有这么多的缺行？"那人说："阴间对那些考试的人，每三年查考一次，一定要积德没有过失的，这册里才会有名字。册子前面的缺额，都是从前本该考中，但因为他们最近犯了罪，才把姓名去掉的。"后来那人又指着一行空缺说："你三年来，严格要求自己，做事很谨慎，没犯罪过，也许应该补这空缺了，希望你珍重自爱，勿犯过失！"果然张就在这次会考中了第一百零五名。

从上边所说例子来看，举头三尺必定有神明监察。趋吉避凶，这是完全可以由自己决定的。只要我存好心，约束一切不善的行为，丝毫不得罪天地鬼神，谦虚谨慎，降低自己的身份，以礼待人，使天地鬼神时时哀怜我。这样才有受福的根基。那些满怀傲气的人，一定没有远大的器度，就算能发达也不会长久。稍有见识的人，一定不肯把自己的度量弄得很狭窄，而拒绝可以得到的福报。况且谦虚的人，就能经常得到别人的教导，那他得到的善报也没有穷尽了。这尤其是进德修业的人一定不可缺少的啊！

29. 孙生

明宁波孙生，家贫训蒙，终岁不过数金。后失馆，身寄塘西张氏抄写。其家一婢，更余来奔，公峻拒之。婢与同斋西席^①得合而去。端午，西席解馆^②，疽发不愈，公代其任。后遇其叔于江口，叔曰："我因儿病，祷于城隍。夜梦城隍坐殿上，呼吏将饥籍所改者，唱名对册，十余人外，即唱侄名。我潜问吏：'孙某缘何改去？'吏曰：'此人四十六岁，应出外饿死。因今年四月十八夜，拒某氏淫奔，延寿二纪^③，改入禄籍^④。'我深为侄贺也。"后负笈^⑤者日多，每岁修仪^⑥百余金。迄公四十六岁，正万历三十六年，米价涌贵，死者颇众，而公裕如。公后分析其子，家已巨富。年至古稀，无疾而终。

【注释】

①西席：老师。古人席次尚右，右为宾师之位，居西而面东。后尊称受业之师或幕友为"西席"。

②解馆：旧时谓书塾停办或塾师解聘。也指辞去教职。

③二纪：二十四年。一纪为十二年。

④禄籍：旧时谓天上或冥府记录人福、禄、寿的簿册。

⑤负笈：背着书箱，形容所读书之多。

⑥修仪：学费。

【译文】

明朝宁波人孙生，家境贫困，以教书度日，一年收入只有几两银子。后来失业了，在塘西张姓人家做抄写工作。张家有一婢女，夜里来私奔他，孙生严词拒绝。婢女又去与私塾老师苟合。端午节时，这个老师被辞退，疽发不愈，孙生就代替了他。孙生后来在江口遇见叔叔，对他说："我因儿子生病去求城隍，夜梦城隍坐在殿上，喊工作人员将免除饿死者名单，唱名核对，念到十几名时，我听见有你的名字。我暗地问念名单者：'孙某为何从饿死名单中勾去？'他说：'此人四十六岁时，本该出外饿死，但因今年四月十八夜，拒绝某女淫奔，因而给他延寿二十四年，并改入福禄之册。'

我深为你祝贺！"后来孙的学生日渐增多，每年学费可得银百余两。至孙四十六岁时，正是明万历三十六年，米价暴涨，饿死很多人，而孙家富足有余。到他的儿孙成年时，孙家已是大富人家。孙本人活到七十多岁，无疾而终。

【解说】

因拒绝婢女私奔，抛弃瞬间的快活，却得到了免除饿死的报应，还子孙满堂，自己也年过古稀，无疾而终，这样一对比，不是太划得来了吗？同是教书，那个与婢女苟合的人，却以瞬间的快活，换来无穷的痛苦。被东家辞退，还疽发不愈，其以后的报应也可想而知。

30. 陶大临

陶文僖公大临①，年十七，美姿容，赴乡试②。寓有邻女来奔，三至三却，遂徙他寓。寓主夜梦神语曰："明日有秀士来，乃鼎甲③也。因其立志端方，能不为奔女乱，上帝特简④。"寓主以梦告陶。陶益自砥砺⑤，后中榜眼，官至大宗伯⑥。

【注释】

①陶文僖公大临：陶大临（1526~1574年），字虞臣，号念斋，浙江会稽（今绍兴）人，祖籍江西彭泽，兵部左侍郎陶谐之孙，嘉靖三十五年（1556年）榜眼，官至吏部侍郎，卒赠吏部尚书，谥"文僖"。

②乡试：明清两代每三年一次在各省省城举行乡试。中式者称"举人"。即会试不第，亦可依科选官。

③鼎甲：科举制度中状元、榜眼、探花之总称。以鼎有三足，一甲共三名，故称。

④ 简：选用。

⑤ 砥砺：勉励，励志。

⑥ 大宗伯：周官名，春官之长，掌邦国祭祀、典礼等事。明清亦称礼部尚书为大宗伯。

【译文】

陶公大临，谥"文僖"，姿容美丽，十七岁那年赴乡试。住旅店时，有邻家女来私奔，三次来三次被拒绝，最后陶公决定搬走。在搬前一夜，那家店主梦见神人对他说："明天有秀才来住，是以后的鼎甲。因其立志端方，能不为奔女乱，上帝特意选拔他。"陶去住店，店主就将梦境告诉了他。陶更加自励。后中榜眼，官至大宗伯。

【解说】

邻女来奔，三至三却，最后得到榜眼的善报。榜眼就是第二名，全国的鼎甲共三名，能从全国那么多士子筛选出来，并成为全国的第二名，那是相当了不起的人，陶大临就是这样的人。从十七岁就决定了他的命运。孔子说："少之时，血气未定，戒之在色。"十七岁的陶大临就是圣人言教的实践者，在他青春年少的时候，顶住了少女的诱惑。前夜准备搬走，后店就有预兆。戒色所得的报应也是神速啊！

31. 时邦美父

时邦美①之父，郑州牙将②也，年六十无子。押纲③至成都，妻令置妾而归。得一女甚美，时窥见其用白布总发④，问之，泣曰："父本都下⑤人，为州掾⑥卒，扶榇⑦至此，不能归，卖妾以办丧耳。"邦美父恻然，携金助其母，还其女，又为干理⑧归计。及归，告妻以故，妻曰："济人危急，为德甚大，当更为君图⑨之。"未几妻孕。一夕梦紫金人端坐中堂⑩，旦生邦美，中会元⑪，官至吏部尚书⑫。

【注释】

① 时邦美（？～1107年）：时彦，字邦美，河南开封人。北宋时期大臣。宋神宗元丰二年（1079年）状元，授颍州判官，历任秘书正字、集贤校理、左司员外郎。出使辽国失败，坐罪罢免。起为集贤院校理、提点河东刑狱。徽宗即位（1101年），授吏部员外郎，历任起居舍人、太常少卿、龙图阁直学士、河东转运使、集贤殿修撰、吏户二部侍郎、开封府尹。强化治安，颇有政绩，累迁工吏二部尚书，病逝于任上（可参考《宋史》卷一百一十三《时彦传》）。

② 牙将：军中的中下级军官。

③ 押纲：押送物质。

④ 总发：束发。

⑤ 都下：京都。

⑥ 州掾（yuàn）：一州主管的副官。州：古代行政区划。掾：官府中佐助官吏的通称。

⑦ 扶榇（chèn）：扶枢。榇：古时指内棺，后泛指棺材。

⑧ 干理：治理，料理。

⑨ 图：考虑，谋划。

⑩ 中堂：正中的厅堂。

⑪ 会元：科举时代，乡试中式为举人。举人会试中式第一名为会元。

⑫ 尚书：官名。始置于战国时，或称掌书，尚即执掌之义。宋以后三省分立之制渐成空名，行政全归尚书省。元代存中书省之名，而以尚书省各官隶属其中。明初犹沿此制，其后废去中书省，径以六部尚书分掌政务，六部尚书遂等于国务大臣，清代相沿不改。吏部尚书掌管着官员资料以及人事任免权，影响着很多官员的仕途，因其重要性成为六部尚书之首。

【译文】

时邦美之父是郑州牙将，六十岁了还没有儿子。一次押运物资到成都，妻子叫他买一个小妾回来。在成都买得一女子，很美，见她用白布条束发，问是何因，她哭泣说道："父亲原是京都人，任州掾时病死。与母亲扶棺过此地，盘缠用尽，不能回去，只得卖我以办理丧事。"时邦美父亲听了，生恻隐之心，拿钱资助她的母亲，还了她的女儿，还为她们料理回去的事务。回到郑州后，将此事告诉了妻子，妻子说："济人危急，功德很大，纳妾的事我再为你谋划。"不久，妻子竟然怀孕了。一夜梦见客堂正中坐着一位紫金色的人，早上便生下了时邦美，中会元，官至吏部尚书。

【解说】

时邦美是北宋的状元，官至吏部尚书。可他的父亲直到六十岁还没有生他。按照古礼，若一直没有生儿子，那么到五十岁就应该娶妾。所以他的妻子着急了，在一次赴成都出公差时，命令他一定要买一个小妾回来。时邦美之父奉命行事，买了一个美少女，不想她是卖身葬父，听到她的经历后，生恻隐之心，不仅把她还回去，还资助办理丧事。

到六十岁还不娶妾，说明时邦美之父欲淡。为后嗣计，买了美少女，却因同情又还回去。一不贪色，二不吝财。所以妻子在他六十岁后还怀了孕，这是上天的眷顾。时邦美之父因一念仁心改变了自己的命运，可见一念天堂，一念地狱，我们能不谨慎吗？

32. 赵秉忠父

明万历戊戌状元赵秉忠[①]之父，作邑掾[②]。有袭荫[③]指挥[④]系冤狱[⑤]，赵力出之。指挥感愧无报，请以女奉箕帚[⑥]。赵摇手曰："此名家女，使不得。"强之，又摇手曰："使不得。"毕竟不从。后其子上公车⑦，途有拊其舆⑧者曰："使不得的中状元！"如是者再。及第归，语父，父太息⑨曰："此二十年前事，吾未尝告人，何神明之告尔也！"

【注释】

① 赵秉忠（1573~1626年）：字季卿，青州府益都县（今山东省青州市）人，出身官宦之家，父亲赵僖官至礼部右侍郎。赵秉忠十五岁补府学生。万历二十六年（1598年）殿试一甲第一名进士（状元），授翰林院修撰。历任侍读学士、礼部侍郎，官至礼部尚书。熹宗天启二年（1622年）被黄尊素弹劾去职。天启六年（1626年）去世。思宗崇祯三年（1630年）追复原官，赠太子太保，赐祭葬。

② 邑掾（yuàn）：一邑主管的副官。邑：古代行政区划。掾：官府中佐助官吏的通称。

③ 袭荫：封建时代，子孙承继先祖的官位爵号。

④ 指挥：指挥使，官名，明朝的军职。为卫（卫所制度）最高军事长官，秩正三品。下辖指挥同知二人（副长官，从三品）、指挥佥事四人（正四品）等属员。

⑤ 冤狱：冤案。

⑥ 奉箕帚：从事家内洒扫之事，即充当妻室。畚箕和扫帚，皆扫除之具。以箕帚扫除，操持家内杂务，借指妻妾。

⑦ 公车：汉代以公家车马递送应征的人，后因以"公车"为举人应试的代称。

⑧ 舆：轿子。

⑨ 太息：亦作"大息"。大声长叹，深深地叹息。

【译文】

明朝万历戊戌年状元赵秉忠的父亲，在县里协助县官做事。有个世袭指挥是冤案，赵秉忠父亲尽力把他救出来。指挥感激，无以为报，很觉惭愧，于是想将女儿送给赵父做妾，赵父摇手说："你们是名门之后，使不得！"再三恳求收下，赵父又摇手说："使不得！"终究不从。这事没有成功。后来秉忠上京应试的路上，有人附着他的轿子说："使不得的中状元！"连说了好几遍。考取后回家告诉他父亲，赵父感慨地说："这是我二十年前的事情，从未告诉他人，神明却告诉了你！"

【解说】

曹鼐面对处女因感恩而献身，就说："处子可犯吗？"这一问，不是问少女，而是问自己。因为少女以身相许，不存在侵犯，可曹鼐心中在反问，在犹豫，所以他认为是侵犯，所以赶快制止。

赵秉忠之父面对指挥感恩而献出女儿，就说："使不得！"指挥强迫他，他还是说使不得。真的使不得吗？这可是指挥真心报恩，本身不存在使不得。与曹鼐一样，他在反问，在犹豫，所以他认为是侵犯，所以赶快制止。

两件事情，同一道理：人先有不为，才能有所为。正如安士先生说："人首先有不为，然后才会有为，不可之中，大有力量。"

33. 吕宫

吕公宫①，常于某氏馆中夜读。有邻室少媚②，忽乘月而至，公峻拒③之。次日复令侍婢，持双玉鱼来赠。公碎其玉，婢惭而退。后位至宫保④。未尝语人，偶因课子⑤及之，终不泄其姓氏。

【注释】

①吕公宫："公"是尊称，不是名字，有些译文误以为名字是"吕公

宫"。

②少孀：年轻的寡妇，少年守寡。

③峻拒：严加拒绝。

④宫保：太子太保、少保的通称。明代习惯上尊称太子太保为宫保，清代则用以称太子少保。

⑤课子：督教儿子读书。

【译文】

吕宫，曾在某家私塾夜读。有邻室年轻寡妇，忽然在月光下来私奔他，吕严词拒绝。第二天，寡妇又叫婢女来赠送双玉鱼。吕把双玉鱼摔碎，婢女羞愧而退。后来吕宫官至宫保。这件事他却从来没有对外人讲过，偶然因督教儿子读书谈起，也不泄漏她的姓名。

【解说】

有人说，寡妇寂寞，受之亦可，也没有损害什么人的利益。这种想法大有问题。寡妇的贞节大如天。古哲说："饿死事小，失节事大。"保护贞节比生命还重要，否则为什么皇帝都要为寡妇建贞节牌坊呢？还有，她的故夫能忍辱地下吗？换位思考一下，别人若污辱你的妻子，你的心里会怎么想呢？所以，吕宫拒绝寡妇私奔，他的功德太大了。不仅流芳后世，其子孙也受福荫。若是接受，就损了阴德，以短暂的欢乐，换来无穷的痛苦。

34. 聂从志

宋黄靖国，为仪州判官①。一夕被摄至冥，冥官②曰："仪州有一美事，卿知之乎？"命吏取簿示之。乃医士聂从志，某年月日，在华亭某宅行医，其妻某氏奔之，从志力拒。上帝敕从志延寿二纪，子孙两世登科。靖国既还，述与从志。从志曰："此事并未尝与妻子言，不意已书阴籍。"其后从志果寿考，子孙皆登科。

【注释】

①判官：古代官名。唐代节度使、观察使、防御使均置判官，为地方长官的僚属，辅理政事。宋沿唐制，并于团练、宣抚、制置、转运、常平诸使亦设置判官。元代改为各州府设置判官。明清仅州置判官，无定员。

②冥官：冥界之官属。于地狱辅佐阎王，对六道有情所犯之罪业，给予适当之判决，与应得之责罚。

【译文】

宋朝黄靖国在仪州做判官。一夜，被摄至地府，冥官说："仪州有件美事，你知道吗？"说罢就取簿给黄看。原来是医生聂从志，某年某月某日在华亭某家行医，病人的妻子私奔他，聂从志竭力拒绝。上帝下令让聂从志增寿二十四年，子孙两世登科。黄靖国还阳后讲给聂从志听。聂从志说："此事连对我妻子都没有说过，不料已记载到阴册。"后来聂从志果然长寿，子孙两代都登科。

【解说】

阳间有善事，阴间就已经登记。那么阳间有恶事，阴间也同样登记。最大的善，最大的恶是什么呢？万恶淫为首，淫就是最大的恶，不淫也就是最大的善，其报应悬殊大了去了。聂从志拒奔女积阴德，又做了好事不说出去，为别人保面子。两种阴德相加，功德就无量了。自己增寿，子孙得福，又有什么值得怀疑呢？

此事《安士全书》亦有记载，其善报稍有区别，为寿增三纪，子孙三世登科。安士先生评价说："禁止邪淫，鬼神就称美事，那么与此相反就可推知了。"

35. 茅鹿门

明茅鹿门①，弱冠②游学余姚，寓邑庙③前钱家。有美婢，慕茅丰姿④。一夕，至书室呼猫。鹿门曰："汝何独自来呼猫？"婢笑曰："我非呼小猫，乃喜大茅耳。"鹿门正色⑤曰："父命我远出读书，若非礼犯汝，他日何以见父，又何颜见若主？"婢惭而退。后登嘉靖戊戌榜，官副使⑥，寿九十。

【注释】

①茅鹿门（1512~1601年）：茅坤，字顺甫，号鹿门，归安（今浙江省吴兴县）人。明末将领茅元仪的祖父，南京工部都水司主事茅国缙的父亲。明文学家、藏书家。嘉靖十七年（1538年）进士，历任广西兵备佥事、大名副使。性喜谈兵，熟悉军事。后卒于武康鸡笼山，享年九十岁。茅坤擅长古文，是"唐宋派"的代表作家之一。著有《吟稿》《茅鹿门集》《史记钞》《欧阳史钞》等书。其藏书甚丰，有"甲于海内"之称。

②弱冠：古时以男子二十岁为成人，初加冠，因体犹未壮，故称弱冠。

③邑庙：城隍庙。

④丰姿：风度仪态。

⑤正色：神色庄重，态度严肃。

⑥副使：指节度使或三司使等的副职。《明史·职官志四》："（按察司）副使、佥事，分道巡察。"

【译文】

明朝茅鹿门，少年时求学于余姚，住在城隍庙前的钱家。钱家有美婢，爱慕少年英俊。一夜，到茅鹿门书房来呼猫。鹿门说："你为何独自来呼猫？"婢女笑答："我不是呼小猫，更喜欢大猫（茅）啊！"鹿门改了脸色说："家父命我远出读书，若以非礼相犯，怎能回家见父母？又怎有脸面对你的主人？"婢女惭愧而退。后来嘉靖戊戌年考中进士，官至副使，寿至九十岁。

【解说】

一念不淫，则全部是善；一念若淫，则全部就是恶了。正如安士先生评价此事："念亲，仁也；尊师，义也；守节，礼也；不惑，智也。一不淫，而四善就全部具备了。"

36. 顾某

杭州北新关[①]吏顾某，奉差往江南，夜泊苏州河边。见一少妇投水，止而问之，则曰："某夫因欠粮系狱，命在旦夕，不忍见夫先死，故自尽耳。"顾解囊中五十金付之，妇谢而去。归舟又经其地，向坐酒肆[②]，适对门即前妇之家也。妇告其夫，邀归置酒款之。夫谓妇曰："活命之恩，贫无以报，汝其伴宿以酬之！"因留顾宿，夜半，妇就顾寝，顾毅然拒之，披衣逃归舟中。时杭城失火，延烧数十家，众见火光中有金甲神，手执红旗招展，围绕一宅，火至辄回。火止视之，乃顾某家也，咸以为阴德所致。

【注释】

① 北新关：在杭州，清代户部税关之一。初由杭州织造兼管，后改归巡抚。

② 酒肆：酒店。

【译文】

杭州北新关官吏顾某，奉命出差江南，夜里船泊苏州河边。见一少妇想投河自杀，他急忙拦阻，并问何故，少妇说："丈夫因欠粮被关在牢狱，命在旦夕，不忍见夫先死，所以想投河自尽。"顾某拿出五十两银子给她还债，少妇拜谢离去。顾某公差完毕又经过此地，所住酒店，对门恰巧是投水少妇的家。少妇见到顾某，立刻告诉丈夫，夫妻备了酒菜款待他。丈夫对妻子说："活命之恩，贫无以报，晚上你就陪宿报恩吧！"因此，夫妻俩挽留顾某在家过夜。半夜时，少妇进顾某寝室，想要陪宿，顾某断然拒绝，披上衣服逃回船中过夜。就在这一夜里，顾某的家乡杭州城失火，延烧数十家，众人见到烈火中，有一金甲神，手拿红旗招展，围绕着某一家的房子，火逼近时，立刻被金甲神拨回。火熄灭后，大家仔细一看，就是顾某家。大家都说是顾某积德带来的善报。

【解说】

这边拒绝少妇报恩，那边火灾就有善报，感应如此之速，有如《感应篇》说："祸福无门，惟人自召，善恶之报，如影随形。"

37. 罗伦

明罗文毅公伦①，赴会试②，舟次③苏州。夜梦范文正公④来访，曰："来年状元属子矣！"伦谦退不敢当。范公曰："子某年某楼之事，诚动太清，以此报子耳！"伦因忆昔年，曾拒奔女于此楼，梦当不妄。及殿试⑤，果第一。

【注释】

① 罗文毅公伦：罗伦（1431～1478 年），字应魁，改字彝正，号一峰，吉安府永丰县（今江西永丰）人，明代文学家、学者。"文毅"是谥号，"公"是尊称，"伦"是名字。成化二年（1466 年），进士第一，授翰林院修撰。后以疏劾大学士李贤"夺情"，谪福建市舶司副提举，李贤卒，召还。成化四年（1468 年），至京师，复修撰，寻改南京翰林院就职。成化六年（1470 年），称疾辞归。后隐于金牛山，钻研经学，教授著书，四方从学者甚众。罗伦之学独立刚毅，不作和同之语，恪守宋人途辙。尊往圣之成法，与陈献章结金石之交，其学与陈献章同中有异，其修养功夫主静存虚，著有《一峰文集》。嘉靖初年追赠左春坊谕德，谥"文毅"。

② 会试：明清科举制度，每三年会集各省举人于京城考试为"会试"。

③ 次：至，此处指经过。

④ 范文正公：范仲淹（989～1052 年），字希文。"文正"是谥号，"公"是尊称。祖籍邠州，后移居苏州吴县（今属江苏苏州）。北宋时期杰出的政治家、文学家。大中祥符八年（1015 年）进士，授广德军司理参军。后历任兴化县令、秘阁校理、陈州通判、苏州知州、权知开封府等职，因秉公直言而屡遭贬斥。宋夏战争爆发后，康定元年（1040 年），与韩琦共任陕西经略安抚招讨副使，采取"屯田久守"的方针，巩固西北边防。西北边事稍宁后，宋仁宗召范仲淹回朝，授枢密副使。后拜参知政事，上《答手诏条陈十事》，发起"庆历新政"，推行改革。不久后新政受挫，范仲淹自请出京，历知邠州、邓州、杭州、青州。皇祐四年（1052 年），改知颍州，在扶疾上任的途中逝世。宋仁宗亲书其碑额为"褒贤之碑"。后累赠太师、中书令兼尚书令、魏国公，谥号"文正"，世称"范文正公"。著有《范文正公文集》等传世。

⑤ 殿试：科举考试中最高一级。皇帝亲临殿廷策试。也称廷试。源于西汉时皇帝亲策贤良文学之士。始于唐代武则天天授二年于洛阳殿前亲策贡举人，但尚未成定制。明清殿试后分为三甲：一甲三名赐进士及第，通称状

元、榜眼、探花；二甲赐进士出身，第一名通称传胪；三甲赐同进士出身。

【译文】

明朝罗伦，谥"文毅"，去参加会试，船经过苏州。夜里梦见范文正公（范仲淹）来访，告诉他说："明年状元就属于你了！"罗伦谦虚地说不敢当。范公说："你某年在某楼所发生的事，感动太清，所以用此回报你啊！"罗伦回忆当年，曾经在此楼拒绝奔女，所梦应当没有假。后来罗参加殿试，果然考中第一名状元。

【解说】

曾经某楼拒奔女，会试又经过某楼，梦中得大名鼎鼎的范文正公的提示，是巧合，还是因果？人在做，天在看，诚然不假。自己不记得了，上天永远记得。罗伦得善报，哪能是巧合？

38. 莫文通

明云间①莫文通，素乐善，居郡城②二里泾，世为农家。一日持二十金，至乡买稻种，泊黄浦。有二人缚一少女，欲沉浦中。莫问之，对曰："此我主人女也，主人察其与人有私，故令投之急流耳。"莫曰："小女子何知？且非目击之事，或有不真者。幸为释之，请以二十金为酬。"女得脱，叩首莫前，愿执箕帚③。莫曰："我岂爱尔姿容④哉？特怜尔芳年死于暧昧⑤耳。今已昏黑，我舟小难容，汝登岸，亟望有灯火处投入可耳。"是夕归舍，梦神语曰："汝救人命，阴德深重，天报汝以贤子孙。"后子胜，以明经⑥始通仕籍⑦。孙昊，乡荐⑧第二。昊子愚，亦举人⑨。愚子如忠，亦乡荐第二，登嘉靖戊戌进士，仕至方伯。其女逃去，一文学⑩收之，生六子，一子即与愚同年。何三畏曾作《善人传》，以纪其事。

【注释】

① 云间：云间为松江的别称之一。唐乾符间陆广微撰《吴地记》，华亭县条下记："地名云间，水名谷水"。华亭县是上海地区最早设置的县。由华亭县而升为松江府，由松江府而析出上海县，上海由此而来。

② 郡城：郡治的城垣。

③ 执箕帚：谓持簸箕扫帚从事洒扫。多指做妻妾。

④ 姿容：外貌，仪容。

⑤ 暧昧：含糊，模糊，此处指不明不白。

⑥ 明经：明清对贡生的尊称。挑选府、州、县生员（秀才）中成绩或资格优异者，升入京师的国子监读书，称为贡生。意谓以人才贡献给皇帝。明代有岁贡、选贡、恩贡和纳贡；清代有恩贡、拔贡、副贡、岁贡、优贡和例贡。清代贡生，别称"明经"。

⑦ 仕籍：旧指记载官吏名籍的簿册。

⑧ 乡荐：唐宋应试进士，由州县荐举，称"乡荐"。后世称乡试中式为领乡荐。

⑨ 举人：明清两代称乡试录取者。

⑩ 文学：儒生。亦泛指有学问的人。

【译文】

明朝云间人莫文通，平素乐善好施的人，家居郡城二里泾，世代务农。有一天，带了二十两银子出去买稻种，船停在黄浦江边。看见两个人捆绑一个少女，要把她沉入江中。莫上前询问，二人回答："这是我家主人的女儿，主人发现她与人私通，因此派我们把她投进江里。"莫说："小女子知道什么？况且又不是你家主人亲眼看见的事，万一不是真的呢？还是放了她，我给你们二十两银子作为酬谢。"少女得救后，跪在莫的面前，愿意侍奉莫一辈子。莫说："我救你并非爱你的姿容，而是可怜你芳年就死得不明不白。现天色已晚，我的船小住不下，你上岸后赶快找有灯火的地方投宿。"莫于当晚回家，梦见神人对他说："你救了人命，阴德厚重，上天赐你贤孝子孙。"后来莫的儿子莫胜，从贡生开始走上了仕途。孙子莫昊，乡荐第二。莫昊的儿子莫愚也中了举人。莫愚的儿子莫如忠也是乡荐第二，中了嘉靖戊戌年进士，官至方伯。而那少女逃去后，一个读书人收留了她，生了六个儿子，其中一子与莫愚同年考中。何三畏曾作《善人传》记其事。

【解说】

买种子的带二十两银子没有买种子，救下了一个素不相识就要投入水中的少女。一般人也许就认为莫文通大概是看上了这个年轻美貌的小女子。没想到，莫救下她以后，小女子倒是想要死心塌地服侍莫一辈子，可莫却说"我不是看上了姑娘你的姿容，而是怕你死得不明不白啊！"然后也不收留她到船上，怕引起嫌疑，直接让她自己去找出路。

当救一个人不图任何回报，救一个小女子又不贪图她的姿色，那么上天给他的回报也一定很丰厚。莫文通不仅自己得福报，儿子得福报，孙子得福报，一直到孙子的孙子还得福报，真是子子孙孙没有穷尽啊！

39. 柳生

杭学庠生①柳某，因探亲遇雨，投宿荒园。内先有一少妇躲雨，生竟夕无异志②，端坐檐外，至晓而去。其妇乃庠生王某妻也，妇感生德，以语其夫，夫反疑而出③之。后生乡试，其文已置废卷，顷忽仍在桌上。考官惊异，细阅其文，了无佳意，复废之。后将荐卷④呈堂，而生卷复在内，因想此生必有阴德，遂一并呈荐，竟中七十一名。而王生适与同房⑤，晋谒⑥时，王生在。座师⑦言及生中之由，且诘⑧其故。生念别无他事，因举避雨事对。王生感叹，归迎其妻完聚，且以其妹，为柳续弦⑨。

【注释】

① 庠生：科举时代称府、州、县学的生员。

② 异志：二心，此处指起邪念。

③ 出：出妻，指休了他的妻子。

④ 荐卷：科举考试中被选荐的试卷。

⑤ 房：指明清乡、会试分房阅卷处所，亦指分房阅卷的同考官。

⑥ 晋谒：进见。

⑦ 座师：明、清两代举人、进士对主考官的尊称。

⑧ 诘：追问，询问。

⑨ 续弦：古以琴瑟喻夫妇，因谓丧妻曰断弦，再娶曰续弦。

【译文】

　　杭州府儒生柳某，探亲途中遇雨，到荒园投宿。发现有一少妇已先在园内避雨，柳某竟然一夜没有邪念，端坐在屋檐外，到天明离去。少妇是儒生王某的妻子。少妇被柳生之德感动，将避雨的事告诉了丈夫，丈夫反疑妻子不忠，把妻子休回了娘家。过后柳某参加乡试，考官判卷时，已把柳的卷子废弃，忽然发现柳的卷子又到了桌上。考官感到惊异，再仔细看了一遍，仍无可取之处，再次放入废卷中。后将选荐的试卷上交，发现柳卷又在其中，因此就觉得此生必有阴德，就一同送上去了，竟然中了第七十一名。王某与柳某恰巧同一个考官。柳某拜见考官时，王某也在。考官谈到柳生考中的原因，追问其中有什么故事（做阴德的事情）。柳生回忆，说别无他事，就把避雨之事说出来。王生很感叹（明白自己冤枉了妻子），回家迎妻归来团聚，并且把自己的妹妹嫁给柳某做继室。

【解说】

　　夜深人静，孤男寡女共处一室，柳生不起任何邪念，非正人君子所能做到，与坐怀不乱可有一比。以柳生当时的情况，并非天寒地冻，无须坐怀，所以端坐屋檐下，与坐怀不乱境况相同。其结果是，本来不能考取，其试卷考官却废弃不了，上天直接录取他了。所以，一个人的水平是一个方面，如果不积阴德，或者做了有损阴德的事情，就是有水平也不一定能考上。所谓慎独，柳生不就做到了吗？冥冥之中，神明就一定要给他善报，即使妻子死了，还能让王生把妹妹嫁给他。想占有别人的人，他何能真正占有？不想占有别人的人，他反而能有美满姻缘。

40. 顾佐

　　明太仓州吏顾佐，知卖饼江氏之冤，为诉之官，得释。江携其女至佐家，曰："无以为报，愿以此女为妾。"佐固却之。其后佐吏满，办事侍郎[①]衙门，一日，至私寓[②]候之。其夫人见之曰："君非太仓顾提控[③]乎？识我否？"佐愕然。夫人曰："我乃卖饼女也。卖之商，商以女畜之，嫁充相公[④]副室[⑤]，寻继正室。每恨无由[⑥]报德，当为相公言之。"侍郎疏上其事，孝宗嘉叹，擢为吏部主事[⑦]。

【注释】

　　① 侍郎：古代官名。属汉代郎官的一种，本为宫廷的近侍。东汉以后，尚书的属官，初任称郎中，满一年称尚书郎，三年称侍郎。自唐以后，中书、门下二省及尚书省所属各部均以侍郎为长官之副，官位渐高。相当于现在的部长、副部长级别。此处侍郎，根据《安士全书》同一例证，为韩侍郎。

　　② 私寓：私人的住所，指韩侍郎家里。

　　③ 提控：官名。

　　④ 相公：旧时妇女对丈夫的敬称。

⑤副室：偏房，妾。

⑥无由：没有办法。

⑦吏部主事：官名。北魏时置尚书主事令史，为令史的首脑，是"主事"一名之始。明清时中央设六部，部下设司，司的主管官为郎中，其副职为员外郎，再下一级即为主事。清代除六部外，内务府、理藩院亦设主事。

【译文】

明朝太仓官吏顾佐，知道以卖饼为生的江氏被冤枉，就为他向官府申诉，使江氏得以释放。江氏携其女至顾家，说："无以为报，愿让我的女儿做你的小妾。"顾佐坚拒不受。后来顾佐任期满，到侍郎门下办事。一天，顾有事到侍郎家等候侍郎，侍郎夫人见到顾说："您不是太仓顾提控吗？还认识我吗？"顾佐愕然。夫人说："我就是江卖饼的女儿，后来卖给商人，商人将我视为女儿，嫁给相公做偏房，马上又继正房位。常常遗憾无由报答您的恩德，现在我当告诉相公。"侍郎将顾佐之事上奏皇帝，明孝宗听了非常赞叹，提拔顾佐做吏部主事。

【解说】

此例证《安士全书》记载更为详细，可以互为补充，特录如下：

太仓吏顾某，因经常迎送官府人员，与城外江卖饼家相识。后来江被诬陷为盗而入狱，顾为他申冤。江很感动，把自己的十七岁女儿送给他，愿替他洒扫庭院。顾不收纳，备礼送归。如此三次反复。后来江越来越贫困，把女儿卖给一个商人。又数年，顾考满赴京，在韩侍郎门下办事。有一天侍郎出去，顾偶然坐在他家门口，听到说夫人到，马上跪在庭中，不敢仰视。夫人说："请起，您不是太仓顾提控吗？我是江氏女儿，承蒙某商人收为干女儿，嫁给相公作侧室，马上又继正房位。今日富贵，都是您所赐，只恨无缘报恩，幸得相逢，当为您在相公面前说几句话。"侍郎回来，江氏女向他陈述原委，侍郎说："真是仁人啊！"把他的事迹报告皇上，孝宗称赞感叹，命查什么部门缺官，被拜为刑部主事（此处有出入）。

顾提控伸张正义，为江卖饼申冤，从一开始，就不想求任何回报。然而，江卖饼也不是有钱之人，就把女儿作为回报送给他。其女儿既然能够嫁给侍郎作夫人，那么肯定不缺美貌，顾提控却不贪女色，三次拒绝江氏。其盛德值得我们学习。

安士先生评价："恩不受报，顾提控之仁；报必偿恩，江夫人之义；荐贤为国，韩侍郎之忠；用人以贤，圣天子之明。"

41. 徐立斋

清顺治己亥，昆山徐殿元立斋①，得第之初，有人祷于城隍庙，因止宿②焉，中夜③见神赫奕④升座，唤其人谓曰："汝知徐氏中元⑤之故乎？徐氏累代⑥不淫，久有积行⑦，上格天心⑧。今日鼎甲⑨之发，特其肇端⑩耳。功名虽秘，果报昭昭，语汝悉知。世之昧然⑪于万恶之首者，可以悟矣！"言毕，即呵道⑫去。其人谨志而广传之。后健庵⑬庚戌科，彦和⑭癸丑科，同胞三鼎甲，子孙联翩⑮继起。

【注释】

①徐殿元立斋："殿元"即状元，殿试第一名。徐立斋，即徐元文（1634~1691年），字公肃，号立斋，江苏昆山人。明末清初大儒顾炎武外甥，探花徐乾学、徐秉义之弟，当时号称"昆山三徐"，同胞三鼎甲。顺治十六年（1659年），状元及第，授翰林院修撰。康熙八年（1669年），任陕西乡试正考官。康熙九年（1670年），升国子监祭酒。康熙十年（1671年），值经筵讲官。翌年，任内阁学士兼礼部侍郎，重修《太宗文皇帝实录》副总裁。康熙十四年（1675年），任翰林院掌院学士、日讲起居注官，讲授经筵。康熙十八年（1679年），开明史馆，任为监修总裁官。次年，升任都察院左都御史。时正值三藩之乱，清军南下云南，叛军投降的人很多，

徐元文建议对于被胁迫的人，应宽赦，允许他们有改过自新的机会，除去三藩时期的各项弊政。曾奉命监修的《明史》，又曾担任纂修《一统志》的副总裁官。康熙二十八年（1689 年），授文华殿大学士，兼任翰林院掌院学士，担任《平定三逆方略》《政治典训》《一统志》等书籍的总裁官。同年，中俄《尼布楚条约》签订，立碑划界，徐元文撰写了《与俄罗斯国议定疆界之碑文》。康熙二十九年（1690 年），任三朝国史总裁官。两江总督傅拉塔弹劾徐元文和兄长徐乾学，遂被解职返回原籍，次年，病逝。徐元文擅长书法、学术，常自己动手勘校书籍。著有《含经堂集》《得树园诗集》等。

②止宿：住宿。

③中夜：半夜。

④赫奕：光辉炫耀的样子。

⑤中元：高中。

⑥累代：历代，接连几代。

⑦积行：累积善行。

⑧上格天心：感动上天。格：感通，感动。如《尚书·说命下》："佑我烈祖，格于皇天。"

⑨鼎甲：科举制度中状元、榜眼、探花之总称。以鼎有三足，一甲共三名，故称。

⑩肇端：发端，开端。

⑪昧然：昏茫无知貌。

⑫呵道：指封建时代官员外出时，引路差役喝令行人让路。亦泛指为权势者开路。

⑬健庵：徐立斋的哥哥。徐乾学（1631~1694 年），字原一、幼慧，号健庵、玉峰先生，清代大臣、学者、藏书家。与弟徐元文、徐秉义皆官贵文名，人称"昆山三徐"。康熙九年（1670 年）庚戌一甲进士第三名（探花），授编修。康熙十一年（1672 年），任顺天乡试副主考官，因选人不当，降级调用。后升左赞善，充日讲起居注官。母丧归家，著《读礼通考》120 卷，丧满任《明史》总裁官，升侍讲学士。康熙二十四年（1685 年）廷

试第一，入南书房，教习皇子，升内阁学士，任《清会典》《大清一统志》副总裁，教习庶吉士。康熙二十六年（1687年），升左都御史、刑部尚书。著有《读礼通考》《通志堂经解》《传是楼书目》《澹园集》等。家有藏书楼"传是楼"，乃中国藏书史上著名的藏书楼，藏书甚富，辑有《传是楼书目》。

⑭彦和：徐立斋的哥哥。徐秉义（1633~1711年），原名与仪，字彦和，号果亭，康熙十二年（1673年）探花，授翰林院编修。康熙十四年（1675年），典试浙江，多拔名士。康熙二十一年（1682年），擢右中允，任《一统志》总裁。次年，升侍讲，任左庶子。谦退引病归，其兄弟卒后复被召。康熙三十六年（1697年），擢少詹事、日讲起居注官。康熙三十八年（1699年），升詹事，进礼部侍郎管詹事府。康熙三十九年（1700年），授吏部右侍郎，充《明史》总裁，朝考御试赋第一，充武举正考官。康熙四十年（1701年），充经筵讲官、《律例》馆总裁。康熙四十一年（1702年），以谳案拟罪失当解任，留翰林馆，补詹事。康熙四十二年（1703年），迁内阁学士兼礼部侍郎衔。次年，归休遂园。徐秉义与兄乾学、弟元文倡为古学，文行兼优称正人君子。其编有《培林堂书目》，辑有《诗经识余》，著有《经学志余》《宋儒学案续》《经进集》《明末忠烈纪实》《易经识解》《耘圃培林堂代言集》《培林堂集》等。

⑮联翩：接连不断。

【译文】

清朝顺治己亥年，昆山徐立斋刚中状元不久，有人到城隍庙烧香，宿于庙中，半夜看见城隍威严升座，把他叫到面前说："你知道徐氏高中的原因吗？徐氏家族历代不淫，久积阴德，感动上天。今日状元及第，只是他家的开端。功名虽然秘密难以预知，可因果昭昭，让你知道。世上那些对于万恶之首（淫）昏茫无知的人，可以醒悟了！"说完，鸣锣开道走了。那人记下城隍的话，广为传播。后来哥哥健庵中了庚戌年的探花，哥哥彦和中了癸丑年的探花。同胞三鼎甲，他们的子孙都接连不断地登科。

【解说】

常言道，天机不可泄露。意思是，世事皆由上天安排，事先不能泄漏，否则容易后患无穷。也指涉及机密的事，不到时候不能预先透露。这是通常的情况。然而，上天总是想要人人为善的，像万恶淫为首这个事，上天处罚就非常严重，为了让更多的人不藐视这个事，那么上天就有可能在适当的时候，把天机提前泄漏给世人，以起到教育与警戒的作用。

昆山徐立斋同胞三鼎甲的事情，轰动一时，当还只有徐立斋考中状元的时候，就有城隍报梦的事情发生了，这是教育世人的机会来了。因为徐氏家族历代不淫，久积阴德，感动上天，这个因果肯定是变不了，接着就会出现一门三鼎甲了。后来果然如此，这就告诉人们：不淫的功德太大了，世人在这个事情上千万要小心！

42. 陆左墄

明钱塘陆左墄[①]，立身孝友[②]，博物洽闻[③]，善行不可枚举。而其隐德，尤人所难。尝寓一友别业[④]，夜有美妇匿就之，墄峻拒[⑤]不纳，妇惭悔而退。次日托故避去。人莫知之也。虽雾豹[⑥]未彰，而子若孙，皆以孝廉[⑦]明经[⑧]，著声乡国[⑨]。曾孙宗楷，乡科[⑩]发解[⑪]，联捷[⑫]南宫[⑬]。芝兰奕奕[⑭]，科第之荣，正未有艾[⑮]。石门吴青坛侍御[⑯]，墄门下士[⑰]也，曾闻其事而述之，现载《感应篇图说》。金坛王畏为之记。

【注释】

① 墄（cè）：台阶。

② 孝友：事父母孝顺、对兄弟友爱。

③ 博物洽闻：见多识广，知识渊博。

④ 别业：别墅。

⑤ 峻拒：严加拒绝。

⑥ 雾豹：汉刘向《列女传·陶答子妻》载，答子治陶三年，名誉不兴，家富三倍。其妻谏曰，能薄而官大，是谓婴害，无功而家昌，是谓积殃。南山有玄豹，雾雨七日而不下食者，欲以泽其毛而成文章也，故藏而远害。后因以"雾豹"指隐居伏处，退藏避害的人。

⑦ 孝廉：孝，指孝悌者；廉，清廉之士。分别为统治阶级选拔人才的科目，始于汉代，在东汉尤为求仕者必由之途，后往往合为一科。亦指被推选的士人。明清两代是对举人的称呼。

⑧ 明经：明清对贡生的尊称。挑选府、州、县生员（秀才）中成绩或资格优异者，升入京师的国子监读书，称为贡生。意谓以人才贡献给皇帝。明代有岁贡、选贡、恩贡和纳贡；清代有恩贡、拔贡、副贡、岁贡、优贡和例贡。清代贡生，别称"明经"。

⑨ 乡国：家乡。

⑩ 乡科：乡试。

⑪ 发解：明清时乡试举人第一名称为解元，考中举人第一名为"发解"。

⑫ 联捷：科举考试中两科或三科接连及第。

⑬ 南宫：指礼部会试，即进士考试。

⑭ 芝兰奕奕：优秀子弟层出不穷。芝兰：芷和兰，皆香草，喻优秀子弟。奕奕：盛貌，众多貌。

⑮ 正未有艾：方兴未艾。正在兴起而未到止境。艾，停止。

⑯ 侍御：唐代称殿中侍御史、监察御史为侍御。后世因沿袭此称。

⑰ 城门下士：陆左城门下学生。士：读书人。

【译文】

明朝钱塘人陆左城，以孝友立身，见多识广，知识渊博，善行不可枚举。尤其是他所积阴德，常人难以做到。曾经住在朋友的一处别墅，夜里有一美妇藏在寓所，想要亲近，被他严词拒绝，美妇惭悔而退。到了第二天，陆左城借故离开了此寓所。而此事，始终不被人知。陆左城虽怀才隐居，不为世人所知，但他的儿子与孙子，都以考取举人、贡生，闻名家乡。曾孙宗楷，在乡试中，考中解元，在会试中，捷报频传。后辈优秀子弟层出不穷，方兴未艾。石门的吴青坛侍御是陆左城门下学生，听到这些事就将它记录下来，现载《感应篇图说》。金坛王羿为之记。

【解说】

前面的美女都是明着来私奔，陆左城遇到的美妇却是暗藏来奔。夜深人静，大家看不到地方，极其容易干柴遇上烈火，一点就着。所以说常人难以做到。所以其报应也是长远。虽然陆左城自己怀才隐居，不为世人所知，但他的子孙兴旺发达。一个人自己不行，他可能无所谓，但要是危及了他的子孙，没有一个是愿意的。所以当有艳遇的时候，忍了一时，却以这短暂的一时换取了子孙后代的发达。如果不忍这一时，虽然有短暂的快乐，可这短暂的快乐，不仅毁了自己，也毁了自己的子孙后代。如此一比较，一腔欲火还怎么能烧得起来呢？

293

43. 冒起宗

明冒起宗①，自幼虔诵《感应篇》。戊午入闱②，昏迷如梦，觉神助成篇，得领乡荐③。会试下第归，发愿将《感应篇》增注。因念好色损德尤甚，故于"见他色美④"一条，备列报应。而佐之写者，南昌罗宪岳也。辛酉，罗君即入泮⑤。迄戊辰新正⑥，罗梦仙流⑦三人，一老翁苍颜⑧黄服，二少年披紫衣，左右侍。老翁出一册，左顾曰："尔读之。"左立者朗诵良久。罗窃听之，则冒君所注"见他色美"二句全注也。读毕，老翁曰："该中！"旋顾右立者曰："尔咏一诗。"即咏曰：“贪将折桂广寒宫，须信三千色是空。看破世间迷眼相，榜花一到满城红。”罗醒，作书详述梦中事，寄起宗子，曰：“尊公应捷南宫⑨矣，但‘榜花’二字难解。”比榜发，冒果高捷。后冒于陈宗九斋头⑩，见类书⑪中有“榜花”二字注云：“唐礼部放榜，姓僻者号榜花。”而冒姓实应之。

【注释】

① 冒起宗（1590~1654年）：字宗起，号嵩少，如皋（今属江苏）人。明万历四十六年（1618年）举人，崇祯元年（1628年）进士。官至山东按察司副使，督理七省漕储道。效法包拯，言出法随，天性耿介，刚直廉洁，居官数十年，行贿请托无人敢入，官端州时不取一砚，人讥“笨伯”。入清不复仕，与长子冒襄并以气节文章名满天下。

② 入闱：指科举考试时考生或监考人员等进入考场。

③ 乡荐：唐宋应试进士，由州县荐举，称“乡荐”。后世称乡试中式为领乡荐。

④ 见他色美：即《太上感应篇》：“见他色美，起心私之。”

⑤ 入泮：古代学宫前有泮水，故称学校为泮宫。科举时代学童入学为生员称为“入泮”。

⑥ 新正：农历新年正月。

⑦ 仙流：指神仙之属。

⑧ 苍颜：苍老的容颜。

⑨ 南宫：指礼部会试，即进士考试。

⑩ 斋头：书斋，书房。

⑪ 类书：辑录各门类或某一门类的数据，并依内容或字、韵分门别类编排供寻检、征引的工具书。以门类分的类书有二：兼收各类的，如《艺文类聚》《太平御览》《玉海》《渊鉴类函》等；专收一类的，如《小名录》《职官分记》等。以字分的类书，亦有二：齐句尾之字，《韵海镜源》《佩

文韵府》等；齐句首之字，如《骈字类编》。清代阮葵生《茶余客话·文章分类》："《唐志》：类事之书，始于《皇览》。《通考》：类事之书，始于梁元帝《同姓名录》。晁氏亦云：齐梁喜征事，类书当起于此时。"

【译文】

明朝冒起宗，从小就诚心诚意地诵读《太上感应篇》。戊午年进了考场参加乡试，感觉昏昏沉沉就像做梦一样，觉得有神人帮助作文，得领乡荐名额。后来会试没有考中。回家后，发愿为《太上感应篇》增注解。因想到好色贪淫特别损阴德，所以在"见他色美"一条，列举了很多报应事例。当时协助抄写的是南昌罗宪岳。辛酉年，罗考入县学生。戊辰年正月，罗梦见三位神仙，当中是白发黄衣老翁，左右各站一位紫衣少年。老翁拿出一本册子，对左边少年说："你读一下。"左边少年朗诵了很久。罗偷偷一听，所读全是冒起宗"见他色美，起心私之"二句的全部注解。读毕，老翁说："该中！"随后对右边少年说："你咏一首诗。"少年咏道："贪将折桂广寒宫，须信三千色是空。看破世间迷眼相，榜花一到满城红。"罗醒后详细记下梦中事，寄给冒起宗的儿子，对他说："你父亲在会考要考中了，但'榜花'二字不知指什么？"等到发榜时，冒果然考中。后来冒在陈宗九的书房，发现《类书》中有"榜花"二字的注解："唐朝科举，礼部发榜时，姓氏生僻的称榜花。"冒姓就属于这种生僻之姓（故诗中暗示为"榜花"）。

【解说】

文昌帝君说："植来黄甲，只在心田；衣尔紫袍，总由阴骘。"那么就戒淫来说，最大的阴骘是什么呢？那就是发挥圣贤之说，把戒淫的道理讲给大众听。因为自己一人能戒淫，得到的好处只有自己一身。而把道理讲给大众听，那么受益的就是更多的人。用钱布施，可以救人一时之困；用法布施，可以救人脱离永久之苦。而法布施，则写书发挥圣贤之说的功德又最大。所以说："一时劝人以口，百世劝人以书。"

如皋人冒嵩少，从小就读《太上感应篇》，在科举考试时就有了感应，做梦一样写完了文章，竟然得了"乡荐"。但参加会试时就落榜了，他知道自己的阴德还有限，必须精进才有希望。于是就想到只有发挥圣贤之说，为《太上感应篇》做注解才有大功德。在《太上感应篇》中，他写到"见他色美"这一句，特别留心，深刻阐发。当时帮助他写作的，是塾师罗宪岳。罗老师只是帮他写，也得了感应，考入县学生。又通过他的梦，把冒的善报提前预告。

有诗为证："贪将折桂广寒宫，须信三千色是空。看破世间迷眼相，榜花一到满城红。""贪"什么呢？就是好色贪淫，那么就会折桂，因为考取的人都在"桂籍"，"广寒宫"是月中的仙宫，是藏"桂籍"的地方，如果好色贪淫，那么名字就进不了"桂籍"。所以，读书人啊，要看破三千大千世界一切外相的本质是空的，觉悟"色即是空"的真谛。因为不相信"色空"，所以就会"贪将折桂广寒宫"。看破世间一切迷惑你眼前的美人的真相，并非真的是花容月貌，而是髑髅上带肉，只是一个臭皮囊，从此戒色远淫，那么你就会金榜题名。看看吧，那"榜花"就是你。这是一语双关。既是指冒起宗本人（根据注解），二是指冒起宗考试的成绩好，因为"榜花"一到满城红。这一切成绩的取得，都来源于他发挥注解"见他色美，起心私之"二句的功德。

《太上感应篇》的主旨就是说明因果报应的道理。人生在世，善有善报，恶有恶报。如果为恶仍旧富贵，是因为恶报还没有到时间，不要为所欲为，必须猛醒，赶快回头。为善仍旧贫贱，是因为善报还没有到时间，不要灰心丧气，必须精进，义无反顾。

寿康宝鉴（下）

[民国] 释印光　编订

曾琦云　注解

白话解

线装书局

图书在版编目（CIP）数据

《寿康宝鉴》白话解 / 释印光编订；曾琦云注解 .
-- 北京：线装书局，2024.9
　　ISBN 978-7-5120-6154-5

　　Ⅰ . ①寿… Ⅱ . ①释… ②曾… Ⅲ . ①品德教育—中
国—通俗读物 Ⅳ . ① D648-49

中国国家版本馆 CIP 数据核字 (2024) 第 111474 号

《寿康宝鉴》白话解
SHOUKANGBAOJIAN BAIHUAJIE

编　　订：[民国] 释印光
注　　解：曾琦云
责任编辑：于建平
出版发行：线装书局
　　　　　地　　址：北京市丰台区方庄日月天地大厦 B 座 17 层 (100078)
　　　　　电　　话：010-58077126（发行部）010-58076938（总编室）
　　　　　网　　址：www.zgxzsj.com
经　　销：新华书店
印　　制：三河市南阳印刷有限公司
开　　本：710mm×1000mm　1/16
印　　张：33.25
字　　数：473 千字
版　　次：2024 年 9 月第 1 版第 1 次印刷

线装书局官方微信

定　　价：96.00 元（全 2 册）

目　录

（下）

第十五章　祸淫案 ……………………………………… 297

1. 李登 …………………………………………………… 299

2. 徐生 …………………………………………………… 302

3. 张明三 ………………………………………………… 303

4. 刘尧举 ………………………………………………… 304

5. 钱外郎 ………………………………………………… 305

6. 陆仲锡 ………………………………………………… 307

7. 朱维高 ………………………………………………… 309

8. 张宝 …………………………………………………… 310

9. 汪生 …………………………………………………… 312

10. 王生堂兄 …………………………………………… 313

11. 钱某 ………………………………………………… 315

12. 某考生 ……………………………………………… 317

13. 木商 ………………………………………………… 318

14. 支生 ………………………………………………… 320

15. 某生 ………………………………………………… 322

16. 严武 ………………………………………………… 323

17. 刘公差 ……………………………………………… 324

18. 杨某 ………………………………………………… 326

19. 符秀才 ……………………………………………… 327

20. 吕某 ·· 329

21. 某考生 ······································ 330

22. 荆溪富友 ·································· 332

23. 杨枢 ·· 333

24. 张安国 ······································ 335

25. 江实 ·· 336

26. 许兆馨 ······································ 337

27. 铅山某人 ·································· 338

28. 郭亨 ·· 339

29. 王勤政 ······································ 341

30. 孪生兄弟 ·································· 342

31. 维扬某生 ·································· 344

32. 施耐庵 ······································ 345

33. 郑生 ·· 346

34. 江南书生 ·································· 348

35. 秦生 ·· 349

36. 孙岩 ·· 352

37. 蓝润玉 ······································ 353

38. 某公子 ······································ 355

39. 某师生 ······································ 356

第十六章　悔过案 ···························· 359

1. 洪燾 ·· 361

2. 某书生 ·· 363

3. 项希宪 ·· 365

4. 贾仁 ·· 366

5. 钟朗 ·· 367

6. 张某 …………………………………………………… 369

7. 田某 …………………………………………………… 370

8. 曹稺韬 ………………………………………………… 371

9. 张宁 …………………………………………………… 373

10. 崔书绅 ……………………………………………… 374

11. 赵岩士 ……………………………………………… 375

12. 某书生 ……………………………………………… 376

13. 张玮 ………………………………………………… 378

14. 黄山谷 ……………………………………………… 379

15. 钱大经 ……………………………………………… 381

第十七章　同善养生 …………………………………… 383

1. 谢汉云 ……………………………………………… 385

2. 徐信善 ……………………………………………… 386

3. 王行庵 ……………………………………………… 387

4. 某书生 ……………………………………………… 389

5. 席匡 ………………………………………………… 391

6. 杨廉夫 ……………………………………………… 392

7. 邝子元 ……………………………………………… 395

8. 包宏斋 ……………………………………………… 398

9. 李觉 ………………………………………………… 400

10. 张翠 ………………………………………………… 401

第十八章　发誓持戒 …………………………………… 403

1. 序文 ………………………………………………… 405

2. 誓愿文式 …………………………………………… 412

第十九章　保身立命戒期及天地人忌 ···················· 417

　　1. 序文 ·· 419

　　2. 戒期 ·· 420

　　3. 天地人忌 ·· 432

第二十章　保身广嗣要义 ···························· 435

第二十一章　辟自由结婚文 ························ 449

　　1. 印光大师序 ·· 451

　　2. 辟自由结婚邪说 ·································· 453

第二十二章　《不可录》纪验 ···················· 465

　　1.《不可录》纪验 ·································· 467

　　2. 附：惜字近证 ·································· 472

第二十三章　劝毁淫书说 ·························· 475

　　1. 概论 ·· 477

　　2. 收藏小说四害 ·································· 479

　　3. 焚毁淫书十法 ·································· 481

　　4. 格言 ·· 491

　　5. 诗歌 ·· 494

　　6. 例证 ·· 501

印光大师回向颂 ································· 506

第十五章　祸淫案

1. 李登

李登，年十八为解元①，后五十不第。诣②叶靖法师问故，师以叩文昌帝君。帝君命吏持籍示曰："李登生时，上帝赐玉印，十八发解③，十九作状元，五十二位右相。缘得举后，私窥邻女，事虽不谐④，而系其父于狱，以此迟十年，降二甲。继又侵其兄屋基，至形于讼，又迟十年，降三甲。后又于长安邸⑤中，淫一良家妇，又迟十年。今又盗⑥邻女，为恶不悛⑦，禄籍⑧削尽，死期将至矣。"师归以告，登遂愧恨而死。

［批］李登所谓"梏之反覆⑨"者也。使其早生悔恨，修德赎愆⑩，则状元、宰相，可以完璧归赵⑪。即不然，一之为甚，后业不作，则科甲显荣，犹可得半而居。乃举天地之所栽培，祖宗之所积累，而为一人戕削殆尽，辜负无穷矣！且邪淫之业，视科甲⑫万不及一，乃以终身富贵，仅易片刻欢娱，不亦愚甚？噫！状元而为宰相，数百年中仅见一二，而因此一孽，荡然无遗。况他人星命⑬，万分不及李登，而造孽同之，吾恐司禄⑭神，未必仅降甲以示罚，而犹展期⑮以待其改也。危乎危乎！今之才高学广，而竟穷困不遇以老者，宜自返平生，曾有此种罪孽否？

【注释】

① 解元：科举时，乡试第一名称"解元"。

② 诣：晋谒，造访。

③ 发解：明清时乡试举人第一名称为解元，考中举人第一名为"发解"。

④ 不谐：不成。

⑤ 邸：旅店。

⑥ 盗：私通。

⑦悛（quān）：悔改，停止。

⑧禄籍：旧时谓天上或冥府记录人福、禄、寿的簿册。

⑨梏之反覆：《孟子》："虽存乎人者，岂无仁义之心哉？其所以放其良心者，亦犹斧斤之于木也，旦旦而伐之，可以为美乎？其日夜之所息，平旦之气，其好恶与人相近也者几希。则其旦昼之所为，有梏亡之矣。梏之反覆，则其夜气不足以存；夜气不足以存，则其违禽兽不远矣。人见其禽兽也，而以为未尝有才焉者，是岂人之情也哉？故苟得其养，无物不长；苟失其养，无物不消。孔子曰：'操则存，舍则亡；出入无时，莫知其乡。'惟心之谓与？"孟子以牛山的本来面目来比喻人的良知，牛山树木本来长得很美的，可那些美好都被人用斧子砍去了，被放牧牛羊吃完了。人也是这样。那些不仁的人本来也有良知，他们就好像树木一样，晚上没有被斧头砍时，他的良知又萌发一点，到了早晨，他就有了"平旦之气"，他们的爱憎也与一般人相近，相差甚微。可到了第二天白天，则"梏亡"了，意思是因受利欲搅扰而丧失本性。虽然到了晚上，又能萌发一点，可白天不断丧失，那么"夜气"不足以保存下来。因为"夜气"不足以保存下来，这些人就与禽兽差不多了。人们看见他们像禽兽一样，就以为他不曾有过善良的本质。实际上并非如此。所以，苟得其养，无物不长；苟失其养，无物不消。孔子曰："操则存，舍则亡；出入无时，莫知其乡。"说的不是"心"吗？

⑩赎愆：赎过。

⑪完璧归赵：比喻将原物完好无损地归还原主。

⑫科甲：科举。

⑬星命：指人命八字。术数家认为人的祸福寿夭，与天星的位置、运行有关，因据人的生年时辰，配以天干地支，来推算命运，附会人事，称为"星命"。

⑭司禄：神名，掌司人间禄籍。

⑮展期：宽延日期。

【译文】

李登十八岁时考中解元，后来至五十岁了还不及第。拜访叶靖法师问原因，法师祈祷文昌帝君。帝君命官吏拿籍簿出示说："李登初生之时，玉帝赐玉印，十八岁发解，十九岁做状元，五十二岁时出任右丞相。因为他中举后，私下调戏邻家少女，事虽不成，他反而将邻女之父告下狱，因此功名推迟十年，并降为二甲。后来又因侵占他哥哥的屋基打官司，因此功名又推迟十年，降为三甲。后来又在长安旅店中，奸淫一良家妇女，又推迟十年。而今又私通邻家女子，为恶不知悔改，官禄全被削去，死期快到了。"法师将上述情况告诉李登，李登就愧悔而死。

[批]李登正是孟子所说"梏之反覆"的人。假使他早生悔恨心，修德赎罪，那么状元宰相还是可以物归原主。退一步讲，犯了一次罪，后面不再作恶，那么功名富贵还可以得到一半。把天地的栽培、祖宗的积德，被他一人砍削殆尽，辜负天地祖宗太多了啊！况且邪淫之乐，较之科举的富贵，万分不及其一，而以终身富贵，仅仅换来片刻欢娱，不也是太愚蠢了吗？啊呀！由状元而官至宰相，数百年间，仅见有一二人，而因为有邪淫这一罪孽，荣华富贵荡然无存。何况那些人命八字远远不及李登的，如果所造的孽又与李登相同的话，我恐怕司禄神，未必只是用"降甲"来示罚，以推迟功名来等待悔改。危险，危险啊！如今那些才高学广却穷困潦倒至老不第的人，应该自己反省一生中的所作所为，曾经犯过这种罪孽否？

【解说】

李登本有大好前途，却因风流把功名富贵一步步荡尽。孟子说"梏之反覆"，是说明每个人都有良知，就如牛山的树木，开始好得很，长得很美。可还没等它长大，总有人就把枝条用斧子砍了，或者把牛羊放牧山上，把树叶也吃光了。虽然晚上不再遭殃，可那么一点"夜气"不足以使它健康成长。李登也是这样，他的前途，经不起他时时犯下风流债的折腾，这样把状元丢了，把宰相丢了，然后官禄全被削去，死期快到了。这就是"梏之反覆"的典型。虽然有一点"夜气",到第二天则"梏亡"了。因为"夜气"不足以保存下来,这些人就与禽兽差不多了。人们看见他们像禽兽一样,就以为他不曾有过善良的本质。实际上并非如此。所以,苟得其养,无物不长;苟失其养,无物不消。

2. 徐生

宦裔^①徐生,年少有才名。窥邻女美,诱妻赂使刺绣,使频往来。一日生匿榻^②后,妻佯出视庖^③,生强奸之。事觉,女父母逼令自尽。生后每入试,辄见女披血衣而来,不得第。后为乱兵所杀。

【注释】

① 宦裔:官宦人家的后代。

② 榻:床。

③ 庖:厨房。

【译文】

出身官宦之家的徐生,年少有才名。窥见邻居女儿长得美,引诱妻子贿赂她,然后再请她到家里来干刺绣活,开始频繁往来。一天,徐生躲在床后,妻子假装去看厨房,趁机强奸了小女子。事情败露后,女子的父母逼着女儿自尽。徐生后来每次参加考试,就会看见这个女子披着血衣来找他索命,所以一直考不中。后来徐生被乱兵杀死。

【解说】

徐生好色贪淫,一窥见邻女少艾,就生淫欲之心,不奸淫就不收手。想尽千方百计,最后得手。可一生的功名也葬送殆尽。不仅葬送了功名,还欠了一条人命，死后还是会被索命。

可见一念淫，不仅污辱了别人，也污辱了自己；女方家没面子，自己更没面子。又因一念淫，引发杀人，冤冤相报，何有了期？

3. 张明三

张明三，随父官琼崖，通邻指挥①二女，潜携渡海。女父追急，明三计穷②，推二女死于水。后十年，明三患腰疾，迎孙医治之，小愈。是夕，孙梦二女曳孙入水，曰："妾本琼③人，来与张索命，汝何阻吾报乎？"孙惊觉，以语明三。明三拊膺④叹曰："孽至矣，吾其殆乎！"逾月死。

【注释】

①指挥：指挥使，官名，明朝的军职。为卫（卫所制度）最高军事长官，秩正三品。下辖指挥同知二人（副长官，从三品）、指挥佥事四人（正四品）等属员。

②计穷：再无办法可想。

③琼：海南岛。

④拊膺：捶胸，表示哀痛或悲愤。

【译文】

张明三跟随做官的父亲去海南岛，和邻居指挥家的两个女儿私通，偷偷带着两个少女私奔渡海。指挥知道了急着追来，张明三再无办法可想，将两个少女推下大海淹死了。十年后，张明三生病腰疼，请孙医生治疗，病情略有好转。当天夜里，孙医生梦见两个女人拉他下水，对他说："我们是海南岛人，来向张明三讨命，你为什么阻止我们报仇？"孙医生惊醒，把梦中之事告诉张明三，张明三捶胸说："冤家到了，我完了。"一个月后，张明三就死了。

【解说】

一淫欠两命，身死何能还债？杀人偿命，躲得了阳间国法，躲不了阴间索命。死了后，难道就能债清了吗？

4. 刘尧举

龙舒①刘尧举，买舟就试。舟人有女，刘数调之，无由得间②。至二场，出院甚早，适舟人入市贸易③，遂与女通。是夕，刘父母梦神告曰："郎君应得首荐④，因所为不义，天榜除名矣。"及发榜，主司⑤果已拟元⑥，因违式⑦见黜⑧。刘大悔恨，后竟终身不第。

【注释】

①龙舒：龙舒县。西汉置，属庐江郡，治今安徽舒城县西南。东晋废。

②得间：有隙可乘，得到机会。

③贸易：买东西。

④首荐：指科举考试中被取为第一名。

⑤主司：科举的主试官。

⑥元：第一名。

⑦违式：违反规定或程式。

⑧黜：废除。

【译文】

龙舒人刘尧举，租船应试。船夫有个女儿，刘多次调戏她，一直没有机会下手。到第二场考试完毕，他出考场很早，碰上船夫去街上买东西，刘就和船夫的女儿私通。那天夜里，刘家的父母梦见神人告诉他们："你儿子应该考中第一名，但他现在做了坏事，已被天榜除名了。"放榜时，才知道主考官原来已拟定刘为第一名，但因其试卷违规又被剔除了。刘非常悔恨，后来一生都没有考取。

【解说】

《安士全书》有同例，如下：

龙舒刘尧举，租船应试，调戏船夫的女儿，船夫严密防备。刘上岸考试，船夫用大锁锁门，料想必无顾虑，于是放心上街，很久未归。本次考试都是刘学习过的功课，很快做完。一出考场，就与船女私通。刘父母梦见黄衣人持榜至，报刘是第一名，正要看榜，忽然被一人夺走，说："刘某近做亏心事，第一名削去。"醒后说起这个梦感到忧虑。拆卷后，刘因违规被除名。主考人员都叹惜他的文章。回来后，父母用梦中的话来责问他，刘躲避不敢说。竟以不第终其一生。

安士先生评论："乘船仓促之欢，竟用第一名换取，真太愚蠢了！"

5. 钱外郎

常熟①有钱外郎②者，家居武断③。里中④有妇，色美而家贫。钱遂贷银与其夫，令贩布于临清⑤，因与妇通。一日，其夫出门，以潮落不能去，复归，见钱正拥妇欢饮。夫惭且怒，旋回舟中。钱阴与妇谋，夜遣人诈为盗，杀之。族人⑥知而鸣于官，已伏罪⑦矣。钱又挥金越诉⑧，得以幸免。方出郭门，忽雷雨骤作，两人俱击死。

［批］淫其妇而杀其夫，天理难容，冤魂莫解。故人虽巧于谋为，天更神于报应。试观此等人，安然不报者，百不得一。亦何异举刃自杀

也哉？

【注释】

① 常熟：今江苏省常熟市，为苏州市代管县级市。

② 外郎：宋元以来对衙门书吏的称呼，亦指县府小吏。

③ 武断：妄以权势独断独行。

④ 里中：指同里的人。里：乡村居民聚落，明清以一百一十家为一里。

⑤ 临清：临清郡，历史地名。东魏武定八年（549年）改盱眙郡置，治所在下相县（今江苏宿迁市西南古城），寻废。

⑥ 族人：同宗族的人，同家族的人。

⑦ 伏罪：服罪，认罪。

⑧ 越诉：越级上诉。

【译文】

常熟有个钱外郎，在乡里独断专横。村中有少妇，长得漂亮，但家里很穷。钱外郎就借钱给她的男人，叫他到临清去贩布，乘机和他的妻子私通。一天，其夫出门去贩布，因为落潮船开不了，又回到家里来，发现钱外郎正抱着他的妻子欢饮。男人见状，又羞又怒，扭头返回船上。钱外郎和那妇人密谋，夜里差人扮作强盗，将男人杀了。族人知情后，向官府报案，两人认罪伏法。后来钱外郎又越级上诉，用钱贿赂上级官员，改判无罪。刚出城门，忽然雷雨骤作，两人当场被雷击死。

［批］淫其妇而杀其夫，天理难容，冤魂不散。因此，人虽巧于计谋，而上天更神于报应。试看此等人，安然不受报的，百人当中也没有一个。这种行径与举刀自杀又有什么区别呢？

【解说】

《增广贤文》说："人恶人怕天不怕，人善人欺天不欺。"意思是老天爷能明察善人恶人，在人间受了委屈，有冤案的，老天爷最后会找恶人算总账。《增广贤文》还说："天欲令其灭亡，必先让其疯狂。"据说西方也有类似的说法，"上帝欲使人灭亡，必先使其疯狂"是一句很流行的话，这句话与我们的《增广贤文》说的话很相似，但不可能是中国学了外国的。因果规律，是人们通过观察与实践，认识了宇宙的规律，而宇宙的规律，东方是这样，西方也是这样。

一个人太疯狂的时候，他实际上就把事情做绝了，他哪有回头的机会？如这个钱外郎，既要占有别人的妻子，还要杀死他的丈夫，这不是太疯狂了吗？一旦疯狂到了顶点，就离他灭亡的时候很近了。钱外郎正是如此！

6. 陆仲锡

明陆仲锡，生有异才，年十七，从师邱某居京。对门一女甚美，二人屡窥心动。师曰："都城隍①最灵，汝试往祷，或当有合。"遂祷之。是夜，梦与师俱为城隍所追，大加诃责，命查禄位。及检籍，陆某下注"甲戌状元"，邱某下无所有。神曰："陆某当奏闻上帝，尽削其籍；邱某抽肠。"梦方醒，馆童②敲门，报邱先生绞肠痧③死矣。后仲锡竟终身贫贱云。

307

【注释】

① 都城隍：京城城隍。

② 馆童：私塾童仆。

③ 痧（shā）：中医指霍乱、中暑等急性病。

【译文】

明朝陆仲锡，是个奇才，十七岁时，跟随老师邱某住在京城。对门有一女子甚美，两人经常互相偷窥，心动神摇。老师说："京里城隍最灵，你不妨去祈祷，或许城隍能成全你们。"于是陆仲锡去向城隍祷告。当天晚上，陆仲锡做梦，梦见自己与邱老师被城隍追赶，大加呵斥，命吏查二人禄位。开簿一看，陆仲锡名下注"甲戌年状元"，邱某名下无禄位。神说："对陆仲锡，当奏闻上帝，尽削其籍；邱某抽肠而死。"陆仲锡从梦中刚醒，馆童就来敲门，报告邱先生突发绞肠痧死了。后陆果以贫贱终身。

【解说】

《安士全书》有同例，如下：

嘉靖中，陆篑（kuì）斋的儿子仲锡，是个奇才。跟随老师邱某住在京城，窥视对门的一个女孩，老师不加禁止，还怂恿他说："都城隍最灵，为何不祷告以求了愿？"仲锡因而前往。当天晚上忽然梦中狂哭，众人惊问原因，他说："都城隍追我师徒了。"再问其中缘故，他哭着说："神查我两人禄位，我名下注甲戌状元，我老师没有。神将奏闻上帝，削我禄籍，师则抽肠，以此惩罚。"说完，哭犹未止。而馆僮敲门，正好报告邱某已毙于绞肠痧了。后陆果以贫贱终身。

安士先生评价："择师训子，最宜谨慎。邱陆师徒，其鉴不远。"

《太上感应篇》说："见他色美，起心私之。"邱某师徒不正是如此吗？两人只是面对美女心动，毕竟没有行动，在阳间法律是没有罪的。然而，天律无情啊！阳间法律，不去追究心里犯罪，因为没有证据。可人的心里想什么，天神悉知，天神有神通，人的一举一动，时时刻刻都逃离不了他的眼睛。所以当邱某师徒面对美女心动神摇时，作为守护一城之神的城隍早就悉知，而邱某竟然还怂恿学生去祈祷城隍，正好撞到枪口上了。

陆仲锡是"奇才"，邱某也算是"奇才"。公平正直才是神，邱某之言，不是亵渎神灵吗？所以那些贪官去祈祷神灵，希望不要东窗事发，不同样也是亵渎神灵吗？从陆仲锡的祈祷，人们就要明白自己该如何向神灵祈祷了。实际上，只要你一心为善，不用祈祷，神灵也知道你做了什么，自然就有善报。如果你做了坏事，想要通过祈祷神灵免罪，那只能因亵渎神灵而增加你的罪过。

7. 朱维高

清宿松①令②朱维高，己酉入江南内帘③，取中一卷。夜梦一人告曰："此人有隐恶，不可中。"因手书一"淫"字示朱。询其详，不答。次日，朱忘前梦，以此卷呈。主试大加赏异，忽以笔抹其篇中"险阻"二字。朱禀云："中卷中如此字类不少，似不应抹。"主试亦悔之，命朱洗去。及洗，而墨迹渍数层，忽忆前梦，遂摈④之。然朱终爱其文，特存其稿，但不知姓名耳。朱公本房⑤吴履声云。

【注释】

①宿松：历史地名。隋开皇十八年（598 年）改高塘县置，属熙州。治所在今安徽宿松县。大业初属同安郡。唐属舒州。南宋属安庆府。元属安庆路。明属安庆府。民国初属安徽安庆道。1928 年直属安徽省。

②令：县令，一县的行政长官。

③内帘：科举制度乡试和会试时，为防舞弊，试官在帘内阅卷，阅毕才允许撤帘回家，故称试官为"内帘"。

④摈：排斥，弃绝。此处指不再录取。

⑤本房：科举时代乡、会试考官分房批阅考卷，故称考官所在的那一房为本房。

【译文】

清朝宿松县令朱维高，己酉年做江南的考试官，取中一卷，夜梦一人告诉他："此人有隐恶，不可中。"用手写一"淫"字给他看。问其详情，没有回答。第二天，朱维高忘记梦中事情，将此卷上呈主考官。主考官大加赞赏，忽以笔抹去文章中"险阻"二字。朱说："文章中这类字很多，似乎不应该抹去。"主考官也认为自己抹错了，命令朱将抹的墨迹洗去。朱洗时墨迹已渗透了考卷数层，才想起梦中的话，便不录取。但朱维高毕竟喜爱这篇文章，将卷稿留下来，不过没有留下考生的姓名。这是被朱维高录取学生吴履声说的。

【解说】

一篇难得的好文章，说明写此文的人应当考中。然而，要是此人犯了"淫"，该中也要被筛下，因为神明要在其中起作用了。

文昌帝君《戒淫文》说："考场禁地处处都有神在注目，三场考试场场都有鬼在监察。可惜啊！考卷字字珠玑，忽有灯灰落纸而毁坏；怅恨啊！文章篇篇锦绣，无缘无故被墨迹污灭。实际上，都是我在冥冥中主持公道，谁说苍天无眼呢？"

朱维高县令看中的某人之卷，不正是如此吗？

看到"险阻"二字，不也是一语双关吗？不要挑战"犯淫"，没有可以侥幸过关的。"淫"就是最大的险阻，因为这个"险"，就"阻"住你考中。所以，不要有侥幸心理，一旦犯淫，则置之死地，而不会后生了！只有心中一生淫，就瞬间提醒自己"险险险"，迷途知返，欲海回狂，或许可以峰回路转，柳暗花明。既然"险"阻住了"淫"，那么恶就转变善，有所不为则有所为，善报就要来了。

8. 张宝

张宝知①成都，华阳②李尉妻美，宝欲私③之。而尉适以赃败，宝因劾④揭，窜⑤李岭外，死于路。宝赂尉母，娶之，甚欢。无何妇疾，见尉在旁而死。宝亦得病，梦妇告曰："尉已诉于上帝，旦夕取公，宜深居避焉。"宝觉而志之。一日暮坐，遥见堂下有红袖相招，意谓尉妻，急趋赴。遇尉持殴，口鼻出血而死。

【注释】

①知：动词，做知府。知府：明代始以知府为正式官名，管辖州县，为府一级的行政长官。清代因之。

②华阳：古地名，华阳县。唐乾元元年（758年）改蜀县置，与成都县同为成都府治。治所今四川成都市旧城东偏。《元和志》卷三一九华阳县："华阳本蜀国之号，因以为名。"元与成都县同为成都路治。明为成都府治。清康熙九年（1670年）废，雍正五年（1727年）复置。1951年迁治中兴镇（今双流县东南华阳镇）。1965年撤销，并入双流县。

③私：占为己有。

④劾：揭发过失或罪行。

⑤窜：放逐，流放。

【译文】

张宝做成都知府时，见华阳县李尉的妻子很漂亮，就想占为己有。李尉正因贪污犯了法，张宝乘机告发他，判李尉流放岭南，死在路上。张宝就贿赂李的母亲，将李尉之妻娶过来，过得很开心。但不久，妇人就得了病，临死时见到李尉在她身旁。张宝亦得了病，夜里梦见妇人告诉他："李尉已向上帝控告你，很快就要向你索命，你要深藏躲避。"张宝醒后牢记在心。一天傍晚坐在厅中，见堂前有穿红袖的人向他招手，他以为是李尉之妻，急忙走过去，却发现是李尉。李尉拉住张宝痛打，张宝口鼻出血而死。

【解说】

张宝趁人之危，把别人的妻子占为己有，以为做得天衣无缝，两人可以快活下半生。没有想到天网恢恢，疏而不漏。这边两人寻欢，那边天律已经判决。取命就在旦夕之间，无论你躲到哪里，哪能躲得了神的眼睛？可见阳间法律奈何不了你，阴间阎王却不会放过你。

311

9. 汪生

　　清凤阳①庠生②汪某，家有小池植荷，从未得花。康熙己酉，将往录遗③，见池中忽放一并蒂莲，父母喜甚。晚间，生以酒调戏其婢，妇弗阻，遂私焉。晨起视花，则已折矣，父母恨甚。生梦谒文昌，见己名登天榜，帝君忽勾去。涕泣拜祷，三度麾下④。心知不祥，怏怏就道。时简文宗录取甚公，凤阳府学遗才，旧额三名，赴试仅有三人，而生独黜。三次大收，卒不录，垂涕而归。

【注释】

　　①凤阳府：历史地名。明洪武二年（1369年）以凤阳为帝乡，建为中都。六年改临濠府为中立府，次年又改中立府为凤阳府，治凤阳县（今属安徽）。辖境相当今安徽省天长、定远、霍邱等市县以北地区及江苏省盱眙、泗洪等县地。清康熙六年（1667年）属安徽省。雍正后辖境缩小。1912年废。

　　②庠生：科举时代称府、州、县学的生员。

　　③录遗：科举考试正式录取之后的补录。清代对秀才举行科考，考在一等二等及三等前十名者，得参加乡试。三等十名以下，及因故未试之秀才与在籍监生、贡生等，得再参加录科考试。录科未取及因故未参加者，可以参加录遗。

　　④麾下：挥旗让他退下。

【译文】

　　清朝凤阳府书生汪某，家有小池，种植荷花，从未开花。康熙己酉年，将去录遗，看见池中忽生出一朵并蒂莲，父母看到后很高兴。晚上，书生饮酒调戏婢女，妻子没有阻拦，两人便私通了。早晨去看莲花，花枝已折断了，父母遗憾不已。汪生夜里梦见自己去拜谒文昌帝君，见到自己的名字已登录在天榜上，可文昌帝君忽然又将它勾去。汪生便哭泣拜祷，文昌帝君连续三次挥旗让他退下。醒来后知道是不祥之兆，怏怏不乐上路赶考。当时主考官简文宗录取考生十分公正，凤阳府学遗才，旧有三个名额，而这次参加考试的也仅有三人，可单单只有汪生一人没考取。接连三次大收都未被录取，汪生只好一路流泪返家了。

【解说】

《安士全书》有同例，所录遗之地在茅山（在江苏句容县，相传汉茅盈与弟茅固、茅衷在此处修道，故叫茅山）。录遗之前，从未开花的荷花池开出一朵并蒂莲花，是为吉兆。可父母高兴还不到一天，早晨就被人折断了，而折断的正好是被书生调戏的婢女，报应之速就在眼前。书生梦中亦得到文昌帝君的警告，涕泣拜祷，这个时候后悔还有什么用呢？文昌帝君《戒淫文》说："莲开并蒂，旋闻坠蕊之凶。"本来是报喜的，因一夜之淫，化为乌有。

安士先生评论："假使他的妻子毅然阻拦，丈夫必以为是嫉妒。哪知冥冥之中，怎么保全科第呢？从前叔向的母亲，因儿子劝告，想要避免嫉妒名声，而羊舌氏一族就全部落难（详见《左传》）。如此看来，嫉妒不一定就坏，怎能一概而论呢？"

所以女人的嫉妒并非都是不好。如果当晚女人因嫉妒，一把拉住婢女，使丈夫的奸淫不能实现，不就保全了丈夫的科第了吗？

10. 王生堂兄

明玉山邑庠生[①]王某，乘母凶[②]纳妇，约以七尽[③]成礼。生寝枢旁，妇宿于房。夜闻叩门声，婢以郎至禀，妇放入，遂同寝。五鼓[④]遁去，曰："恐外人知，罪吾不孝也。"越数日，问及嫁资。妇曰："准衣银八十两，及金簪珥⑤，皆在小箱内。"五鼓遂携箱而去，不复来。迨七尽，生置酒成婚，相与告语，妇方知为贼所骗，顿足痛哭，誓不复生，归告父母，遂缢死。会葬⑥，生引棺至墓，忽雷电交作，摄⑦一人跪棺前，则生之堂兄也，手捧金珥及银，跪而击死，尸随破烂，一邑皆惊。此正德九年事也。

【注释】

①邑庠生：庠序即学校，明清时期叫州县学为"邑庠"，所以秀才也叫"邑庠生"，或叫"茂才"

②母凶：母亲去世的时候。

③七尽：即七期满，就是四十九天期满。以七天为单位，直到七七四十九天，就是父母的丧期。

④五鼓：五更，天将亮的时候。

⑤金簪珥：金子做的发簪和耳饰。古代多为高贵妇女的首饰。

⑥会葬：参加葬礼。

⑦摄：捉拿，拘捕。

【译文】

明朝玉山书生王某，在母亲丧期结婚，约定七期满后同房。王某夜里睡在母亲棺材旁，新娘睡在房中。黑夜听到叩门声，婢女说新郎来了，新娘就放入同睡。五更时，那人就偷偷离开，说："恐外人知道，说我不孝。"过了几夜，问及新娘嫁妆。新娘说："准备添衣的现金八十两，还有其他金银首饰都放在小箱子里了。"来人五更就拿了箱子一去不复返。到七七满后，王生办酒成婚。在谈话中，新娘才知道前些日子黑夜来的不是丈夫，被贼人骗了，顿足痛哭，痛不欲生，回去告诉父母亲后，就上吊自杀了。在新娘下葬的那天，王生送棺到墓地，突然雷电交作，有人被抓住跪在棺前，原来是王生的堂兄，手捧金银首饰，被雷电当场击死了。尸首破碎，一城人都震惊。这是正德九年的事。

【解说】

同为一祖所生，不仅偷堂弟的妻子，还偷新娘的嫁妆，如此淫贼，世所罕见。真相未知之前，新娘哪知不是自己的丈夫；等到知道不是丈夫，又哪有脸面再见世人？这样就等于要了一人的命，既淫又杀，罪该万死。所以，被雷击得粉碎，血肉模糊，又何足惜哉！

11. 钱某

清顺治间，嘉兴钱某，未第时，馆于乡民某家。有女年十七。适清明拜扫，举家皆往，只留此女看家，钱遂私焉。后女腹渐大，父母诘之，女以实告。乡民以钱尚未娶，欲将女赘之，以掩其丑，因诣钱备言所以。钱故作色^①曰：“汝女不肖^②，将欲污人耶？”乡民忿归，詈^③其女，女遂自缢。钱后频梦此女抱子立于前。登第后，授江宁司理^④。时以镇江之变，将从逆诸人，发钱会勘^⑤，而钱以受赃议绞^⑥。命下之日，复梦此女以红巾拽其颈。次日即正法。

【注释】

① 作色：上变色，指神情变严肃或发怒。

② 不肖：意义与“肖”相反。常说“肖子”，与“不肖之子”相对。“不肖”指不像，指不能继承祖辈事业、并将其发扬光大的没出息的、品行差的子孙或晚辈。不肖有时也是自谦之称。

③ 詈（lì）：骂，责备。

④ 司理：官名。法官。五代以来，诸州皆有马步狱，以牙校充马步都

虞侯，掌刑法。宋太祖以为刑狱人命所系，当选士流任之。开宝六年秋，敕改马步院为司理院，以新进士及选人为之，掌狱讼勘鞫之事，不兼他职。元废。明时用为对推事的别称。

⑤会勘：会同查勘。

⑥绞：旧时死刑的一种。缢死，勒死。

【译文】

清朝顺治年间，嘉兴县钱某，没有考中前，在乡下某户人家教书。其家有女年十七。清明那天，全家人都去扫墓，只留下女儿看家，钱某就与少女私通。后来少女肚子渐渐变大，被父母责问，少女就告以实情。父母因钱某尚未娶亲，想招钱某做女婿，也可以遮盖这件丑事，因此就找钱某商量此事。而钱某故意发怒说："你女儿不肖，想要污辱我吗？"父母怒归，痛骂女儿，少女就上吊自尽了。钱某后来常常梦见此女抱着一个孩子站在他面前。考取功名后，任江宁府法官。当时镇江叛乱平定后，朝廷追究叛乱分子的罪行，派遣钱某会同查勘。钱因大量收受贿赂被判处绞刑。行刑那天，钱某再次梦见上吊自尽的小女子，手拿着一条红巾缠在了他的脖子上。次日，钱某即被正法。

【解说】

钱某奸淫了良家少女，还不认账，使该女子上吊而死，她肚子里的孩子也带去阴间了，最后钱某自己也上吊而死。表面上看，钱某后来是犯法而被判处绞刑，可这个绞刑难道与少女上吊没有关系吗？钱某实际上是有好前途的人，即使奸淫了别人，还不认账，依旧考取，依旧当了官，说明他的命确实很好。如果他奸淫邻家少女之后，还能忏悔自己，对方父母来招婿，他马上应承，就不至于发生一淫两命的惨剧，那么其后果还不至于会被吊死。所以，阳间法律判决的事情，与阴间的追责是有因果联系的。

12. 某考生

山东某生，临场之夕，其仆忽死，暂置一室。及出场而仆已苏，曰："昨我随入贡院^①，闻家主已填中第几名，且见中者皆有红旗，家主亦有。"生大喜。仆因求家主中后，为之娶妻。生曰："即娶对门之女何如？"仆谦让不敢。生曰："吾中后，何惧其不送纳乎？"第二场，仆又死，苏而有怒色，曰："主不中矣。"惊叩其故，曰："见官府^②点至家主名，忽云：'某尚未中，已萌造恶之端。'令吏改填赵某。家主号前，已不见红旗。"生疑信相半。榜发第几名，果赵某也。房师^③将原卷送上，七篇圈满，不意三场卷为灯煤烧去半页，不可呈堂，因抽落卷补之。生懊恨不已。莱阳宋荔棠先生口述，与生同里，故讳其名。

【注释】

① 贡院：考场，科举时代考试士子的场所。
② 官府：长官，官吏。
③ 房师：明清乡、会试中式者对分房阅卷的房官的尊称。

【译文】

山东某考生，在进考场的头天晚上，他的仆人忽然死了，考生只好将仆人的尸体暂放在房间。考试出来，仆人已经苏醒，说："昨天我随你进了考场，听到你已考中第几名，并且考中者都插有红旗，我见你的考房也有。"某生听了大喜。仆人要求某生考中后，为他娶妻。某生说："娶对门家的女儿怎么样？"仆人谦让不敢当。某生说："我考中后，还怕他不将女儿送上门来吗？"第二场考试时，仆人又死了，苏醒后却面带怒色说："主人考不中了。"某生大惊，询问原因，仆人说："我见长官点到主人的名字时，忽然说：'此人尚未考中，暗中已生作恶的念头。'就命令手下改填赵某。主人的名下已经没有红旗了。"某生半信半疑，待到榜发，第几名果然是姓赵的考生。原来阅卷的老师将某生考卷呈送上去时，七篇文章都是满圈，没想到第三场考试的考卷被灯火烧坏半页，不能呈送，于是抽一份落第卷补上。某生为此懊悔不已。莱阳宋荔裳先生口述，因与某生是同乡，所以隐去了他的真实姓名。

【解说】

心中一生占有别人的念头，还不是自己想要占有，而是为自己的仆人占有，本来头插红旗，红运当头，就马上被除名了。《太上感应篇》说："见他色美，起心私之。"其实不仅仅指自己，为别人的淫欲推波助澜也是有罪的。山东某考生与仆人不就是这样吗？

13. 木商

明宜兴[1]有染坊，孀妇[2]极美。木商见而悦之，诱饵百端，终不能犯。因而造谋，夜掷木数根于妇家，明日以盗告官。又贿赂上下，极其窘辱[3]，以冀其从。妇家虔祀[4]赵玄坛[5]，乃哭诉之。夜梦神曰："已命黑虎矣。"不数日，商入山贩木，丛柯[6]中突出黑虎，啮[7]商头而去。

【注释】

① 宜兴：今江苏省宜兴市，为无锡市代管县级市。

② 孀妇：寡妇。

③ 窘辱：困迫凌辱。

④ 虔祀：虔诚供奉。

⑤ 赵玄坛：神名。又名"赵公元帅"。相传其姓赵名朗，字公明。秦

时得道于终南山，道教尊为正一玄坛元帅。其像头戴铁冠，黑面浓须，执铁鞭，骑黑虎。传说能驱雷役电，除瘟禳灾，主持公道，求财如意。故旧时各地有玄坛庙，民间奉为财神。

⑥ 柯（kē）：草木的枝茎。

⑦ 啮（niè）：咬。

【译文】

明朝宜兴有个染坊，店主是个寡妇，长得极美。一个木材商人见到后，就喜欢上了她，千方百计追求，都没有成功。于是木商制造了一个阴谋，趁黑夜将几根木材投到寡妇家里，第二天便到官府告状，说寡妇偷了他的木材。又用钱上下贿赂，使寡妇受尽百般羞辱，以迫使寡妇屈从。寡妇就在家中虔诚供奉财神赵公元帅，向神哭诉。晚上，梦见神对她说："已命令黑虎去处置木商了。"过了几天，商人进山去买木料，丛林中突然窜出一只黑虎，将商人的头咬下而去。

【解说】

《安士全书》有同例，如下：

嘉靖末，宜兴节妇（守贞节的妇女）陈氏，颇有姿色。某木商看见，百般引诱，凛不可犯。于是在黑夜把木料搬到她家，告状到官府诬陷女人是盗贼，又贿赂胥吏威逼侮辱，想尽诡计要使女人就范。陈妇日夜祈祷，一日梦神说："已命黑虎来帮你了。"没有多久，木商入山，有黑虎跃出，跳过几人吞食了木商。

安士先生评论："此等恶人，投身虎口，本不足惜。可怜的是他的白发高堂、红颜少妇在千万里外，哭望天涯，尸骨都无着落。客居外地的人，看到这种报应就应当痛心刻骨了。"

诚然如此。白发人送黑发人，而这个黑发人却是一个使家族受污的人。家中高堂与妻儿望断天涯，却不知道这个人已经做了灭绝良心的恶事，要是知道是这样，也就没有什么盼头了。这是辜负了家人的殷切期望啊！一人在外，不能为家庭增光，不得好死，那么从一开始就要知道，淫恶带来的报应，其痛苦是无穷的，还会如此凌辱一个守贞节的寡妇吗？

14. 支生

清嘉善庠生支某，康熙己酉秋乡试归，谓友顾某曰："吾神魂恍惚，似有祟凭①，欲依某僧以忏宿业②。"顾曰可，乃偕僧往视。支忽发狂，曰："吾含冤三世，今始得汝！"僧问："有何仇恨？"曰："吾前生是其属将，伊为主将，乃系勋戚③，姓姚。瞷④我妻少艾，着吾领兵出征，陷于死地，图占我妻。妻自刎，一家骨肉星散⑤。他后死于忠义，我未得报。再世为高僧，又不得报。三世为宰相，有政绩，福禄神护之，仍不得报。今世该有科名，候三十年，近因渠又有淫业，削去文昌籍，才得下手。"言时恨怒不已。顾曰："冤家宜解不宜结。"曰："我恨难释，不相饶也。"支竟颠踬⑥而死。

【注释】

①祟凭：鬼祟附身。祟：原指鬼怪或鬼怪害人，此处指鬼怪。凭：依附，此处指附身。

②宿业：指前世的罪业。佛教相信众生有三世因果，认为过去世所作的善恶业因，可以产生今生的苦乐果报。

③勋戚：有功勋的皇亲国戚。

④瞷（jiàn）：窥视。

⑤星散：分散，四散。

⑥颠踬（bó）：跌倒。

【译文】

清朝嘉善书生支某，康熙己酉年秋天参加乡试回来，对好友顾某说："我神魂恍惚，似乎有鬼怪随身，想找某僧人去忏悔宿业。"顾某说可以，于是他邀来僧人一同去看望支某。支某突然发疯，说："我含怨三世，今天才找到你！"僧人问："有什么仇恨？"对方说："我前生是他的属将，他为主将，是显要的皇亲国戚，姓姚。窥视我妻子年轻美貌，便令我领兵出征，陷我于死地，企图霸占我的妻子。我妻含恨自杀，一家骨肉分散。他后来死于忠义，我没有机会报仇。转世后做了高僧，又不能报仇。第三世任宰相，有政绩，福禄神都护佑着他，仍然不能报仇。今世本该科考有名，我等候了三十年，近来因他有奸淫妇女的恶业，被削去了科名，我才有机会下手。"说话时愤怒不已。顾某劝解说："冤仇宜解不宜结。"那厉鬼回答说："我恨难消，不想饶过他。"支某竟跌倒而死。

【解说】

佛言："假使百千劫，所作业不亡；因缘会遇时，果报还自受。"支某前世好色贪淫，欠下命债。可后来他为国牺牲，对方无法报仇。转世做了高僧，修行又好，更加没法报仇。第三世当了宰相，政绩卓越，福禄神随身保佑他，也没有机会下手。今世本来也没机会报仇，因宿世功德，他继续会金榜题名，可近来犯了奸淫大罪，终于有机会了，他的科名已经削去，仇人等了三十年，不会放过他了。仇人阴魂不散，二三百年了，还要报仇，要是按照佛说"假使百千劫，所作业不亡"，那么二三百年还算近的了。这个例证提醒我们的是，因为犯淫就有机会了，可见犯淫的罪业，天地不容，若是犯淫了，前世有更多的修行或功德，也前功尽弃，能不谨慎吗？

15. 某生

贵州某生，屡试辄困，乞张真人伏章^①查天榜。神批曰："此人分当科名，以盗^②婶故除。"起语生，生曰无之，遂申牒^③自辩。神复批曰："虽无其事，实有其心。"生悔恨莫及，盖少时见婶美，偶动一念故也。

【注释】

① 伏章：向上天写上奏章。伏：敬词，古时臣对君奏言多用之。

② 盗：私通。

③ 申牒：用公文向上呈报。

【译文】

贵州某生，参加科举，屡试不中。于是请张真人写一疏章到天庭查问。天神批示说："此人应该考中，与婶私通除名。"真人从坛前起来告诉某生，某生说无此事。于是写牒申辩。神复批示说："虽无其事，实有其心。"某生这才悔恨莫及，因为少年时见婶婶美貌，偶然动了一念邪心。

【解说】

《太上感应篇》说："见他色美，起心私之。"贵州某生只因少年时，看见婶婶美貌，偶然动了一次色心，在神明那里就有"盗婶"的记录。一般人经常见美色而动心，那他的黑簿不知道有多少记录了。这些记录我们想想，他本人都忘记得差不多了，可黑籍上却是白纸黑字地记着。可见戒慎对于每一个人都很重要。

淫念的对象也有区别。晚辈对长辈，长辈对晚辈，若有淫念，那就是乱伦，其罪就大。如本案某生对婶婶，那就是晚辈对长辈，就是乱伦，罪就大。所以，其屡试不中，就没有去找自身原因。若平时战战兢兢，如履薄冰，如临深渊，那么哪还敢对自己的长辈有淫念呢？可见，"慎独"对一个人是如何重要！

16. 严武

严武，少与一军使①邻，窥其女美，百计诱之，与俱遁②。军使诣阙③进状④，诏出收捕。武惧罪，缢死此女以灭迹。及在蜀得病，见女子来索命，曰："妾虽失行，然无负于君，乃至见杀，真忍人也。妾已诉于上帝，期在明日。"黎明果卒。

【注释】

① 军使：官名。掌军中的赏功罚罪。

② 遁：逃跑，此处指私奔。

③ 诣阙：赴朝廷，指向皇帝奏报。

④ 进状：呈上陈述事实的文书。

【译文】

严武少年时，与一位高级军官相邻。窥见他女儿美，就千方百计去引诱她，最后两人一起私奔了。将军向皇帝奏报，皇上下诏追捕二人。严武惧罪，就将女人缢死以灭迹。后来在四川患病，见此女来讨命，说："我虽行为不正，但没有对不起你的地方，可你却将我杀死，你太狠心了。我已诉于上帝，你的死期，明天就到。"第二天黎明，严武果然死去。

【解说】

一个少年，盗跑了一个高级军官的女儿，全因好色贪淫。等到皇上降下罪来，不但不认罪服法，还杀人灭迹，可谓罪上加罪。虽然阳间法律没有使他受到惩罚，可少女诉于上帝，死期就在明天。再一次证明：天网恢恢，疏而不漏。

孟子说："逾东家墙而搂其处子，则得妻；不搂，则不得妻，则将搂之乎？"已经搂了，并且发生关系了，还私奔了，女子确实没有任何地方对不起严武。然而，严武却为了个人逃避国法惩罚，可以杀害他喜欢的女人。可见，好色贪淫的男子如果对你花言巧语，海誓山盟，那全是骗人的鬼话。

17. 刘公差

江宁差役刘某，有一犯问罪收禁，须十余金，可赎罪放归。犯因浼①刘到家，卖女以赎罪。刘即往，与其妻商议。妻颇有姿色，刘欲奸之，妻以夫之性命，赖其扶持，勉从之。随卖女得二十金，尽付为赎罪使费。

刘持金自用，不为交纳。其妻以银已交官，夫可计日归也。候数日无音耗②，托一族人往探，因言其故，犯一恸③而死。

旬日，刘差寒热交攻，自言："某人在东岳④告我，即刻要审。"伏席哀号，自云："该死。"随云："以我惯说谎，要将铁钩钩我舌头。"须臾舌伸出数寸，一嚼粉碎，血肉淋漓而死。

【注释】

① 浼（měi）：央求，请求。

② 音耗：音信，消息。

③ 恸：极其悲痛。

④ 东岳：东岳大帝。道教所奉东岳庙中的泰山神，掌管人间生死，每年夏历三月二十八日举行祭祀。

【译文】

江宁县有个差役刘某,有一犯人因罪坐牢,需要十多两银子便可赎罪放归。犯人因此托刘到他家去捎信,叫妻子将女儿卖了去赎罪。刘即到犯人家与他的妻子商议。见其妻子很有姿色,便想奸污她,其妻因想到丈夫性命有赖刘差役的关照,只得勉强顺从。之后又将卖女所得二十多两银子,全部交给刘差役,作为丈夫赎罪的费用。

刘将银子拿回去自己用,不为犯人交赎金。犯人之妻以为赎罪的银子已交给官府,丈夫可以很快回来。等了几天毫无音讯,便托一位同族人去监牢探问,并向犯人说了赎金之事,犯人听罢,大哭而死。

过了十天,刘差役患病,寒热交攻,自己说:"某人在东岳大帝控告我,判官立即要提审。"然后伏在床上哀号,自己说:"该死。"接着又说:"因我一贯爱说谎,判官要用铁钩来钩我的舌头。"一会儿,刘伸出舌头数寸,然后自己将舌头咬得粉碎,血肉淋漓而死。

【解说】

刘某以公务之便,贪色贪财,可以说既劫色,又劫财,还撒谎,罪上加罪,最后咬舌而死。死前,寒热交攻,看起来是病死。可后来自己将舌头咬得粉碎,又是怎么回事?一般人会认为是神经错乱了,因为精神分裂,胡言乱语,所以做出傻事。这也只是表面现象。东岳大帝的审判,与人间法律不同。神的审判,包括身口意的一切行为,那么刘某的一切恶行恶念,全部记载都在黑籍之中,在一期生命之后要来一次总的审判。所以,看起来刘某胡言乱语,实际上因为他的罪业,他即将下地狱,寒热交攻,咬舌而死(拔舌地狱预兆)还只是轻微的惩罚,以警世人而已。

325

18. 杨某

宿松杨某，有名庠^①中，奉关帝^②极其诚敬，夜梦关帝赐以方印，自拟必中。后于楼下，淫一良家女。场后归家，复梦关帝向彼索印。杨云："印授我矣，又何索焉？"帝云："不只索印，兼索汝命。某月某楼之事，汝安之乎？"不一月，父子俱死。

【注释】

① 庠：古代的学校，特指乡学。

② 关帝：即三国蜀关羽。明代万历年间进爵为帝，故称。

【译文】

宿松杨某在当地学子中很有名望。平日里，他供奉关帝神极其诚敬。有一夜，他梦见关帝赐给他一枚方印。杨某依据此梦，认为自己科举必中。后来，在楼下奸淫一良家女子。考毕回家，又梦见关帝向他讨回方印。杨某说："方印已给我了，为何又要讨回去？"关帝说："我不但要索回方印，还要你的命。某月某楼下发生的事，你做得心安吗？"不到一个月，杨某父子俱死。

【解说】

在生正直，死后为神。神就是公平正直的象征，关帝就是这样的形象。三国关羽去世之后，民间尊为"关公"，历代朝廷多有褒封。清朝雍正时期，尊为"武圣"，与"文圣"孔子地位等同。小说《三国演义》中，名列"五虎上将"之首，使用青龙偃月刀。毛宗岗称其为《演义》"三绝"中的"义绝"。在三教方面，儒家尊为文衡帝君，佛教尊为"护法伽蓝菩萨"盖天古佛，道教尊为"协天大帝""翊汉天神"等。

既然平日里供奉关帝神极其诚敬，那么就要天天慎独反省。因为关公时刻在你身边，你的一言一行都在他的监察之中，怎么还能去奸淫良家妇女呢？供奉关公，难道就是贿赂关公吗？为你掩盖罪状吗？这就亵渎了神明。所以宿松杨某供奉关帝，是假供奉，所谓虔诚，是假虔诚。关公公平对待每一个人，如果心地善良，修清净心，即使没有供奉关公，关公也一样会保佑他。如果坏事做绝，特别是奸淫这种大恶，不管你怎么虔诚供奉，只要你做了，关公一样要来取你的命。宿松杨某不仅因奸淫罪自己死了，还连累他的父亲也死了。

19. 符秀才

明正德间，四明①符秀才死后托梦于子云："生前犯淫律，明日托生，作南城谢五郎家狗矣。亟行善事，为我忏悔。"言讫，一鬼牵其项，一卒以白皮蒙其首，悲啼踯躅②而去，子惊醒。明日谢氏果生狗，身细白，易之归家，为广作善事。五、六年后，狗遂不食而死。又月余，家之小鬟③，忽踞座大言，如秀才状，召家人谓曰："我实未尝犯淫，因十八岁，行过嫂房，嫂方洗妆，指环堕地，令我拾取，我因此动情。后又时时从我笑语，几至破义。嫂竟病死，我觉神思愦乱④，次年亦死。死后，有鬼缚至一官府庭下，两手据地，已成狗形。今因汝行善有功，得忏前孽，将往山东赵医士家为第五子，到家一别。"言毕，小鬟蹶地而醒。

【注释】

① 四明：山名，位于浙江省宁波市，亦是宁波的别称。

② 踯（zhí）躅（zhú）：徘徊不进貌。

③ 鬟：古代妇女的环形发髻，代指婢女。

④ 愦乱：混乱，昏乱。

【译文】

明朝正德年间，宁波有个符秀才死后托梦给儿子说："我生前犯下了淫律，明日托生，作南城谢五郎家的狗了。你快些做善事，为我忏悔。"说完，见一鬼牵着他父亲的头颈，一鬼用白皮蒙住他父亲的头，悲悲啼啼、跟跟跄跄地走了。儿子于是惊醒。第二天，谢家的狗果然生息，全身是细细的白毛，符秀才之子便将此狗买回家，为这条狗广做善事。五六年后，这条狗不吃东西而死去。过了一个多月，家中的小丫鬟，忽然像符秀才生前那样坐在堂中召集家中人大声说："我其实并未做淫乱实事，十八岁那年路过嫂嫂的房间，嫂嫂正梳洗打扮，戒指落在地上，叫我为她拾起来，我因此动了情欲。后来嫂嫂又经常与我说笑，差点儿坏了名分。嫂嫂后来因此病死，我也感到神思不定，第二年也死去。我死后，有一鬼将我捆至一官府的堂下，两只手趴在地上，我已变成狗的形状。现在因你行善有功，我因此得以忏悔前世罪孽，现在将投胎到山东赵医士家为第五子，特回家一别！"说完，小丫鬟倒在地上渐渐清醒过来。

【解说】

灵魂附在别人身上，说出自己曾经"盗嫂"的往事，所谓"盗嫂"也并非真的与嫂子私通了，而是属于意淫的一种行为，或者美其名为现今柏拉图式的精神恋爱。无论是哪种说法，都是属于《太上感应篇》所说"见他色美，起心私之"，已经有罪了。如果是真的"盗嫂"，就是晚辈对长辈，已经属于乱伦了，其罪就更大了。符秀才十八岁为嫂子捡戒指动念，到后来两人说笑之间而意淫，虽然没有实际的行动，但已经情同禽兽，所以惩罚就是变狗。狗是不知道羞耻的，它们在任何场合都可以交合，这就是报应。可符秀才终究还有一点廉耻之心，他希望忏悔，希望儿子广做善事回向他，所以托梦给了儿子，最后虽然投生为狗，也被儿子买去，并且自己提前饿死，然后附身到家里小丫鬟身上，说了自己"盗嫂"的经历，也算是反面教材，为扭转家风也算是做出了贡献。

20. 吕某

云间吕某，世家子①也，纵情淫欲，其女婢、家人，恒多污坏成疾者。后子女死丧殆尽，以官事②破家，屡受官刑③。中年备极困苦，寒无衣，饥无食，屋无苫盖④，疾病无看视者。死之日，棺衾无措，蛆虫遍体，见者无不惨然。

【注释】

① 世家子：显贵人家子弟。

② 官事：官司。

③ 官刑：被判刑处罚。

④ 苫盖：茅草编的覆盖物。亦特指草衣、茅屋。

【译文】

云间吕某是富贵世家子弟，他纵情淫欲，其婢女、家人等多遭其玷污，许多人因此患病。后来吕某的子女都死光了，吕某也吃了官司而破家，屡受官刑惩罚。中年时，备受困苦，寒无衣，饥无食，茅屋破漏，有病无人探视。死时连寿衣和棺材都没有，尸体生虫腐烂，看到的人都觉得凄惨极了。

【解说】

什么叫败家子？吕某就是败家子。因为什么败家，因为纵情淫欲败家。他家里的女人，估计都被玷污遍了，还传染了疾病。真是好事没有一件，坏事却做绝了。

曾国藩说："吾细思凡天下官宦之家，多只一代享用便尽。其子孙始而骄佚，继而流荡，终而沟壑，能庆延一二代者鲜矣。商贾之家，勤俭者能延三四代。耕读之家，谨朴者能延五六代。孝友之家，则可以绵延十代八代。我今赖祖宗之积累，少年早达，深恐其以一身享用殆尽，故教诸弟及儿辈，但愿其为耕读、孝友之家，不愿其为仕宦之家。"

吕某，世家子也。可以说出身于官宦显贵之家，可因为纵情淫欲，就如曾国藩所说，一代享用便尽。吕某始而骄佚，继而流荡，终而沟壑，死了连寿衣和棺材都没有，只能抛弃在荒山野外，任其生蛆腐烂。

21. 某考生

清康熙癸酉科，松江一廪生①，进头场接卷，忽见一鬼随之入号，惊泣终夜，合号为之不安。及次晚，三稿已脱，鬼趋而执其项。因疾呼邻号生救之，涕泣谓曰："某年之楚，悦一女子，绐②以为妻。女子悦，遂通焉，且赠某金。携至家，内子不容而死。今彼既来，某不可复生矣！"邻号生好言慰之。有顷，闻生在号中乞命，久之，声息寂然。乃呼号军③烛之，见此生以系笔红绳，自絷④其颈，已气绝而逝矣。

［批］《南陵丹桂籍》曰："是私一女子，必使之入场而死，又必使自言其故而死，又必使合场士子皆知其故而死。上天显示淫报，儆戒至深切矣！"

【注释】

① 廪生：明清两代称由公家给以膳食的生员，又称廪膳生。

② 绐（dài）：欺诈。

③ 号军：明代试士时，于考场中设置的监视人员。清仍之而失其实，但供役使而已。

④ 絷（zhí）：拴缚。

【译文】

清朝康熙癸酉科乡试，松江一位考生，头场进考房时，刚接过考卷，忽见有一鬼随他入号而坐，因此惊吓哭泣了一夜，使其他考生也不安宁。到第二天晚上，第三次考卷已经做好了，那鬼过来掐他的脖子。他疾呼邻号的考生来救命，并且哭着向大家说："某年到湖南，爱上一女子，骗她说未结婚，要娶她为妻。女子喜悦，信以为真，就同居了，还赠我很多银两。一同回家乡，不料妻子不接受，她被虐待而死。今天她既然来了，我不能活命了！"邻号考生好言劝慰他。不久，又听见他在喊救命，然后就没有声息了。于是，叫巡视人员去探望，见这名考生用系笔的红绳，自缚头颈而气绝身亡。

［批］《南陵丹桂籍》评论："此人对一个女子骗奸致死，迟早要得报应，但一定要让他进入考场后再死，还使他说明原因后再死，而且让所有参加考试的士子全都知道事情的来龙去脉后再死。天地神明借此昭示淫祸报应，其警戒之意真是至深至切了！"

【解说】

汉乐府有一首民歌："上邪，我欲与君相知，长命无绝衰。山无陵，江水为竭。冬雷震震，夏雨雪。天地合，乃敢与君绝。"这些都是不可能发生的事情，但是上天要是教育人，就会让天出现异象。《窦娥冤》有血溅白练、六月飞雪、大旱三年，为什么能够实现呢？是文学作品的虚构的吗？可文学来源于生活，著名法官于公处理的"东海孝妇"冤案不就发生了"大旱三年"的异象吗？这个孝妇少寡亡子，可她始终守节不嫁，坚持从一而终。他赡养婆婆很勤劳，婆婆要她再嫁，她始终不肯。婆婆对邻人说："媳妇服侍我太辛苦了！"因为感到自己年老无用，白白地给媳妇增加劳累，就上吊自杀了。姑就诬告是媳妇所杀，太守判了死罪。于公从中仔细调查分析，发现其中有冤情，就抱着判决书痛哭，等他火速赶到太守那里时，孝妇已经被杀了。因为这个冤案，使当地大旱三年。于公劝谏太守说："孝妇不应当死，所以天降灾祸下来了。"于是于公隆重祭祀孝妇，修治坟墓，表彰孝妇的美德，天上立即落下大雨。

上天所表现的异象都是为了教育人们，把因果报应的法则警示给人看。松江考生直到上考场才得到报应，那就是上天要让读书人看看好色贪淫的后果是什么？不能明地里是仁义道德，暗地里却是男盗女娼。松江考生奸淫处女，又诈骗了她的钱财，最后让这个女子死于非命，难道不罪大恶极吗？上天要让他得报应，也要在适当时候，让所有的读书人引作前车之鉴。

22. 荆溪富友

明荆溪二人相善，一丰①一窭②。窭子妻美，丰子设谋，谓有富家可投生计，具舟并载其妻以行。将抵山，谓曰："留汝妻守舟，吾与汝先往访之。"引至林中，出腰斧斫③死，佯哭下山，谓友妇曰："汝夫死于虎矣。"妇大哭，偕上山寻尸，引入深处，拥而求淫，妇不从。忽虎出，啮丰子去。妇惊走，以为夫落虎口矣，悲恨无聊。俄见一人远哭而来，至则其夫也，各道所以，转悲为喜而归。

【注释】

① 丰：富有。

② 窭（jù）：贫困。

③ 斫（zhuó）：用刀斧等砍或削。

【译文】

明朝荆溪有两个人交朋友，一个富有，一个贫困。穷友妻子美貌，富友阴谋得到她。一天富友对穷友说，外地有一富家，我可介绍你去工作，你带着妻子一道去。于是，三人租了一条船出发。船近深山时，富友对穷友说：

"到了，留你妻子在船上等着，我俩先上去找找路。"就将穷友引至密林中，拿出腰中所带的斧子，将穷友杀害。又假装悲痛，哭着跑下山，对穷友的妻子说："你丈夫被老虎给吃了。"妻子大哭，于是一同上山去找尸首。引入深山处，抱住求欢，妇人不从。正在危急间，突然真的跳出一只老虎，将富友叼去了。穷友妻子惊吓奔走，认为丈夫已入虎口了，悲痛不已。不久，见远处有一人哭着走来，近前一看，原来是她的丈夫。两人各自把所经历的事情说了一遍，转悲为喜而归。

【解说】

常言道："朋友妻，不可欺；朋友妾，不可灭。"又说："兔子不吃窝边草。"就是与邻为善的意思。明朝荆溪的这两个朋友，一富一贫本来不应该损害两个人的友谊，应当互相提携。可是，这个富友却不是一个好人，他是一个好色贪淫的人。本来贫富是每个人的命运而造成的，但上天也不会把好事全都给一个人。穷人虽不富有，却有一个美丽的妻子。这就引起了富友的占有之心。为了占有穷友的妻子，他就谋妻害命。没有想到，吉人自有天相，穷人没做亏心事，并没有被杀害。而富友欺骗其妻"被老虎吃了"，最后竟然是自己被老虎吃了。可谓机关算尽太聪明，反误了卿卿性命。

23. 杨枢

余杭张某，商贩金陵，寓旅店，有妇称邻居，与张通焉。久之，张察邻居无是妇，疑而诘之。妇曰："正有所托，妾非人也。有杨枢者，非君里人乎？"曰："然。"妇顿足啮齿曰："此天下负心人也。妾乃娼妇，少与杨欢，曲意事妾，无所不至，为誓盟迎归，生死相保。妾以箧笥①归之，坚心守盟。久无音耗，闻已别娶矣，以是赍恨②而死。

此店即妾故居，欲附君归舟，察杨新妇若何。"张如语。既至，别张，适杨宅。杨以诞辰，张乐宴客，忽暴死，所娶亦病剧几死。张闻大惊。

【注释】

① 箧笥：藏物的竹器。此处指私藏的积蓄。

② 赍恨：抱恨。

【译文】

浙江余杭商人张某，贩货到南京，住在旅店，有个妇人自称邻居，便与张私通。时间久了，张某察觉邻居中没有这个妇人，因怀疑而追问她。妇人说："我正有事相托，我不是人。有一个叫杨枢的人，不正是与你同乡吗？"张说："是。"妇人顿足咬牙说："这个人太没良心了。我本是一个妓女，年轻时与杨枢相好。他千方百计讨我喜欢，对我的关爱无微不至，还发誓要娶我回家，生死相守。我便将所有积蓄交给他，并坚守自己的誓言等待他。他走后久无音讯，后来听说已另外娶妻了。我便含恨而死。这个客店即是我生前所居住的地方，我想搭乘你回家的船去他家，看看杨枢的妻子究竟怎样。"张某同意了她的要求。到了后，妇人告别张某，便去杨枢家。杨枢正在举办寿庆，奏乐宴请宾客，突然暴死。他所娶的妻子也生了一场大病差点死去。张闻大惊。

【解说】

黄书云说："至于娼妓，以宿世恶业，致堕此中，宜生怜悯。乃反幸其下贱，恣行淫秽，其损德招报，诚堪畏惧！"娼妓本来就是前世好色贪淫得来的报应，稍有自爱者，她们也想赎身跳出火坑。可那些风流文人，只因好色贪淫，才往这个火坑里跳。杨枢就是一个例子，他往这个火坑里跳，可并非想要救娼妓于水火之中。

看看杨枢的嘴脸，看上了一个妓女，为了满足自己好色贪淫的欲望，对她柔情蜜意，山盟海誓，发誓要娶她回家，实际上全是骗人的鬼话。不仅占有了妓女的身子，而且还把她一生的积蓄也骗走了。可谓是骗色又骗钱，最后致使该女子含恨而死。杨枢自以为奸计得逞，可以逍遥法外，另娶快活。却没有想到善恶报应只是迟早的问题，结果妓女的冤魂还是找到他了，在大宴宾客中死去，给人们带来新的鉴戒。

24. 张安国

张安国，有文学①而无行检②，淫一邻女，致女死于非命。后应试，主试奇其文，欲取作元。忽闻空中叱曰："岂有淫人害人之人，作榜首者耶？"主试忽仆地，及苏，起视其卷，已裂为粉碎矣。放榜后，主试呼安国告其故，安国惭愧而卒。

【注释】

① 文学：文才，才学。
② 行检：操行，品行。

【译文】

张安国有文才而无德行，曾奸淫一邻女，并且致使该女死于非命。后来他参加应试，主试官对他的文章惊叹不已，准备取为第一名。刚起了这个念头，忽闻空中呵斥说："哪里有淫人害人的人可以作为榜首的？"主试官闻此声，应声倒地。等他苏醒过来，再看试卷，已裂为粉碎。放榜后，主试官招呼安国来到房里，把事情的经过说了一遍。安国听罢，惭愧而死。

【解说】

有才而无德，奸淫邻女并致死，考官想录取，冤魂也不会答应。人间有冤情，阴间就有冤魂。冤屈而死的鬼魂纠缠不休，就会伺机报复。

25. 江实

建昌罗某，家贫不能娶妻，其母遂改嫁江姓，得银娶章氏为媳。罗以母故，不忍与妇共枕席。章询知，脱簪珥①衣服，令夫持以取母。夫喜，奔告母，因天晚留宿。不意江前妻子江实，已窃听之，夜托罗名，叩门入内，拣取诸物，且求欢，章不识其诈也，遂携所有而去。及天明，夫回，章方知受骗，愧恨缢死。夫具棺殓，舁②至郊外。忽雷电交驰，震死一人，手捧簪珥衣服，跪棺前，背书"奸贼江实"四字。棺木碎裂，章氏立道旁，见夫问其事，相与大恸扶归。继父江潮，亦感泣，携罗夫妇与之同居。

【注释】

① 簪珥：发簪和耳饰
② 舁：抬。

【译文】

建昌人罗某，家贫不能娶妻，他的母亲只好改嫁给江姓人家，换得银两，为他娶了章姓媳妇。罗某想到自己的母亲，为了自己娶媳妇而被迫改嫁，不忍心与媳妇同眠共枕。新娘知道了后，立即脱下首饰衣物叫丈夫拿去把母亲换回来。丈夫大喜，就急奔江家去告诉母亲。来到江家，夜色已晚，遂留宿。不料江翁前妻的儿子江实偷听到此事，连夜到罗家，冒充罗某，拣取所有首饰衣物，并向新娘求欢。章氏因新婚害羞而没有识破其中诈伪。天不亮，江实携带所有首饰衣物而去。到了天明，丈夫回到家，章氏这才知道自己受骗了，愧恨不已，上吊而死。丈夫悲愤交加，为章氏举办后事。出殡那天，丈夫抬着棺材，来到郊外，准备下葬。忽然，天空雷电交驰，震死一人。此人手捧首饰衣物，跪在棺前，其背上书写"奸贼江实"四个字。棺木被雷震碎，新娘站在路边，见到丈夫就问："这是怎么回事？"丈夫告诉她情况后，夫妻二人相拥悲泣，搀扶而归。继父江潮，亦被感动得涕泪不止，于是邀请罗某夫妇和他们住在一起。

【解说】

江实与王生堂兄可有一比，相同的都是雷击淫贼，不同的是所奸污对象是贤妻，并且要卖首饰衣物换取母亲回来，因此她之死，其情节又胜过王生媳妇一筹。所以其结果是淫贼被雷击死，而这个好媳妇又死而复活。可见上天也不会让这样好媳妇死了，不会让那么孝顺的儿子失去贤媳。

26. 许兆馨

明晋江许兆馨，戊午举人[①]。往诣本房[②]座师[③]，偶过尼庵，悦一少尼，遂以势胁之，强污焉。次日，忽自啮舌两断而死。

【注释】

① 举人：明清两代称乡试录取者。

② 本房：科举时代乡、会试考官分房批阅考卷，故称考官所在的那一房为本房。

③ 座师：明、清两代举人、进士对主考官的尊称。

【译文】

明朝晋江许兆馨，是戊午年的举人。前往拜见录取自己的考官，路过一座尼庵，见一少年尼姑长得很美，就用自己的势力威胁而奸污了她。第二天，突然自己咬断舌头为两截，暴死。

【解说】

《安士全书》有同例，稍微多一些细节，如对尼姑见色起意，先是挑逗调戏，不从，就以势威胁，将她强奸。第二天无故发狂，将舌头咬断而死。安士先生评论："此是花报，果报在地狱。"

根据文昌帝君《戒淫圣训》，奸污尼姑者属于罪行最严重的人，也就是第四种人，果报在无间地狱。什么是花报？丁福保《佛学大辞典》有解释：花者喻也。又假之义也。如人为获果实而植树，正得其果实，兼可得花，花即花报也。如此众生植善恶之业因，正报其业因之结果曰果报。又称实报正报。附随其实报正报而得之假果名花报。例如不杀之因，远感涅槃之果，谓之实报，因之而得长寿，是即花报也。《智度论》十一曰："如人求荫故种树，求花或求果故种树，布施求报亦复如是。今世后世乐如求荫，声闻辟支佛道如花，成佛如果。"《往生要集》上末曰："应知念佛修善为业因，往生极乐为花报，证大菩提为果报，利益众生为本怀。"

27. 铅山某人

铅山人某，悦邻家妇美，挑之不从。值其夫病，天大雷雨，乃着两翼花衣，跃入邻家，奋铁椎^①击杀之，仍跃出，人皆以为雷击也。后遣媒求娶，妇因贫改适^②，伉俪^③甚笃^④。一日妇拣箱见衣，怪其异制，夫因笑而言其故。妇佯为言笑，俟其出，即抱衣赴官。官论绞罪。绞之日，雷大震，身首异处，若肢裂者。

【注释】

① 铁椎：铁锤。

②改适：改嫁。

③伉俪：夫妻。

④甚笃：感情很深厚。

【译文】

铅山有一个人，看上了邻家的美妇，挑逗不从。后来遇上其夫生病，天大雷雨，他就穿了一件带两只翅膀的花衣，翻墙跃入邻家，举铁椎将少妇的丈夫杀死，然后翻墙跃出。人们都以为少妇丈夫是被雷击死的。后来他就请媒人向少妇求婚，少妇因为生活困难，就改嫁了他，婚后夫妻情深。一天少妇整理衣箱，发现了那件花衣，感觉很奇怪，此人在笑谈中说出了以前的事。少妇假装说笑，等他出去以后，就拿了这件衣服向官府告状。官府将这个人处以绞刑。行刑那天，雷电大作，将他的尸体震得身首异处，四肢断裂。

【解说】

杀夫娶妇，天理不容。不仅杀夫，还把雷击的恶名也加到了他身上。自古以来，别人骂人，就有天打雷劈之语，这可以说是最恶毒的语言了。在大众眼里，如果是被天打雷劈的人，那也肯定是罪大恶极的人。所以既杀了人，还把恶名加给他，罪上加罪。此外，他还恬不知耻，以阴谋诡计占有了别人的妻子，还把杀死其夫的事当作笑话说出来，一点也没有觉得内疚，真是天良丧尽。如此之人，即使有更大的福报，上天还能看下去吗？所以就在被告发伏法之后，还要雷击淫贼，以警醒世人！

28. 郭亨

江宁庠生郭亨，己卯入场。未放榜时，其友杨生谓曰："我近为阴府判官①，知君该中五十七名。汝家一婢，为汝收用，受气不得其死，屡来赴告，以此除君名矣。"郭初闻之不信，及领卷出来，本房已入荐列，乃大悔恨焉。郭生一生忠厚，只因此事不慎，潦倒终身。

[批]《功过格》②："留婢作妾，为三十过。"特以理而言也。若揣情酌势③，则且有无穷之过存焉。盖男女之配，虽贫贱而各得所愿。强抑为妾，已违其本愿。而更有最难堪者，常有以少艾而事老夫，以娇柔而遭悍妒，赍恨衔怨，郁郁求死，遭此毒者，良可悯也。要其所自，则以一人之不能制欲而然。至妻妾之间，诟詈相争；中冓之事，丑秽莫掩。患非一端。人非万不得已，慎毋以此造无穷之孽也。

【注释】

① 判官：冥司中阎王属下掌管生死簿的官。

② 功过格：逐日登记自己所行之善恶事，藉以考查功过之表格或书籍，称为功过格。即将人类行为之功过善恶予以分类，并明定善恶之点数，依此作为判定行为之标准，并作为权衡鬼神降与福祸之依准，乃属劝人行善之书。此种藉善恶之多寡而决定鬼神降福祸之思想，最早见于东晋葛洪所作《抱朴子》一书，为道教之根本思想。近世承继此思想者很多。即以具体现实之善恶行为，详细计算点数，阐说善因善果、恶因恶果，此系功过格之特质。具体制定功过格之条目与内容之作法，最古者当推金大定十一年（1171 年）道士净明道所作之《太微仙君功过格》，立有功格三十六条、过律三十九条，规定治人疾病、救人性命、传授经教、为人祈禳、劝人为善等，皆予记功，反之行不仁、不善、不义、不轨等事则记过，逐日记录，一月一小比，一年一大比，善多者得福，过多者得咎。据清代石成金之《传家宝》记载，宋代之范仲淹、苏洵等人亦皆作有功过格，名闻一时。然至明万历三十二年（1604），云栖袾宏著《自知录》、云谷禅师授功过格之后，始普及一般民众。

③ 揣情酌势：揣度情势。此处指分析其中的具体情况。

【译文】

江宁考生郭亨，己卯年去考试。未放榜时，其友杨生告诉他："我近来做阴府判官，知道你该考中第五十七名。但你家中一婢女，被你强迫纳为小妾后，因为受气而死，屡次来告你，你已经被天榜除名了。"郭亨起初不信，后知他的卷子，本房批卷老师已经推荐了，但却榜上无名，这才大生悔恨。郭亨一生忠厚，只因此事不慎，而潦倒终身。

［批］按《功过格》讲："留婢做妾，算作三十次过失。"其中的道理，讲了很多。若仔细揣情酌势，不仅仅是三十次过失，而是有无穷的过失。一般讲男女婚配，人虽贫贱，而各有所愿。强纳人为妾，已违其本愿。而最尴尬难堪的是，少妇配老夫，因为她娇柔又常遭凶悍正妻的嫉恨，抱恨含怨，郁郁而死。遭此毒害的人，实为世间可怜悯者。追究源头，都是因一人不能节制淫欲而导致。至于妻妾之间，诟骂相争；内室之事，丑秽难掩。潜在祸患，绝非一端。所以，人不到万不得已的时候，千万不要留婢做妾，慎毋因此而造作无穷的罪孽啊！

341

29. 王勤政

滁阳王勤政，与邻妇通奸，有偕奔之约，妇因杀其夫。政闻大骇，即独身逃至江山县，相距七十里，以为祸可脱矣。饥入饭店，店主具二人食。政问故，店主曰："此披发随汝者非人乎？"政惊，知怨鬼相随，即到官自首。男女俱伏法。

【译文】

滁阳王勤政，与邻妇通奸，二人约好准备私奔，妇人为此将自己丈夫杀了。王勤政闻此消息，大惊失色，就独自逃到相距七十里以外的江山县，以为可以躲过此祸。王勤政饿了，独自上饭店吃饭，店主却为他准备了两份饭食。勤政问原因，店主说："难道这位披头散发跟你一块来的不是人？"王勤政一惊，知道怨鬼已跟来了，就赶到衙门自首了。男女二人俱伏法。

【解说】

《安士全书》有同例，安士先生评论："怨鬼既然随身，人就不能自主。人能自首，是怨鬼使他这样。"

有了奸夫淫妇，就会出命案。淫妇为了跟奸夫私奔，竟然狠毒地杀害了自己的丈夫。可杀害了丈夫，也没得到奸夫。奸夫恐惧追究，早就先跑了。哪知冤魂跟上他了，怨鬼既然随身，人就不能自主。奸夫哪有心甘情愿去告发自己的呢？人能自首，是怨鬼使他这样。

30. 孪生兄弟

豫章有一乳双生者，相貌声音如一，自襁褓①以至三十，相征得失皆同。三十一岁，兄弟科举至省。邻妇媚而丽，挑其兄，兄正色拒之，且以此戒其弟。弟佯诺，竟与妇通。妇初不知其为弟也。彼此情稔②，因与妇约曰："我得中，必娶尔。"及放榜，兄入彀③，弟下第矣。弟复诳妇曰："俟我发甲后娶汝。"且以乏资斧④为言，妇倾囊付之。春，兄登甲，妇朝夕盼望，音问杳然，抑郁成病，阴以书贻兄，而妇殂矣。兄得书惊，诘弟，弟俯首输情⑤。次年，弟所举子殇，而兄子固无恙。恸哭不已，双目顿盲，未几亦死。其兄享高爵，多子孙，称全福焉。

［批］凡人当祸患之至，不可尽委之于命，当惕然思我生平，所作何孽，致有今日？重自刻责，改过自新，庶可挽回神明之谴怒，而转祸为福。不然，是亦豫章之弟而已矣。

【注释】

① 襁（qiǎng）褓（bǎo）：为包裹婴儿的被子和带子；指婴幼儿（古代泛指一岁以下幼童，现在以此借指未满周岁的婴儿）。

② 情稔：感情积久。

③ 入彀：考中。《庄子·德充符》："游于羿之彀中。"成玄英疏："其矢所及，谓之彀中。"又五代王定保《唐摭言·述进士上篇》："文皇帝（指唐太宗）修文偃武，天赞神授，尝私幸端门，见新进士缀行而出，喜曰：'天下英雄入吾彀中矣！'"彀中，指弓箭射程之内。后因以"入彀"比喻人才入其掌握，被笼络网罗。亦指应进士考试。

④ 资斧：旅费。

⑤ 输情：表达真情，此处指说出实话。

【译文】

豫章有一对双胞胎，相貌声音都一样。从小长到三十岁，两人遭遇得失都相同。三十一岁时，兄弟两人都到省城参加科举考试。邻居有个寡妇长得美丽，先挑逗哥哥，兄长严词拒绝，并且告诫弟弟小心。弟弟假装答应，暗地里却与妇人私通。妇人开始不知与她私通的是弟弟。感情越来越深，就与妇人相约说："我如果考中，一定娶你为妻。"到发榜时，兄长考中，弟弟落榜了。弟又欺骗妇人说："等我上京考取后娶你。"并且向妇人说路费不够，妇人将自己的积蓄全部给了他。第二年春天，兄长考中了第一名。妇人在家朝夕盼望，音讯杳然，忧郁成病，悄悄写了一封信给兄长，不久便死了。兄长得书信大惊，便追问弟弟，弟弟低头说出实话。第二年，弟弟家的儿子死了，而哥哥家的儿子安然无恙。弟弟大哭不止，两眼哭瞎，没有多久也死了。他哥哥当了高官，而且多子多孙，可称得上全福了。

[批]凡人遇祸患时，不可全部归于命运，应该认真地反省自己一生所为，做了哪些坏事，怎么招致今日之祸的？深刻自责，改过自新，或许可以挽回神明的谴责与愤怒，转祸为福。不然，也只是像豫章弟弟的那种

下场而已。

【解说】

《了凡四训》认为，命自我立，福自我求，孪生兄弟一生对比，不正是如此吗？

31. 维扬某生

维扬某生，造一淫书既成，梦神呵之，醒而自悔，遂止。后因子夭家贫，仍复付梓^①，未几目瞽，手生恶疮，五指拘挛^②而死。

【注释】

①付梓：古时雕版刻书以梓木为上，后因称书籍刊印为"付梓"。
②拘挛：痉挛。肌肉抽搐，难以伸展自如。

【译文】

扬州某生，写了一部淫书，就在快要完稿的时候，梦见神呵斥他，醒来悔悟，就停止不写了。后来因儿子死了，家境贫困，于是又把他写的书稿拿了出来，刻印挣钱。没有几年，眼睛失明，手生恶疮，五指痉挛，凄惨而死。

【解说】

文昌帝君《戒淫圣训》把写淫书列入第四等罪人，是邪淫里面罪业最重的。《戒淫圣训》说："更有造作淫秽图书，坏人心术，这种人死后堕入无间地狱，直到这些书完全消失，而且看了这些淫书而造罪者的苦报也受尽了，淫书的作者才能出离地狱。"为什么写淫书的作者要受这么久的痛苦？文昌帝君告诉我们，女人看了淫书，本来是名门闺秀、贞洁淑媛，可顶不住淫书的诱惑，看着看着就心旌摇荡，不禁欲火中烧，就做出了与人私奔、与人偷情的恶行。年少有才华的读书人，本来读圣贤书是很有前途的，结果被淫书引诱，立即燃起欲火，做出种种伤天害理的事情。所以，维扬某生写淫书的报应就不足为奇了。

32. 施耐庵

施耐庵作《水浒》，其中奸盗之事，描写如画，子孙哑者三世。

【译文】

施耐庵作《水浒》，其中诲淫诲盗之事，描写得栩栩如生，子孙三世得哑巴报应。

【解说】

中国古代文学先有诗歌与散文，后发展而来的有小说与戏剧，到了小说阶段中国文学实际上走上了通俗化的道路，出现了色情描写。《寿康宝鉴》多处在这个方面提醒写书的作者，一定不要把自己的文学才华用到了色情描写上。《水浒传》早已被誉为中国历史上四大文学名著，可《寿康宝鉴》说"其中诲淫诲盗之事，描写得栩栩如生，子孙三世得哑巴报应"，这是告诉读者一旦涉及到色情描写一定要慎重。后来以描写色情为主的《金瓶梅》就一直被主流社会作为禁书。

《安士全书·欲海回狂》"金圣叹"一节说："江南人金圣叹，名喟，博学好奇，才思聪敏，自称当世无人超过自己。多著淫书，发挥才华，牟取声名。所评西厢、水浒等极秽亵处，往往引用佛经。人们佩服他的才华，名扬天下。"所以，他的结局是："顺治辛丑，忽因他事入狱，杀头弃市。"

33. 郑生

清康熙丙午年，兖州①属县有郑生者，美秀②能文。悦舅之女艳而淑，求为婚。舅弗许，既诺邻邑萧氏之聘。以婿病，逾年未嫁。郑赂女之婢，得其睡鞋、香囊，怀以示萧之内戚③，言女与己有私。盖计萧知之，必当离婚，婚既离，则破甑④无有顾者，然后可求而得之耳。萧得谮⑤，疑信相半，使人诘女之母。女闻谤言，不胜其愤，取利刃一挥，命随腕绝。父讼之官，邑侯⑥某公，察而毅，捕郑拷讯，尽得其实。备极五刑⑦而死。

〔批〕唐元稹之姨女，崔莺莺者，绝世姿也。稹固求为婚，崔母欲以妻其侄郑恒，不遂其请。稹愤甚，因作《会真记》以污之，且代莺作唱和诗传世，遂使无瑕白璧，蒙垢千秋，较之郑生，罪又甚焉。厥后雷火焚尸之报，不亦宜哉？

【注释】

①兖（yǎn）州：古作"沇州"。古九州之一，在今山东西部与山东河北交界处，在古黄河与古济水之间。

②美秀：美好秀丽。

③内戚：同姓的亲戚。

④破甑（zèng）：《后汉书·郭太传》："孟敏字叔达，巨鹿杨氏人也。客居太原，荷甑堕地，不顾而去。林宗见而问其意。对曰：'甑以破矣，视之何益？'"后遂以"破甑"喻不值一顾的事物。甑：蒸食炊器，其底有孔，古用陶制。

⑤谮（zèn）：诬陷。

⑥邑侯：县令。

⑦五刑：五种轻重不等的刑法。

【译文】

清康熙丙午年，兖州下属县有个郑生，长相俊美又有文才。喜欢表妹美丽贤淑，向娘舅求婚。娘舅没有答应，却把表妹许配给邻县萧家的儿子。因为女婿病了，几年都没有结婚。郑生买通表妹的婢女，得到表妹的睡鞋和香囊，藏在身上拿去给萧氏的亲戚看，说表妹与自己有私情。他认为萧家知道后，必定会退婚，退婚后，表妹就破罐子没人要，然后再去求婚就能得到了。萧家听此诬陷，半信半疑，派人去问女孩的母亲。女孩听到诽谤自己的谣言，难忍心中愤怒，取过利刀一挥，就这样一下子自绝而死了。她的父亲到官府去控告，县令某公，明察秋毫，为人正直，逮捕郑生拷问，真相大白。判处受尽五刑才让他死。

[批] 唐代元稹的姨表妹，名叫崔莺莺，姿容绝世。元稹一再请求为婚，崔母则想把她嫁给其侄郑恒，不答应元稹的请求。元稹很气愤，就作《会真记》来污辱她，又代替崔莺莺作唱和诗传世，就使无瑕白璧，蒙垢千秋。比起这个郑生，罪又更重了。其后雷火焚尸之报，不是应当的吗？

【解说】

郑生本来才貌双全，按理说有大好前途，可却毁于好色。舅舅的女儿说起来与他是有血缘关系的，也是自己的亲戚，可却因为被女色所吸引，就挖空心思，千方百计想要得到。世间姻缘本来就是前世而定，舅舅偏偏就要把女儿嫁给萧家。到这里要是郑生止步了就还有救，没想到他有蛇蝎心肠，诬陷自己表妹的名节，致使表妹含怨自尽。人没有得到，郑生就被舅舅控告，遇上一个清官，将郑生处以极刑。这个极刑不是让他一下子死了，还要让他备尝五刑。正直之人对淫恶之罪，哪能姑息！

无独有偶，唐朝诗人元稹，看到自己的表妹崔莺莺长得绝世美貌，于是就想娶她为妻。他向她求婚，但是却遭到了拒绝，于是他就很生气写下了《会真记》。虚构他表妹和别人偷情的故事，来毁谤他表妹的名节，致使他的表妹崔莺莺蒙垢千秋，也导致后世的学者，学会了偷情私会。结果怎么样呢? 元稹在死的时候痛苦万分，而且死后尸体还惨遭雷电焚烧的结果。

34. 江南书生

江南一书生，文有藻思，但素性好谈人闺阃①事。己酉入闱②，至三场给烛时，忽见卷面上，有"好谈闺阃"四字，生急以手擦去，及誊正视之，卷面已擦破矣。后视卷七篇硃圈③满，拟中魁，因无三场不录，自是潦倒终身。

【注释】

① 闺阃（kǔn）：本指内室，此处指男女之事。

② 入闱：指科举考试时考生或监考人员等进入考场。

③ 硃圈：红圈。硃：朱色，大红色。科举时代考官用红笔圈出卷面上精彩之处，以示赞赏。

【译文】

江南书生江南有一书生，文才很好，但平常好谈男女隐私。己酉年进考场，第三场点烛时，忽见自己的卷面上有"好谈闺阃"四个字，急忙用手擦去，在誊正时发觉卷面已擦破了。后来看卷子，七篇都是红圈，预备批第一名，却发现没有第三场的考卷，因此没录取他。书生从此潦倒终身。

【解说】

文昌帝君《戒淫文》说："考场禁地处处都有神在注目，三场考试场场都有鬼在监察。可惜啊！考卷字字珠玑，忽有灯灰落纸而毁坏；怅恨啊！文章篇篇锦绣，无缘无故被墨迹污灭。实际上，都是我在冥冥中主持公道，谁说苍天无眼呢？"

江南书生本来有望夺魁，却因为平时好谈男女隐私，相当于我们现在所说的喜欢开下流玩笑。那么，平时三五人一堆，那些三句话不离本行，把开下流玩笑当作饭吃的人，能不引以为鉴吗？

35. 秦生

明季^①吴下^②有秦生者，力学多才，尤工诗词乐府。为人极其轻薄^③，唯好作谑语^④诮^⑤世。或见人形貌不堪，识面而一诗立就；闻人作事可笑，入耳而一歌已成。其窗友龚^⑥缘入泮^⑦，作《游庠诗一百韵》"贺"之。其邻人帷薄不修^⑧，作《黄莺儿十首》"赠"之。绘影写风，穷工极巧，流播人口，达于远近。因此屡困老拳^⑨，且讼之官府，几至裭^⑩其衣衿^⑪，终不改也。晚年忽病疟发狂，自啖其粪，取刀自劆^⑫其舌。家人夺刀，锁之空室中。觅刀不得，乃嚼舌如糜^⑬而细吐之，臭闻户外。后于窗隙，窥见庭中有劈柴斧，遂奋勇突窗而出，取斧自斫^⑭而死。

［批］于觉世曰：以秦生之才，何难为善俗宜民之用，而乃以此为杀身之具。何异以隋侯之珠弹雀^⑮、太阿之剑刈薪^⑯也。近有一生，负异才，自拟必中，然好以经书为谑浪^⑰之谈，后屡获荐，皆因后场有讹被黜^⑱。此则侮圣言之报也。因世间才士，往往犯此，不知其非。噫！如此读书，与优人^⑲演戏何殊焉？斯文扫地^⑳，皆此种读书人所致。

【注释】

① 明季：明朝末年。季：末，指一个时期的末了。

② 吴下：泛指吴地。下，用于名词后表示处所。

③ 轻薄：轻佻浮薄。

④ 谑语：戏笑嘲谑的言辞。

⑤ 诮：嘲笑，讥刺。

⑥ 夤（yín）缘：攀附上升，比喻拉拢关系，向上巴结。

⑦ 入泮：古代学宫前有泮水，故称学校为泮宫。科举时代学童入学为生员称为"入泮"。

⑧ 帷薄不修：家门淫乱的讳语。

⑨ 老拳：结实有力的拳头。

⑩ 褫（chǐ）：夺去。

⑪ 衣衿：古代指交领或衣下掩裳际处。后亦指上衣的前幅。此处指读书人身体功名。

⑫ 劙（lí）：割，劈。

⑬ 糜：碎烂。

⑭ 斫（zhuó）：用刀斧等砍或削。

⑮ 隋侯之珠弹雀：成语隋珠弹雀。出自《庄子·让王》："今且有人于此，以隋侯之珠，弹千仞之雀，世必笑之。"如今却有这样的人，用珍贵的隋侯之珠去弹打飞得很高很高的麻雀，世上的人们一定会笑话他。

⑯ 太阿之剑刈薪：用太阿宝剑去砍柴。太阿：古代宝剑名。

⑰ 谑浪：戏谑放荡。

⑱ 黜：废除。

⑲ 优人：古代以乐舞、戏谑为业的艺人。

⑳ 斯文扫地：文人自甘堕落。

【译文】

明朝末年吴地有一位姓秦的书生，勤学多才，尤其擅长诗词乐府。但人品极其轻薄，喜欢写戏弄的语言嘲笑别人。见到相貌丑陋的人，当面就能作出一首诗来；若听到有什么可笑的事，只要一入他的耳，也马上可以完成一首歌。他的好友开后门入学，作《游庠诗一百韵》"贺"他。邻居家有男女丑事，秦就作《黄莺儿十首》十首"赠"他。捕风捉影，写得有声有色，流播人口，达于远近。秦书生因此而屡屡被人痛打，且被告到官府，甚至要革除他的功名，但他还是不改正。晚年忽得疟病发狂，吃自己粪便，拿刀自割舌头。家人夺去刀，将他锁在空室中。他找不到刀，于是就自嚼舌头，碎烂吐出，臭闻户外。后来从窗户缝隙看见庭院中有劈柴斧头，就奋力冲出窗外，取斧自砍而死。

　　[批] 于觉世说：以秦书生的才华，用来劝人向善，改善民风是不难做到的，可他却把这种才华当作自己杀身取祸的工具。这与用隋侯宝珠去弹雀，用太阿宝剑去砍柴有什么两样？

　　最近有一书生，自认为是个奇才，考试必中。然而喜好用经书的语言拿来作戏弄之谈，后来屡次被推荐录取，都因后场有讹而被除名。这都是亵渎圣言的果报。因世间才士，往往犯此，不知其非。啊呀！如此读书，与优人演戏有何不同？斯文扫地，都是此种读书人所致。

【解说】

　　本是世间奇才，诗词歌赋样样精通，却把最好的才华用在玩世不恭上。所写的虽然不尽是淫秽之语，亦算是下流玩笑。传统文化常常说："隐恶扬善。"别人的外貌乃是父母所生，各有好丑，为什么要讥笑别人的缺陷呢？别人的隐私既然不宜公开，为什么还要写成文字传播呢？就连自己的同窗好友也不放过，本来开后门入学就没有面子了，他还作《游庠诗一百韵》"贺"之。

　　况且，他还经常谈及男女隐私。"其邻人帷薄不修，作《黄莺儿十首》'赠'之。"帷薄不修，就是指家门淫乱的讳语。别人是要保密的，如果有人说出来，那人还有面子吗？黄莺儿，词牌名，为柳永创调，即咏黄莺儿。柳永是个什么人？风流才子，浪荡公子。他早年流寓杭州、苏州，沉醉于听歌买笑的浪漫生活。所以屡试不第。史载，柳永作新乐府，为时人传诵。宋仁宗洞晓音律，早年亦颇好其词。但柳永好作艳词，宋仁宗即位后留意儒雅，对此颇为不满。及进士放榜时，宋仁宗就引用柳永词"忍把浮名，换了浅斟低唱"（《鹤冲天·黄金榜上》）说："既然想要'浅斟低唱'，何必在意虚名"，遂刻意划去柳永之名。宋人严有翼亦载有此事，说有人向宋仁宗推荐柳永，宋仁宗回复"且去填词"，并说自此后柳永不得志，遂出入歌馆酒楼，自号"奉圣旨填词柳三变"。

36. 孙岩

李叔卿，素廉谨。同僚孙岩嫉之，妄言于众曰："叔卿空自得名，以吾视之，狗彘①也。"或问其说，曰："叔卿妻妹，岂得为人？"自是喧传远近。叔卿欲明，不便出口，即不欲明，愤恚难忍，遂郁悒②死。其妹闻知，大为惊恨，亦缢死。不数日，雷雨暴作，将岩击死，暴尸叔卿之门。及葬，雷复发其冢。

［批］此系有心污蔑人，固应如此重报。而无心戏谑，亦断不可！壬子浙闱，有一妇人进号，随走随唤云："东阳王二。"举号大骇，以火烛之，遂不见。因挨寻至内，果有一王姓行二者，具以告，且诘其故。其人思之良久，曰："数年前聚族戏谈，偶言一村媪守节，以为难信。其妇闻之，愤而死，得无是乎？"因惧，不敢完卷，收拾出号，坠阶伤额，扶至寓，翌旦死。可见戏谑之害，凡有关人名节者，断不可轻出诸口也。

【注释】

① 狗彘：狗与猪。

② 郁悒：忧闷。

【译文】

李叔卿，平素廉洁谨慎。他的同僚孙岩非常嫉妒他，公然在众人面前，口出妄言说："李叔卿这人空有其名，在我看来，猪狗不如。"有人问为什么，他说："叔卿以自己的妹妹作妻子，怎么能算作人呀？"（暗示与妹私通）这话一传出，远近皆知。叔卿听说后，本想辩明，又不便出口说这种事，有口难辨，愤恚难忍，就忧闷而死。他的妹妹听说了这事，大为惊恨，也上吊自尽了。不几日，雷雨暴作，孙岩被击死，暴尸在叔卿家门前。孙岩下葬后，天空又雷电大作，击毁了他的坟墓。

　　［批］此是有心污蔑他人，固然应当受到如此重报。然而，即使是无心的戏语（开玩笑），也万万不可！壬子年，浙江考场，有一妇人进入考场，随走随叫："东阳王二。"整个考场的考生都吓得不得了，举灯烛出来照，就不见人了。然后，大家又挨号寻找，考生中果然有一个叫王二的。大家告诉他，并追问他的原因。其人思考良久，说："几年前，本家族几个人在一起戏谈说笑，偶然说到村里一寡妇守节的事，当时我说难以相信。后来，这个寡妇听说了，居然气愤而死。不知道是不是这个原因。"王二说完，十分恐惧，不敢完卷，收拾收拾，就退出考场。一出考场，就在阶梯前摔倒，磕伤了额头，有人扶他回到旅馆，第二天一早就死了。可见，凡是涉及他人名节的玩笑话，千万不可轻易出口，害人害己。

【解说】

　　李叔卿就是这样被孙岩无端地造了谣，他有口难辨，跳到黄河也洗不清。好端端一个廉洁谨慎的人就这样忧闷而死。而这个谣言还不止伤害他一个人，他的妻妹还没有出嫁，听到这个消息，也是跳到黄河洗不清了，便上吊自尽了。这样，因为嫉妒，污蔑别人，最后致两人惨死，这样的人罪大恶极，最后被天打雷劈。难道还值得同情吗？

37. 蓝润玉

　　蓝润玉，弱冠①擅才华，丰姿韶秀②，同学皆以金马玉堂③期之。所居邻某尚书宅，尚书有女，已字而未嫁，才色倾一时。生偶见于升车^④时，归而渴想。一日闲步后园，闻隔墙女子声，梯而窥之，识为车中人，乃暗于墙下凿去半砖，日觇之。积半年，女出阁^⑤，生无因再窥，怅甚，乃赋《长相思》词。为一友所见，举而投诸火，并诫其勿复告人，于德行大有累。生笑其迂。后入闱，夜梦神抉^⑥其目，寤而目痛甚，两瞳如针刺，不能启睫，因缴白卷出。归家痛不止，遂双瞽^⑦。及榜发，毁词友魁列矣。

【注释】

① 弱冠：古时以男子二十岁为成人，初加冠，因体犹未壮，故称弱冠。

② 韶秀：美好秀丽。

③ 金马玉堂：金马门与玉堂署。汉时学士待诏之处，后因以称翰林院或翰林学士。

④ 升车：登车，上车。

⑤ 出阁：女子出嫁。

⑥ 抉：戳，穿。

⑦ 瞽（gǔ）：眼瞎。

【译文】

蓝润玉，年少即有才华，丰姿俊秀，他的同学都认为，他将来必定是科第中人。所居与某尚书为邻，尚书有个女儿，已许配人家，但尚未出嫁。该女才色，倾动一时。蓝润玉偶然在该女上车时见了一次，归而渴想。有一日，他闲步后园，听到隔墙女子说话声，就搬了梯子而窥视隔壁大院，正是上车的那个女子。于是在自己家的大院墙下，偷偷凿去半砖，每天都窥视。过了半年，女子出嫁了，蓝润玉也就没机会看这女子了，很惆怅，就写了一首《长相思》词。他的一位朋友发现了，就把词投入火中烧了，并告诫蓝润玉，此事千万不可再跟其他人说，因为与阴德有大牵累。蓝润玉笑这位朋友迂腐。后来到了考试时，蓝润玉夜里梦见有神把自己的眼睛给挖掉了，醒来后感觉眼睛很疼，两只瞳孔如针刺一般，不能睁眼，因而交了白卷而出。回到家里，疼痛不止，就双目失明。等到放榜时，那位烧《长相思》词的朋友，夺了第一名。

【解说】

汪舟次说："太上不言私美色，而言'见他色美，起心私之'，盖只一起心，而罪已不可逃矣。"汪舟次先生认为，太上老君不说"私美色"，而说"见他色美，起心私之"，可见只此淫心一动，就已经罪不可逃了。因为人面对美色，只要眼睛一看见，就会动心，则思慕贪求的念头，就会坚固地纠缠在心中而难以摆脱。这种念头一萌生，不必等到身体去犯，就已违背天理而陷入人欲，阴府已经将它列入无穷恶行的罪案了。

蓝润玉一见尚书之女，则思慕贪求的念头，就坚固地纠缠在心中而难以摆脱，以至于凿墙开洞，窥视半年。他要是有冒嵩少那样的觉悟，就会看破色即是空。其神灵也会诵出："贪将折桂广寒宫，须信三千色是空。看破世间迷眼相，榜花一到满城红。"然而，他不仅看不破色空，好友劝他毁掉《长相思》，他也不以为然。那么最后的报应是什么呢？既然天天欲火顿烧，窥视女色，那么其眼睛就应当挖去。所以，最后双目失明，交了白卷。而劝他毁淫词的人却得了第一名。宁可迂腐，也不要做假聪明人。

38. 某公子

吴地某公子，欲奸一寡妇，与所契友①谋之，友即授之计，约某日往。届期，其父梦绯衣神告曰："汝子当登科甲②，因坏心术，尽削去。某友本贫贱，复为人谋不善，应寸斩其肠。"父惊觉，即至书馆③，果闻此友，哀呼腹痛而死。公子渐渐发狂，披发行市，卒不能救。

【注释】

① 契友：情义相投的朋友。

② 科甲：科举。

③ 书馆：教授典籍之所。

【译文】

吴地某公子，欲奸一寡妇，与好友谋划此事，这位朋友即授计给他，并商定好了行动的日子。到了该日，他的父亲梦见穿红衣服的神告诉他："你儿子本来可以考取，但因心术坏，功名完全削去。某友命本贫贱，还为人计谋，助人为恶，应当斩肠而死。"父惊吓而醒，急忙赶到书馆，果然听到有这位朋友，腹痛哀呼而死。某公子也渐渐发狂，披头散发乱走街市，最终无法救治。

【解说】

《论语·季氏》："友便辟，友善柔，友便佞，损矣。"孔子说："与善于伪装自己而不正直的人交朋友，与善于阿谀奉承而不诚信的人交朋友，与善于空口乱说而无多闻多识的人交朋友，这是有害的。"

某公子与某损友所谓情义相投，那都是把他引入歧途而情义相投。如果是益友，一看见某公子有这个念头，就会马上制止，怎么还会出谋划策呢？可见交益友的重要性。

39. 某师生

浙江皇甫某，乾隆间进士，既罢官，主讲丽泽书院。后唯老夫妇，困顿而没。尝语人曰："吾为某邑知县时，有门生某，有才无行。中乡榜^①后，嫌己聘妻贫，适此女病臌^②，乃指为有孕，控于吾，乞断离。吾拘讯^③此女，不容置辨，女出刀自剖其腹。事遂上闻。某门生抵罪，而吾亦免官。吾只一子，已登贤书^④，无何白昼睹女来，遂死。今吾夫妇，老而无依，行见为他乡无祀之鬼^⑤，报亦酷矣。"

【注释】

① 乡榜：考取举人。

② 臌（gǔ）：此处指因得病而肚子胀大。

③ 拘讯：逮捕审讯。

④ 贤书：出自《周礼·地官·乡大夫》："乡老及乡大夫群吏献贤能之书于王。"贤能之书，谓举荐贤能的名录，后因以"贤书"指考试中式的名榜。

⑤ 无祀之鬼：因为儿子死了，死后就成为无人祭祀的孤魂野鬼了。

【译文】

浙江有个姓皇甫的人，是乾隆年间的进士，被罢官后，在丽泽书院讲学。后来老夫妻俩生活凄惨，困顿而终。他常常给别人说："我做某地知县时，门生某，有才无德。乡试中榜后，就嫌弃自己在家的未婚妻贫穷，图谋退婚。碰上此女得了'大肚子'怪病，门生借此机会，到我这里指控他的未婚妻未婚先孕，求我为他做主，解除婚聘。我就逮捕审讯了此女，不容她分辨，结果该女为表明清白，竟拿出刀子把自己的肚子剖开（证明肚内无胎儿）。该女剖腹而死之事，很快传到了上面。门生伏法抵罪，而我也因此被免官。我只有一个儿子，考试已经上榜，怎奈在大白天看见那个女鬼来，就吓死了。如今，我夫妇二人老而无依，眼看将成为他乡无祀之鬼。报应真是太惨酷了！"

【解说】

　　一旦金榜题名，就嫌弃糟糠之妻，陈世美就是这样的人。皇甫的门生还只是考中乡榜（当然对于当时的一般人来说，考取举人也很了不起了），就开始嫌弃家里已有婚约的妻子太穷，他就开始嫌贫爱富，想要解除自己的婚约。然后他就挖空心思诬陷此女未婚先孕，而他的老师也不分青红皂白，不容分辩，就要屈打成招。不想此女却是一个烈女，宁可死也要证明自己的清白，竟然用刀剖开自己的肚子，看看到底有没有孩子。实际上她只是得了一种大肚子病，被某门生利用而诬陷。其结果是门生伏法，而作为老师，不预先调查，欺负弱者，助纣为虐，也被罢官，最后连儿子也被女鬼怨魂吓死。老夫妻俩晚年凄惨，即将成为无祀之鬼。

第十六章　悔过案

1. 洪焘

明洪焘，一日暴卒，恍惚见绿衣人，引之至阴府。洪问平生食禄，绿衣人于袖中出大帙^①示之。己姓名下，其字如蚁，不能尽阅，后注云：“合^②参知政事^③，以某年月日奸室女^④某，降秘阁修撰^⑤、转运副使^⑥。”洪悚然^⑦泪下，曰：“奈何？”绿衣曰：“但力行善事可也。”俄而前至大溪，绿衣人推堕之，恍然而寤。死已三日，以心暖故未就殓。遂痛自悔过，力行善事。后公以秘撰、两浙漕运^⑧召，甚恐，后竟无他。官端明殿学士^⑨，享上寿而终。则力行悔过之报矣！

［批］世人见有犯此，而仍富贵者，遂疑感应无凭。第^⑩焉知非若洪公之合参政，而降秘撰者乎？又焉知非若洪公之力能悔过，而默为转移者乎？慎毋不生敬信，甘心若李登^⑪之断送其状元、宰相，犹诩诩^⑫以一第为幸也。

【注释】

① 帙：古代竹帛书籍的套子，多以布帛制成，后世亦指线装书之函套。

② 合：应当。

③ 参知政事：官名。简称“参政”。宋朝正式设此官，为宰相的副职，即副宰相。明初沿置于中书省，从二品，洪武九年（1376 年）废。

④ 室女：未出嫁的女子。此处参考《安士全书》安士先生的评论为“媵婢”，那么洪焘邪淫的对象则是婢女。

⑤ 秘阁修撰：官名。北宋徽宗政和六年（1116 年）置为贴职，用以待馆阁之资深者，多由直龙图阁迁任。

⑥ 转运副使：官名。宋朝京东、京西、河北、陕西、河东及淮、浙诸路转运司皆置，为转运使副贰。不设正使处，或置二员。选朝官以上充任。

辽朝转运使司所置，为南面财赋官。金朝为正五品，居转运使、同知转运使下。

⑦悚然：惶恐不安貌。

⑧两浙漕运：管理两浙漕运的官。两浙：浙东和浙西的合称。漕运：利用水道（河道和海道）调运粮食（主要是公粮）的一种专业运输。

⑨端明殿学士：以翰林学士担任，掌进读书奏。后唐天成元年始置，宋沿置，由久任学士大臣担任。元丰改制后，并以执政官担任，无职掌，仅出入侍从备顾问。

⑩第：但是。

⑪李登：见本书《祸淫案》。

⑫诩诩：自得貌。

【译文】

明朝时人洪焘，有一天暴毙，恍惚间被一绿衣人引到阴府。洪问绿衣人自己一生的食禄如何，绿衣人从衣袖中抽出一卷装在布套里的档案给洪看。看见自己名下，字小如蚊子，密密麻麻，难以尽阅，后注说："本来应做参知政事，因某年某月某日奸淫婢女某，被降为秘阁修撰转运副使。"洪惶恐落泪，问绿衣人："这可怎么办才好？"绿衣人告诉他："只要力行善事，就可补过。"忽然走到一条大溪前，绿衣人将洪推落溪中，洪大惊而醒。这时已经死了三日，家人因摸洪心口还暖，所以还没入殓。洪醒来后，痛自悔过，力行善事。后来派他做秘阁修撰、两浙漕运使时，很恐惧，但竟然安然无恙。后升端明殿学士，长寿而终。这是力行悔过所得的善报啊！

［批］世人要是见到洪焘犯邪淫而仍旧富贵，就会疑惑善恶报应不可信。他哪里知道洪焘命中本应为参政，因犯了邪淫而暗中降为秘阁修撰？他又哪里知道洪焘因力行悔改，其官运又在冥冥中升为学士？所以，慎毋不生敬信，甘心像李登那样，断送了状元、宰相的福报之时，还沾沾自喜中过一个解元。

【解说】

《安士全书》有同例，如下：

明洪焘是文忠公的次子。一日上厕所，被亡仆拉至阴府，见一贵人坐在正中，穿红衣绿衣的人左右侍立。洪问自己的前程，绿衣人从袖中拿出一册，文字如蚊子那么小，没有看完自己名字下的话，只见后面注道："本来应做参知政事，因为某日污辱某婢女，降秘阁修撰、转运副使。"洪悚然泪下，绿衣人说："只要着力做善事，还可以挽回。"苏醒后，已经死了三天。从此勇于为善，后来他任命为秘阁修撰、两浙漕运，很恐惧，但竟然安然无恙，以高寿终。官至端明殿学士。

安士先生评论："最易引起淫心莫如滕（yìng）婢，岂知折福如此啊，慎之慎之！"

因果报应，冥冥之中，众生难以明了。现在行恶，却仍旧富贵，那是因为如洪焘一样降到了秘阁修撰、转运副使，富贵大小变了。后来又因痛自悔过，力行善事，所以升至端明殿学士，享上寿而终。然而，因为对婢女行淫，所引来的变化已经触目惊心，所以必须慎之又慎！

2. 某书生

清汉阳一诸生[①]，素有才名，屡试不第。一友为请乩[②]叩之，乩答以："某生应有科名，因少时馆于某家，与一婢私通，欲望登第不能也。"生悚然惊惧，因辑《戒淫功过格》，广采注案，募资刊施。至康熙丙子科，仍中式[③]，人皆以为改过之报云。

【注释】

① 诸生：明清两代称已入学的生员。

② 请乩：扶乩。扶，指扶架子；乩，谓卜以问疑。术士制丁字形木架，其直端顶部悬锥下垂。架放在沙盘上，由两人各以食指分扶横木两端，依法请神，木架的下垂部分即在沙上画成文字，作为神的启示，或与人唱和，或示人吉凶，或与人处方。旧时民间常于农历正月十五夜迎紫姑扶乩。

③ 中式：考取。

【译文】

清朝汉阳有一书生，素有才名，屡试不第。一朋友为他请乩叩求，乩神答示："某生本应有功名，但因年轻时在某家教书，曾与一婢女私通，所以想盼功名，已经不可能了。"某书生听后，十分惊惧，立愿改过向善，编辑《戒淫功过格》，广采注解案例，又募款刊印流通。至康熙丙子年，某生再去参加考试，竟然考取。许多人都认为，这是改过行善所得的福报。

【解说】

扶乩这个做法，一般不宜采用，因为降临的可以是正神，也可能是邪神。如果邪神邪鬼降临就可能破坏因果，引人上当受骗，这是印光大师在文钞中所提到的。

印光大师说："扶乩，乃灵鬼作用，其言某佛、某菩萨、某仙，皆假冒其名。真仙，或偶尔应机，恐千百不得其一，况佛菩萨乎？以乩提倡佛法，虽有小益，根本已错，真学佛者，决不仗此以提倡佛法。何以故？以是鬼神作用。或有通明之灵鬼，尚可不致误事。若或来一糊涂鬼，必致误大事矣。人以其乩误大事，遂谓佛法所误，则此种提倡，即伏灭法之机。汝以为失利益，而问有罪无罪，是知汝完全不知佛法真义，可叹孰甚！"

通过扶乩，某生知道了自己的科名，因与婢女私通而除名，所以他才忏悔修善，而修善正是针对所犯过错，编辑印行《戒淫功过格》，这也是对症下药了，可以算精进了。上面说过，所有功德中，法施第一，所以某生能够改变自己的命运。

3. 项希宪

明项希宪，原名德棻^①，梦已为癸卯乡科，以污两少婢，被神削去科名。遂誓戒邪淫，力行善事，以赎前愆。后梦至一所，见黄纸第八名为"项"姓，中一字模糊，下为"原"字。旁一人曰："此汝天榜名次也，因汝近来改行，故复占此。"遂易名"梦原"。壬子乡试，中顺天二十九名。己未会试，中第二名。甚疑梦中名次之爽，及殿试为二甲第五名，方悟合鼎甲^②数之，恰是第八。盖乡、会榜皆用白纸，唯殿试榜独黄纸云。

按：因梦儆^③悟，而痛自改过，还是有福人气象。不然，则既已削去矣，焉得复占此科名哉？可知天道祸淫，不加悔罪之人。有志者，无以一失足，而遂谓不可转移也。

【注释】

① 棻（fēn）：香木，多用为人名

② 鼎甲：科举制度中状元、榜眼、探花之总称。以鼎有三足，一甲共三名，故称。

③ 儆：告诫，警告。

【译文】

明朝项希宪，原名德棻，梦见自己考中癸卯年的乡试，因玷污两名年少婢女而被削去科名。醒来之后，发誓戒邪淫，并力行善事，以赎罪补过。后来，他又梦见来到一个地方，见一黄纸上所写的第八名为"项"姓，中间一字很模糊，最后一个字为"原"字。旁边一个人告诉他说："这是你原来的天榜名次。因你近来改过向善，所以你又恢复了原来的科甲名次。"于是自己改名为"项梦原"。壬子年乡试，他考中顺天第二十九名。己未年会试，考中第二名。这时，他开始怀疑梦中的第八名怎么会不准呢？等到参加殿试,得二甲第五名,这时他才悟到,合计鼎甲所得名次,恰是第八。另外,乡试、会试的榜文都用的白纸,只有殿试榜文才用黄纸。

按:因梦警悟,而能痛自改过,还是有福人的气象。不然,功名已经削去,怎么又会再恢复呢?由此可见,天道祸淫,不加悔罪之人。世间有志者,不可以为一失足就不可转移了。

【解说】

玷污两名少年婢女,可以说是严重的邪淫了。但是,只要金盆洗手,痛改前非,也是有办法挽救的,并且可以恢复过去的福报,甚至超过。如上面针对邪淫,就编辑《戒淫功过格》流通,这是对症下药的办法。项希宪也誓戒邪淫,力行善事,以赎前愆。从被削去一切功名,到最后殿试为二甲第五名,已经是莫大的成绩了。

4. 贾仁

贾仁,五十无子,夜梦至一府第,题曰"生育祠"。仁因叩求子嗣。主者①取簿示之,谓曰:"汝曾奸人妻,欲求子不可得也。"仁哀告曰:"小民无知,乞容赎罪。"神曰:"汝既悔过,更劝十人不淫,方可赎罪。再劝化多人,则有子矣。"仁醒,痛自改悔,因广劝世人,感化甚众,后举二子。

【注释】

①主者:主管人,长官,首长。

【译文】

贾仁,五十岁仍无子。一日,夜梦来到一府第,上有匾额题曰"生育祠"。于是，他就磕头求子。主神取来一簿给他看，说："你曾经奸淫别人的妻子，欲求子，不可能了。"贾翁哀告说："小民无知，乞容赎罪。"神答道："你既然已经悔过，若能劝化十个人不邪淫，才可赎罪。如果再劝化更多人，就可以得子了。"贾仁醒来，痛自改悔，因而广劝世人，很多人因此受到感化。后来，他得了两个儿子。

【解说】

要实现什么愿望，就要针对这个愿望做什么善事。《涅槃经》说："种瓜得瓜，种李得李。"这就是常说的"种瓜得瓜，种豆得豆"的来历。种什么，收什么。比喻做了什么事，得到什么样的结果。贾仁犯了邪淫罪，那么就劝化别人不犯邪淫，然后就实现了自己的愿望。

5. 钟朗

辛卯浙闱场前，有一人梦神祇①聚会，考校②中式③诸人，首名为钟朗。有一女子诉怨，中坐者曰："是不可中。"因访求补此名者，旁答曰："盍④以孺子代之？"某人醒而以梦告钟，因细询钟委曲⑤，知其家有婢怀妊⑥，为主母不能容，赴水死。钟常以此不安于心，闻梦，惊骇殊甚。是科钟果不中。余恂中元，所谓"孺子"者，乃恂之字也。未几，钟妻病殁⑦。钟益惧，由是力行不怠。次科甲午，仍中解元⑧。

【注释】

① 神祇：神灵。

② 考校：考查比较。

③ 中式：考取。

④盍：何不。

⑤委曲：事情的原委，底细。

⑥怀妊（rèn）：怀孕。

⑦病殁：病死。

⑧解元：科举时，乡试第一名称"解元"。

【译文】

辛卯年，浙江乡试即将开始前，有人梦见诸神聚会，考查比较此次应考取的几位考生。第一名叫钟朗，有一女子前来诉怨，中间坐的那位神说："该生不可中。"因访求补此名者，旁答道："何不让孺子代替他呢？"此人醒来后，将梦告诉钟朗，并问明原因，才知道原来钟朗淫污了家里的婢女，导致婢女怀孕，为正妻所不容，投水自尽。此后钟朗时常内心不安，听到这个梦后，更加恐惧不已。此次考试钟朗果然没有考中。余恂中了第一名，所谓"孺子"，正是余恂的字。不久，钟朗的妻子病死了，钟朗更加害怕了。于是发愿忏悔，力行善事而不敢懈怠。下次的甲午科乡试，钟朗仍考中解元。

【解说】

汪舟次说："至于婢女、仆妇，是最容易遭受奸淫的。岂不知这些人，本来也是良家女，只因遇难投靠别人，因为贫穷自卖其身。怎么能够既要剥削她们的劳动，又要淫乱她们的身心？况且家政不肃，家道不和，大多是这个原因。有的是被妒忌的妻子鞭打而害了性命，有的是凶悍的女仆反咬其主人。有的是父子不知而共淫一女，有的是兄弟不知而同宿一妇。最严重的后果是，若是这些女仆怀了孕，本与主人是骨肉同胞，生下后沦为下人。后人不知情，误行奸污，名义上是主仆，血缘上却是兄妹。伤风败俗，不忍再说。"

钟朗的情况，正是奸淫了婢女，致使婢女怀孕，为正妻所不容，结果投水自杀。这一自尽等于杀了两个人，婢女自己与肚子里的孩子。虽然其正妻是直接的罪魁祸首，但钟朗也是罪不容赦，因为根源于他奸淫了婢女。只是因为钟朗发愿忏悔，力行善事而不敢懈怠，所以这么大的罪行，也以功赎罪，仍旧恢复了他的科名。可见，放下屠刀，立地成佛，诚不虚也！

6. 张某

华亭张某，少有淫行，后生二子，皆不育。复得瘵疾[1]，经年不愈。偶见《丹桂籍》案中，淫报彰彰[2]，不胜悔恨。遂在神前立誓，永戒邪淫，复刊《阴骘文》广施，其疾寻愈。数年间，连举三子。

【注释】

①瘵（zhài）疾：多指痨病。

②彰彰：昭著，明显。

【译文】

华亭人张某，年轻时犯邪淫，后来生了两个儿子都夭折。自己又得了痨病，多年不愈。偶然阅读《丹桂籍》的案例，其中淫报昭昭，不胜悔恨。就跪在神前发誓，永远戒除邪淫，并且又印《文昌帝君阴骘文》广施，他的疾病没多久就痊愈了。数年间，连生三个儿子。

【解说】

看了《丹桂籍》的邪淫报应，才知道自己得病的由来。就跪在神前发誓，永远戒除邪淫，并且又印《文昌帝君阴骘文》广施。这说明善书对人改过的巨大作用，那么印送流通善书，也就功德无量了。

7. 田某

明田某，丰姿俊雅，里中^①妇女多奔之。遂避邻近之南山寺读书，寺旁亦有来者。田心知其非，而不能忍断。有一神甚短小，初每见梦寐，继则白日现相，谓之曰："汝原有大福，合官御史^②，因花柳^③多情，削去殆尽。上帝命我监视，若自今改过，仍可不失功名。"遂猛省悔改，后果登第^④。

【注释】

① 里中：指同里的人。里：乡村居民聚落，明清以一百一十家为一里。

② 御史：即都御史，官名。明朝都察院的长官为左右都御史（正二品），下设副都御史、佥都御史。清朝时都御史为从一品。都御史职专纠劾百司，辩明冤枉，提督各道，为天子耳目风纪之司。

③ 花柳：本指娼妓，此处指与众多女人邪淫。

④ 登第：登科。第，指科举考试录取列榜的甲乙次第。

【译文】

明朝田某，丰姿俊秀，同里妇女争相私奔他。他便避开移居到附近的南山寺读书，但寺旁仍有女子私奔而来。田某明知不对，却又无法断除邪淫。有一神个子很短小，田某时常梦中见到，后来竟在白天现身，对他说："你原本有大福报，应当官至御史，但因多情于花柳，功名已几乎削尽。上帝命我来监视你，如果你能从今改过，仍然还可以得到功名。"田某听了，就猛醒悔改，后来果然考取。

【解说】

男人好色，女人也好色。女人私奔男人，肯定是邪淫，但男人若欣然接纳，同样是邪淫。田某因为丰姿俊秀，吸引了很多女人，因此田某也成了风流书生。他明知不对，就迁移到寺庙读书，寺庙这个地方就更加不能邪淫了（非处），可他还是忍不了欲火的驱使，仍旧接纳女人。幸好他前世有福报，有善神在他身边警醒他。田某猛醒悔改，又恢复了功名。

8. 曹稺韬

明崇祯间进士曹稺①韬，为诸生②时，与邻妇私。其夫知而欲杀之，诡语其妇曰："我明日远出，数日才归。"妇闻而喜，以为真也，遽约稺韬往。是日诸友约会课，清晨，友人来拉稺韬，稺韬辞焉。友人知其故，强之到会文所。友谓主会者曰："今日作文，要照大场式，夜宴必尽醉而返，不如约者有罚。"并令主会者封锁门户，诸生不得擅出入。稺韬大窘，不得已，草草完篇，欲先归。诸友哗曰："有前约在，归何急也！"及夜饮，稺韬有心事，留量不饮。诸友强之饮，苛罚之，稺韬大醉，诸友送之归，已不能赴约矣。邻妇候稺韬久，倚门而望。有无赖子③，知妇素行者，见其倚望，必有约不来也，遂挑之，妇亦不拒。其夫潜伏窥见，持斧杀之，并杀其妻。次日稺韬闻其事，遂要诸友为证，盟诸神明，誓为善补过，断不复行邪径。后数年成进士。当日稺韬之生而死、死而生者，间不容发④，赖良友以获免。彼无赖子者，见可欲而动，竟忘隐祸之伏，不转眼而死于斧下。谚云："奸必杀。"洵⑤哉！

【注释】

① 稺（zhì）：同"稚"，幼小。

② 诸生：明清两代称已入学的生员。

③ 无赖子：刁顽耍奸、为非作歹的人。

④ 间不容发：间：空隙。空隙中容不下一根头发。比喻与灾祸相距极

近或情势危急到极点。

⑤洵：诚然。

【译文】

明朝崇祯年间进士曹穉韬，还在当学生时，与邻家妇人私通。妇人的丈夫发现后，想要杀死奸夫淫妇，欺骗妻子说："我明天要出远门，必须经数日才能回家。"妻子听了，暗中欢喜，信以为真，便约曹穉韬来家中。那天恰好是文友聚会的日子，清晨，友人来拉曹去，他不肯去。友人知道他不肯去的原因，强行把他拉到聚会的地方。友人向主持人说："今天作文，要按照大场面的要求办，夜晚宴会时尽醉方休，不遵守约定者受罚。"并请主持人封锁门户，任何人不能擅自出入。曹很着急，不得已草草写完作文，就想先走。大家一片哗然："有约在先，为何急于回家？"到宴会饮酒时，曹因有心事，故意少饮。文友们强迫曹饮酒（断除与妇约会的机会），给予重罚，曹大醉，才送他回家，已醉得不能与妇人约会了。当天夜晚，邻妇倚门等候，久久不见曹来赴约。结果有一个无赖子，知道该妇平日不守妇道，见她倚门而望，必定是等不到约会的人，便上前挑逗该妇，该妇竟也没有拒绝。其夫早就潜伏在暗处窥视，看见两人时，就手持斧头，杀了无赖子，又杀了妻子。第二天穉韬酒醒得知此事，即请文友们作证，对神明发誓，坚决行善补过，永远不再邪淫。曹数年后考中了进士。当初穉韬生而死，死而生，生死之间，千钧一发。他之所以免于一死，全仗善友的挽救才避免。那个无赖子看见有机可乘，竟忘了有隐祸上身，一转眼的工夫便成了斧下鬼。俗话说："奸必杀。"诚然如此啊！

【解说】

曹穉韬之事，要是没有善友在身边，早就一命呜呼。经过这样一次生死边缘的考验，曹穉韬欲海回狂，猛醒回头，请文友们作证，对神明发誓，坚决行善补过，永远不再邪淫。

人要是真心悔过，那么实际上罪业也就消失了。主要看是不是真心忏悔，关键在诚心二字上。忏悔文说："罪从心起将心忏，心若灭时罪亦亡。心灭罪亡两俱空，是则名为真忏悔。"因为色即是空，所以罪的本性也是空的。一念真诚，妄念不再产生，当然也包括了邪淫的念头，那么"心灭罪亡两俱空，是则名为真忏悔"。通过生死的考验，曹穈韬真诚悔过，最后考取进士，就是如此。

9. 张宁

张宁，晚年无子，祷于家庙曰："宁有何罪孽，致斩先人继嗣？"旁一妾云："不耽误我辈，即阴骘耳。"宁悚然醒悟，察不愿留者，即日遣嫁数人。次年即举一子。

【译文】

张宁，晚年无子。一日，在家庙前祈祷："我到底有什么罪孽，以致断子绝孙？"旁边的一个小妾说："若不耽误我们，便是阴德。"张宁悚然醒悟，于是察问诸小妾，凡不愿留下的，都让她们改嫁，如此很快嫁出了好几个。次年，张宁即得一子。

【解说】

古礼要求，到五十岁没有儿子才能考虑娶妾。可那些有钱有势的人家，依仗自己的势力，霸占良家妇女，三妻四妾尽情享受。这些人不知道，寡欲者才可以多子多孙，贪淫者反而无后。

朱善先生说："且寡欲者必多男，贪淫者每无后。盖精力衰薄，养育难成，遂至子息单微，甚而后嗣灭绝。"节欲保精有益于优生，孙思邈指出："胎产之道，始求于子，求子之法，男子贵在清心寡欲以养其精，女子应平心定志以养其血。"明代万全亦说："男子以精为主，女子以血为主，阳精溢泻而不竭，阴血时下而不愆，阴阳交畅，精血合凝，胚胎结合而生育滋矣。"张景岳指出："凡寡欲而得之男女，贵而寿，多欲而得之男女，浊而夭"。总之，节欲保精不仅有利于健康长寿，而且是优生优育的首要保证。

张宁迷途知返，被自己一妾一句话从梦中警醒。有些人，求神灵，求菩萨，求佛祖，到处求，希望生一个儿子，实际上求神不如求自己。张宁从身边三妻四妾知道了求子的方法，所以把身边那么多女人嫁出去，他反而很快就得到了儿子，这才是真积阴德。

10. 崔书绅

上海崔书绅，尝倩人①绘春宫十数幅，淫巧绝伦②。后患疟不已，每热甚，则见美男子、美妇人十数辈，皆赤身露体，二鬼使挟之，剖腹抽肠，流血满地。次及于崔，疼痛呼号。详语始末，举室皆闻。崔醒悟，急焚之，病遂愈。

【注释】

① 倩（qìng）人：请托别人。
② 绝伦：无与伦比。

【译文】

上海崔书绅，曾请人绘画春宫图十几幅，画得惟妙惟肖，淫荡无比。后来他得了疟疾，每次疟热发作时，就看见美男子、美妇人十多人，赤身露体，被二鬼胁持，剖腹抽肠，血流满地。接着鬼卒又对崔某剖腹抽肠，崔某哀号惨叫。自说是因绘春宫淫画的报应，全屋的人都听到了。崔某清醒后，急忙将淫画全部烧毁，崔的病竟也渐渐消除了。

【解说】

根据文昌帝君《戒淫圣训》，编写或传播淫书的报应是无间地狱。而淫画的报应不会比淫书轻。因为如果是淫书，不识字的人害不到；如果是淫画，不识字的一样可以看见，一样受到引诱而生欲念。上海崔书绅请人绘画春宫图十几幅，不是他自己一个人看，那么有多少人看就害了多少人，只要这些画一直存在就会害多少人。所以他得病自说因为淫画得了报应，这是神灵借他的话来警醒世人。一旦把这些画销毁，他的病就好了。这是他真诚忏悔的后果。

今天黄色录像比古代淫画流毒更大。因为画还是静态的，就没有视频的真实刺激大。那么那些传播黄色录像的，因一时蝇头小利却害了无数人，其堕落无间地狱求出无期。想到这里，能不悬崖止步、迷途知返吗？

11. 赵岩士

赵岩士，少时曾犯色戒，渐至形神衰羸①，体如骨立，几无复有生望。适阅谢汉云所刊《不可录》，不觉汗流浃背，痛改前愆，并请其板，捐资印送。后精神渐旺，连得六子。

【注释】

① 衰羸：衰老瘦弱。

【译文】

赵岩士，少年时曾犯色戒，身体逐渐衰老瘦弱，骨瘦如柴，几乎没有生的希望了。一天，赵刚好阅读了谢汉云刊印的《不可录》一书，不觉汗流浃背，因此痛改前非，并且将《不可录》一书的印板请来，捐资助印并施送。

后来身体渐好，精神渐旺，接连生了六个儿子。

【解说】

孔子说："少之时，血气未定，戒之在色。"黄孝直说："因为少年时期，犹如当草木刚刚开始萌芽的时候，就像虫类正在潜伏冬眠的状态一样。当草木刚萌芽时，就拔去小芽，没有不枯萎的。当虫类正在潜伏冬眠期间，就去挖掘它蛰伏的洞穴，没有不死亡的。圣人提醒少年，使其力制色心，谨慎自爱，以保养柔嫩之躯。若少年时期，能够对此色欲一关，把得牢，截得断，则成年之后元神不亏损，正气充塞天地之间。为国家服务的时候，有饱满的精神经世济民，干一番轰轰烈烈的伟大事业。真人品，真学问，都来源于此。即使不成大器，也必定会尽享天年，不致死于非命。这就是少年应当猛醒的地方！"

赵岩士，少时曾犯色戒，因为血气未定，却欲火焚身，身体一天天衰竭，几近死地。看了《不可录》，终于知道病的根源，于是痛改前非，并且印行流通《不可录》，可谓对症下药了。其结果是转变了命运，连得六子。

376

12. 某书生

明嘉靖间某生，东邻一妇甚艳，屡屡流盼①。一日乘夫他往，穴墙招生。生亦心动，问从何来？妇哂曰："君读书人，岂不忆逾东家墙②乎？"生取梯而上，忽转念曰："人可瞒，天不可瞒！"遂下。妇又趋于故处婉挑，生复情动，重梯而上，已骑墙欲过矣，又忖③曰："天终不可瞒！"急下，扃门而出。次年乡试北上，典试者④进场之夕，秉烛独坐，忽闻耳畔言曰："状元乃骑墙人也！"及榜后询及，始悉前事。

【注释】

① 流盼：流眄。眉目传情，流转目光观看。战国楚宋玉《登徒子好色赋》："含喜微笑，窃视流眄。"

② 逾东家墙：出自《孟子》："逾东家墙而搂其处子，则得妻；不搂，则不得妻。则将搂之乎？"如果跳过东墙，把邻居家的黄花闺女搂抱过来，便能娶到妻，不然就没有妻，难道就去跳墙搂抱人家的黄花闺女吗？

③ 忖（cǔn）：思量，揣度。

④ 典试者：主持考试的人。

【译文】

明朝嘉靖年间某书生，他的东邻有一艳妇，时常向他暗送秋波。有一天艳妇乘丈夫外出的机会，在两家隔墙下挖了一个小洞，勾引书生。书生怦然而动，问："怎么过去？"妇人嘲笑他："读书人难道不记得逾东家墙的故事吗？"书生找来梯子爬上墙头，忽然转念一想："人可以瞒，天不可以瞒！"就下去了。妇人又到墙洞处花言巧语挑逗，书生再次动情，第二次从梯子爬上墙。当骑墙即将过去时，又思量："天终究是不可瞒的！"急忙下墙，关好门，出去了。次年，书生乡试北上。主试官进场当夜，秉烛独坐，忽然耳边听到有声音说："状元乃是骑墙人。"等放榜后，主试官召见状元询问，才知道他骑墙复退、临时悔改的前事。

377

【解说】

孟子说："逾东家墙而搂其处子，则得妻；不搂，则不得妻。则将搂之乎？"正好落到了明朝嘉靖年间某书生身上，这正是考验他的时候。此前艳妇早已常送秋波，这次乘夫外出开墙洞勾引，书生架梯两次上墙，然后骑墙不下，终究天理战胜了人欲。最后的结果是："状元乃骑墙人也！"关键时候，就是考验自己的时候，一念转过来，就会柳暗花明。如果书生因一念糊涂，以短暂的欢乐换取状元的福报，则悔之晚矣！

13. 张玮

明万历壬子，武进①张玮，同某生应试南京。抵寓之夕，主人梦迎天榜，解元乃某生也，具以告生，生扬扬得意②。主人有二女楼居，甫及笄③，闻而心动。使婢招生，自楼缒布④为梯。生拉玮俱登，及半，玮忽猛省曰："吾来应试，奈何作此损德事？"急堕身下。生竟乘而上。是晚，主人复梦天榜，见解元已易张玮名矣。大骇，具以告生，且诘其近作何事？生面赤无以应。发榜果然，生大惭悔，后竟贫郁死。

〔批〕张生与骑墙人，皆悔悟于临时，较之曾犯而后戒者更优。第此时若不猛省，非特失却应有功名，且堕入无边苦海，甚可畏哉！

【注释】

①武进：今江苏省常州市辖区。

②扬扬得意：十分得意的样子，相当于"洋洋得意"。

③及笄（jī）：成年。《礼记·内则》："（女子）十有五年而笄。"郑玄注："谓应年许嫁者。女子许嫁，笄而字之，其未许嫁，二十则笄。"笄，发簪。后因称女子年满十五为及笄。

④缒（zhuì）布：布条，用布结成条子。缒：垂下。

【译文】

明朝万历壬子年，武进县张玮，与某生同往南京应试。在他们到达旅馆的头天晚上，旅舍主人梦见迎接天榜，天榜上的解元乃是与张玮同来的某生。主人将所梦告知某生，某生听了洋洋得意。主人两个女儿住在楼上，刚刚成年，听到此事，怦然心动。于当晚叫婢女招引某生，用布条垂下来做梯。某生拉张玮一起爬布梯上楼，张玮爬到一半，忽然猛醒："我是来考试的，怎么做起这种损阴德的事呢？"于是，他急速而下。而某生，则毫无顾忌地攀到了楼上。当晚，旅舍主人又梦见天榜，见到榜上的解元已经换成张玮。主人大惊。将梦告诉某生，并追问他最近做了什么事？某生面红耳赤不敢回答。发榜果然张玮中解元，某生大为惭悔，后来贫郁而终。

[批] 张玮与骑墙人，都是属于临犯时一刹那而悔悟，比起曾犯邪行而后来力戒的人更为可嘉。若此时不猛然省悟，不但顷刻之间就失去了命中应有的功名富贵，而且将来还会堕入无边苦海，多么可怕呀！

【解说】

临时最能考验人，在此千钧一发的时候，张玮及时回头，某生则被欲火焚烧，不顾一切，最后功名尽失，贫郁而终。那么张玮的做法能不可嘉吗？大丈夫就要在此"色欲一关，把得牢，截得断"（黄孝直语），那么自然前途广大。

14. 黄山谷

宋黄山谷，好作艳词。尝谒圆通秀禅师，秀呵曰："大丈夫翰墨之妙，甘施于此乎？"时秀方戒李伯时①画马。谷笑曰："无乃复置我于马腹中耶？"秀曰："伯时念想在马，堕落不过一身。公以艳语动天下人淫心，岂止马腹中，正恐坠泥犁②耳。"谷悚然愧谢，自是绝笔。

【注释】

①李伯时（1049~106年）：即李公麟，字伯时，号龙眠居士、龙眠山人，北宋时期舒州（今安徽桐城，一说安徽舒城）人，熙宁三年（1070年）进士，一说宋元祐六年（1091年）进士。著名画家，现存作品有《五马图》、《临韦偃牧放图》、《维摩诘像》（传）、《免胄图》（传）及《圣贤图》。据说他画马太逼真了，可以摄走活马的魂魄，画马就死马。李伯时把全副精力放在画马上，他就没有自己了，那么他就可能投到马胎里去。

②泥犁：地狱。

【译文】

宋朝黄山谷（黄庭坚），好作艳词。有一天，黄庭坚拜访了圆通秀禅师，被禅师一顿呵斥："你也是顶天立地的大丈夫，以你的才华可以妙笔生花，难道就把它用到写淫词艳曲上吗？"禅师要黄庭坚以李伯时画马为鉴，黄庭坚笑道："难道我黄庭坚写点诗文也要投马胎吗？"禅师说："你以淫词艳曲动天下淫心，其果报不仅仅是到马胎里去，恐怕是要下地狱了！"黄庭坚一听，顿时恐惧，一下子大为后悔，当时就拜倒向禅师谢罪。从此，淫词艳曲在他手里绝迹。

【解说】

本例证前面已经引用，此处没有那么详细，可参阅本书《戒淫格言》第二节颜光衷。

黄庭坚被禅师一顿棒喝之后，从此淫词艳曲在他手里绝迹。每天都是精进修行，还写了一篇《发愿文》，痛戒酒色，天天早晨是粥，中午是素食饭菜，过午不食。

四十岁是黄庭坚戒淫的一个分水岭，四十岁后虽然他勇猛精进，但四十岁前所犯下的淫业并非一下子就能消除。像写淫词艳曲的果报，根据"文昌帝君"的戒淫圣训，属于第四等罪人，在淫业里面属于罪行最重的人，是要下无间地狱的，无间地狱是受苦没有间断的地狱，为八热地狱中受苦最重之地狱。因为黄庭坚勇猛精进，消灭了他的无量罪过，但此生必定不顺。后来他仍遭到一生坎坷的果报，两位爱妻也先后死亡，仕途几起几伏，老年时多病缠身。最后流放到广西，在饥寒交迫中凄凉离世。但这仍旧要感谢圆通透禅师的及时棒喝，再加上他自己又能幡然悔悟，悬崖勒马，才避免更悲惨的果报。以半生不顺换取无间地狱，怎么能说划不来呢？

15. 钱大经

四川钱大经，丰神秀异，下笔千言。十七岁游庠①，屡困场屋②。庚子大比③，祷于文帝。夜梦青衣童子，引至帝前，命吏查册云："钱大经，二十岁乡榜第二，联捷④，大魁天下，官二品，寿七十三岁。缘造⑤淫书三部，削籍，寿亦不永矣。"帝谕曰："汝存心忠厚，且孝友⑥无亏，奈造淫书，使男女败名丧节。若非前生植德宏多，已判入地狱矣。"大经遂立重誓，逢人劝戒，遇淫书辄焚毁，后以明经⑦老，年六十二而终。

【注释】

① 游庠：就读于府或州县的学宫。庠，原是周代的乡学，后泛称学校。

② 场屋：科举考试的地方，又称科场。

③ 大比：隋唐以后泛指科举考试，明清亦特指乡试。

④ 联捷：科举考试中两科或三科接连及第。

⑤ 造：著述，编写。

⑥ 孝友：事父母孝顺、对兄弟友爱。《诗经·小雅·六月》："侯谁在矣，张仲孝友。"毛传："善父母为孝，善兄弟为友。"

⑦ 明经：明清对贡生的尊称。挑选府、州、县生员（秀才）中成绩或资格优异者，升入京师的国子监读书，称为贡生。意谓以人才贡献给皇帝。明代有岁贡、选贡、恩贡和纳贡；清代有恩贡、拔贡、副贡、岁贡、优贡和例贡。清代贡生，别称"明经"。

【译文】

四川钱大经，丰姿俊秀，下笔就能千言。可十七岁外出读书后，屡次困在考场（没有考中）。庚子年乡试，钱大经向文昌帝君祈祷。当晚便梦见青衣童子，领他到帝君前，帝君命手下察看簿册，写道："钱大经，二十岁乡榜第二,联捷,大魁天下,官二品,寿七十三岁。由于编写了三部淫书,功名全部削夺,寿命也不长了。"帝君告谕:"你一向存心忠厚,而且孝友无亏。因为你编写淫书,使许多男女败名丧节。要不是前世积了很多阴德,你今生早就入地狱了。"钱大经于是发重誓,逢人劝诫,遇到淫书就焚毁。后以贡生终老,活到六十二岁。

【解说】

文昌帝君《戒淫圣训》把写淫书列为第四等罪人,是罪行最重的人。这种罪行,文人最容易犯,若是文笔高手,把男女之事写得栩栩如生,使人看了心旌摇荡,不能自制,使男女败名丧节,其罪就更大了。钱大经有下笔千言之才,却写了三部淫书,所以把官居二品的大好前途丧失殆尽,很快就要下地狱了。根据《戒淫圣训》,要下无间地狱,一直到这些书完全消失,而且看了这些淫书而造罪者的苦报也受尽了,淫书的作者才能出离地狱。钱大经因为良心发现,向文昌帝君祈祷,帝君指示了他一条改过自新的光明之路。钱大经于是发重誓,逢人劝戒,遇到淫书就焚毁。后以明经终老,活到六十二岁。

文昌帝君《戒淫圣训》说:"可叹这些读书人,有着多生多世培植的慧根,手握七寸之笔管,不思如何立功于世间,积福德于自身,反而造下无穷的罪孽,招致上帝的震怒,自己往冰窟火坑里跳而不顾,实在太可悲了!"

第十七章 同善养生

1. 谢汉云

云间谢汉云，幼抱沉疴①，因念诸恶业中，唯色易犯，遂取繁阳冯太史所辑《不可录》，重订付梓②，以广其传。及刊镌③甫④成，而病已霍然⑤。后令嗣⑥及诸孙辈，皆名震一时，如星门、霞轩、体三等，相继获售⑦。其书香正未有艾也。

【注释】

① 沉疴（kē）：指拖延长久不能治愈的重病。

② 付梓：古时雕版刻书以梓木为上，后因称书籍刊印为"付梓"。

③ 刊镌：刊刻。镌：雕刻。

④ 甫：才，刚刚。

⑤ 霍然：表示时间快速，犹言一下子。

⑥ 令嗣：用为称对方儿子的敬词。

⑦ 获售：指科举考试得中。

【译文】

云间谢汉云，自幼重病缠身。因念诸恶业中，唯色淫易犯，就把繁阳冯太史所编辑的《不可录》一书，重新修订印刷，使其广为流传。当此书的印板才刻好，重病就一下子消失了。后来，他的子孙后代，都名震一时，如星门、霞轩、体三等人，相继考试得中。其书香门第，方兴未艾。

【解说】

文昌帝君说："盖闻业海茫茫，难断无如色欲；尘寰扰扰，易犯唯有邪淫。"即使最聪明的人，并非就能不犯邪淫。印光大师说："聪明人，最易犯者唯色欲，当常怀敬畏，切勿稍有邪妄之萌。"真聪明人，就常有敬畏之心，有邪念就想举头三尺有神明。如印光大师所说："若或偶起此念，即想吾人一举一动，天地鬼神、诸佛菩萨，无不悉知悉见。人前尚不敢为非，况于佛天森严处，敢存邪鄙之念，与行邪鄙之事乎。"

谢汉云因犯邪淫，致使自幼重病缠身。然后深刻反省，对症下药，印行戒淫之书《不可录》（即《寿康宝鉴》），印板才刻成，沉疴就已顿愈。可见天地鬼神看见一个人真诚改造，还不等你的成绩出来，就让你得到了善报。所以，印光大师说："吾人一举一动，天地鬼神、诸佛菩萨，无不悉知悉见。"否则谢汉云的善报怎么能够来得如此之快呢？

2. 徐信善

徐信善与杨宏，窗友①也，赴试同寓。遇高僧相云："杨当大贵，徐当贫。"是夜，杨偶见寓中处女美丽，计以重赂求淫，徐严词力止之。次日，僧复遇徐，大骇曰："一夕之间，如何便有阴骘纹②起，易贱为贵，当大显。"复相杨，曰："气色殊不及昨日，固当与徐同显，而名次稍后矣。"发榜果然。

【注释】

①窗友：旧称同学，因在同一塾中的窗下学习，又称同窗。

②阴骘纹：又作"阴骘文"，相术家称人脸上可藉以推定其命运的纹路。元代元淮所著《水镜集》归纳为三十六阴骘部位，如双眼、天中、天庭、天门、天府、山根、年寿、准头、法令、地阁、眉角、命门、天仓、印堂等。这些部位出现吉纹或吉气喜色，皆可补救面相中原有的缺陷，化凶为吉。五代陈抟所著相书《神异赋》有"阴骘，肉满福重心灵"之说，意谓阴骘部位丰满者为福贵之相。古人以多子多孙为福，故相学认为，若眼下阴骘部光明润泽，紫色环绕，为行善积德所至，纵然有克子之凶兆，也会因为积有阴德而生贵子；若改恶从善，助人积德，蠹肉即会生出阴骘纹，化凶为

吉，绝处逢生。

【译文】

徐信善和杨宏是同窗好友，赴考住在同一客店。遇到高僧看相，说："杨当大贵，徐当贫。"就在这天夜里，杨偶然看见客店中有处女，很美丽，他想用重金贿赂少女以求淫，徐严词竭力劝阻了他。第二天，僧人又遇见徐，大惊说："怎么一夜之间，你的脸上就生出了阴骘纹？易贱为贵，将来必定大富大贵。"再看杨，他说："你的气色已经不如昨天，虽然和徐同样显贵，但名次在他之后了。"等到发榜，果然如他所言。

【解说】

一夜之间，贫者变成富贵，而本来富贵者落在贫者之后。如果没有徐的竭力劝阻，杨若是侵犯了处女，那么恐怕就会削去他的功名。印光大师说："吾人一举一动，天地鬼神、诸佛菩萨，无不悉知悉见。"否则徐信善和杨宏的变化怎么来得如此之快呢？

3. 王行庵

宋简州进士王行庵，制行①不苟②。与表弟沈某为邻。沈素好淫，公每劝之，沈不听。潜使一仆妇诱公，公严拒之。嗣③又择一美婢，使固④诱公，公亦严拒之。沈意将破公之戒，而笑之也。一日公与沈外出，遇盗，沈以舟小得脱，公舟为盗所截。霎时间，雷电震惊，盗战栗而去。公安然反斾⑤，一无所失。沈后出外回家，见其妻与人苟合，欲取器击之，手忽不能举，怒目顿足，浩叹一声而卒。公年五十，患病设醮⑥，道士奏疏⑦，拜伏良久，复云："查公大限⑧，寿止五旬。天曹⑨以公两次不淫，并能实意劝人，增算三纪⑩。"公闻之悚然，后果寿八十六，亲见子孙富贵。

[批]此与徐公信善，既能持己以正，又能爱人以德。规之而听，则人被其泽；即不听，而劝化热肠，已足以格天获福。人亦何惮⑪而不为哉！

【注释】

① 制行：德行。

② 不苟：不随便，不马虎。

③ 嗣：后来。

④ 固：一再。

⑤ 反旆（pèi）：出师归来，回师。

⑥ 设醮（jiào）：道士设立道场祈福消灾。

⑦ 奏疏：奏章。

⑧ 大限：寿数，死期。

⑨ 天曹：道家所称天上的官署。

⑩ 纪：十二年为一纪。

⑪ 惮：畏难。

【译文】

宋朝简州进士王行庵，德行不苟。与他的表弟沈某为邻。沈某平素好淫，王公经常规劝他，可他不听。他还暗地里指使一个女仆去勾引王，被王严词拒绝。后来又择一美婢，让她一再引诱王，又被严词拒绝。沈本想破王的色戒，以此嘲笑他（却没有成功）。一天，王与沈某外出，遇到强盗，沈因船小而得以逃脱，而王的船却被强盗截获。突然间，雷电交加，强盗胆战心惊，弃船而逃。王的船平安归回，一无所失。后来，沈外出回家，撞见他的妻子与他人通奸，想拿东西打她，忽然双手无力连东西都拿不起，只能怒目顿足，长叹一声而死。王五十岁那年，生重病，请道士设立道场祈福消灾。道士向上帝写了奏章，跪伏很久，得到回复说："查阅王公寿数，只能活到五十岁。上天因公两次不邪淫，并且能真心实意劝诫他人，所以增寿三纪。"王听了，更加戒慎。后来果然活到八十六岁，亲眼见到后世儿孙富贵发达。

[批] 王行庵与徐信善两先生，他们既能持己以正，又能爱人以德。他人若能听从劝告，固然能受到规劝者的恩泽；即使他人不听劝告，但规劝者的一片古道热肠，也足以感动天地而获福报。世人为何畏难而不去做呢？

【解说】

"事不关己，高高挂起；明知不对，少说为佳；明哲保身，但求无过。"（毛泽东《反对自由主义》）这是有些人的处世哲学。

从儒释道三教来看，儒家说仁爱，道家说慈爱，佛家说菩提心，都是要关心别人。明哲保身，只求无过的处世哲学，不是优秀传统文化的思想。自己好，还要别人好。樊迟问仁，孔子说"爱人"。老子说："我有三宝，持而保之。一曰慈，二曰俭，三曰不敢为天下先。"《华严经》说："忘失菩提心，修诸善法，是为魔业。"

王行庵与徐信善两先生，他们既能持己以正，又能爱人以德。劝别人戒色远淫，首先自己要洁身自好。若自己不洁身自好，劝别人就会被视为虚伪，反而被人看不起。但要是自己洁身自好，却不管别人，就没有仁，没有慈，更没有菩提心。王行庵与徐信善两先生，自己做到了洁身自好，然后又诚心规劝别人。王行庵先生的规劝起了作用，他的同窗好友就得救了。徐信善两先生的规劝虽然没有起到作用，但他一样有功德，规劝者的一片古道热肠，也足以感动天地而获福报。

389

4. 某书生

嘉兴府庠某生，性喜隐恶扬善，遇子弟亲友谈及闺门事①，辄正色②

怒戒。因作《口孽戒文》，垂训后学。后进棘闱③，放榜前一夕，梦其父语曰："汝前生少年进士，因恃才傲物④，上帝罚汝屡困场屋⑤，终不发达。前月有一士，应今科联捷⑥者，为奸室女除名。文帝奏汝作《口孽戒文》劝人，阴功甚巨，请以汝名补之。汝必联捷，宜益修德以报天神。"生惊喜。登第后，谨厚⑦倍常，仕至御史⑧。

【注释】

① 闺门事：男女之事。闺门：内室。

② 正色：神色庄重，态度严肃。

③ 棘闱：考场，贡院的别称。闱指考场，因四周墙上遍铺荆棘，使人不能爬越，以防传递作弊，故名。亦作"棘院"。

④ 恃才傲物：自负其才，藐视他人。

⑤ 场屋：科举考试的地方，又称科场。

⑥ 联捷：科举考试中两科或三科接连及第。

⑦ 谨厚：谨慎笃厚。

⑧ 御史：即都御史，官名。明朝都察院的长官为左右都御史（正二品），下设副都御史、佥都御史。清朝时都御史为从一品。都御史职专纠劾百司，辩明冤枉，提督各道，为天子耳目风纪之司。

【译文】

嘉兴府学某书生，天性喜欢隐恶扬善，遇子弟亲友谈及男女之事，就改变脸色，严加阻止。因此他写了一篇《口孽戒文》，垂训后学。后进考场，在发榜前一夜，梦见去世的父亲对他说："你前世少年考中进士，因恃才傲物，上天罚你今世屡困科场，终生不发达。但上个月有一考生，本应此次考中，因为奸污处女而被除名。文昌帝君上奏，说你作《口孽戒文》，劝诫后学，阴德很大，将你的名字递补上去。你必考中。你应当更好地修德以报天恩。"书生惊喜不已。登第后，他加倍谨慎笃厚，官至御史。

【解说】

规劝一人，不如规劝多人。人们开玩笑总是离不开男女之事，嘉兴某书生就写了一篇《口孽戒文》，戒自己身边的子弟亲友，也发出去戒身边一切人不要说男女之事，讲黄色笑话。这个功德就使某书生本无功名，最后官至二品。

5. 席匡

席匡，初颖悟，遇一相者曰："子有纵纹入口，当饿死，应在明年。"匡甚忧。一日遇有谈人闺阃事①，甚系名节。匡对之勃然②作色，谈者心愧而止，其事遂隐。逾年竟无恙。后遇相者怪问曰："子岂有大阴功，何生相顿殊耶？"匡后登高位。

【注释】

①闺阃（kǔn）事：男女之事。阃：闺房。
②勃然：因愤怒或心情紧张而变色之貌。

【译文】

席匡小时候特别聪明，可遇到一位看相的对他说："你面上有纵纹入口，当饿死，应在明年。"席匡听了很忧愁。一日，他遇到有人谈及别人男女之事，关系到当事人的名节。席匡就严厉地呵斥了他们，谈者见状，心生愧惧，马上住口。这件事因而没有传扬开去。一年后席匡竟安然无事。后来又遇到那位看相的，惊奇问道："你做了什么大阴德的事，为何面相与原来大不相同了？"席匡后登高位。

【解说】

一言可以兴邦，一言可以丧邦。这是从国家层面来说的，孔子从国家层面解释了慎言的重要性。然而，这句话对于个人来说，也是有用的，可以改为"身"或"家"。特别是谈男女之事，一旦涉及到了别人的名节，那就可能出人命，这不就是"一言可以救命，一言可以丧命"吗？所以，席匡一言就改变了自己的命运。因为名节是一个大问题，饿死事少，失节事大，这个事情还不大吗？别看席匡只是一言，其功德大的原因就在这里。

6. 杨廉夫

宋端宗时，元师攻台。临海民妻王氏，有令姿①，被掠至师中。千夫长②杀其舅姑与夫，而欲私之。妇誓死不从，佯曰："能俾③我为舅姑与夫服期月④，乃可事君子⑤。"千夫长见其不难于死，从所请，仍使俘妇杂守之。师还挈⑥行，过嵊之清风岭，王氏仰天叹曰："吾今得死所矣！"即啮指写诗石上，投崖而死。距今八、九十年，石上血犹坟起⑦如新，不为风雨所剥。一士人作诗非之云："啮指题诗似可哀，斑斑驳驳上青苔。当初若有诗中意，肯逐将军马上来？"后其人绝嗣。元杨廉夫⑧亦作诗曰："甲马⑨驮⑩驮百里程，清风后夜血书成。只应刘阮⑪桃花水，不似巴陵汉水清。"后廉夫无子。一夕，梦一妇人曰："尔忆王节妇诗乎？虽不能损节妇之名，而毁谤节义，其罪至重，故天绝尔后。"廉夫悔悟，更作诗曰："天随地老⑫妾随兵，天地无情⑬妾有情。指血啮开霞峤赤⑭，苔痕⑮化作雪江清。愿随湘瑟⑯声中死，不逐胡笳拍⑰里生。三月子规⑱啼断血，秋风无泪写哀铭⑲。"后复梦妇人来谢，未几生一子。

【注释】

① 令姿：美丽的姿容。

② 千夫长：古武官名。

③ 俾：使。

④ 期月：一整月。

⑤ 君子：对统治者和贵族男子的通称，常与"小人"或"野人"对举。

⑥ 挈（qiè）：携带。

⑦ 坟起：凸起，高起。

⑧ 杨廉夫（1296~1370 年）：杨维桢，字廉夫，号铁崖、铁笛道人，又号铁心道人、铁冠道人、铁龙道人、梅花道人等，晚年自号老铁、抱遗老人、东维子。绍兴路诸暨州枫桥全堂（今浙江省诸暨市枫桥镇全堂村）人。元末明初诗人、文学家、书画家。泰定四年（1327 年）进士，放天台县尹，因惩治作恶县吏，遭奸吏报复免官。后任职钱清盐场，因请求减轻盐税被斥为忤上，以至十年不调。后官至建德路总管府推官，继升江西儒学提举。元末避乱居富春山，后迁居钱塘（今杭州）。张士诚屡召不赴，后隐居江湖，在松江筑园圃蓬台。著有《东维子文集》《铁崖先生古乐府》等。

⑨ 甲马：披甲的战马。

⑩ 驮：同"快"。

⑪ 刘阮：南朝宋刘义庆小说《幽明录》中人物刘晨、阮肇二人的合称。二人俱东汉剡县人，永平年间同入天台山采药，遇二女子，留居半年辞归。及还乡，子孙已历七世。后又离乡，再去找妻，徘徊在现在的桃源溪边，不知所终。后用为游仙或男女幽会的典故。此处用刘阮遇仙的典故暗指王节妇要是随从了元军，虽然可以享受世外桃源一样的生活，但终究因为不守节而不清白了，所以不如"巴陵汉水清"。说明王节妇开始并不想当节妇，所以跟着元军"甲马驮驮百里程"，到了清风岭才反悔。这就损伤了王节妇的形象。

⑫ 天随地老：相当于天荒地老，赞扬王节妇专一的气节。天荒地老，

本来是赞扬永恒不变的专一爱情。天荒秒，地衰老，指经历的时间极久远。

⑬天地无情：对元军奸淫抢掠予以批判，毁灭了天荒地老的夫妻情分。

⑭指血啮开霞峤赤：另有版本作"指血啮开云峤赤"。云峤：即员峤，古代神话传说中海中的仙山。峤：本指高而锐的山，泛指高山或山岭。似应作"指血啮开云峤赤"，咬开手指写出血书，人间的鲜血把云峤的仙山也映红了。寓意王节妇的精神万古流芳，她本人也必然羽化成仙。

⑮苔痕：苔藓滋生之迹。

⑯湘瑟：湘妃所弹之瑟。湘妃，指舜二妃娥皇、女英。相传二妃没于湘水，遂为湘水之神。此处借湘瑟赞扬王节妇坚贞不屈，不向元军屈服的坚强气节。

⑰胡笳拍：古典音乐《胡笳十八拍》，反映的主题是"文姬归汉"。相传蔡文姬为匈奴左贤王所掳，生育两个孩子。曹操统一北方后，花费重金赎回，嫁给董祀。胡笳：我国古代北方民族的管乐器。此处用胡笳弹奏的音乐代表元军将领的生活，赞扬王节妇不愿沉迷在敌军的声色歌舞中苟且偷生。

⑱子规：杜鹃鸟的别名。

⑲哀铭：为王节妇离世而悲哀，但历史将永远记住她的气节，她的精神将刻在石碑上，永垂不朽。铭：刻在碑上的文字。

【译文】

宋朝端宗年间，元军攻台州。临海民妻王氏很美丽，被元军掳掠至军营中。元军将领杀了她的公婆与丈夫，想要占为己有。妇人誓死不屈，假意说："先要让我为公婆、丈夫服丧一个月，才可以服侍大人。"元将见她不再寻死，也就同意了，仍安排其他被俘虏来的妇女看守她。元将撤军那天，把她一同带走，当经过嵊县的清风岭时，王氏仰天悲叹道："我今天终于得到葬身之地了！"她咬破手指，用血在岩石上写诗，然后投崖而死。此事距今已有八九十年了，而岩石上血书的诗句，仍旧凸起如新，不为风雨所剥蚀。有一个书生见了，写了一首诗非议王节妇："啮指题诗似可哀，斑斑驳驳上青苔。当初若有诗中意，肯逐将军马上来？"后其人绝嗣。元朝的杨廉夫也作了一首诗："甲马驮驮百里程，清风后夜血书成。只应刘阮桃花水，不似巴陵汉水清。"后来杨廉夫也无子。一夜，梦中一位妇女对杨廉夫说："还记得你写王节妇的那首诗吗？这诗虽不能损害王节妇的名誉，可毁谤节义，其罪最重，因此上天绝了你的后代。"杨廉夫大为悔悟，又作了一首诗曰："天随地老妾随兵，天地无情妾有情。指血啮开霞峤赤，苔痕化作雪江清。愿随湘瑟声中死，不逐胡笳拍里生。三月子规啼断血，秋风无泪写哀铭。"后又梦见妇人来谢。不久，杨廉夫得了一个儿子。

【解说】

拜亭先生《戒之在色赋》说："奔还要拒，风清月白之吟；烈更须扬，露峡雪江之句。"烈女精神需要宣扬。杨廉夫前后写了两首诗，前面一首有损王节妇的气节，后面一首则赞扬了王节妇坚贞不屈，不向元军屈服的坚强气节。前后两首诗风格完全不同，所得到的报应也完全不同。写了前面的诗，杨就绝了后；写了后面的诗，杨就得了儿子。可见上天对于诽谤节义的罪是定得很重的，那个书生写非议节妇的诗就绝嗣了。

7. 邝子元

邝子元，有心疾①，昏愦②如梦。闻有老僧能治，往叩之。僧曰："此疾由淫欲过度，水火不交。凡溺爱③冶容④而作色荒⑤，谓之外感之欲。夜深枕上，思得冶容，或成梦寐之交，谓之内生之欲。二者纠缠染着，皆耗元精，增疾病，伤性命，必成不治之症。急须先将心内色念，断除净尽，再将身体保养，不令走泄。则肾水不至下涸，相火不至上炎，水火既交，自渐愈耳。故曰苦海无边，回头是岸！"

【注释】

① 心疾：心病。《左传·昭公元年》："晦淫惑疾，明淫心疾。"

② 昏愦：头脑昏乱，神志不清。

③ 溺爱：过分喜爱。

④ 冶容：艳丽的容貌。

⑤ 色荒：沉迷于女色。《尚书·五子之歌》："内作色荒。"孔传："迷乱曰荒；色，女色。"

【译文】

邝子元得了心病，头脑昏乱，神志不清，就活在梦中一样。听说有位老僧能治，就去拜访。老僧对他说："你这个病是因为淫欲过度，水火不交所致。贪恋美色，纵情淫欲，叫外感之欲；而深夜难眠，思得美色，就会在梦中相交，称内生之欲。内、外两欲互相纠缠感染，都会耗损元精，增强疾病，伤害性命，必成不治之症。因此，急需将心内的色欲妄念斩除干净，再节制房事，保养身体，不使泄精。则肾水不至下干，相火不至上炎，水火既济，身体自然就能慢慢恢复健康了。所以说，苦海无边，回头是岸！"

【解说】

这个心病，不是我们现在说的精神病，也不纯粹是相思病，与相思病有关。中医说到六种疾病：寒疾、热疾、末（四肢）疾、腹疾、惑疾、心疾。《左传·昭公元年》说："淫生六疾……阴淫寒疾，阳淫热疾，风淫末疾，雨淫腹疾，晦淫惑疾，明淫心疾。"

"晦淫惑疾"，杜注"晦，夜也。为宴寝过节，则心惑乱"，而孔疏说"晦是夜也，夜当安身，女以宜气，近女过度，则心散乱也"。夜晚贪恋，沉迷女色过度，不知节制，房劳伤肾致肾精亏竭，"生内热惑蛊之疾"。惑，神志迷乱也，惑以丧志。惑于女色，以生蛊疾。（国君）心志丧失，意志、斗志全无，殃及国运与生命，故医和说"上医医国"（《国语·晋语八》），即"止其淫慝，是谓医国"（韦昭注《国语》）。

"明淫心疾"，杜注"明，昼也，思虑烦多，心劳生疾"，孔疏"昼以营务，营务当用心，思虑烦多，则心劳敝也"，此即劳心过度之谓也，属劳累内伤。因"心之官则思。思则得之，不思则不得也"（《孟子·告子上》），故思虑烦多则伤心矣。以《内经》而言，《灵枢·本神》说："所以任物者谓之心，心有所忆谓之意，意之所存谓之志，因志而存变谓之思，因思而远慕谓之虑。"意、志、思、虑等，皆神之用（杨上善《太素》卷六《五藏精神》）、脑之功，而此等神乃由心所任、心所藏、心所主。如《素问·灵兰秘典论》说"心者，君主之官，神明出焉"《素问·宣明五气篇》说"心藏神"等。简言之，"明淫心疾"者，即白天过度"操心费脑"而生心神（大脑、精神）之疾患。

按照上面对"晦淫惑疾，明淫心疾"的解释，则不同于本则例证，以及高僧对邝子元心病的诊断。按照高僧的诊断，邝子元得了心病，明暗（晦）的因素都有。明是指"外感"，相当于房事过度，与女子在一起的时间太多。所以这个"明"既有白天，也有晚上。暗则指"内生"，这个内生，则是指晚上，虽然没有女人在身边，但是得了相思病，深夜难眠，思得美色，就会在梦中相交，就是"梦遗"。内、外两欲互相纠缠感染，都会耗损元精，增强疾病，伤害性命，必成不治之症。

对治的办法还是从思想上开始（内生）治疗，首先去掉相思病，把所有的色欲从内心彻底铲除干净，然后是去掉"外感"，节制房事，不使泄精。则肾水不至下干，相火不至上炎，水火既济，身体自然就能慢慢恢复健康了。

这就要说到《易经》"既济"一卦了，可以参阅本书《戒淫格言》周思敏一节。元精之水不竭，则耳聪目明，肢体强健。好比水能润物，因而万物都能得到养育。又好比油能养灯，油不干，灯就不会灭。故先儒以心肾相交为"既济"，心火下降，肾水上升，相互协调才能养生。因为心是君火，火性是炎上的，常趁少年未定的血气，引发强烈的淫欲之思。君火一动，则肝肾的相火也全都被牵动，肾水一旦遇到损耗（泄精），泄漏于外则枯竭于内。男子十六岁精水才通，所以古礼规定男子三十岁以后才结婚，目的就是要使他坚固筋骨，保护元气。一旦血气已稳定，不至于像少年人那样容易受到致命的损耗。

元气损耗，没有几年时间，就精血亏损，萎靡不振，虽然还像一个人，但名字已经登记在鬼簿上了。所以，邝子元得了心病，头脑昏乱，神志不清，就活在梦中一样。如果不按照高僧开的配方去治疗，吃更多的药也解决不了问题。既然是心病，就要从治心开始，这才是找到了病的根源。心病的根源就是好色贪淫，按照本书的各种方法，则是对治的根本疗法。还是相信高僧的警醒："苦海无边，回头是岸！"

8. 包宏斋

宋包宏斋①，年八十八，以枢密②拜登③，精神强健。贾似道④意其必有摄养⑤之术，问包。包曰："予有一服丸子药，乃不传秘方。"似道欣然叩之。包徐曰："亏吃了五十年独睡丸！"满座大笑。

【注释】

①包宏斋（1182~1268年）：包恢，字宏父，一字道夫，号宏斋，建昌南城（今属江西）人。包扬之子。中国南宋诗人、文学批评家。嘉定十三年（1220年）进士。初调金溪簿，景定初拜大理卿，寻迁中书舍人。景定四年（1263年），出知平江府兼发运使。度宗即位，召为刑部尚书。咸淳二年（1266年），签书枢密院事，封南城县侯。咸淳三年（1267年），以资政殿学士致仕。著有《敝帚稿略》。

②枢密：宋设枢密院，与"中书"分掌军政大权，号称"二府"。

③拜登：接受赐赠的敬词。语本《左传·僖公九年》："对曰：'天威不违颜咫尺。小白，余敢贪天子之命，无下拜？恐陨越于下，以遗天子

羞。敢不下拜？'下，拜；登，受。"

④ 贾似道（1213～1275 年）：字师宪，别字允从，号悦生、秋壑，台州天台（今属浙江省平桥镇玉里溪村）人。南宋末期权相。制置使贾涉之子。端平元年（1234 年），以父荫为籍田令。嘉熙二年（1238 年），依靠其姐贾贵妃，深受宋理宗所器重，官位一路平步青云。历任宝章阁直学士、沿江制置副使、江州知州、江陵知府、京湖安抚制置使等职。宝祐二年（1254年），加封同知枢密院事、临海郡开国公，后又晋升为参知政事，知枢密院事。其后累官至太师、平章军国重事。德祐元年（1275 年），带兵大败，群臣请求诛杀。被贬为高州团练副使，循州安置。行至漳州木棉庵，为监押使臣会稽县尉郑虎臣所杀，年六十三岁。

⑤ 摄养：养生，调养。

【译文】

宋朝包宏斋，年八十八，还被拜为枢密，身体强健。贾似道认为他一定有什么养生的妙术，就向他请教。包宏斋说："我有一服丸子药，是不外传的秘方。"贾似道欣然叩问。包宏斋说："多亏我吃了五十年的独睡丸！"满座人听了都大笑。

399

【解说】

孔子说三十而立，男人要三十岁才能结婚，就是结婚了也要节欲。宋朝包宏斋讲了一个养生的幽默故事，大家听了大笑，实际上值得我们每一个人深思。人结婚了，就天天要夫妻两人睡在一起吗？睡在一起就必然增加欲望。要想身体健康，独睡确实是一个养生妙方。

可贾似道估计学不了包宏斋的养生术，他是靠其姐贾贵妃，深受宋理宗所器重，与杨国忠可有一比。在控制了皇帝的情况后，贾似道晚年生活糜烂，怠于政事。每日深居葛岭私第，由小吏抱文书到他家中，大小政事皆由门人廖董中、翁应龙处理。在襄樊被围，形势危急的情况下，贾似道依然每日在园中享乐，日夜喝酒淫戏，只有年轻时结识的酒朋赌友能进贾府。每天贾似道趴在地上，与群妾斗蟋蟀玩，或者整日游乐于西湖之上，当时人说："朝中无宰相，湖上有平章。"

9. 李觉

蒲得政，知杭州，乡老^①李觉来谒^②。年已百岁，色泽光润。公问摄养^③之术。曰："某术至简易，但绝欲早耳。"

【注释】

① 乡老：指乡里年高德劭的人。

② 谒：拜见。

③ 摄养：养生，调养。

【译文】

蒲得政做杭州知府时，乡老李觉来拜见他。他已百岁，色泽光润。蒲知府就问他养生之术，李老答道："这种养生长寿术是很简单的，只是早点绝欲而已。"

【解说】

《素问·五常政大论》说："阴精所奉其寿。"《素问·阴阳应象大论》说："年四十，而阴气大半也，起居衰矣"。说明衰老是阴气减退的结果。阴气多指肝肾精血，精血不足，则易引起老年阴虚之证，故益寿之法亦应重视补肾养阴。

李老百岁而气色好，他说自己的长寿术就是早绝欲。记住，是绝欲，而不是节欲。按照《黄帝内经》的说法，到四十岁阴气就衰退了，那么在这个时候就要开始节欲了。孙思邈说："四十已上，常固精养气不耗，可以不老"，"六十者闭精勿泄"，"若一度制得，则一度火灭，一度增油。若不能制，纵情施泄，即是膏火将灭更去其油，可不深自防"。按照孙思邈的说法，人到六十岁后就要开始绝欲了。所以，李老说"养生长寿术是很简单的，只是早点绝欲而已"，确实是经验之谈。

10. 张翠

太仓张翠，九十余，耳目聪明，尚能作画。人问之，答曰："唯欲心淡，欲事节耳。"

【译文】

太仓人张翠，九十多岁了，耳聪目明，还能作画。人家问他怎么做到的，他说："只是欲念淡薄，房事节制罢了。"

【解说】

张翠，九十多岁了，耳聪目明，还能作画。他总结健康长寿的秘诀就是节欲、节房事。对于一般人来说，绝欲做不到，那至少要节欲。古人三十岁才娶亲，那么三十岁之前，实际上就不能有房事。孔子说："少之时，血气未定，戒之在色。"那么孩子就不能早恋，更不能早婚，否则将影响孩子健康长寿的根基。娶妻之后，也不能纵欲。到了四十岁后，更要节欲。人娶亲是为了传宗接代，也是为了尽孝，那么就应当生一个健康的孩子。张景岳说："凡寡欲而得之男女，贵而寿，多欲而得之男女，浊而夭"。所以，节欲也是优生优育的根本方法。

《千金要方·养性》说："精竭则身惫。故欲不节则精耗，精耗则气衰，气衰则病至，病至则身危。"告诫人们节欲保精，从而实现健康长寿的目的。

第十八章 发誓持戒

1. 序文

昔周裕尝集善友，以戒邪淫单式①，刊布②同社③。每人各领一单，分劝十人，谨列乡贯④、年庚⑤，各自出名签押⑥，焚告于文、武二帝⑦前。嗣后动念发言，务期战兢惕厉⑧，不敢少涉邪淫。不幸有犯此者，愧悔一萌，已足消弥⑨天之大过。幸而未犯此者，从今坚制，不致贻⑩白璧之微瑕。彼此相规，始终不易，转相广劝，俾世人永断孽根⑪，咸归正路，则功茂⑫而福无量矣。

骆季和云："古人云：'万恶淫为首，百行孝为先。'余尝推斯二语，以竟厥旨⑬。而知相反适以相成，此其理可得而论焉。夫既以淫为万恶之首，则可例知不淫之为百行先资矣。既以孝为百行之先，则可例知不孝之为万恶本源矣。反覆比勘，一言已足，而此更析而二之者，何哉？盖好淫即不能全孝，而欲全其孝，必自不淫始。

古昔圣人之制婚姻也，申⑭以媒妁，裁⑮以六礼⑯。小之则为嗣续主祭，明伦辅德之要；大之则为治国平天下之本，无非欲人始终以全其孝耳。故曰："君子之道，造端乎夫妇⑰。"世衰道微⑱，圣哲不作⑲，古意尽失，礼等具文⑳，以夫妇为欲乐之具。年少德业未成，已知少艾㉑之可慕，为父母者，亦复为之诡随㉒，藉以维系人子之心。由是公然以好色为人生正当之事，且张大其辞曰："继血统，绵嗣续。"浸假㉓而夫妇之情弥笃㉔，父母之养以亏。工于媚内，外父母而堕大不孝。正不必瓮牖绳枢㉕之族，而色母谇姑㉖，久已沿为风尚矣！

人情难于迁善㉗，而易于习恶。夫既以视夫妇为欲乐之具矣，势必男女异同㉘之见愈深，贪淫爱慕之念日炽，得新厌故，触处生情，视天下男女，无不可供吾之欲乐者。而邪淫之风以启，相妒相杀，伤身辱亲，万恶丛兴，百行俱废。不孝之罪，莫斯为甚！推厥由来，岂非兆于当日夫妇一念淫欲之故乎？故曰：二语实相反而适相成也。

不知者犹欲以此"淫"字强分邪正，其可谓深得古人之微旨㉙乎？经曰："一切众生，皆因淫欲而正性命。欲因爱生，命因欲有。众生爱命，还依欲本。当知轮回，爱为根本。"又曰："由于欲境，起诸违顺，境背爱心，而生憎嫉，造种种业，是故复生地狱、饿鬼。"此可知淫为人生大患，初不分邪正也。

惟吾人自无始以来，久因爱欲而得此身，家狱已成，业根难拔。如来怜悯，犹开方便之门，得戒邪淫，许托莲华之种。（《戒德香经》云："不犯他妻，所在化生莲华之中。"）余之为此言者，非必以严格绝欲主义，强人情所难能。实愿同志深知徒贪闺房欲乐，不顾伦常大义者，已为悖理㉚，何况驰情外遇㉛，视为固常？因而推知，虽力戒邪淫，不过完得人乘㉜五戒㉝之一，若复恣情㉞渔猎㉟，必难免三途恶道之沦。由是感发兴起，力图自振，内端齐家之本，外绝争逐之心。溯委寻源，奋功㊱修于一旦，泥洹㊲在望，（《佛般泥洹经》云："戒邪淫，得五增福，入泥洹道。"）十罪㊳顿超，（《法苑珠林》云："邪淫犯十罪。"）我佛诚言，不吾欺也！

爱㊴定誓盟，对神宣发，用资防守，昭格㊵来兹！凡在佛子，谅有同心！聊缀㊶数言，以当喤引㊷。

【注释】

① 以戒邪淫单式：提供"戒邪淫单"样式。

② 刊布：刻版或排版印行。

③ 同社：志趣相同者结社，互称同社。

④ 乡贯：籍贯。

⑤ 年庚：八字。

⑥ 签押：署名，画押。表示负责。

⑦ 文、武二帝：文昌帝君、关圣帝君。

⑧ 战兢惕厉：戒谨。战兢：战战兢兢，畏惧戒慎貌，《诗经·小雅·小

旻》："战战兢兢，如临深渊，如履薄冰。"毛传："战战，恐也。兢兢，戒也。"惕厉：警惕谨慎，警惕激励。语出《周易·乾》："君子终日乾乾，夕惕若厉，无咎。"

⑨ 消弥：消除。

⑩ 贻：遗留，致使。

⑪ 孽根：祸根。

⑫ 功茂：功德无量。茂：茂盛，昌盛。

⑬ 厥旨：它的主旨。

⑭ 申：告诫。

⑮ 裁：同"才"。

⑯ 六礼：古代在确立婚姻过程中的六种礼仪，即纳采、问名、纳吉、纳征、请期、亲迎。《仪礼·士昏礼》"纳采用雁"唐贾公彦疏："昏礼有六，五礼用雁：纳采、问名、纳吉、请期、亲迎是也。唯纳征不用雁，以其自有币帛可执故也。"其后《唐律》《明律》中都有类似的规定。

⑰ 君子之道，造端乎夫妇：出自《中庸》："《诗》云：'鸢飞戾天，鱼跃于渊。'言其上下察也。君子之道，造端乎夫妇；及其至也，察乎天地。"

⑱ 世衰道微：旧指太平之世和仁义之道逐渐衰微。常用以形容乱世。《孟子·滕文公下》："世衰道微，邪说暴行有作。"

⑲ 不作：不兴起，不兴盛。

⑳ 具文：徒有形式而无实际作用的空文。

㉑ 少艾：形容（女子的）年轻美丽。

㉒ 诡随：不顾是非而妄随人意。《诗经·大雅·民劳》："无纵诡随，以谨无良。"毛传："诡随，诡人之善，随人之恶者。"朱熹集传："诡随，不顾是非而妄随人也。"

㉓ 浸假：假令，假如。语出《庄子·大宗师》："浸假而化予之左臂以为鸡，予因以求时夜；浸假而化予之右臂以为弹，予因以求鸮炙；浸假而化予之尻以为轮，以神为马，予因以乘之，岂更驾哉！"郭象注："浸，渐

407

也。"成玄英疏："假令阴阳二气，渐而化我左右两臂为鸡为弹，弹则求于鸮鸟，鸡则夜候无时。"后多用为逐渐的意思。

㉔ 弥笃：更加深厚。

㉕ 瓮牖绳枢：穷人。用破瓮口作窗户，用绳子缚着门枢。指房屋简陋，家境贫穷。

㉖ 色母谇（suì）姑：儿子给母亲脸色，媳妇责骂婆婆。谇：责骂。

㉗ 迁善：去恶为善，改过向善。

㉘ 异同：不同，不一致。此处指与圣人之说相违背。

㉙ 微旨：精深微妙的意旨。

㉚ 悖理：违背事理或情理。此处指违背天理。

㉛ 驰情外遇：向往外遇，指夫妻关系以外的艳遇。

㉜ 人乘：人道，指可以转生于人道。

㉝ 五戒：不杀生、不偷盗、不邪淫、不妄语、不饮酒。

㉞ 恣情：纵情。

㉟ 渔猎：本指捕鱼打猎，此处指贪逐美色。

㊱ 奋功：致力于功业。

㊲ 泥洹：涅槃。

㊳ 十罪：十恶而带来的罪业。十恶指：身有三恶：一杀生、二偷盗、三邪淫；口有四恶：一妄语、二两舌、三恶口、四绮语；意有三恶：一贪欲、二嗔恚、三邪见、

㊴ 爰（yuán）：于是，就。

㊵ 昭格：降临吉祥，祈祷或祭祀的书面语言。

㊶ 缀：著作，组织文字以成篇章。

㊷ 喤（huáng）引：古时官吏出行，前驱的骑卒一路喝道，叫作"驺唱"，也叫"引喤"。后世替别人的书作序，自谦为"喤引"。也指所作的序文。

【译文】

从前周裕先生曾经聚集善友，提供"戒邪淫单"样式，在同社印刷发行。每人各领一单，分别劝十人，在单上填上自己的籍贯和生辰八字，焚告于文、武二帝坛前。自此以后，动念说话，务必谨慎小心，不敢再犯任何邪淫。不幸犯过的人，惭愧忏悔一生起，已足以能够消除弥天大罪。幸而未犯的人，从今坚守戒制，不致使白璧有微瑕。彼此相互规劝，始终不变，进而转相广劝，使世人永断祸根，皆归正路，则功德无量，福报无量。

骆季和先生说："古人云：'万恶淫为首，百行孝为先。'我常常推究这两句话的意思，一直想悟透它的主旨。其实，这两句话，是相反相成的，这就算是真正懂得了其中的道理。既然'淫'为万恶之首，则可知'不淫'就是百行之先；既然'孝'为百行之先，则可知'不孝'就是万恶之首。反复比对，细细琢磨，一言已足，而为什么又要从正、反面来分析呢？因为好淫即不能保全孝道，而欲圆满孝道，必须从不淫开始。"

古代圣人制定婚姻，告诫必先有媒妁之言，后有六礼迎娶。小则为了有子嗣主祭，明了人伦辅助进德的要义；大则为治国平天下之本，无非是要人始终保全孝道罢了。因此说："君子之道，造端乎夫妇。"如今世道衰微，圣人的告诫不被重视，原意尽失。所留传下来的礼仪，也徒具形式而已，以夫妇为欲乐的工具。年少德业未成，就已经知道追求少艾，而做父母的，不顾是非而妄随人意，借以维系父母与子女的关系。导致后辈公然认为好色是人生正当之事，并且夸大其辞说："这是为了传宗接代，延续血统。"渐渐地随着夫妇私情不断深厚，对父母的奉养就渐渐减少。专门把心思放在讨好妻子方面，疏远父母，置自己于大不孝之境地。先不说贫贱人家，而读书人家，儿子给父母脸色，媳妇责骂公婆的事情，也久已成习了！

一般来说，人难于迁善，而易于习恶。既然视夫妇是欲乐的工具，那么在夫妇之间的异端邪说就越来越多，贪淫爱色的念头也会越来越盛。喜新厌旧，到处留情，视天下男女，全都是可以供我享乐的人。邪淫之风一旦刮起，随之而来的就是相妒相杀，伤身辱亲，万恶丛兴，百善俱废。不孝之罪，没有比这更大的了。推其由来，难道不是起源于当初的一念淫欲的缘故吗？所以说："万恶淫为首，百行孝为先"这两句话在字面上看似相反，但在意义上却是相辅相成。

不知者，把此"淫"字强行分为正淫和邪淫，其可谓深得古人之微旨吗？《圆觉经》说："一切众生，皆因淫欲而正性命。欲因爱生，命因欲有。众生爱命，还依欲本。当知轮回，爱为根本。"又说："由于欲境，起诸违顺，境背爱心，而生憎嫉，造种种业，是故复生地狱、饿鬼。"由此可知，淫为人生大患，本来就不分邪正的。

我们自无始劫以来，久因爱欲而得此身，家狱已成，业根难拔。所以如来怜悯，特别开方便之门，能戒邪淫者，许托莲花之种（《佛说戒德香经》："不犯他妻，所在化生莲花之中。"）。我如此说，并非必定要大家实行严格意义上的禁欲主义，强人所难。实愿同志深知只贪闺房之乐，而不顾伦常大义的人，已经违背天理，何况把向往艳遇视为平常呢？因而推知，即使力戒邪淫，只不过是保全了人乘五戒中的一戒，如果还纵情追逐美色，必难免成为三途恶道的众生。由此感想而发起"发誓持戒"，力图振作起来，内正齐家之本，外绝逐色之心。溯本寻源，一旦精进修行，泥洹在望（《佛般泥洹经》云："戒邪淫，得五增福，入泥洹道。"），十罪顿超，我佛诚言，不吾欺也！

于是，我等确定誓盟，对神宣誓，以见证防守邪淫，在这里降临吉祥！凡在佛子，谅有同心！暂且写此数言，以作序文。

【解说】

本文为"发誓持戒"序文。缘起于周裕先生曾经聚集善友，用戒邪淫单式，在同社印刷发行。

一人戒淫，不如多人戒淫功德大，所以就发起这种互劝互助的戒淫模式。这个序文就是神前宣誓仪式所用的文章，宣誓完毕，将各人写的戒淫单在神前焚化，以神灵作证，再也不敢犯邪淫，从而降临吉祥。

本文主要论述了"万恶淫为首，百行孝为先"的主旨，这两句话是相辅相成的关系。按照一般人理解，这两句话前句是讲淫，后句是讲孝。但本文认为两句都是讲淫。若邪淫，也就保全不了孝道。若邪淫，从小的方面来说，因为邪淫带来身体各种病患，甚至夭折，是为不孝；从大的方面来说，因为邪淫玷污了父母给你的身体，不仅使你个人德行有亏，就是全家也蒙羞忍辱，是为大不孝。所以说"百行孝为先"，先要断除万恶的邪淫。所以，序文说："因为好淫即不能保全孝道，而欲圆满孝道，必须从不淫开始。"

然后，序文论述古代圣人为什么要给婚姻制定那么多繁琐的礼节。这一方面是保护女人的贞洁，另一方面也是使人不犯邪淫。孟子说："逾东家墙而搂其处子，则得妻；不搂，则不得妻。则将搂之乎？"处子，就是处女，现在说的黄花闺女。如果跳过东墙，把邻居家的黄花闺女搂抱过来，便能娶到妻，不然就没有妻，难道就去跳墙搂抱人家的黄花闺女吗？如果没有父母之命、媒妁之言，"六礼"嫁娶的程序，那么人人都可以搂墙内的处子了，男女一见就可以苟合，那么人不就成为禽兽了吗？孟子说："不待父母之命，媒妁之言，钻穴隙相窥，踰墙相从，则父母国人皆贱之。"这是因为人类有道德观，有着耻心，才把人与动物区别开来。所以，偷情私奔都是不齿于人类的丑行。

序文说："所留传下来的礼仪，也徒具形式而已，以夫妇为欲乐的工具。"忘记了初心，作为父母也附和子女。因为溺爱，儿子想要干什么都行。这些年轻人了早就忘记孔子所说"少之时，血气未定，戒之在色"的言教，不进德修业，小小年纪就追求少艾，心思花在早恋上面。渐渐地随着男女私情不断深厚，对父母的奉养就渐渐减少。专门把心思放在讨好妻子方面，疏远父母，置自己于大不孝之境地。先不说贫贱人家，而读书人家，儿子给父母脸色，媳妇责骂公婆的事情，也久已成习了。这么看来，"万恶淫为首，百行孝为先"，两者之间的关系不正是相辅相成的关系吗？

把夫妻关系看成纵欲的工具。那么社会问题就层出不穷。因为男人好色贪淫，那么家里的女人就难以满足他的需求了，喜新厌旧，到处留情，就成了男人的本色，因为男人追求艳遇，引起越来越多的婚姻问题，怨女也越来越多。因为第三者插足家庭，女人之间就会互相妒忌，甚至引发杀人命案。伤身辱亲，万恶丛兴，百善俱废。这么多的问题出现，再次说明了"万恶淫为首，百行孝为先"这两句话在字面上看似矛盾，但在意义上却是相辅相成。

还有一种说法，"淫"分为正淫与邪淫，把夫妇之淫视为正淫，夫妇之间纵欲行淫似乎很正当。序文说："把此'淫'字强行分为正淫和邪淫，其可谓深得古人之微旨吗？"然后引用《圆觉经》所说"一切众生，皆因淫欲而正性命"，这是什么意思呢？按照佛经的描述，众生因为色欲而来，不仅人的一生色欲不断，就是死了引发六道轮回的种子也是色欲。

既然如此，是不是人人都应当出家当和尚，实行禁欲主义呢？也不是这样。序文告诉我们，佛陀怜悯众生，开了方便法门，只要不犯他妻，可以托生莲胎。这就是念佛法门，念佛往生西方，在净土继续修行，一直到成佛。可没有皈依净土的，并非就可以为所欲为。要投生三善道，必须修五戒十善。戒邪淫是五戒之一，十善之一。若强犯他妻，追逐美色，必难免成为三途恶道的众生。所以，无论你是否皈依佛门，都有必要"发誓持戒"，使自己振作起来，内正齐家之本，外绝逐色之心。在此基础上，如果进一步精进修行，就有可能到达解脱的彼岸。

2. 誓愿文式

（须端楷[①]依此书写，对佛菩萨像前宣读焚化，以昭[②]诚敬）

_____ 年 _____ 月 _____ 日，立愿戒邪淫弟子 _____ 斋戒[③]熏沐[④]，焚香具疏[⑤]，敬谨宣誓于 _____ 座前曰：

百善先孝，万恶首淫，人异禽兽，以其存心。

雁集中泽[⑥]，尚不乱群，我为佛子，可不如禽？

自今日始，誓戒邪淫，尽我形寿，永不渝心。

若有犯者，即祸其身，尚不蔽过[7]，殃及子孙。

玷污大教，罪实非轻，殛[8]以劝来，护法神明。

慈悲哀怜，鉴此葵忱[9]，护持默佑，永保生生[10]。

弟子 ＿＿＿＿＿ 谨具押

一坚戒力　人之存心[11]，非善即恶；人之享受，非福即祸。天道祸淫，不加悔罪之人。诚始迷而终悟，自灾去而福来。但忏悔受戒之后，必须战战兢兢，临深履薄[12]，直至启手启足[13]之后，而后可告无罪于神明。设受戒之后，又复犯戒，则誓辞在前，神威在后，决定受祸，不可救药。如伤寒小愈，便食荤腥，前证[14]一发，决无生理。惟愿同人，至心归依。时时对越[15]神明，刻刻常思祸患。昔人云："一之为甚，其可再乎[16]？"况既已发誓，岂同儿戏？

一坚信心　凡受戒诸人，须知人命不齐。如地有肥瘠，而在天雨露，原无二施。栽者培之，倾者覆之。培与覆之权虽在天，而栽与倾之机实在我。彼恶人而享非常[17]之福，未必是真福，或借此以重其殃，否则祖德前因甚厚也。善人而受无端之祸，未必是真祸，或借此以玉汝成，否则夙业往愆所致耳。惟愿世人，倘遇顺境，更加精进；倘遇逆境，益宜勇猛。尽其在我[18]而已。

413

【注释】

① 端楷：端正的楷书，以表示对神明的诚敬。

② 昭：表示，显示。

③ 斋戒：古人在祭祀前沐浴更衣、整洁身心，以示虔诚。《孟子·离娄下》："虽有恶人，斋戒沐浴，则可以祀上帝。"

④ 熏沐：熏香沐浴。

⑤ 具疏：备文分条陈述。

⑥ 雁集中泽：《诗经·小雅·鸿雁》："鸿雁于飞，集于中泽。"毛传："中泽，泽中也。"雁聚集在泽中，但它们都坚持一夫一妻制，不会乱

群。

⑦蔽过：《素书·道义章第五》："以明示下者暗，有过不知者蔽，迷而不返者惑。"有过错而不能自知，一定会受到蒙蔽。

⑧殛（jí）：惩罚。

⑨葵忱：倾心向往之诚意。葵：葵性向日，古人多用以比喻下对上赤心趋向之意。

⑩生生：世世代代。

⑪存心：居心，心里怀有的意念。

⑫临深履薄：《诗经·小雅·小旻》："战战兢兢，如临深渊，如履薄冰。"谓面临深渊，脚踏薄冰。后因以"临深履薄"喻谨慎戒惧。

⑬启手启足：曾子有疾，召门弟子曰："启予足！启予手！《诗》云：'战战兢兢，如临深渊，如履薄冰。'而今而后，吾知免夫，小子！"此处的意思是：到临终的时候，能像曾子一样白璧无瑕，才可告无罪于神明。

⑭证：通"症"，病症。

⑮对越：原指帝王祭祀天地神灵，此处指发誓愿者时时在神明前反省。

⑯一之为甚，其可再乎：一次错误已经很过分了，怎么可以再犯类似的错误呢？出自《左传·僖公五年》："晋不可启，寇不可玩。一之谓甚，其可再乎？"

⑰非常：不同寻常。

⑱尽其在我：尽自己的力量做好应做的事。

【译文】

（务必端正用楷书依此书写，在佛菩萨像前宣读焚化，以表示诚敬）

＿＿＿年＿＿＿月＿＿＿日，立愿戒邪淫弟子＿＿＿斋戒沐浴，焚香具疏，敬谨宣誓于＿＿＿座前曰：

百善先孝，万恶首淫，人异禽兽，以其存心。

雁集中泽，尚不乱群，我为佛子，可不如禽？

自今日始，誓戒邪淫，尽我形寿，永不渝心。

若有犯者，即祸其身，尚不蔽过，殃及子孙。

玷污大教，罪实非轻，惩以劝来，护法神明。

慈悲哀怜，鉴此诚心，护持默佑，永保生生。

弟子 ＿＿＿＿ 谨具押

一坚戒力　人们心里的念头，有善念有恶念；人们所得到的果报，有福报有灾祸。天道虽然祸淫，却不加罪于忏悔之人。如果我们真的能反迷为悟，那么一定会祸去而福来。但是我们在忏悔受戒之后，必须战战兢兢，如临深渊，如履薄冰，直至临终之前才敢在神明前说自己已经无罪。如果在受戒之后又去犯戒，要知道我们已经有了誓辞在前，又有神明在暗里监督，犯戒之人决定受祸，不可救药。就像伤寒病人刚刚好了一点，马上又食荤腥，原病复发，绝对没有活下来的道理。惟愿同人，至心归依。时时在神明前反省，刻刻想到犯戒带来的祸患。古人说："一之为甚，其可再乎？"何况我们既已发誓，岂能当作儿戏！

二坚信心　凡受戒诸人，应该知道人与人的命运是不同的。这就像土地有肥有瘠，而天上的雨露，却无二施。栽得正的就得到上天的雨露茁壮成长，要是栽偏了虽然同样得到雨露其结果可能会倾倒。是成长还是倾倒，这个权力看起来由天主宰，但栽得正还是栽得偏，这个权力就在我自己。有些造恶之人却能享受非常之福，未必是真福，或者是借此让他以后遭受更重的祸殃，要不就是他祖上积下了厚德而带来的。也有行善之人而受无端之祸的，那未必是真祸，或者是老天要借此以磨练你以玉汝于成，要不就是前世恶业所招致罢了。惟愿世人，若遇顺境，更加精进；若遇逆境，益宜勇猛。尽其在我，听其在天。

415

【解说】

以上是发誓戒邪淫的文字格式，民国时期写的，发给发誓者本人填写并在宣誓仪式上焚化的。这个格式实际上没有时代的限制，无论何时都可以使用。只是现在的人难以读懂文言文，适宜改用白话文形式。

下面两个"坚"，一坚戒力，二坚信心，是让宣誓者明白宣誓的意义，一是要增强戒力，二是要增强信心。

增强戒力，那就是无论在什么时间，在什么地方，都要守戒。天道虽然祸淫，却不加罪于忏悔之人。要学习曾子，他到临终的时候，启手启足，再也没有错误，白璧无瑕，那么才敢在神明前说自己已经无罪。也就是说这个发誓是尽形寿的，一直到生命的最后一刻，到这个时候才不算虚度一生。

增强信心，就是如老子所说："天道无亲，常与善人。"上天没有亲疏之分，他公平公正对待某一个人，他对坏人不会放过，他对好人就会经常帮助他。就像天上的雨露平等地洒向大地的树木，但是栽得正才会茁壮成长，栽偏了就有可能倾倒，栽正还是栽偏的主动权掌握在我们手里。所以只要我们修清净心，没有一点邪淫之心，那么天上的阳光雨露就会促进我们成长，坚信我们就能长成参天大树。

"尽其在我"是曾国藩常说的一句座右铭，他还增加了四个字，即"听其在天"。曾国藩更是强调"尽其在我"。如果"听其在天"，就听天由命，不再努力就错了。"听其在天"，上天也要根据你的努力给你相应的报偿。曾国藩说："吾人只有进德、修业两事靠得住。"进德、修业这两件事，所取得的任何一点成绩都是属于自己的，别人都夺不去的。进德就是道德上天天进步，孝悌仁义每天都落实到了自己的行动上。修业，就是写诗、作文、写字等等，这些也是服务人民的本领。尽自己的力量做好应做的事，至于得到善报，就不要过多地期望。正如曾国藩说："但问耕耘，莫问收获"。如果做的并不多，就天天盼望着收获，那反而会丧失信心，到最后得不到收获。

第十九章｜保身立命戒期及天地人忌

1. 序文

福善祸淫之理，言之详矣。若夫夫妇之际，人所易忽。不知一岁之中，有断宜^①斋戒之日。如《月令》^②："先雷三日（乃春分前三日）奋木铎以令兆民^③曰：'雷将发声，有不戒其容止^④者，生子不备，必有凶灾。'"是也。况人身气血流行，原与天地节气相应。倘非时走泄，则气血不能合度，其伤精损气，百倍他时。至于神明降鉴^⑤之期，而淫污冒渎^⑥，有阴被谴责而不觉者。故世有循谨^⑦之人，而阳受疾病夭札^⑧之伤，阴遭削禄减年之祸，往往皆由于此。与其追悔而莫挽，何如遵戒以自新。敬录戒期及天地人忌，冀自爱者，咸遵守焉。

　［批］以上戒期每年通共二百二十五日，闰月照前，皆系每月中之一定者。

【注释】

①断宜：断开房事，适宜房事。

②《月令》：《礼记》篇名。礼家抄合《吕氏春秋》十二月纪之首章而成。所记为农历十二个月的时令、行政及相关事物。后用以特指农历某个月的气候和物候。

③兆民：古称天子之民，后泛指众民，百姓。

④容止：郑玄注："容止，犹动静。"有时亦偏指仪容。此处印光大师说是指"房事"。

⑤降鉴：俯察。

⑥冒渎：冒犯，亵渎。

⑦循谨：守法谨慎。

⑧夭札：遭疫病而早死。

【译文】

福善祸淫的道理，已经说得十分详细了。至于夫妻之间的事，人们往往容易忽视，不知道一年当中，有断有宜以及斋戒的日子，都需要注意。例如《月令》说："先雷三日（春分前三日），振木铎以通告民众说：'雷将发声，有不戒除房事者，生下的儿女有残疾，必有凶灾。'"这就是一个例子。况且人身气血流行，原与天地节气相应。倘若非时泄精，则气血运行不能与天地节气相协调，其伤精损气，百倍他时。至于神明俯察之日，若犯淫欲则会冒犯亵渎神明，冥冥之中受到谴责而不知。因此，世上有守法谨慎之人，却常遭多病夭折之害，这是看得见的。还有看不见的，如功名被削，年寿被减的祸报。这些往往都是因为不知断宜忌讳的缘故。与其追悔而无法挽回，何如遵守戒期以自新。敬录戒期及天地人忌，希望自爱者，都遵守它。

2. 戒期

以下遇生僻词语均在括号内注释（本节内容仅供参考）。

正月　共十八日

初一　天腊。玉帝校世人神气禄命，犯者削禄夺纪（十二年为一纪）；又月朔（旧历初一）犯者夺纪，每月同。

初三　万神都会，犯者夺纪；又斗（星宿名）降犯者夺纪，每月同。

初五　五虚（《素问·玉机真藏论》："脉细，皮寒，气少，泄利前后，饮食不入，此谓五虚。"）忌。

初六　六耗（阴、阳、晦、明、风、雨所导致的六种病）忌；又每月初六为雷斋日，犯者减寿。

初七　上会日，犯者损寿。

初八　五殿阎罗天子诞，犯者夺纪；又四天王（东方持国天王、南方增长天王、西方广目天王、北方多闻天王）巡行，每月同。

初九　玉皇上帝诞，犯者夺纪。

十三　杨公忌（世传为唐代风水宗师杨筠松所订定）。

十四　三元（道教称天、地、水为"三元"）降，犯者减寿；又四天王巡行，每月同。

十五　三元降，犯者损寿；又上元神会，犯者夺纪；又月望，犯者夺纪，每月同；又四天王巡行，每月同。

十六　三元降，犯者减寿。

十九　长春真人（丘处机）诞。

廿三　三尸神奏事；又四天王巡行，每月同。

廿五　每月二十五为月晦日（多指农历每月的最后一日。民国版为"月晦"，疑有误），犯者减寿；又天地仓开日，犯者损寿，子带疾。

廿七　斗降，犯者夺纪，每月同。

廿八　人神（先祖的神灵）在阴，犯者得病，宜先一日即戒，每月同。

廿九　四天王巡行，每月同。

三十　月晦。司命奏事，犯者减寿，如月小即戒廿九日，每月同；又四天王巡行，每月同。

二月　共十八日

初一　月朔。一殿秦广王诞，犯者夺纪。

初二　万神都会，犯者夺纪；又福德土地正神诞，犯者得祸。

初三　斗降；又文昌帝君诞。犯者削禄夺纪。

初六　雷斋日，犯者减寿；又东华帝君诞。

初八　释迦牟尼佛出家，三殿宋帝王诞，犯者夺纪；又张大帝诞，又四天王巡行。

十一　杨公忌。

十四　四天王巡行。

十五　释迦牟尼佛般涅槃；月望；太上老君诞，犯者削禄夺纪；又四天王巡行。

十七　东方杜将军诞。

十八　四殿五官王诞；又至圣先师孔子讳辰，犯者削禄夺纪。

十九　观音大士诞，犯者夺纪。

廿一　普贤菩萨诞。

廿三　四天王巡行。

廿五　月晦日，犯者减寿。

廿七　斗降，犯者夺纪。

廿八　人神在阴，犯者得病。

廿九　四天王巡行。

三十　月晦。司命奏事，犯者减寿，如月小即戒廿九；又四天王巡行。

三月　共十七日

初一　月朔。又二殿楚江王诞，犯者夺纪。

初三　斗降；又玄天上帝诞，犯者夺纪。

初六　雷斋日，犯者减寿。

初八　六殿卞城王诞，犯者夺纪；又四天王巡行。

初九　牛鬼神出，犯者产恶胎；又杨公忌。

十二　中央五道诞。

十四　四天王巡行。

十五 月望。昊天上帝诞,玄坛诞,犯者夺纪;又四天王巡行。

十六 准提菩萨诞,犯者夺纪。

十八 中岳大帝诞,又后土娘娘诞,三茅(修仙得道的茅君三兄弟)降。

二十 天地仓开日,犯者损寿;又子孙娘娘诞。

廿三 四天王巡行。

廿五 月晦日,犯者减寿。

廿七 斗降;又七殿泰山王诞,犯者夺纪。

廿八 人神在阴,犯者得病;又苍颉至圣先师诞,犯者削禄夺纪;又东岳大帝诞。

廿九 四天王巡行。

三十 月晦。司命奏事,犯者减寿,月小即戒廿九;又四天王巡行。

四月 共十八日

初一 月朔。又八殿都市王诞,犯者夺纪。

初三 斗降,犯者夺纪。

初四 万神善化,犯者失瘏(tú,疲病)夭胎;又文殊菩萨诞。

初六 雷斋日,犯者减寿。

初七 南斗、北斗、西斗同降,犯者减寿;又杨公忌。

初八 释迦牟尼佛诞,犯者夺纪;又万神善化,犯者失瘏夭胎;又善恶童子降,犯者血死;又九殿平等王诞;又四天王巡行。

十四 纯阳祖师诞,犯者减寿;又四天王巡行。

十五 月望。钟离祖师诞,犯者夺纪;又四天王巡行。

十六 天地仓开日,犯者损寿。

十七 十殿转轮王诞,犯者夺纪。

十八　天地仓开日；又紫微大帝诞，犯者减寿。

二十　眼光圣母诞。

廿三　四天王巡行。

廿五　月晦，减寿。

廿七　斗降，犯者夺纪。

廿八　人神在阴，犯者得病。

廿九　四天王巡行。

三十　月晦。司命奏事，犯者减寿，如逢月小即戒廿九；又四天王巡行。

五月　共廿二日［按］此月宜全戒为是

初一　月朔。南极长生大帝诞，犯者夺纪。

初三　斗降，犯者夺纪。

初五　地腊（道家五斋祭日之一）；五帝校定生人官爵，犯者削禄夺纪；又九毒日，犯者夭亡，奇祸不测；又杨公忌。

初六　九毒日，犯者夭亡奇祸不测；又雷斋日。

初七　九毒日，犯者夭亡，奇祸不测。

初八　南方五道诞；又四天王巡行。

十一　天仓开日，犯者损寿；又天下都城隍诞。

十二　炳灵公（泰山三郎，东岳大帝第三子）诞。

十三　关圣降神，犯者削禄夺纪。

十四　四天王巡行；又夜子时为天地交泰，犯者三年内夫妇俱亡。

十五　月望；九毒日，犯者夭亡，奇祸不测；又四天王巡行。

十六　九毒日；又天地元气造化万物之辰，犯者三年内夫妇俱亡。

十七　九毒日，犯者夭亡奇祸不测。

十八　张天师诞。

廿二　孝娥（吴孙权时孝女）神诞，犯者夺纪。

廿三　四天王巡行。

廿五　九毒日，犯者夭亡，奇祸不测；月晦日。

廿六　九毒日，犯者夭亡，奇祸不测。

廿七　九毒日，犯者夭亡，奇祸不测；又斗降。

廿八　人神在阴，犯者得病。

廿九　四天王巡行。

三十　月晦；司命奏事，犯者减寿，如逢月小即戒廿九；又四天王巡行。

六月　共十七日

初一　月朔，犯者夺纪。

初三　斗降，犯者夺纪；又杨公忌。

初四　南赡部洲转大法轮，犯者损寿。

初六　天仓开日；又雷斋日，犯者损寿。

初八　四天王巡行。

初十　金粟如来诞。

十三　井泉龙王诞

十四　四天王巡行。

十五　月望，犯者夺纪；又四天王巡行。

十九　观音大士涅槃（成道日），犯者夺纪。

廿三　南方火神诞，犯者遭回禄（火灾）；又四天王巡行。

廿四　雷祖诞；又关帝诞，犯者削禄夺纪。

廿五　月晦日，犯者减寿。

廿七　斗降，犯者夺纪。

廿八　人神在阴，犯者得病。

廿九　四天王巡行。

三十　月晦；司命奏事，犯者减寿，如月小即戒廿九；又四天王巡行。

七月　共廿一日

初一　月朔，犯者夺纪；又杨公忌。

初三　斗降，犯者夺纪。

初五　中会日，犯者损寿，一作初七。

初六　雷斋日，犯者减寿。

初七　道德腊（道教五斋祭日之一）；五帝校生人善恶；魁星诞，犯者削禄夺纪。

初八　四天王巡行。

初十　阴毒日，大忌。

十二　长真谭真人诞。

十三　大势至菩萨诞，犯者减寿。

十四　三元降，犯者减寿；又四天王巡行。

十五　月望；又三元降；又地官校籍，犯者夺纪；又四天王巡行。

十六　三元降，犯者减寿。

十八　西王母诞，犯者夺纪。

十九　太岁诞，犯者夺纪。

廿二　增福财神诞，犯者削禄夺纪。

廿三　四天王巡行。

廿五　月晦，犯者减寿。

廿七　斗降，犯者夺纪。

廿八　人神在阴，犯者得病。

廿九　杨公忌；又四天王巡行。

三十　地藏菩萨诞，犯者夺纪；月晦，司命奏事，犯者减寿，如月小即戒廿九；又四天王巡行。

八月　共十八日

初一　月朔，犯者夺纪；又许真君诞。

初三　斗降；又北斗诞，犯者削禄夺纪；又司命灶君诞，犯者遭回禄（火灾）。

初五　雷声大帝诞，犯者夺纪。

初六　雷斋，犯者减寿。

初八　四天王巡行。

初十　北斗大帝诞。

十二　西方五道诞。

十四　四天王巡行。

十五　月望；太阴朝元，宜焚香守夜，犯者暴亡。又四天王巡行。

十六　天曹掠刷真君降，犯者贫夭。

十八　天人兴福之辰，宜斋戒，存想吉事。

廿三　四天王巡行；又汉桓侯张显王诞。

廿四　灶君夫人诞。

廿五　月晦日，犯者减寿。

廿七　斗降；又至圣先师孔子诞，削禄夺纪；又杨公忌。

廿八　人神在阴，犯者得病；又四天会事。

廿九　四天王巡行。

三十　月晦；司命奏事，犯者减寿，如月小即戒廿九；又诸神考校夺算；又四天王巡行。

九月　共廿二日

初一　月朔；南斗诞，犯者削禄夺纪；自初一至初九，北斗九星降，犯者夺纪，此九日俱宜斋戒。

初三　五瘟神诞。

初八　四天王巡行。

初九　斗母诞，犯者削禄夺纪；又酆都大帝诞；又玄天上帝飞升。

初十　斗母降，犯者夺纪。

十一　宜戒。

十三　孟婆尊神诞。

十四　四天王巡行。

十五　月望，犯者夺纪；又四天王巡行。

十七　金龙四大王诞，犯者水厄。

十九　日宫月宫会合；又观世音菩萨出家日，犯者减寿。

廿三　四天王巡行。

廿五　月晦日，犯者减寿；又杨公忌。

廿七　斗降，犯者夺纪。

廿八　人神在阴，犯者得病。

廿九　四天王巡行。

三十　药师琉璃光佛诞，犯者得危疾；月晦日；司命奏事，犯者减寿，如月小即戒廿九；又四天王巡行。

十月　共十六日

初一　月朔；民岁腊，犯者夺纪；又四天王降，犯者一年内死。

初三　斗降；三茅诞，犯者夺纪。

初五　下会日，犯者损寿；又达摩祖师诞。

初六　天曹考察，犯者夺纪。

初八　佛涅槃日，大忌色欲；又四天王巡行。

初十　四天王降，犯者一年内死。

十一　宜戒。

十四　三元降，犯者减寿；又四天王巡行。

十五　月望；又三元降；又下元水府校籍，犯者夺纪；又四天王巡行。

十六　三元降，犯者减寿。

廿三　杨公忌；又四天王巡行。

廿五　月晦日，犯者减寿。

廿七　斗降，犯者夺纪；又北极紫薇大帝降。

廿八　人神在阴，犯者得病。

廿九　四天王巡行。

三十　月晦日；司命奏事，犯者减寿，如月小即戒廿九；又四天王巡行。

十一月　共十八日

初一　月朔，犯者夺纪。

初三　斗降，犯者夺纪。

初四　至圣先师孔子诞，犯者削禄夺纪。

初六　西岳大帝诞。

初八　四天王巡行。

十一　天仓开日；又太乙救苦天尊诞，犯者夺纪。

十四　四天王巡行。

十五　月望；四天王巡行，上半夜犯男死，下半夜犯女死。

十七　阿弥陀佛诞。

十九　太阳日宫诞，犯者奇祸。

廿一　杨公忌。

廿三　张仙诞，犯者绝嗣；又四天王巡行。

廿五　掠刷大夫降，犯者大凶；又月晦日。

廿六　北方五道诞。

廿七　斗降，犯者夺纪。

廿八　人神在阴，犯者得病。

廿九　四天王巡行。

三十　月晦；司命奏事，犯者减寿，如月小即戒廿九；又四天王巡行。

十二月　共二十日　[按]自二十日后十日俱宜戒

初一　月朔，犯者夺纪。

初三　斗降，犯者夺纪。

初六　天仓开日；雷斋日，犯者减寿。

初七　掠刷大夫降，犯者得恶疾。

初八　王侯腊（阴历十二月初八日，民间有煮果粥祀神、聚食及馈送亲邻的风俗，称"王侯腊"），犯者夺纪；又释迦如来成道日；又四天王巡行。

十二　太素三元君朝真。

十四　四天王巡行。

十五　月望，犯者夺纪；又四天王巡行。

十六　南岳大帝诞。

十九　杨公忌。

二十　天地交道促寿。

廿一　天猷上帝诞。

廿三　五岳神降；又四天王巡行。

廿四　司命朝天奏人善恶，犯者大祸。

廿五　三清玉帝同降，考察善恶，犯者奇祸。

廿七　斗降，犯者夺纪。

廿八　人神在阴，犯者得病。

廿九　华严菩萨诞；又四天王巡行。

三十　诸神下降，察访善恶，犯者男女俱亡。

[批] 以上戒期每年通共二百二十五日，闰月照前，皆系每月中之一定者。此外更有：

二分之月

春分：雷将发声，犯者生子五官四肢不全，父母有灾，宜从惊蛰节禁起，戒过一月。

秋分：杀气浸盛，阳气日衰，宜从白露节禁起，戒过一月。

此二节之前三后三共七日，犯之必得危疾，尤宜切戒。

二至之月

夏至：阴阳相争，死生分判之时。宜从芒种节禁起，戒过一月。

冬至：阴阳相争，死生分判之时。宜从大雪节禁起，戒过一月。

此二节乃阴阳绝续之交，最宜禁忌；此二至节之前三后三共七日，犯之必得急疾，尤宜切戒；又冬至半夜子时犯之，并冬至后庚辛日，及第三戌日犯之，皆主在一年内亡。

三元日：犯之减寿五年（农历正月十五、七月十五、十月十五，为上中下三元）。

四立（立春、立夏、立秋、立冬），四离（冬至、夏至、春分、秋分的前一日），四绝日（四立日的前一日），二社日（立春后的第五个戊日为春社日，立秋后的第五个戊日为秋社日），犯之皆减寿五年。社日受胎者，毛发皆白。

431

三伏日、弦日（上弦为初七初八，下弦为二十二二十三）、晦日（每月最后一天），每月三辛日，犯之皆减寿一年。

甲子日、庚申日、太岁日、拈香持斋供谢佛日，犯之皆减寿一年。

祖先亡忌日，父母诞日、忌日，犯之皆减寿一年。

己身夫妇本命诞日，犯之皆减寿。

丙丁日、天地仓开日，犯之皆得病。

毁败日，大月十八日，小月十七日，犯之得病。

十恶大败日：甲己年三月戊戌日、七月癸亥日、十月丙申日、十一月丁亥日。乙庚年四月壬申日、九月乙巳日。丙辛年三月辛巳日、九月庚辰日、十月甲辰日。丁壬年，无忌。戊癸年六月己丑日。此皆大不吉之日，宜戒。

阴错日：正月庚戌日、二月辛酉日、三月庚申日、四月丁未日、五月丙午日、六月丁巳日、七月甲辰日、八月乙卯日、九月甲寅日、十月癸丑日、十一月壬子日、十二月癸亥日，此阴不足之日，俱宜戒。

阳错日：正月甲寅日、二月乙卯日、三月甲辰日、四月丁巳日、五月丙午日、六月丁未日、七月庚申日、八月辛酉日、九月庚戌日、十月癸亥日、十一月壬子日、十二月癸丑日，此阳不足之日，俱宜戒。

[批] 以上戒期，每年俱宜按照时宪书，逐月查明录出，夹在此本，遵依禁戒。

3. 天地人忌

天忌切宜禁戒

酷暑严寒，犯之，得重疾不救。

烈风雷雨，天地晦冥，日月薄蚀，虹现地动，犯之，产怪物身死。

白昼，星月之下，灯火之前，犯之，皆减寿。

地忌切宜禁戒

庙宇寺观庵堂之内，犯之，大减禄寿。

井灶圊厕之侧，荒园冢墓尸柩之旁，犯之，恶神降胎，并产怪物身死。

人忌切宜禁戒

郁怒：大怒伤肝，犯之必病。

远行：行房百里者病，百里行房者死。

醉饱：醉饱行房，五脏反复。

空腹：犯之伤元神。

病后：犯之变证复发。

胎前：犯之伤胎。故凡有孕后，即宜分床绝欲。一则恪遵胎训，一则无堕胎之患，及小儿胎毒胎瘁、凶险瘄痘（疹子）、游风惊痫（因受惊而发作的一种病）、牙疳（牙龈溃疡出血）等病。二则所生之儿，男必端严方正，女必贞静幽闲，自然不犯淫佚。

产后：十余日内犯之妇必死，百日内犯之妇必病。

天癸（女子月经）来时：犯之成血麻证（过敏性疾病，证同"症"），男女俱病。

竹席：竹性寒凉，犯之易感寒气。

薄衾（薄被子）：犯之寒气入骨。

窗隙：有风宜避，夜深就枕宜戒。

交合才毕：婴儿在旁啼哭，勿即与乳。

交罢：勿即挥扇，及饮冷茶水。以若过受凉，或至即死。

一夕勿两度。

勿服春方邪药。

勿蓄缩不泄（忍精不泄）。

生病、生疮、出痘非十分复原，万不可犯，犯则多半必死。

目疾未愈或始愈，犯之必瞎。

虚劳证（病久体弱则为虚，久虚不复则为损，虚损日久则成劳）虽养好强健，犹须断欲一年，若以为复原而犯，多半必死。

伤损筋骨好后，犹须戒百七八十日，若未过百日，犯之必死，纵过亦必致残废。

过辛苦，过操心，过热，过惊恐，过忧愁，皆不可犯，犯之轻则痼疾（积久难治的病），重则即死亡。

按照以上逐月戒期，及"天忌""人忌"等日外，每月尚有六七日毫无忌犯之日。若论保身之士，每月本属至多"三四次"，故能疾病不侵，精神强固。而且寡欲者，必多生男，后嗣身体亦必强固。彼少年新娶，往往纵欲伤身，使百年好合，一时斲丧（沉溺酒色，伤害身体）尽尽，深可悲也！则何如谨守戒期，保身立命，使后日有偕老齐眉之乐，子孙众多之庆，何快如之？

第二十章 保身广嗣要义

褚尚书《广嗣①》说：古者男子三十而娶，女子二十而嫁，欲其阴阳完足②。故交而孕，孕而育，育而寿。后世不能遵，男未满十六，女未满十四。早通世故，则五脏③有不满④之处，后来有奇怪之病，是以生多不育，民多夭亡。总因未知为人父母之道。此道关系不小！却是为父者不便教子，为师者不便传弟，后来始觉，悔之晚矣。特以粗浅之言，欲使后生都晓。

凡女子十四岁后，经水每月一来，三日方止。总以三十日来一次为正。若二十几日便来，或三十几日方来，便为经水不调，多难得子。故须服药，先调女经。经调然后夫妇相合，须待经血三日已净之后，方可行之。袁了凡⑤云："凡妇人行经将尽，只有一日氤氲之候⑥，谓春意动也。但含羞不肯言，为丈夫者，平日密告之，令其至此自言，可以一举而得。"

张景岳⑦云："男女交媾⑧成胎者，精血乃是后天有形之物，而一点先天无形之气到，然后成孕。"男子先天之气胜，多生男；女子先天之气胜，多生女。正在两气齐到，适逢其会处分也。但女子非情动之极不易到，到则子宫必开，吸而受孕矣。但恐男子精薄不能成胎，施于无用耳。故上等者，保精数月才一行，古云"寡欲多生子"是也。中等者，待女子经净之后则行，或月明朗、无风雨之夜亦可。平常之日，不近女身，或另一房，另一床，另一被。不唯生子易成，自己身体亦保。若下等者，不论时日，或三、五夜一次，此人必成内伤。又有下而又下者，夜夜一次，或一夜两次，如此亡命之徒，必定精如水薄，不久得暴病而死。

凡朔望⑨先夜，不可行。五更半夜，身中阳气初生，一次当百次，不可行。身有小病，不可行（轻病变重，重病必死）。醉饱之后、坐船、走路，二、三日内不可行。大风大雷、大冷大热、日蚀月蚀、神前枢后、持斋祭祀、日月灯烛光照，不可行。庚申日、甲子日、本命生辰日、每月二十八日（人神在阴⑩），不可行。且男女交媾与梦遗之后，三、五日内，莫下冷水，不可沾一切冷饭食，不可吃凉药⑪。如必要服药治病，宁可对医明言。犹之孕妇，不可全靠勘脉，庶不误事。暑天不可贪凉，冷天不可冒风雨，若犯之，必有厥阴⑫之症，男缩阳，女缩乳，四肢冰冷，肚疼而死，虽参附不救。女子行经体虚者，禁忌亦同。

又如小产，大半由夫妇不谨。三、五月内明产⑬，人得而知。一月、半月内暗产，人多不知。盖一月属肝，肝主疏泄，夫妇不谨，常有前半月受胎，后半月已堕而不知者。甚有屡孕屡堕，肝脉屡伤，遂至终身不孕者有之。凡妇人受胎后，谨戒不犯，百不失一。况子在腹中，赖母经血保养，交媾一次，胎元便损一次。幸得生下，病患必多，痘症必险，多难养成。世之爱子者，多方提防保全，至十六、七岁，根本不伤，一生少病。哪知在母腹中，早已受此伤惨，出世不得成人，是谁之过？岂不痛哉！有用丸散入宫而种子，岂精血中更容渣滓混合乎？古语云："种子而生子，断筋穿骨死。"甚言种未必生，生未必育，徒造孽也。

是皆为父母之道，昔者乐与人言，今老矣，不能遍及，作此以代口传。世人各知自爱，以爱其子可也。

孙真人曰："人身非金铁铸成之身，乃气血团结之身。人于色欲不能自节，初谓无碍，偶尔任情。既而日损月伤，精髓亏，气血败，而身死矣！"

盖人之气血，行于六经⑭，一日行一经，六日而周六经。故外感之最轻者，必以七日经尽而汗解，盖气血一周也。人当欲事浓时，无不心跳自汗，身热神迷。盖因骨节豁开，筋脉离脱，精髓既泄，一经之气血即伤。一经既伤，必待七日气血仍周至此经之日，方能复元。《易》云"七日来复"，即休养七日之义。世人未及七日而又走泄，经气不能复元，一伤再伤，以致外感内亏，百病俱起。人皆归咎时气，指为适然⑮

之病，不知非一朝一夕之故，其所由来者渐矣，由于未能谨守"七日来复"之义也。

今立限制，以为节欲保身之本。二十岁时，以七日一次为准。三十岁时，以十四日一次为准。四十岁时，则宜二十八日一次。五十岁时，则宜四十五日一次。至六十岁时，则天癸[16]已绝，不能发生（男子二八而天癸至，十六岁也；八八而天癸绝，六十四岁也。女子二七而天癸至，十四岁也；七七而天癸绝，四十九岁也。天癸者，天一[17]之水，谓精髓、血脉流通宣泄，可以发生也，天癸绝则不能发生矣）。急宜断色欲，绝房事，固精髓，以清洁闭藏[18]为本，万不可走泄矣。

以上限制日期，专指春、秋两季而言。若冬、夏两季，一则火令极热，发泄无余；一则水令极寒，闭藏极密。即少年时，亦以断欲为主。否则二十岁时，或可十四日一次。三十岁时，或可二十八日一次。四十岁时，或可四十五日一次。至五十岁时，血气大衰，夏令或可六十日一次，冬令则宜谨守不泄。盖天地与人之气，冬令闭藏至密，专为来春发生之本，尤重于夏令十倍也。依此者，可却病延年。违此者，必多病促寿。

王莲航曰："昔莲池大师[19]谓王大契[20]曰：'明明安毒药于恶食中，是杀之惨也；暗暗安毒药于美食中，是欲之惨也。'"呜呼！往古来今，才人志士，所志鲜成，类多无寿，殆以多欲而致然也。彼于事前亦知自爱也，于事后亦知追悔也。及乎欲心一炽，而壮志遂泯，以为一次当无伤，以后当不再及。以后又作如此想，至次次皆作如是想。欲以纵而愈炽，以至不能自制，无可奈何。由是而精竭矣，体弱矣，病矣，死矣。故事前自爱无益也，事后追悔无及也。须于将行事时遏止之，亟思此事果有何趣？事后当有何害？不禁哑然失笑，嗒然[21]丧气。夫遏一时之欲，伸毕世之志，才人志士，所当乐从也。彼或甘于下流，自促其生者，吾末如之何矣！

439

谨按莲师之言，盖明明对已守归戒者说，其告诫节欲，则非为邪淫也明矣。总之纵欲成患。家室尚然，何况狎邪渔色，则更自取灭亡，而甘沦于畜类也，可不哀哉！

【注释】

① 广嗣：多生子嗣。

② 完足：完全，足够，毫无缺欠。此处指男女完全发育成熟。

③ 五脏：指心、肝、脾、肺、肾五种器官。

④ 不满：此处指发育尚未成熟。

⑤ 袁了凡（1533~1606年）：袁黄，初名表，后改名黄，字庆远，又字坤仪、仪甫，初号学海，后改了凡，世称"了凡先生"。浙江嘉兴府嘉善县魏塘镇人，明代思想家。万历十四年（1586年）进士，万历十六年（1588年）任河北宝坻（今属天津）知县，后升为兵部职方司主事。万历二十年（1592年），适日本侵略朝鲜，朝廷大举东征，节节败退，汉城（今首尔）、平壤相继陷落。万历皇帝接受朝鲜王室之邀出兵援朝，袁黄在援朝军队中出任兵部参赞军事，在收复平壤的战役中立有谋划之功。著有《历法新书》《皇都水利》《宝坻劝农书》《了凡四训》，其中《了凡四训》影响最大，被称为"中国第一善书"。

⑥ 氤氲之候：即氤氲之时。中医妇科把排卵期称为"氤氲之时"，也称为经间期。"氤氲"本意是指气或光色混和动荡的样子，中医认为一个月经周期有阴阳气血的节律变化，经间期正值两次月经中间，此时阴血逐渐充盛至高峰，精化为气、阴转为阳，氤氲之状萌发（排卵）到来，这是月经周期中一次重要的转化，有阴阳的变化，故称其为"氤氲之时"。中医古代医书中明确记载"氤氲之时"是受孕良机。

⑦ 张景岳：1563~1640年）：本名介宾，字会卿，号景岳，别号通一子，因善用熟地黄，人称"张熟地"，浙江绍兴府山阴（今浙江绍兴）人。明代杰出医学家，温补学派的代表人物，也是实际的创始者。幼随其父游

京城，十四岁时从京华名医金英学医，尽得其传。中年从军，曾到过燕、冀、鲁等地，后回乡致力于医学。于医之外，亦旁通象数、星纬、堪舆、律吕等学。张景岳积三十年研究《素问》《灵枢》，终于撰成《类经》。《类经》以类分门，详加注释，条理井然，便于寻览。在医学理论方面，张景岳根据《黄帝内经》"阴平阳秘，精神乃治"，提出"阳非有余"及"真阴不足""人体虚多实少"等理论，主张补益真阴元阳，慎用寒凉和攻伐方药，在临证上常用温补方剂，被称为"温补学派"。时人称他为"医术中杰士""仲景以后，千古一人"。著有《类经》《类经图翼》《类经附翼》《景岳全书》（含《新方八阵》）、《质疑录》等中医学经典著作。

⑧ 交媾（gòu）：性交。

⑨ 朔望日：朔日为农历每月的初一，望日为农历每月的十五。

⑩ 人神在阴：先祖的神灵在阴间。

⑪ 凉药：一般指败火、解热的中药。

⑫ 厥阴：中医学名词。六经病之一。厥阴病为阴阳消长、邪正进退的重要关键，常出现寒热错杂的症候。上热下寒者，有消渴、胸脘部灼热疼痛、饥而不欲食、下利、吐蛔等症。

⑬ 明产：看得到的流产。

⑭ 六经：太阳、阳明、少阳、太阴、少阴、厥阴，称为六经。

⑮ 适然：偶然。

⑯ 天癸：即元阴，肾精，促进生殖功能的一种物质。癸，五行中属阴水。《素问·上古天真论》："女子七岁肾气盛，齿更发长，二七而天癸至，任脉通，太冲脉盛，月事以时下，故有子。"《素问·上古天真论》："丈夫八岁，肾气实，发长齿更，二八肾气盛，天癸至，精气溢写，阴阳和，故能生子。"有时"天癸"特指女子月经。

⑰ 天一：清代医学家郑钦安说："天一生水，在人身为肾，一点真阳，含于二阴之中，居于至阴之地，乃人立命之根，真种子也，诸书称为真阳。"有人问郑钦安曰："冬伤于寒，春必病温，其故何也？"郑钦安答："夫曰冬伤于寒者，伤于太阳寒水之气也。冬令乃阳气潜藏，正天一生水之

际。少年无知，不能节欲。不能化生真水，即不能克制燥金之气，故当春之际，温病立作。苟能封固严密，指冬能藏精者。元精即能化生真水，而燥金自不敢横行无忌，春即不病温矣。"天一是元精，是先天之精，天一生水，后天之精来源于先天之元精，水是生命的起源。不能节欲，耗后天之精，那么也就枯竭了元精。故周思敏说："天一之水不竭，则耳目聪明，肢体强健。"

⑱ 闭藏：闭塞掩藏，此处指禁止房事。

⑲ 莲池大师（1535~1615年）：袾宏，明末僧人。字佛慧，自号莲池。俗姓沈。浙江杭州人。17岁补邑庠。后信奉净土宗，志在出世。31岁投性天理和尚出家。既而于杭州昭庆寺受具足戒，学华严，参禅要，历游诸方，遍参知识。37岁回杭州，见云栖山水幽寂，即结茅安居，日久渐成丛林。同门因尊称他为云栖大师。他住持云栖寺三十余年，施衣药，救贫病；终身布素，修持禅、净；披阅三藏，注释经典；严持毗尼，制定规约；弘宗演教，修订焰口、水陆和课诵等仪。著述编成《云栖法汇》，其内容分释经、辑古和手著。释经有《戒疏发隐》和《弥陀疏钞》等；辑古有《具戒便蒙》和《禅关策进》等；手著有《楞严经摸象记》和《竹窗随笔》等共三十多种。他在《竹窗二笔》中有《儒佛交非》《儒佛配合》条，前者主张儒佛不该互非；后者认为"儒主治世，佛主出世"，不宜分歧，亦不必合。主张佛教各宗并进，戒为基础，弥陀净土为归宿。清守一《宗教律诸祖演派》排他为华严圭峰下第二十二世；但他提倡净土最力，门人尊他为莲宗第八祖。

⑳ 王大契：明代高僧莲池大师的弟子。

㉑ 嗒（tà）然：形容懊丧的样子。此处指对行淫再也提不起兴趣。

【译文】

褚尚书《广嗣》说，古时候男子三十岁才娶妻，女子二十才出嫁。就是要使男女完全发育成熟。所以，婚后一交合就受孕，生下的孩子体质健康，将来也得长寿。后世的人就不能遵从了，男子未满十六岁、女子未满十四岁，就结婚了。过早地婚嫁，由于人的五脏发育尚未成熟，后来往往发生奇怪的病症。因此，生下的孩子多数不能长成人，大多夭折。归根到底是因为世人未知为人父母之道。这个问题实在很严重！当父亲的不便教子，为师傅的不便传徒，后来发现，后悔已经晚了！现在特用浅显的文字讲说，使后生之辈都能知道。

一般来说，女子十四岁后，月经每月来一次，三天才停止。总以三十天来一次为正常。如果二十几天就来，或三十几天才来，就是月经不调，多数难以生育儿女。因此，就要吃中药，先调理经期。月经调理正常后，夫妇才能相交，也必须等月经干净三天之后才可以同房。袁了凡说："凡是妇女月经干净后，只有一天是受孕最好的时机，就是所谓春意发动的时候。但因女人害羞不肯说，做丈夫的，平时要秘密地告诉她，叫她到时相告，可以一举而得受孕。"

张景岳说："男女交合成胎的生命，精血只是后天的有形之物，只有等那一点先天无形的气到了，然后才能成孕。"男子先天之气强盛的，多数生男孩；女子先天之气强盛的，多数生女孩。但都是在男女二人的先天之气一齐到来，恰巧碰到那个时机才决定生男生女。但女子非到情动之极，先天之气不易到；若到了，子宫必然打开，吸而受孕。但恐男子精气薄弱不能成胎，泄出亦无用。故最好的做法，保持数月才相交一次。古人说："寡欲多生子。"就是这个道理。次一等的做法，待女子月经干净之后则可行，或月色明朗，没有风雨之夜也可以。而平常之日，则不接近女身，或另睡一间房，或另睡一张床，或另盖一床被。这样不单生育儿女容易成人，就是对自己的身体也是一种保护。若是下等的做法，不看时间日期，或三、五夜一次，此人必定导致内伤。又有下而下者，夜夜一次，或一夜两次，如此亡命之徒，精液必定如水一样薄，要不了多久就会得暴病而死。

凡是朔望日的头一夜不可行房事。五更半夜，身中的阳气初生，行一次相当于损耗百次，不可行。身体有小病不可行（轻病转重，重病必死）。喝醉酒吃饱饭之后不可行。醉饱之后、坐船、走路，二三日内不可行。大风大雷、大冷大热、日蚀月蚀、神前棺后、持斋祭祀、日月灯烛光照，不可行。农历的庚申日、甲子日、本人的生日、每月的二十八日（人神在阴）不可行。男女性交或梦遗之后，三五天内不下冷水，不吃一切冷饭食，不吃凉药。如必须服药治病，宁可对医生明说。就像孕妇不能全靠切脉，要说明有孕在身，这才不会误事。盛夏时，性交之后不可贪凉，冷天不能顶风冒雨，如果犯了，必然有厥阴之症，男缩阳，女缩乳，四肢冰冷，肚疼而死，即使人参附子也不能救。女人月经后身体虚弱的人，也要同样禁忌。

又如小产，大多是由于夫妇不谨慎（不节制房事）所造成的。三五个月后看得到的流产，人都知道；而一月、半月内看不到的流产，多数人就不知道了。因为一月属肝，肝主疏泄，夫妇之间不谨慎（指有房事），常有前半月受孕、后半月流产而不知道的情况。甚至有屡次受孕屡次流产的，由于肝脉屡屡受伤，导致终生不能生育的大有人在。凡是妇女怀孕之后，只要谨慎不犯禁忌，不会流产，百不失一。况且胎儿在母腹中，全赖母亲的经血来保养，同房一次，胎元就损伤一次。侥幸生下来的，病患必然很多，痘症等病发生时，必定危险，多数难以养活成人。世上爱儿女的人，对子女从小到十六七岁，细心照料保全，无非是希望孩子的根本不受损伤，终生少病痛。哪知在母腹中，因不慎房事，早已使子女受到重伤，致使出世后不得长大成人，这是谁的过错？岂不令人痛惜！还有用各种丸散药物放入子宫而帮助生育子女的，难道父母精血能和这些渣滓混合吗？古人说："用药物帮助生育的，所生子女会筋骨受伤而夭亡。"极言用了这样的"种子"方法，未必能生，即便能生，其子女也很难养育长大，只是白白地造孽而已。

以上这些，都是当父母的所应当知道的。以前我常喜欢对人宣传讲解，现在老了，不能一一劝说了，用此文代口说。希望世人各知自爱（指谨慎房事），才能真正爱护自己的儿女。

孙真人说："人身不是金属铸成的钢铁之身，而是气血凝聚而成的血肉之躯。人如果对色欲一事不能自我控制，开初认为偶尔放纵，没有什么妨碍。接着便是日损月伤，精髓亏，气血败，而导致死亡了！"

人的气血，行于六经，一天行一经，六天而周遍六经。所以，外受风寒感冒最轻的人，也定要七天六经行尽，才汗出解除，因为气血已行走一周了。人在欲事正浓之时，无不心跳出汗，身热神迷。当此之时，骨节豁开，筋骨离脱，精髓既泄，一经的气血就受了损伤。一经既伤，必须等七天气血周流到此一经时，才能复元。《易经》说"七日来复"，就是说要休养七天的意思。世人还没有七天就又泄精，经气不能复元。如此一伤再伤，以致外受感染，内受亏损，无不百病丛生。而世人都将此归罪于一时的运气不好，说是偶尔得病。哪知非是一朝一夕的缘故，其由来已久，未能谨守"七日来复"的说法。

今天制定如下规矩，作为节欲保身的根本。二十岁时，应当七天一次为准；三十岁时，十四天一次为准；四十岁时，则应二十八天一次；五十岁时，四十五天一次；到六十岁时，天癸已绝，不宜再发生房事（男子二八天癸至，即十六岁；八八天癸绝，即六十四岁。女子二七天癸至，即十四岁；七七而天癸绝，即四十九岁。天癸是天一之水，使精髓、血脉流通宣泄，可以发生，天癸绝就不能发生了），应赶紧断色欲，绝房事，固精髓，以清洁闭藏为根本，千万不可走泄了！

以上限制日期，专指春、秋两季而言。若是冬、夏两季，一则是火令极热，一旦发泄就没有了；一则是水令极寒，必须闭藏不能有任何泄漏。即使是年轻时候，在这两季中也应以断欲为主。否则的话，二十岁时或可十四天一次，三十岁时或可二十八天一次，四十岁时或可四十五天一次。到了五十岁，由于气血大大衰弱，夏季或可六十天一次，冬季就应当谨慎守护，不使走泄。这是由于天地与人之气，冬季闭藏不泄漏，是专为来年春天身体生长的根本，所以比夏季重要十倍。依此者，可却病延年。违此者，必多病促寿。

王莲航说："从前莲池大师对王大契说：'如果公开地把毒药放进粗劣的食物之中，人见了一定会厌恶，这好比是说杀生的惨痛；如果暗地里把毒药放进美味佳肴之中，贪图口腹者不觉中毒身亡，这好比色欲的惨痛。'"呜呼！古往今来，才人志士，他们的抱负能够实现的却很少，大多数也不长寿。究其原因，几乎都是由于欲事过多造成的。他们在行事之前，也知道要自爱，在事后也知道后悔。只是当欲火旺盛之时，那些壮志也就忘记了，认为一次不会有多大伤害，以后不再如此。下次又这样想，以至每次都这样想。色欲这东西，愈放纵愈强烈，直到不能控制的时候，已经无可奈何了。到这个时候，人的精髓就枯竭了，身体虚弱了，病了，死了！因此，事前自知爱惜也无益，事后追悔也来不及。只有在将要行淫时控制住，赶紧想想此事真有乐趣吗？做了后有什么危害？一定哑然失笑，对行淫再也提不起兴趣。遏制一时的淫欲，可以施展毕生的才华，成就伟大的功业，才人志士，所当乐从。而那些甘愿下流，自减其寿的人，我对他们也没有办法了！

特别提示读者，莲池大师的教诲，很显然是对已守禁戒之人而说的，告诫他们要节欲，并不是仅仅指不犯邪淫。总而言之，纵欲招致祸患。夫妻正淫尚且如此，何况狎妓邪淫，追逐美色，更是自取灭亡，甘愿沦落于畜生之类，可不哀哉！

【解说】

本文讲述保身广嗣的要义。保身就是如何保护自己的身体，达到健康长寿的目的。广嗣就是在保身的前提下，怎么实现多子多孙。

通过阅读本文，我们就知道，保身与广嗣，实际上是分不开的。只有保身，才能广嗣；若不能保身，也就不实现广嗣。

要实现保身广嗣，先要遵循圣人所规定的婚嫁年龄。男子二八（十六岁）天癸至，"天癸"对于男性来说表现为精液，也就是说男子到十六岁这个年龄段精水才通。可精水才通，血气未定，不能泄，孔子才说，少年要戒色。青少年时期就好像正在生长的草木，长出一颗颗小芽，如果一动淫欲，就好像把刚刚长好的小芽拔去了，怎么能够长成参天大树呢？所以古礼规定男子三十岁以后才结婚，目的就是要使他坚固筋骨，保护元气。可是，在作者的那个年代，男子未满十六岁，女子未满十四岁，就已经结婚了，早婚早育的现象已经相当严重。今逢盛世，国家规定男不得早于二十二周岁，女不得早于二十周岁。不过这只是法律规定，不能早于这个年龄，至于到底多久结婚，男女可以自由选择。为了自己的身体健康，为了子孙后代，坚持晚婚晚育，那就能够保身广嗣了。

其次，我们要知道生命是怎么来的，才能实现保身广嗣。张景岳说：

"男女交合成胎的生命，精血只是后天的有形之物，只有等那一点先天无形的气到了，然后才能成孕。"这里说到了有形之精与无行之气。对于通常人来说，看到的只是父精母血，才是孩子的来源。传统文化告诉我们，先天之气才是生命的起源。先天之气就是父母的基因，基因的好坏决定着孩子的好坏。可这些都是有因果规律在操纵的，只有清心寡欲的父母才能生出健康长寿的孩子。此外生男生女，也是由"气"的强盛来决定。男子先天之气强盛的，多数生男孩；女子先天之气强盛的，多数生女孩。而"气"的强盛，又是由于节欲才能形成。所以好色贪淫的男人，往往没有儿子，甚至绝后。男人禁欲一段时间，然后选择女子的排卵期，在排除其他禁忌的情况下，可以很快怀孕。为了保护肚子里孩子的健康，孕期禁止性生活。凡是妇女怀孕之后，只要谨慎（禁止房事）不犯禁忌，不会流产，百不失一。

第三是专门谈保身。现在的人以为保身就是加强体育与运动锻炼，还提出生命在于运动的口号，甚至把房事也当成了运动，这就更加错误了。真正的健康就是清心寡欲，清心寡欲的人才能健康长寿。近代高僧虚云大师（中国佛协创始人之一），他在茅蓬入定，半个月不吃不喝，那是完全的静止，他经常这样闭关，所以他年高一百二十岁。当然，作为高僧，他出家了，就完全没有房事了，真正的清心寡欲了。可是，我们在家人，只要注意戒色远淫，避开禁忌，适可而止地行房事，亦可以保证健康长寿。本文说："二十岁时，应当七天一次为准；三十岁时，十四天一次为准；四十岁时，则应二十八天一次；五十岁时，四十五天一次；到六十岁时，天癸已绝，不宜再发生房事。"这个标准可以实行。

作为在家人，夫妻正淫，为后嗣着想，亦无可厚非，亦符合人伦道德。但若沉迷于此，就不对了。本文说到一个关键问题，实际上人人知道要自爱节欲，可为什么就做不到呢？正如本文所说，很多人年轻时就树立了远大的志向，也知道要自爱。可他们的自爱只保持在行事之前与之后。他们在行事之前，知道要自爱，在事后也知道后悔。只是当欲火旺盛之时，那些壮志也就忘记了，认为一次不会有多大伤害，以后不再如此。下次又这样想，以至每次都这样想。所以，真正的自爱，是要看行动。在欲火正旺的时候，能够有定力控制在萌芽状态之中，那才叫大丈夫。按照莲池大师的开示，将色欲当作渗入美味佳肴的毒药想；按照印光大师的开示，将女阴当作毒蛇的洞穴想；根据本书，实行四觉、九想等不净观。然后再从因果报应去想想历代福善祸淫的例证，那么就如本文所说："一定哑然失笑，对行淫再也提不起兴趣。"因为遏制了一时的淫欲，就施展了毕生的才华，成就了伟大的功业，何乐而不为呢？

第二十一章　辟自由结婚文

1. 印光大师序

人禀天地阴阳之气，受父母精血之质而生。其初生以至三四岁，一举一动，皆须父母抚育。自后虽能自行动，而诸凡事理，皆须父母安排教导，否则便不能生存于世。及其年长，则父母为之择配，俾得享男女居室之乐，以期内外相辅，得以奉父母而尽子职，绵世系而防老死。此天地固然之道。圣人法天制礼，俾人各守彝伦[1]，以尽人道与子道耳。若不依圣人之礼与父母之命，唯以两情爱恋而为夫妇，则与禽兽何异？彼不知好歹者，专效欧洲恶风，盛倡自由结婚，何不倡初生即不受父母抚育教导，而自由成立为人乎？彼若能一生于世，即自由成立，绝不受父母抚育教导，则自由结婚，实为至当之理事。若不能如此，唯年长能以自力致男女爱恋为标准者，即为逆天悖理、侮圣蔑伦之极重罪人也。其心行与禽兽同，实则禽兽不如也。何也？以禽兽不知伦理，人知伦理，知伦理而废伦理，斯居禽兽之下矣。无锡章甫居士杨钟钰，欲挽颓风，作《辟自由结婚邪说》之文。因为序引，以发其所未发，冀倡此说者，咸觉悟焉。

古莘[2] 赵绍伊[3] 序。

451

【注释】

①彝（yí）伦：伦常。伦常：人与人相处的常道，即认为这种道德所规范的君臣、父子、夫妇、兄弟、朋友五种关系，即五伦，是不可改变的常道。

②古莘（shēn）：代指陕西郃阳县，现作合阳，印光大师出生地。本是古国名，在今陕西省合阳县东南，姒姓。周文王妃太姒即此国之女。《诗经·大雅·大明》："缵女维莘，长子维行，笃生武王。"

③赵绍伊：印光大师未出家前的俗名，姓赵，名绍伊，字子任。

【译文】

人禀天地阴阳之气，受父母精血之质而生。其初生以至三四岁，一举一动，都必须父母的抚育。以后虽能自己行动，可各种事理，都须父母安排教导，否则便不能生存于世。等到他长大以后，则父母为他选择配偶，使他得享男女居家过日子的快乐，以期内外相辅，得以奉父母而尽子女之职，绵延家族而防无人养老。此天地固然之道。圣人效法天道而制定人礼，使人们各守伦常，以尽人道与子道而已。若不依圣人之礼与父母之命，唯以两情相悦而为夫妇，则与禽兽何异？那些不知好歹的人，专门效仿欧洲恶风，大肆提倡自由结婚，为什么不提倡一生下来就脱离父母的抚育教导，而自由成立为人呢？他们若能一出生到这个世上，就能自由成人，绝不受父母的抚育教导，那么自由结婚，实为最恰当的做法。若不能如此，只是年长能自立了，就提出要以男女自由恋爱为标准，就是逆天悖理，轻慢圣人，蔑视伦常的极重罪人。其心行与禽兽同，实则禽兽不如。为什么呢？以禽兽不知伦理，人知伦理，知伦理而废伦理，这就居于禽兽之下了。无锡章甫居士杨钟钰，欲挽颓风，写《辟自由结婚邪说》之文。故写此作为序言，以发其所未发，希望提倡此说的人，都能觉悟。

古莘赵绍伊序。

【解说】

根据印光大师弘化社民国版所写时间，本书发行时间大体为民国十六年，也就是 1927 年。当时的中国通过辛亥革命推翻了清朝政府，中国进入民国时期。这个时候，国内的人民不仅要面对国内的各种内乱，还要面对外国列强的入侵。面对积弱的中国，有的人面对欧美的兴起，开始崇洋媚外，把西方腐朽淫秽的恋爱自由引进中国，冲击了几千年文明古国所继承下来的传统美德。他们打着恋爱自由、婚姻自由的幌子，实行的是性自由、性解放的勾当，使人类几同于禽兽。正如印光大师所说，实际上还禽兽不如。以禽兽不知伦理，人知伦理，知伦理而废伦理，这就居于禽兽之下了。

2. 辟自由结婚邪说

今世俗盛倡自由结婚，此荡子淫女之所为，溃礼义之防，紊^①内外之别。正孟子所斥"钻穴逾墙^②"，《郑风》所讥"采兰赠芍^③"。未有端悫^④之士，淑静之女，而出于自由结婚者。请申论^⑤之。

《曲礼》云："男女不杂坐^⑥，不亲授^⑦。外言不入于阃^⑧，内言不出于阃。男女非有行媒^⑨，不相知名。非受币^⑩，不交不亲。故日月以告君，斋戒以告鬼神，为酒食以召乡党僚友，以厚男女之别。"如是则男女皆别嫌^⑪明微^⑫，非礼勿视、听、言、动，安得有自由结婚？

孔子云："放郑声，郑声淫^⑬。"恶其男女无别也。孟子云："丈夫生而愿为之有室，女子生而愿为之有家。不待父母之命、媒妁^⑭之言，则父母国人皆贱之。"贱其忘亲而寡廉鲜耻^⑮也。又云："人之所以异于禽兽者几希^⑯。"盖禽兽皆自由恋爱，人为万物之灵，故圣人作为礼义，以远于禽兽，奈何去之？

《昏礼》云："父亲醮^⑰子，而命之亲迎。揖让升堂，再拜奠雁^⑱，盖亲受之于父母也。"男女有别，然后夫妇有义。《郊特牲^⑲》云："妇人，从人者也，幼从父兄。"然则男女皆遵父兄之命，安得有自由结婚？

《内则》云："七年男女不同席，不共食。"又云："礼始于谨内外。男子居外，女子居内。深宫固门，阍寺^⑳守之。"又云："男不言内，女不言外。男子入内，不啸^㉑不指。女子出门，必拥蔽其面。道路，男子由左，妇人由右。"男女之别，始于家庭，而达于道路。内外谨严如此，安得有自由结婚？

且娶妇所以养亲也。《诗经·常棣》云："妻子好合^㉒，如鼓^㉓瑟琴^㉔。"孔子云："父母其顺矣乎！"《内则》云："子甚宜其妻，父母不悦，出^㉕。子不宜其妻，父母曰：'此善事我。'子行夫妇之礼焉，没身^㉖不衰。"先哲有言："子之孝，不如率妇以为孝，妇能养亲者也。"古者皆由父母主婚，故能博^㉗亲欢，而申孝养也。不顺乎亲，不可以为子^㉘。婚姻，礼之大本，人子具有孝心，自当以父母之心为心也。若乃不由父母，不问门第、德性，而曰自由恋爱，则与嫖客、娼妓何异？吾未见嫖客、娼妓，而能孝养其父母舅姑者也。

今自由邪说，首推翻《昏礼》。因之背天常之伦，弃父母之命，不孝又兼不信、不义。其千言万语，种种理由，不过曰"自由恋爱"而已。试问，羽毛鳞介之族，何一非自由恋爱？彼何知有礼义，何知孝亲敬长？可以人而同于羽毛鳞介^㉙乎？且夫妇以义合，主之以尊亲，重之以盟约，申之以六礼，故能一与之齐^㉚，终身不改。同患难，同安乐。孝亲睦族，而宜^㉛子孙。今以自由恋爱，便成夫妇，背尊亲，蔑礼义。则金尽交绝，色衰爱弛^㉜。初则自由结合，终必自由离散。名节扫地，州乡不齿。彼以自由为终身幸福，吾恐以不正当之自由，而牺牲男女终身幸福，玷家风而斩世泽^㉝者。居其大多数也。故曰：未有端悫之士，淑静之女，而忍出于自由结婚者。

《礼·大传》云："男女有别，不可与民变革^㉞。"《郊特牲》云："男女有别，然后父子亲。"盖有夫妇，然后有父子、兄弟。男女无别，则夫妇之伦斁^㉟，而伦常尽废，人禽界混。自由结婚之流毒如此，可不慎哉？或且以东西各国为借口，讵^㊱知疏财仗义^㊲，欧美特长？各国政艺，可采亦多。独以不严男女之别为效法，以致私胎、堕胎者日众，刑律不能制止，大背人道主义。近年法国以人口减少，而强迫婚姻。日本以女学生堕落，而注重风纪。究其原因，皆由淫佚。我国教化最先，妇女名节，迥^㊳非各国所及。今当采各国之长而舍其短，不当弃我之长，而效彼之淫靡薄俗也。

孟子云："庠序^㊴学校，皆以明伦^㊵。"管子云："礼义廉耻，国之四维^㊶。"窃望全国学界，推行孔孟之教，以化寰球，以辟^㊷诐淫^㊸邪遁^㊹之说，而致万国于文轨^㊺大同^㊻之盛，其必自人人讲明伦理，敦崇^㊼礼义廉耻始乎！

【注释】

① 紊：扰乱，使紊乱。

② 钻穴逾墙：出自《孟子》："不待父母之命，媒妁之言，钻穴隙相窥，踰墙相从，则父母国人皆贱之。"

③ 采兰赠芍：男女在公开场合互赠礼物，表达爱恋。出自《诗经·郑风·溱洧》："维士与女，伊其相谑，赠之以芍药。"到处挤满男和女，互相说笑和打闹，互相赠送香芍药。

④ 端悫（què）：正直诚谨。

⑤ 申论：具文上呈辩解。

⑥ 杂坐：混杂坐在一起。

⑦ 亲授：亲手授受。《后汉书·列女传·董祀妻》："文姬曰：'妾闻男女之别，礼不亲授，乞给纸笔，真草唯命。'"宋代陆游《老学庵笔记》卷十："男女无别者为魔，男女不亲授者为明教。"

⑧ 闺（kǔn）：古代妇女居住的内室，闺房。

⑨ 行媒：往来作媒妁的人。《礼记·曲礼上》："男女非有行媒，不相知名。"孔颖达疏："先须媒氏行传昏姻之意，后乃知名。"

⑩ 受币：接受聘礼，指女子订婚。

⑪ 别嫌：避嫌疑。

⑫ 明微：阐明精微的道理。《礼记·礼运》："是故礼者，君之大柄也，所以别嫌，明微，傧鬼神，考制度，别仁义，所以治政安君也。"

⑬ 放郑声，郑声淫：出自《论语·卫灵公篇》："放郑声，远佞人。郑声淫，佞人殆。"驱逐郑国的乐曲，远离巧言谄媚的人。郑国的乐曲放荡淫秽，巧言谄媚的人很危险。

⑭ 媒妁：说合婚姻的人。媒，谓谋合二姓者；妁，谓斟酌二姓者。一

说男方曰媒，女方曰妁。

⑮ 寡廉鲜耻：没有操守，不知羞耻。

⑯ 人之所以异于禽兽者几希：出自于《孟子·离娄下》："人之所以异于禽兽者几希，庶民去之，君子存之。"人和禽兽的差异就那么一点（礼义），普通人抛弃它，君子保存它。意思就是说，人没有了礼义之心，就跟禽兽一样了。

⑰ 醮（jiào）：古代冠礼、婚礼中的一种简单仪节。尊者对卑者酌酒，卑者接受敬酒后饮尽，不需回敬。《礼记·昏义》："父亲醮子，而命之迎，男先于女也。子承命以迎，主人筵几于庙，而拜迎于门外。婿执雁入，揖让升堂，再拜奠雁，盖亲受之于父母也"

⑱ 奠雁：古代婚礼，新郎到女家迎亲，献雁为赞礼，称"奠雁"。

⑲ 郊特牲：《礼记》篇名。因记郊祭用品及仪节，故刘向作《别录》将其列入"祭祀"类。

⑳ 阍（hūn）寺：阍人和寺人，古代宫中掌管门禁的官。

㉑ 啸：大声喊叫。

㉒ 好合：情投意合

㉓ 鼓：弹奏。

㉔ 瑟琴：古代两种弦乐器名。

㉕ 出：出妻，休了妻子。

㉖ 没身：终身。

㉗ 博：获得，得到。

㉘ 不顺乎亲，不可以为子：出自《孟子》："不得乎亲，不可以为人；不顺乎亲，不可以为子。"儿子与父母亲的关系相处得不好，不可以做人；儿子不能事事顺从父母亲的心意，便不能为儿子。

㉙ 羽毛鳞介：羽毛：有羽毛的鸟类。鳞介：泛指有鳞和介甲的水生动物。

㉚ 一与之齐：从一而终，一齐到老。一旦与丈夫结婚，就终身不再改嫁。

㉛宜：使和顺。

㉜金尽交绝，色衰爱弛：靠金钱相交的，钱用完了，感情也就没有了；靠美色相交的，色衰老了，爱情也就结束了。《战国策·江乙说于安陵君》："以财交者，财尽而交绝；以色交者，华落而爱渝。"用金钱与别人结交，当金钱用完了，交情也就断绝了；用美色与别人交往，当美色衰退了，爱情也就改变了。

㉝斩世泽：断了祖宗的功名富贵。孟子说："君子之泽，五世而斩。"（《孟子·离娄下》）一个品行高尚、能力出众的君子，辛辛苦苦成就了事业，留给后代的恩惠福禄，经过几代人就消耗殆尽了。"泽"，是指一个人的功名事业对后代的影响；"斩"，意谓断了，没法再继承。

㉞男女有别，不可与民变革：《礼记·大传》："亲亲也，尊尊也，长长也，男女有别，此其不可与民变革者也。"这些最基本的人伦准则都是不能改变的。

㉟伦斁（dù）：此处指夫妻之间的关系败坏。斁：败坏。

㊱讵：副词，表示反诘，相当于"岂""难道"。

㊲疏财仗义：讲义气，轻视钱财。多指出钱帮助人，扶危济困。

㊳迥：形容差别特别大。

㊴庠序：古代的地方学校，后亦泛称学校。

㊵明伦：明人伦，古代的教育目的。《孟子·滕文公上》："设为庠、序、学、校以教之。庠者，养也；校者，教也；序者，射也。夏曰校，殷曰序，周学则代共之，皆所以明人伦也。"人伦的具体内容用孟子的话说是："父子有亲，君臣有义，夫妇有别，长幼有序，朋友有信。"

㊶四维：旧时以礼、义、廉、耻为治国之四纲，称为"四维"。

㊷辟：批驳，驳斥。

㊸诐淫：不正当而放荡的言论。《孟子·公孙丑上》："诐辞知其所蔽，淫辞知其所陷。"

㊹邪遁（dùn）：《孟子·公孙丑上》："邪辞知其所离，遁辞知其所穷。"后以"邪遁"谓言词不合正道而隐伏诡谲。

457

㊺文轨：文字和车轨。古代以同文轨为国家统一的标志。语本《礼记·中庸》："今天下车同轨，书同文。"

㊻大同：儒家的理想世界。《礼记·礼运》："大道之行也，天下为公，选贤与能，讲信修睦，故人不独亲其亲，不独子其子，使老有所终，壮有所用，幼有所长，矜寡孤独废疾者皆有所养，男有分，女有归，货恶其弃于地也，不必藏于己，力恶其不出于身也，不必为己，是故谋闭而不与，盗窃乱贼而不作，故外户而不闭，是谓大同。"

㊼敦崇：崇尚。

【译文】

现在世俗大肆提倡自由结婚，这实际上就是荡子淫女之所为，使礼义之防崩溃，使内外之别混乱。正是孟子所斥责的"钻穴逾墙"，《郑风》所讥"采兰赠芍"。从来没有正直之士、淑静之女，去实行自由结婚的。请申论之。

《曲礼》说："男女不能混杂坐在一起，不亲手授受物件。外言不入于闺房，内言不出于闺房。男女没有媒人介绍，不能互相知道名字。没有接受彩礼不能成为姻亲。举行婚礼必须选择良辰吉日，必须斋戒祭祀鬼神，还要设酒宴招待乡亲与朋友，以尊重男女之别。如此则把男女都避嫌疑的道理阐明得很精微，非礼勿视，非礼勿听，非礼勿言，非礼勿动，怎么能自由结婚？

孔子云："驱逐郑国的乐曲，郑国的乐曲放荡淫秽。"讨厌其男女无别。孟子云："男子长大都愿他有妻子，女子长大都愿她有丈夫。但是，不待父母之命、媒妁之言，则父母与国人都看不起他们。"看不起的原因是因为他们忘记了父母亲而寡廉鲜耻。又说："人和禽兽的差异就那么一点（礼义）。"禽兽都自由恋爱，人为万物之灵，因此，圣人制作礼义，以区别于禽兽，怎么抛弃它呢？

《昏礼》说："父亲亲自向儿子敬酒而命其迎亲，男方处于主导地位。儿子奉命前去迎娶，女方主人设宴席于庙，然后到庙门外拜迎女婿。婿执雁进入庙门，宾主揖让升阶登堂，婿行再拜稽首之礼，献雁，这表示是从新妇父母手里领回了新妇。"《郊特牲》说："妇人是要嫁人的，未嫁人之前从父兄。"从这里可以看出，男女都要遵父兄之命，怎能自由结婚？

《内则》说："男女长到七岁就不在一起坐，不一起吃饭。"又说："礼始于慎重处理夫妇间的关系。男子住在外面，女子住在里面。宫殿深深，大门重重，分别有阍人和寺人在把守。"又说："男不言内，女不言外。男子如果要进入内室，不能啸叫，不能用手指指点点。女子出门，一定要用东西遮蔽住脸。在路上也有规矩，男子从右边走，女子从左边走。"男女之别，始于家庭，而达于道路。内外谨严如此，怎能自由结婚？

况且娶妇的目的是为了养亲。《诗经·常棣》说："和妻子情投意合，如同琴瑟合奏一样协调。"孔子说："能够这样做，做父母的大概就感到很顺心了！"《内则》说："儿子觉得妻子很好，但是父母却不喜欢，那就应该将其休掉。儿子对自己的妻子不满意，但是父母却说：'这个媳妇很会侍奉我们。'那么儿子就要以夫妇之礼相待，终身不变。"先哲有言："儿子孝顺，不如带领媳妇也孝顺，因为媳妇能照顾双亲。"古时候都由父母主婚，故能得到亲人的欢喜，而表达了孝养之礼。儿子不能事事顺从父母亲的心意，便不能作为儿子。婚姻，礼之大本，人子具有孝心，自当以父母之心为心。若不由父母，不问门第、德性，只说自由恋爱，则与嫖客、娼妓何异？我从来不见嫖客、娼妓，能孝养其父母舅姑。

今自由邪说，首先就推翻了圣人制定的《昏礼》。因此，背天常之伦，弃父母之命，不孝又兼不信、不义。其千言万语，种种理由，不过说"自由恋爱"而已。试问，天上飞的与水里游的之类，哪个不是自由恋爱？它们哪知有礼义，它们哪知孝亲敬长？难道人可以成为动物吗？况且夫妇是以人伦准则组合在一起的，把尊亲放在首位，把盟约看得很重，以六礼来表达。因此，一旦与丈夫结婚，就终身不再改嫁。同患难，同安乐。孝亲睦族，使子孙和顺。如今以自由恋爱，便成夫妇，背尊亲，蔑礼义。靠金钱相交的，钱用完了，感情也就没有了；靠美色相交的，色衰老了，爱情也就结束了。初则自由结合，终必自由离散。名节扫地，家乡不齿。他们以自由为终身幸辐，我恐以不正当的自由，而牺牲了男女终身的幸福，玷污了自己的家风，斩断了祖宗的恩泽。这些人居其大多数。所以说：从来没有正直之士、淑静之女，去实行自由结婚的。

《礼记·大传》说："男女有别，这些最基本的人伦准则都是不能改变的。"《郊特牲》说："男女有别，然后父子亲。"有夫妇，然后有父子、兄弟。男女无别，则夫妻之间的关系败坏，而伦常尽废，人禽界混。自由结婚的流毒如此，能不谨慎吗？或且以东西各国为借口，不知疏财仗义，欧美特长？各国政艺，可采亦多。独以不严男女之别来效法，以致私胎、堕胎的人一天天增多，刑律不能制止，大背人道主义。近年法国以人口减少，而强迫婚姻。日本以女学生堕落，而注重风纪。究其原因，都是因为淫佚而引起的。我国教化最早，妇女名节，绝对不是各国所能赶得上的。今当采各国之长而舍其短，不当弃我之长，而效彼之淫靡薄俗。

孟子云："庠序学校，皆以明伦。"管子云："礼义廉耻，国之四维。"我希望全国学界，推行孔孟之教，以化寰球，以批驳异端邪说，而致万国统一于大同盛世，这就必定要从人人讲明伦理，崇尚礼义廉耻开始啊！

【解说】

本文是无锡章甫居士杨钟钰所作《辟自由结婚邪说》。

杨先生说："今世俗盛倡自由结婚，此荡子淫女之所为，溃礼义之防，紊内外之别。正孟子所斥'钻穴逾墙'，《郑风》所讥'采兰赠芍'"。中国古代文学作品体裁主要是诗歌与散文，鲜有反对父母之命、媒妁之言，鲜有反对从一而终，鲜有把父母塑造成为专制残酷的封建家长。中国最古老的诗歌总集《诗经》有《郑风》所讥讽男女自由恋爱"采兰赠芍"，《诗经·郑风·溱洧》说："维士与女，伊其相谑，赠之以芍药。"描写到处挤满男女的大庭广众中，互相说笑和打闹，互相赠送香芍药。在这种环境下形成的郑国音乐就形成了淫乐，所以孔子提出："远郑声，郑声淫。"汉代班固《白虎通·礼乐》说："郑国土地民人山居谷汲，男女错杂，为郑声以相悦怿。"男女混杂，自由恋爱，哪还有"父母之命、媒妁之言"？

孟子说："不待父母之命、媒妁之言，钻穴隙相窥，踰墙相从，则父母国人皆贱之。"所以，杨先生提出自己的论点："从来没有正直之士、淑静之女，去实行自由结婚的。"

《曲礼》说："男女不能混杂坐在一起，不亲手授受物件。外言不入于闺房，内言不出于闺房。男女没有媒人介绍，不能互相知道名字。没有接受彩礼不能成为姻亲。"《曲礼》是《礼记》的篇名，以其委曲说吉、凶、宾、军、嘉五礼之事，故名《曲礼》。中华民族俗称礼仪之邦，这是优秀中华传统文化。男女授受不亲，从七岁开始就男女有别。因为少之时，血气未定，戒之在色。若男女混杂无别，正如《礼记》说："无别无义，禽兽之道也。"人能如禽兽一样，不经父母之命，媒妁之言，自由恋爱吗？如果人把自己视为禽兽，就可以这样。所以，从小就男女有别，然后经父母之命，媒妁之言才有婚姻。而整个婚姻是人生大事，绝对不可苟且。整个过程中有纳采（男方家请媒人去女方家提亲，女方家答应议婚后，男方家备礼前去求婚）、问名（男方家请媒人问女方的名字和出生年月日）、纳吉（男方将女子的名字、八字取回后，在祖庙进行占卜）、纳征（亦称纳币，即男方家以聘礼送给女方家）、请期（男家择定婚期，备礼告知女方家，求其同意）、亲迎（婚前一两天女方送嫁妆，铺床，隔日新郎亲至女家迎娶）。若要完成这些程序，男女就不可能苟且在一起。既保护了女人的贞洁，又保护了婚姻的稳定。请问古代的婚姻有几个会离婚？自然就形成从一而终的幸福家庭。父母从来都是无私地爱着自己的子女的，他们都是为了子女的幸福才慎重选择结婚对象的。若没有长辈的眼光与经验，仅凭男女一见钟情，两情相悦，然后就自由恋爱而结婚，这样的婚姻哪能保证从一而终呢？男女无别，没有父母之命、媒妁之言，没有六礼，人心不古，则世风日下了。

《礼记》记载："昏礼者，将合二姓之好，上以事宗庙，而下以继后世也，故君子重之。""昏"是黄昏的时候娶妻，"将合二姓之好"，不是满足自己的欲望而纵情美色（命名"昏礼"，在黄昏举行，本身对这样的事就有惭愧之意），而是圆满"子道"的责任和义务，其目的是要奉养

461

双亲，还要奉祀宗庙，传宗接代，把祖先光荣的美德、家道、家风、家规、家业承传下来，传给后代子孙。作为父母来看，他们希望子女幸福，那么作为子女就要夫妻恩爱，才能让父母感到幸福。《诗经·常棣》云："妻子好合，如鼓瑟琴。"孔子说："能够这样做，做父母的大概就感到很顺心了！"所以，家庭的幸福也是孝道的内容。若不能从一而终，离婚率增加，哪有家庭的幸福呢？又怎么能完成孝道呢？此外，从子女方面来看，要把父母摆在首位，才能真正圆满孝道。《内则》说："儿子觉得妻子很好，但是父母却不喜欢，那就应该将其休掉。儿子对自己的妻子不满意，但是父母却说：'这个媳妇很会侍奉我们。'那么儿子就要以夫妇之礼相待，终身不变。"若为了满足一己私欲，因为欲火焚烧，男女苟且在一起，然后就结婚，还能出现孝子与贤媳吗？逆子与悍妇还能把父母放在首位吗？所以，打着恋爱自由、婚姻自由的幌子，实行的是性自由、性解放的勾当，只能使社会风气越来越败坏。

从一而终，还要澄清一个误区，也是女权主义者经常批判的地方，那就是男人可以三妻四妾，为什么要女人从一而终呢？实际上，从一而终，不仅要求女人是这样，对男人也有这样的要求。只是因为子嗣这个大问题，若到了五十岁还没有儿子，就方便许可男人在这个年龄娶妾。但正人君子，高义之士，也不侵犯处子。本书《福善案》有年龄大了还没有儿子的，结果看见妻子帮他买的妾，还是他小时候抱过的，他心中从来都是视她为女儿的，希望她有好的归宿，而不是跟从他这个老头子，所以他就不忍心同房，这样反而感动了上天，年龄本来老了的妻子怀孕了，生下带有慧根的儿子，光宗耀祖。这样的例证不少。为什么我们只是看见那些大户人家三妻四妾的个案呢？古代又有多少人家能娶三妻四妾呢？

圣人绝不鼓励男女贪淫纵欲，无论男方，还是女方，都鼓励从一而终。对于男人来说，男方娶了女人，就要对她负责一辈子，即使为了继嗣，万不得已而娶妾，也不可能离婚，正妻在家庭中仍旧是家中的主人。请问这不是保护了女人吗？现在法律虽然规定一夫一妻，但那些有钱有势的男人，能保证自己没有情人吗？若是第三者插足这个家庭就只能破裂，妻子不仅不是主人了，连儿子也没有了，这样保护了女人吗？对于女人来说，她要保护自己的贞节，才能有家庭的幸福。因此，一旦与丈夫结婚，就要终身不再改嫁。同患难，同安乐。孝亲睦族，使子孙和顺。如此精心经营自己的家庭，这个女人能不幸福吗？从一而终正是女人幸福的根源。如今以自由恋爱，男欢女爱只是因为金钱与美色而苟合。靠金钱相交的，钱用完了，感情也就没有了；靠美色相交的，色衰老了，爱情也就结束了。正如杨先生所说："初则自由结合，终必自由离散。名节扫地，家乡不齿。他们以自由为终身幸辐，我恐以不正当的自由，而牺牲了男女终身的幸福，玷污了自己的家风，斩断了祖宗的恩泽。"

鲁迅写了一篇《拿来主义》，一是针对国民政府崇洋媚外，出卖民族文化遗产的投降主义；二是针对革命文艺阵线内部的两种错误倾向，即割断历史，全盘否定的"左"倾错误和拜倒在洋人脚下，主张全盘吸收的右倾错误。那么，对于西方的文化，实行"拿来主义"，占有，挑选，才是正确的态度。抛弃中华五千年的文明，却拿来西方的糟粕，这就是那些鼓吹恋爱自由的人所做的事。杨先生说："不知疏财仗义，欧美特长；各国政艺，可采亦多。独以不严男女之别来效法，以致私胎、堕胎的人一天天增多，刑律不能制止，大背人道主义。"西方虽然建国短，不是文明古国，但他们信仰基督教，提倡博爱，所以疏财仗义，做了很多好事，这些为什么不学习呢？还有民主政治与文化艺术，也有很多好的东西。这些没有看上，却看上了自由恋爱。而那些国家正为这个问题付出了代价。例如"近年法国以人口减少，而强迫婚姻"，人口减少，就是因为纵欲引起的（寡欲之人恒多子）。"日本以女学生堕落，而注重风纪"，这不同样是纵欲引起的吗？鲁迅以"鱼翅""鸦片""姨太太"等来比喻选择的对象，好的可以拿来，可西方的鸦片也可以拿来吗？"姨太太"虽然是中国个别人家的特产，但不是中国的特色，并且为正人君子所屏弃，而倡导自由恋爱的西方，实行滥交，虽然没有"姨太太"了，但男女情人众多，不就等同禽兽世界了吗？

第二十二章　《不可录》纪验

1.《不可录》纪验

友人季邦采，为吴兴知名士，住南浔镇①。方予初印《不可录》，适季掌教镇海②，札③致二百本，嘱其分给生童。比接来信，责予迂阔，且云已将此录置之高阁矣。未两日，差人来言，愿刷五百本。予理前说以却之。旋复专足持札坚恳，始知梦伊父谆嘱④云："尔不印送《不可录》，尔子乌能入泮⑤？"因嘱刷印一千本，广为流布。后据云接到伊子采芹之信，正发愿印书之日也，其灵验如此。

杭城新桥，积翠庵僧静缘，向好善。一日大雪叩门，余以为募缘，曰："我家贫寒，无力相助。"僧曰："愿借《不可录》板，刷印几千本施送。"余欣诺之，而诘⑥其何以陡⑦发此念，冒雪而来？僧曰："昨夜梦土地神告曰：'印送《不可录》，可免大灾。'今早遍访施主，知板系潭府所藏，故特来借取耳。"僧印送后，次年居民失火，左右均遭回禄⑧，独僧庵无恙。益信神明劝善，冥冥不爽。

陈海曙记。

庚午初夏，夜梦两童子来，语予曰："文昌帝君召尔有话。"因同往。引至中翠亭一院，见其额曰"大洞阁"。随童子至大殿，见帝君中坐，予叩头起侍。帝君言曰："世间刊送善书甚多，唯《不可录》久已不行，尔当为我布散。"即命两童抬出一箱，内皆剥蚀字纸，检阅即《不可录》之残帙⑨也。正在想念，此书未经见过，从何办起？帝君又谕曰："乡试将近，当速为之。"命两童送予出而醒。

次日，各坊寻觅，均称不知。焦思月余，突有人将《不可录》书板来售，序文首张已失，阅尾张，知系万九沙先生所刻，甚喜，买之。即刷印三千本，于七月初一早，虔送至院。甫⑩到大门，一僧便启口问曰："可是陈居士送《不可录》来耶？"予惟唯唯⑪，却甚骇异。趋诣⑫大殿焚香，叩呈帝座⑬之前。其僧延至客座待茶，叩其法名，为"元本"。问其何以知予送书来，且知书名？僧曰："昨夜得梦，帝君谕我候门接书，故早起相候。"予深为肃然。可知善书行世，上格苍穹⑭，能身体力行者，其功德尤不可量。所愿共体帝君救世苦心，同登宝筏⑮，望广为流传，俾举世力惩其不可，以勉为其所可，庶不负神明之付托云尔。

清嘉庆庚午六月，古盐官⑯陈海曙自记。

丙戌岁，余妹于归后，忽起痰痫之症，时常啼哭，饮食不纳。或云冲犯花粉煞⑰所致。延师巫百方禳解⑱，迄无效验。而且不肯服药，竭数人之力，药竟涓滴难入，以致半载之后，身瘦如柴。堂上深为忧虑，万分焦灼。生因在酆都帝及城隍神前，具疏许愿，印送《不可录》五千本。许愿后，竟即转机，便肯服药，因连进消痰之剂。一月后，即平复如常，业已痊愈，将届一载，且身体较前反健。因即用活字板，如数排印，以答神庥⑲，并志灵验于右。

清光绪戊子三月，娄东⑳下郡悔过生谨记。

【注释】

①南浔镇：今隶属浙江省湖州市南浔区。民国元年，乌程、归安合并为吴兴县，南浔辖域隶属吴兴县。

②镇海：今属镇海区，隶属于浙江省宁波市，位于宁波市境东北部。

③札：古代书写用的小而薄的木片，此处指写信。

④谆嘱：谆谆嘱咐。

⑤入泮：古代学宫前有泮水，故称学校为泮宫。科举时代学童入学为生员称为"入泮"。

⑥诘：追问，询问。

⑦陡：突然，顿时。

⑧ 回禄：火神，后用以指火灾。

⑨ 残帙：残卷。

⑩ 甫：才，刚刚。

⑪ 唯唯：恭敬的应答声。

⑫ 诣：前往，到。

⑬ 帝座：文昌帝君座像。

⑭ 上格苍穹：出自《文昌帝君阴骘文》："广行阴骘，上格苍穹。"指广积阴德，感通苍天。

⑮ 宝筏：原比喻佛陀之教法，此指人间善书《不可录》。宝，为美称；筏，为度人之工具。佛法能度人出生死苦海而登涅槃彼岸，犹如筏能载人度河，故有此喻。

⑯ 古盐官：盐官古镇，地名。今属浙江省嘉兴市海宁市。

⑰ 花粉煞：八字花粉煞。八字命盘中，年、月、日、时四柱中有两个或以上的柱子被花粉煞星所克制，会对人的健康、事业和财运等方面产生不利影响。

⑱ 禳（ráng）解：向神祈求解除灾祸。

⑲ 神庥（xiū）：神灵护佑。

⑳ 娄东：太仓位于娄水之东，故有娄东之称。

【译文】

友人季邦采，是吴兴知名人士，家住南浔镇。我刚印完《不可录》一书时，正好季在镇海县掌管教育，因此写信附送了两百本给季，希望他能发送给县内的学生。不料他随后回信责备我迂腐，并且说已经将两百本《不可录》置之高阁。可是没过两天他却又派人来转告说，愿出钱助印五百本。我以他前面回信的说法为理由，拒绝帮他印刷。随后季先生又专门派人送来一封信函，态度恳切，言语真诚。我才知道，他梦见他的父亲谆谆嘱咐他说："你不印送《不可录》，你的儿子怎能升学？"于是嘱咐我印刷一千本，广为流布。后来据说他接到儿子升学消息之时，正是他发愿印书之日，这件事如此灵验。

杭州新桥地方，积翠庵僧人静缘，一向好善。有一天下大雪，他前来叩门，我以为他到此化缘，说："我家贫寒，无力相助。"僧人说："希望你借我《不可录》的印书板，我要印刷几千本施送。"我欣然答应，并问他为何突然产生了这个念头，冒雪来到我家？僧人说："昨夜梦见土地神告诉我：'印送《不可录》，可免大灾。'今天早上我访遍施主才知书板为谭府收藏，所以特意来借取。"僧人印送《不可录》后的第二年，积翠庵附近失火，左右都受到殃及，唯独积翠庵安然无恙。通过此事我更加相信神明的劝善，冥冥不爽。

陈海曙记。

庚午年初夏，有一夜梦见两位仙童对我说："文昌帝君召你有话。"于是同去。引我到中翠亭的一个院子里，院门匾额上写着"大洞阁"。随仙童进入大殿，见帝君正坐于上，我叩头礼敬，起身侍立于旁。帝君说："世间印送的善书很多，唯独《不可录》一书却久已无人印送，你应为我流传此书。"随即命仙童抬出一个箱子，里面的书字纸剥蚀，我拿起来一看，正是《不可录》的残本。我正想着这本书从未见过，从何着手，帝君又指示说："乡试将近，应尽快印送流通。"命两仙童送我出殿，因而梦醒。

第二天我便到各刻书坊寻找这本书，都说不知道。我焦急思虑了一个多月，突然有人拿《不可录》书板上门求售。我拿起翻阅，发现书的序文已丢失，翻到最后一页，才知道此书是万九沙先生所刻印的，内心很高兴，立刻买下。随即依照书板印刷了三千本，于七月初一早晨，恭送印好的《不可录》至中翠亭院。刚走到大门口，就有一位僧人开口问说："是不是陈居士来送《不可录》的？"我连忙恭敬答应是的，但内心却很惊讶。到大殿上香后，便将印好的《不可录》恭呈于文昌帝君神像前。那位僧人请我到客堂用茶，我请教他法名，他说是"元本"。我问他何以知道是我来送书，而且知道书名。僧人说："昨夜梦见帝君，帝君要我在门口等候接书，因此一大早就起来在这里等候了。"我听了肃然起敬。可知，善书印行，劝化世间，上格苍天，能身体力行者，功德更是不可思量。祈愿世人，共体帝君救世的苦心，共同阅读《不可录》这本宝书，并广为流传，使举世之人能知哪里不可行，而勉励可行，这样才不辜负神明的嘱托。

清嘉庆庚午年六月，古盐官陈海曙自记。

丙戌年间，我的妹妹出嫁后，忽然患了痰痫病，时常啼哭，饮食不进。有人说是因为冲犯了花粉煞。延请师巫百方解救，依然无效。而且还不肯服药，几个人一起帮助，也不能使她进一滴汤药，以致半年之后身瘦如柴。父母深为忧虑，万分焦灼。我因此到酆都大帝和城隍神像前，具疏许愿，发愿印送五千本《不可录》。许愿后，我妹妹竟然就出现了转机，开始愿意服药，接连服饮消痰之药。一个月后，身体精神就都完全恢复正常，病全好了。过了不到一年，身体竟然比从前更强壮健康。我因此用活字板，如数印刷了五千本《不可录》，以报答神明的护佑功德。并将此感应灵验，拜记于此。

清光绪戊子三月，娄东下郡悔过生谨记。

【解说】

本文四则均是印刷流通《不可录》的感应例证，此书经印光大师改编为《寿康宝鉴》，那么就更加完善了。

第一则是季邦采先生，在镇海县掌管教育，他收到《不可录》两百本置之高阁。本来《不可录》也是一本很好的性健康教育教材，发给学生去读，正是发对了人，可季邦采先生不仅不发，还斥责寄者迂腐。没想到很快感应就来了，其地下父亲来报梦："你不印送《不可录》，你的儿子怎能升学？"使季邦采先生大为震惊，不仅不再置之高阁，还加印了一千本，孩子也很快升学。

第二则是积翠庵僧人静缘，梦见土地神告诉他将有灾难，印《不可录》可以免灾。僧人就借板印刷。当时还没流行活字印刷，都是刻制书版，然后刷纸印刷。僧人印送《不可录》后的第二年，积翠庵附近失火，左右都

471

受到殃及，唯独积翠庵安然无恙。

第三则是陈海曙先生梦见文昌帝君召见，委托印刷流通《不可录》，发生一些感应事迹，与梦中相符，而且恭送此书时，帝君又提前报梦给翠亭院僧人，冥冥之中，都有神助。文昌帝君专门主管士子功名，那么读书人自己阅读并传播该书，不正当其时吗？

第四则是娄东下郡悔过生记述其妹妹得病，巫医无效，饮食不进，半年之后骨瘦如柴。某生到酆都大帝和城隍神像前，具疏许愿，发愿印送五千本《不可录》。许愿后，其妹妹竟然就出现了转机，开始愿意服药，接连服饮消痰之药。一个月后，身体精神就都完全恢复正常，病全好了。不仅病好了，身体比以前更加强壮健康。

印刷流通经典都有不可思议的感应，可印光大师作为高僧为什么不多印佛教经书呢？反而在印刷流通数百万套《安士全书》后，就在弘化社促成印刷流通《寿康宝鉴》。这是因为流通佛经虽然功德无量，但是佛经大多看不懂，流通出去基本上就束之高阁，没有发挥作用，那么印刷更多又有何益呢？或者因收藏不敬，还有亵渎的可能。而《不可录》，也就是《寿康宝鉴》的前身，其针对性强，适用广泛，也是时代所需，当前流通，正当其时。面对人人难以免犯的好色贪淫，就是一剂良药。对于改变社会风气，促进人类身心健康，不可或缺。

2. 附：惜字近证

书契①之治，古以汗简②，一变而用楮墨③，再变而为剞劂④，浸⑤趋巧便，而文字之流行益广矣。剞劂之法，先以纸书之，覆而糊之于板，复摩擦其纸背，俾纸去而字存，此擦去之纸，仍有字形，不可亵污。

嘉庆乙丑之秋，杭城保佑桥，锁工金姓，病中见两鬼隶摄去，拜谒堂皇，所见神如贵官像。神曰："汝秽亵字纸，法当刑责。"金诉以术业在是，不得不尔。神曰："不然，汝当摩擦之际，所落纸屑，宜收置净处，随时焚送。汝乃洒弃阶除，甚至倾泼垃圾之中，无处不有，非亵渎而何？"金无词，竟受责。迨醒，臀股痛楚殊甚。

噫！神之示诫深切，而复为职是业者开一消孽法门，人亦何惮而不遵奉哉？爰⑥记是事，殿于末页。愿业刻字者，以此为前车之鉴，而谨循神教，则幸矣！

陈海曙记。

【注释】

① 书契：文字。

② 汗简：竹简，古代用来书写文字的竹片。

③ 楮墨：纸与墨。

④ 剞（jī）劂（jué）：雕板，刻印。

⑤ 浸：渐渐。

⑥ 爰（yuán）：于是，就。

【译文】

文字的刻印和制作，古代用汗简，一变而用纸墨，再变而为雕板刻印，越来越走向科学方便，使文字流通更加广泛。刻板的方法是，先用纸写好文字，然后贴在板上，反复摩擦纸背，纸被揭掉后，字就存于板上了，但经过摩擦的纸仍有字形，不可亵污。

清朝嘉庆乙丑年的秋天，杭城保佑桥，有一刻字工姓金，在病中看见两个鬼将他捉拿而去，来到殿中叩拜，所见的神如帝王像。神说："你亵渎字纸，依法应受刑罚。"金某诉说因自己是干这种工作的，不得不这样做。神说："不对，你应将擦印后所揭下来的字纸收到净处，随时焚送。你竟扔在台阶上，甚至倾倒在垃圾中，无处不有，不是亵渎是什么呢？"金无言以对，受到责罚。等到醒后，感觉屁股和大腿特别疼痛。

　　啊呀！神明给人的训诫真是深切，而且又为此职业的人，开一消罪孽的法门，为什么怕麻烦不遵行呢？于是记录这件事，放在《不可录》最后一页。期望以印刷为职业的人们，注意前车之鉴，遵守神明的教导，不要亵渎字纸，则为大幸了！

　　陈海曙记。

【解说】

　　人类文明全赖文字流传下来，圣人经典亦赖文字予以传播。因此，文字的功德不可限量。自古以来，就有惜字炉、惜字塔，都是为了不亵渎文字而建立的。凡是留有文字的纸张，都不能随意丢弃，不能坐在屁股下，更不能用作卫生纸。而作为圣人经典就更加不可亵渎。安士先生说："不是一切普通书籍可以比拟的。就好像皇帝的敕命，不能和普通文件一样看待。"并举了一个例子：

　　昆山学生葛子和，康熙二十六年，在寺西药师殿楼下读书，上面是卧室。有一天，不小心撞翻了装小便的器具，粪水从板缝中滴下，污坏了书中文字，文题是"成靓（jiàn）对齐景公说"一节。葛就随便撕下污秽了的文纸，丢进了水里，没有去洗涤晒干烧化。后来这一科第一场考试第三题，正是"成靓对齐景公说"一节，葛写道"周公难道欺骗了我吗"，漏掉一个字，自己没有发现。于是榜上无名。

　　安士先生说："人之所以为万物之灵，是因为人既能用口说话，又能用手写字。手能写字，那么等于手也能说话了。口里说话，只能使本室人听到；手里所写，能寄达万里之遥。口里说话，只能使当时的人听到；手里所写，可以流传于万世。口里说话，用耳朵去听；手里写字，用眼睛去看。口里说话，一下子就会疲劳；手里写字，世代都不会疲倦。多么伟大啊！文字的功劳。世上如果没有文字，那么政府就无法治世，政令就无法畅通。不仅家不像家，国也不像国了。文字的功用如此巨大，那么我们还能轻易丢弃字纸吗？"

第二十三章 劝毁淫书说

1. 概论

三代①而下，世多邪说，而邪说之最足以害人心世道者，莫如淫词小说为甚。盖圣贤经传②，唯恐不能觉天下之愚迷；而淫词小说，唯恐不能丧斯民之廉耻。以故小说出而淫风炽③，淫词兴而贞德衰。

然谁无羞恶之心，岂肯作禽兽之事？但以聪明子弟、灵敏妇女，一睹此书，悉为所惑。初则艳④其词章，以为佳妙；继则情随文转，不能自持。遂致竟以希圣希贤⑤、宜家宜国之身，甘作钻穴逾墙、偷香窃玉之事，而绝无顾惜者，皆此等邪书之所蛊惑也。其毒人也，烈于蜜饯砒霜；其陷人也，惨于雪覆坑坎。令人灭理而乱伦，折福而损寿，破家而杀身，辱先而绝后。及其死也，尚使神识堕于地狱，受诸极苦，久经长劫⑥，莫由出离。可不哀哉？凡作此书及贩卖此书者，其罪甚于叛逆之首、乱贼之魁，当为国法所必诛，天律所不赦也。

奉劝当权诸名公伟人，及一切有心世道仁人君子，凡见此等人，务必劝令改业；凡见此等书及板，务必尽行焚毁。有力则独任其资，无力则劝众共举。又祈辗转化导，俾⑦人各景从⑧，必期于世间永无此书，人民各敦⑨彝伦⑩而后已。将见佛天云护，灾障冰消；身心安泰，家门迪吉⑪。富寿康宁，现身获箕畴⑫之五福；勋徽爵位⑬，后裔纳伊训⑭之百祥矣。

特将收藏小说四害，并焚毁淫书十法，详列于后，企有心世道者，采取而举行焉。

【注释】

① 三代：夏、商、周。

② 经传：儒家典籍经与传的统称。传是阐释经文的著作。

③ 炽：火势猛烈旺盛。引申指情感、欲望等强烈。

④艳：爱，倾慕。

⑤希圣希贤：效法圣贤，仰慕圣贤。宋范仲淹《上张右丞书》："希圣者，亦圣人之徒也，从容正道，不能维其末。"

⑥劫：通常用年月日所不能计算的极长时间。

⑦俾（bǐ）：使。

⑧景从：如影随形，比喻追随之紧或趋从之盛。

⑨敦：使敦厚笃实。

⑩彝（yí）伦：伦常。伦常：人与人相处的常道，即认为这种道德所规范的君臣、父子、夫妇、兄弟、朋友五种关系，即五伦，是不可改变的常道。

⑪迪吉：出自《尚书·虞书·大禹谟》："惠迪吉，从逆凶，惟影响。"顺应天道才有吉祥，忤逆天道就有凶灾，两者的关系如影随形，似响应声。惠：顺的意思。迪：道的意思。孔传："迪，道也。顺道吉，从逆凶。"

⑫箕畴：指《尚书·洪范》之"九畴"。相传"九畴"为箕子所述，故名。清代钱谦益《兵部尚书李公神道碑铭》："皇天何私，荷此百禄，'箕畴'有徵，惟德作福。"

⑬勋徽爵位：高官显爵。

⑭伊训：此训。

【译文】

三代以后，世多邪说，而各种邪说中最能毒害人心的，莫过于淫词小说。圣贤经传，唯恐不能觉悟天下的愚迷众生；而淫词小说，却是唯恐不能丧尽众生的廉耻。因此，色情小说越兴盛，淫风就猛烈；淫秽词曲越流行，人的贞操道德就衰败。

然而，谁无羞耻之心，怎么肯去干那种禽兽之事？但事实上那些天资聪明的子弟，敏捷灵活的女子，只要一看这些书籍，都被迷惑。开始看的时候，爱其词章，认为佳妙。接着就被色情描写所吸引，不能自持。以至于用效法圣贤、齐家治国的身体，甘愿去做钻洞爬墙、偷香窃玉之事，而绝不顾惜自己一切。这都是受了这些邪书的蛊惑所致。其毒人之深，比含有砒霜的蜜饯更厉害；它害人之命，比坠入深坑用大雪活埋更加惨痛。使人灭天理，乱人伦，折福而损寿，破家而杀身，辱先而绝后。其人死后，神识堕于地狱，受尽种种痛苦，历经长劫不能出离。可不哀哉？凡是写此书与贩卖此书的人，他们的罪行超过了叛逆之首、乱贼之魁，为国法所必诛，天律所不赦。

奉劝当权诸位名公伟人，及一切有心挽救世道人心的仁人君子，凡见此等人，务必劝其改业；凡是见到此书及其板，务必将其全部烧毁。有财力的可以独自出资，没有能力的可以劝化大众共同捐资，买下来全部销毁。又请求大家互相劝导，使人人紧随而不落后，一定要使此书在世上绝迹，人民各尽职分，敦厚伦常才罢休。我们将会看到佛天云护，灾障消除，身心安泰，家门吉祥；福寿康宁，现世五福临门；受勋封爵，子孙后代也会获得此训所带来的种种福报。

特将"收藏小说四害""毁淫书十法"，详附于后，希望有心挽救世道人心的人，采纳而奉行。

2. 收藏小说四害

一玷品行　览此等书，必非正人佳士[①]。昔时南海一县令，好观淫书，手抄小本，日玩[②]之，不意乱入详册，上司怒其无行，参革[③]而死。

二败闺门　凡好藏淫书，好唱弹词[④]之家，妇女率多[⑤]丑声。其秉性幽贞[⑥]者，或以瘵疾[⑦]死。余多不忍言矣，可胜痛哉！

三害子弟　藏此书者，子弟必然偷看。其佳者以此早知觉，早破身，或以疾死。即令不死，转而自悔，而元气一散，断不能成大器。世间尽有佳子弟,秀出^⑧一时,迄无成就,多由浑金璞玉^⑨,早年玷缺^⑩,皆乃父兄巾箱^⑪中密藏物所害也。若中下者,必好此而破家矣。金陵一名家子,过目成诵,年十三,博通经史。一日偷看《西厢曲本》,忘餐废寝七日夜,而元阳^⑫一走,随即颓败。医曰:"心肾绝矣。"遂死。

四多恶疾　好此种书,必多夭,必多异疾。杭州宋司马,人极丰伟,年甫五十,即乞归。谓家人曰:"我幼时喜小说,风痰入肾,不久矣。"未几死。看淫书之害如此。呜呼!真可为痛哭者也。

再详十法,普告同人。

【注释】

① 佳士:品行或才学优良的人。

② 玩:观赏。

③ 参革:旧时官吏因受弹劾而被革职。

④ 弹词:曲艺的一个类别。一般认为形成于明代中叶。但据明代臧懋循《负苞堂文集》记载,元末时可能已有之。有苏州弹词、扬州弹词、四明南词、长沙弹词、桂林弹词等。现在流行的弹词,表演者大都一至三四人,有说有唱或只唱不说。乐器多数以三弦、琵琶或月琴为主,自弹自唱,坐唱形式。

⑤ 率多:大多。

⑥ 幽贞:指高洁坚贞的节操。

⑦ 瘵(zhài)疾:多指痨病。

⑧ 秀出:美好特出。

⑨ 浑金璞玉:未经提炼的金和未经琢磨的玉,比喻未加修饰的天然美质。

⑩ 玷缺:白玉上的斑点、缺损,也指玉上出现斑点、缺损。

⑪ 巾箱:古时放置头巾的小箱子,后亦用以存放书卷、文件等物品。

⑫ 元阳:中医谓人体阳气的根本。宋代范成大《问天医赋》:"元阳

之气，可斤可两。"俗亦谓男子的精气。

【译文】

一玷污品行　阅读此等书的，必定不是正派佳士。古时南海有一县令，好看淫书、手抄小本，每日必看，一日不经意将淫书夹入呈上的报告册中，上司怒其无德行，后被弹劾而死。

二败坏闺门　凡是好藏淫书，好唱弹词的家庭，女子大多有丑闻。秉性贞洁的，因为受到这种家庭的影响，或者得瘘病而死。这种事我真是不忍多说，太痛心了！

三坑害弟子　收藏此种书的人，其子女必然会去偷看。好苗子看了此书提前知道这种事，早破身，或者患病而死。即使不死，转过来后悔，可元气一散，一定成不了大器。世间多有好子弟，才华横溢一时，却终身无所成就，多数因为这块未经提炼的金和未经琢磨的玉，在早年被玷污而有缺陷了，这都是被他父兄书箱中密藏的淫书害了。若是才智一般的子女，偷看此种书之后，必定会因此沉迷而破了整个家庭。金陵一名家子弟，很有才华，过目成诵，十三岁就博通经史。一日偷看《西厢曲本》，废寝忘食七天七夜，而元阳一走，随即颓败。医生说："心肾衰绝了。"这孩子最后不治而死。

四多患恶疾　好此种书，必多夭折，必多患奇怪的病。杭州宋司马，丰姿俊秀，年刚五十，就乞求归乡。他对家人说："我小时候爱看淫秽小说，风痰入肾，我的寿命不长了。"不久就死了。看淫书的害处如此。呜呼，真令人为之痛哭啊！

下面再详细讲述焚毁淫书的十种方法，希望普告同人。

3. 焚毁淫书十法

第一法　奉劝执政名公、院会议士，疏陈①其害，请令申明②禁

481

于天下，永远杜绝，著为条例，此斩草除根法也。淫书陷溺人心，大伤风化，显与治道相违，以致每年添出无数奸情命案，毒流天下。著此等书、售此等书、蓄此等书者，当服上刑；绝此等书、禁此等书、焚此等书者，必受上赏。（张君孟球，任河南按察司[3]，居官廉洁，恩威并施。最喜刻印善书，广行善事。最恶淫书、淫画、春方，及堕胎、赌具等物，必严禁之，首获有厚赏。夫人闻公抄传善书，亦典衣饰[4] 相助。生五子，学庠、应造、绍贤、企龄、景祈，俱擢高科，登显仕。公无疾而终。）

第二法　奉劝各直省[5]守土官长，下车伊始[6]，即行禁止，翻刻淫书者必究。禁人家毋许收藏淫书板，禁画师毋许描绘淫画，禁奸徒毋许售卖春药，禁书贾毋许发兑[7] 淫书，禁匪流[8] 毋许制造淫具，禁抄胥[9] 毋许传播春方、编造淫集。有不遵者，酌置典刑[10]，无稍姑息[11]。（堕胎之恶，全由药术。每见郡邑乡镇，辄有匪人[12]，于通衢狭巷遍布招帖，煽惑[13] 男女。服之者无不伤胎，兼且害母。且奸民恃此私奔苟合，愈长淫风。能禁止者，一可救婴儿之命，一可杜邪淫之心，功莫大焉。伏愿地方官长，经过所属街巷等处，一见市肆[14] 淫书小说，及春方媚药、墙壁招帖，实心认真，迅即飞饬[15] 皂役[16]，根究着落，惩其店主伙党，毁其卷帙[17] 方药，责令改业。再行密访有私行货卖者，科以重罪，必一一尽毁其书，焚其板而后已。此真居官第一快心事，亦真居官第一阴德事。更有奸民制造淫具，或角或铅，丑名不一，较之杀人，厥罪维均[18]，不可不严为惩禁。）

第三法　奉劝胶庠[19] 吉士[20]，不谈闺阃[21]，不制艳曲，严戒生徒，毋许购藏淫书、淫画。凡笔墨有伤风化者，必投诸火。朋友有犯戒者，务须苦口良言，婉转劝止。（某生好撰艳曲，闻者无不动情，彼抚掌称快。一日他出，遗稿于案上，其妻妾颇解字义，窥见之，从此遂有外交。生闻知，詈[22] 其妻妾。妻妾反唇曰："君好撰艳曲，谆谆[23] 以淫乐教人。今日之事，乃谨遵台命^㉔也，何足深怪？"生无言可答，长叹一声，无疾而死。）

第四法　奉劝富家大族，广收淫籍，随买随焚。有巨力者，尽劈其板。力稍逊者，多毁其书。每一举步一出外时，必买归而焚化焉，日积月累，功德无涯。倘贫穷亲友，不幸业此，务须出资劝其改业，买其所藏之书，尽付丙丁^㉕。凡一切弹唱小说，不许进门。（石琢堂殿撰^㉖，为诸生^㉗时，以扶翼^㉘名教^㉙为己任。家置一纸库，名曰"孽海"，凡见淫词艳曲，坏人心术，及得罪名教之书，悉纳其中烧之，不徒惜字而已。）

第五法　奉劝寒素^㉚人家，无力买烧淫书及板，当手抄烧毁淫书善报，各处分送。倘无暇抄写，尽可逢人劝戒，以口代书，随缘指点，功亦不小。（手德、口德，均是功德。）

第六法　奉劝刻书店铺，议定行规，凡遇淫秽册籍，概不受镌，有私刻者，公同议罚。如此则淫书不绝而自绝，且阴功^㉛浩大，更不待言。（赚钱有限，造孽靡涯^㉜。）

第七法　奉劝各省书坊^㉝，概不发行淫书，免使天下识字之人，同趋孽海。（江南书贾嵇留，积本三千金，每刻小说及淫画图像，人劝不听。以为卖古书，不如卖时文^㉞；印时文，不如印小说、淫画，以售多而利速也。其家财由此颇厚。不数年，目双瞽。所刻诸板，一火而烬。及死，棺敛无措，妻子有不忍言者。）

第八法　奉劝画家，不画淫画，照相馆不许代印，免使天下不识字之人，共沉孽海。（福建诸葛润，善画彩色淫画，浪游^㉟都下，名重而价亦高，诸贵人子弟，日昵近之，家遂富。一夜盗入旅邸^㊱，润大呼，盗先砍落其手，连挥数刃而绝，财帛^㊲席卷去。后广东李孝廉得其遗稿，叹曰："是物流传，误人子弟不少。"偿其值而悉火之。李于是年中式，子亦先后联捷^㊳南宫^㊴。世间造恶未有甚于画淫画者，无论识字不识字之人，一概心醉神驰，同驱入禽兽之域。吾见擅此技者，人人斩后。盖其画幅艳传，不知害了多少子弟，坏了多少闺门，恐绝嗣不足蔽其辜也。至其妻、其女、其媳，鲜不淫乱者，由其朝夕见闻，无非淫状，即有贞洁之性，亦化而为邪。且其人亦必早夭而不寿，盖其执笔摹拟，刻刻淫心摇荡，真精浮散，梦遗、滑精、脱阳等症，皆相继而作也。呜呼！惨矣！夫百工技艺，何事不可为，而乃为此？山水花鸟，何物不可画，而乃画此？处心积虑，欲使天下无人不好淫而后快。吾恐技愈精而孽愈重，孽愈重而报愈酷矣。）

第九法　奉劝医家，不传春方，力辨其谬，免使淫徒矫揉造作，枉送性命。（医书中间有附载春方者，最为害事。愿医者弗传与人，并削去书中此一条可也。其余旁门外道诸书，坏人心术，丧人廉耻，最邪妄，最淫恶，罪入无间地狱，学道者决不可看。能烧其书，毁其板，功莫大焉。）

第十法　奉劝宾僚[40]宴会，弗点淫戏，免使年少士女，荡心失魂，变生[41]仓猝。且免暗中戕丧[42]，痨瘵[43]夭亡。庶[44]共跻[45]仁寿[46]云。（戏馆之中，少长咸集，彼优伶[47]身为贱役，不惜丑态以献媚于人，固无足怪。而阅戏者，率皆良家子弟，年高者虽不为之动，而年少者视之，则心神俱荡，或戕丧其真元[48]，或驰骛[49]乎花柳，"钻穴逾墙[50]"之行无不为，偷期[51]密约之事无不干。病从此生，身从此殒，伤风败俗，可胜言哉。故为高明者劝，嗣后凡入戏馆，切勿点及淫戏。酬愿敬神，尤宜痛戒。天下断未有聪明正直之神，而喜观淫戏者；亦未有聪明正直之神，而不恶淫戏者。盖敬神本欲求福，而淫戏适足贾祸[52]。况庙中不能禁妇女不来，而蚩[53]者尤易蛊惑，甚或闺女看之而动情，孀妇看之而失节。人何苦以一时之意兴，造此无穷罪孽哉？愿与诸同志共戒之。）

以上十法，法法相通。遵而行之，便是天堂捷径，而种种福报在其中矣。逆而反之，便是地狱孽缘，而种种祸报在其中矣。人其知所自警哉!

【注释】

① 疏陈：上疏陈述。

② 申明：郑重宣明。

③ 按察司：指提刑按察使司，元明清官署名。明置，主管一省司法事务。以按察使为主官，秩正三品；以按察副使为副长官，又称宪副，秩正四品。

④ 典衣饰：典押衣服首饰。

⑤ 直省：指各省，因直属中央，所以又叫直省。

⑥ 下车伊始：指官吏刚到任所，现多比喻刚到工作的地方。

⑦ 发兑："发兑""发卖"两词则稍晚才出现，含义仅指销售而言。从日本刊行的一些雕板印本来看，基本上沿用了上述语词。因此，是引进中国同类语词的外来词。

⑧ 匪流：盗贼一类的人。

⑨ 抄胥：专事抄写的胥吏。

⑩ 典刑：受刑法。

⑪ 姑息：宽容。

⑫ 匪人：行为不端的人。

⑬ 煽惑：煽动蛊惑。

⑭ 市肆：市场，市中店铺。

⑮ 饬：命令。

⑯ 皂役：旧时官衙中的差役。

⑰ 卷帙：书籍。

⑱ 厥罪维均：此处指那个罪与杀人是等同的。厥：那个。维：语气助词，无义。均：同样的。

⑲ 胶庠：周代学校名。

⑳ 吉士：贤人。

485

㉑ 闺阃（kǔn）：本指内室，此处指男女之事。

㉒ 詈（lì）：骂，责备。

㉓ 谆谆：反复告诫、再三叮咛貌。

㉔ 台命：对对方嘱托或命令的敬称。

㉕ 丙丁：火烧。古代以十干配五行，丙丁属火，因称火为"丙丁"。

㉖ 殿撰：状元。宋代集英殿修撰、集贤殿修撰（后改为右文殿修撰）的省称。陆游诗有《送辛幼安殿撰造朝》，因辛弃疾曾任右文殿修撰及集英殿修撰，故称。后元代张起岩以进士第一名特授集贤院修撰，明清沿其制，"殿撰"遂成为状元的通称。

㉗ 诸生：明清两代称已入学的生员。

㉘ 扶翼：护持。

㉙ 名教：指以正名定分为主的礼教。名教观念是儒教思想的重要组成部分。名即名分，教即教化，名教即通过上定名分来教化天下，以维护社会的伦理纲常、等级制度。名教观念最初始于孔子。孔子强调以等级名分教化社会，认为为政之要是"正名"，做到"君君、臣臣、父父、子子"。董仲舒据此倡导审查名号，教化万民。"以名为教"，内容主要就是三纲五常。魏晋时期曾兴起围绕"名教"与"自然"关系的论辩。宋明以后，名教被称作"天理"。

㉚ 寒素：门第寒微，地位卑下。

㉛ 阴功：指在人世间所做而在阴间可以记功的好事。

㉜ 靡涯：无涯。靡：无。

㉝ 书坊：旧时印刷并出售书籍的地方。

㉞ 时文：旧时对科举应试文体的通称。

㉟ 浪游：漫游，四方游荡。

㊱ 旅邸：旅馆。

㊲ 财帛：钱财。

㊳ 联捷：科举考试中两科或三科接连及第。

㊴ 南宫：指礼部会试，即进士考试。

㊵宾僚：宾客幕僚。

㊶变生：意外地发生变故。

㊷戕丧：此处指损伤身体。

㊸痨（láo）瘵（zhài）：由于痨虫侵袭肺叶而引起的一种具有传染性的慢性虚弱疾患，俗称肺痨。

㊹庶：希望，但愿。

㊺跻（jī）：升登，达到。

㊻仁寿：谓有仁德而长寿。语出《论语·雍也》："知者动，仁者静，知者乐，仁者寿。"邢昺疏："言仁者少思寡欲，性常安静，故多寿考也。"

㊼优伶：优，俳优；伶，乐工。后通称戏曲演员为优伶。

㊽真元：人的元气。

㊾驰骛：奔走。

㊿钻穴逾墙：出自《孟子》"不待父母之命，媒妁之言，钻穴隙相窥，踰墙相从，则父母国人皆贱之。"

○51偷期：偷情。

○52贾祸：招致灾祸。

○53蚩（chī）：老式，愚痴。

【译文】

第一法　奉劝执政诸位大人，请上疏陈述淫书危害应，颁令公布禁止于天下，永远杜绝，以法律条文的形式固定下来，这是斩草除根的办法。淫书陷溺人心，大伤风化，显然与治国之道相违，以致每年增加无数奸情命案，流毒天下。写作、出售、收藏这种书人应当受到法律制裁；杜绝、禁止、焚烧这种书的人应当受到奖赏。（张孟球先生，任河南按察司，居官廉洁，恩威并施。他平常最喜欢刻印善书，广行善事，最讨厌淫书、淫画、春方，以及堕胎、赌具等物，见到必严厉禁止，并对首次收缴此物之人给予重赏。夫人知道他抄传善书，也典卖衣饰相助。他们生了五个儿子，分别名叫学庠、应造、绍贤、企龄、景祈，个个金榜题名，高官厚禄。张孟球先生无疾而终。）

第二法　奉劝各省守土官长，下车伊始，即行禁止，翻刻淫书者必究。禁止家庭收藏淫书板，禁止画家描绘淫画，禁止奸商售卖春药，禁止书商发行淫书，禁止匪流制造淫具，禁止抄胥传播春方、编造淫集。对于不遵守上述事项者，酌情量刑，决不姑息。（堕胎之恶，全由药术。常见城邑乡镇有些坏人，在大街小巷到处张贴堕胎药广告，煽动蛊惑青年男女。服之者无不伤胎害母。且奸民因有堕胎药而有恃无恐，私奔苟合，助长淫风。若能禁止，一可救婴儿之命，二可杜邪淫之心，功德无量。伏愿地方长官，经过所属街巷等处，一见市场店铺有淫书小说、春方媚药、墙壁招贴，要从严处理，立马派人追根究底，惩其店主与同伙，毁其书籍方药，责令改业。然后再暗访密查，对于私下买卖之人，按照法律条款从重处罚，必一一尽毁其书，焚其板而后已。这真是当官第一快心事，也是当官第一阴德事。对于制造淫具的奸民，无论淫具是用角做的或用铅做的，丑名不一，其罪与杀人同，不可不严加惩禁。）

第三法　奉劝学校贤士，不谈男女之事，不写淫词艳曲，严禁学生购买收藏淫书、淫画。凡是有伤风化的文章、书画，一律投火烧毁。对于有邪淫的朋友，务必苦口良言，婉言劝止。（某书生好编淫词艳曲，闻者无不动情，拍手称快。一日某生出门，稿子放在桌上，他的妾是个识字的人，能看懂文意，偷看他的稿子后，从此就有了外遇。某生听到此事之后，责骂其妾。妾反唇相讥道："你好编淫词艳曲，谆谆以淫乐教人，今日之事正是小妾谨遵你的言教，为什么要如此怪罪呢？"某生无言可答，长叹一声，无疾而死。）

第四法　奉劝富家大族，广收淫书淫画，随买随焚。有大财力的，买下刻板全部销毁。财力差一点的，多买此书来烧毁。平日出外时，看到必买回来烧毁，日积月累，功德无量。倘若有贫穷亲友，不幸做了此淫秽行当，务必出资劝其改行，买下他所收藏的淫书，全部付之一炬。凡是一切淫秽小说、色情歌曲，一律不许进门。（石琢堂状元，在做生员的时候，就以护持名教为己任。家里专门设了一个纸库，名叫"孽海"，只要见到淫词艳曲、坏人心术及破坏名教的书籍，都投入其中焚烧。他这样不仅仅是惜字而已。）

　　第五法　奉劝贫穷人家，如果无财无力购买淫书及板销毁，就应当用手抄写烧毁淫书得善报的文章，各处分送。倘若没有时间抄写，也应尽量逢人劝诫，以口代书，随缘指点，功德也不小。（手德、口德，均是功德。）

　　第六法　奉劝刻书店铺，议定行规，凡遇淫秽书籍，一概拒之门外，决不印刷。有私下印刷的，按行规处罚。这样一来则淫书不绝而自绝，且阴功浩大，更不待言。（印刷淫书，赚钱有限，造孽无涯。）

　　第七法　奉劝各省书坊，概不发行淫书，以免天下识字之人，同赴孽海。（江南书商稽留，积下资本三千金，经常印刻淫书淫画，人劝不听。他自认为卖古书，不如卖时文；印时文不如印淫书淫画。因为这样书卖得多，钱来得快。他家资财因此丰厚，但不到几年，他双目失明。他印刷所用的书板，被一场大火一烧而尽。等到他死的时候，连买棺材的钱都没有了。其妻子儿女的境况就不忍说了。）

　　第八法　奉劝画家，不画淫画，照相馆不要洗印淫画，以免使得天下不识字的人，共沉孽海。（福建诸葛润很善于画彩色淫画，他漫游京城，名声大而其画价钱也很高，许多富贵人家的子弟都亲近他，他家就富起来了。一天夜里，盗贼闯入他住的旅馆，他大呼救命，盗贼先是砍断了他的手臂，然后又连砍数刀，将他杀死，将他的钱财席卷而去。后来广东的李孝廉看到他遗留下来的画稿，不禁叹道："这种画稿流传，误人子弟不少啊。"然后李将他的画都买了下来，一把火全都烧了。李在这一年考中，他的儿子也接连及第。世间没有比画淫画造的罪更重的了，不管是识字的人还是不识字的人，一看此淫画，都会心醉神驰，就会干出禽兽不如的事情。我发现擅长画淫画的人，个个都断子绝孙。因为他的淫画不知害了多少子弟，坏了多少闺门，恐怕断子绝孙也不足以抵他的罪过。至于他的妻子、女儿、媳妇，也很少有不淫乱的，因为她们一天到晚所见无非都是些淫秽画像，即使她们原本有贞洁的品行，也会被化为邪淫的性格。并且画淫画的人也必定早死而不

489

长寿，因为他画淫画时，时时刻刻淫心摇荡，真精浮散，梦遗、滑精、脱阳等症，都会相继而作。呜呼！真是悲惨啊！百工技艺，何事不可为，偏要画此？山水花鸟，何物不可画，偏要画此？时时刻刻都想着要使天下的人都好淫而他的心里才高兴。我恐怕这种人他的技艺越精而他的罪孽就越重，罪孽越重而果报就越惨了。）

第九法　奉劝医家，不传春方，尽力告诉人们春方的害处，以免使得好色之人矫揉造作，枉送性命。（医书中间附载春方，最害人。愿医生不要传给他人，并且削去书中的这一条。其他旁门外道诸书，坏人心术，丧人廉耻，最邪妄、最淫恶，罪入无间地狱，学道者决不可看。能烧其书，毁其板，功德无量。）

第十法　奉劝宴会客人，不要点淫戏，以免少男少女看后心神荡漾，仓促中发生意外事故；以免暗中损伤身体，得肺痨而夭折。但愿世人同登仁德长寿的境界。（戏院中男女老少都有，那些演淫戏的人都是些身份卑贱的人，不惜以丑态献媚于人，固然不足为怪。然而看戏的人，大多是良家子弟，年事高的人虽不会被淫戏动心，而年少之人，则容易随戏中情节而心神荡漾，或因此丧失真元，或从此寻花问柳，"钻穴逾墙"等行无所不为，偷情密约之事无所不干。病从此而起，身从此而亏，伤风败俗，难以言尽。因此奉劝深明事理的人，以后凡是进戏院，千万不要点淫戏。还愿敬神，更不能点淫戏。天下决没有聪明正直的神，喜欢看淫戏的；也未有聪明正直的神，不厌恶淫戏。敬神本来是想求福的，而点淫戏恰好引来祸害。何况庙中不能禁止妇女不来，而愚痴妇人尤其容易被人蛊惑，甚至使闺女看了而动情，寡妇看了而失节。人何苦以一时的兴趣，造此无穷的罪孽呢？愿与诸同志共戒之。）

以上十法，法法相通。遵而行之，便是天堂捷径，而种种福报都在其中；逆而反之，便是地狱孽缘，而种种祸报也都在其中了。人们应当知道并自警啊！

490

4. 格言

颜光衷①曰：刻淫书，诱荡子，杀人不见血。有圣人②者出，急应收毁一切淫污邪书及书板，有翻刻者，处以极刑。比③于"五逆④"，罪在不赦。庶乎风俗醇⑤而士习可正也。

袁了凡⑥曰：取淫秽邪书恶状⑦及谤语焚化者，得子孙忠孝节义报。好阅淫词小说，将此等淫秽书与圣贤书并贮者，得子孙淫佚报。翻印淫词小说恶状，贩卖射利⑧者，得子孙娼优⑨下贱报。

东莱吕氏⑩曰：教小儿当以正，不可使之情窦早开。

黄黎乙《蒙养篇》云：人家子弟已识字后，即禁看淫书小说，此种本属子虚乌有，少年误认为真，眩目荡心，最为害事。常稽察⑪其背后借看，搜出即投之于火。十一二岁后，父宜携之同寝，留心察其睡中动静。居常女婢、仆妇，不论美恶老少，不宜亲近。只此一关，能与牢守，功名寿算⑫，终身受用不尽。

491

《务本丛谈》曰：家中父母，对于儿童，务须严厉教育监察。诸如小儿幼时，母亲常把吃物先在自己嘴内嚼碎，传过小儿嘴内吃下，最害卫生。或欢喜时候，用手常弄小儿阳物为戏，他从小已受此种感觉，将来成人时，恐就有手淫恶习（手淫害处最大，犯者必至伤身殒命）。或小儿在无事时，偶然自己扪⑬弄阳物，亦须严禁，以免养成习惯。淫书、淫画、淫戏，小儿成童时万不可看。此等如蜜里砒霜，入口即死。或侥幸不死，亦必酿成梦遗、滑精等症，终身受害无穷。因看淫书等时，心性摇荡，元阳⑭暗中走失，身体受大损伤。所以，一有遗精之病，一直到死，难望挽回。后来终身抱痛，追悔莫及。为父母者，务须认真监督，暗中时常察其举动，一见有淫书、淫画等在背后偷看，立即搜出销毁，庶免遗祸。如此方能保全儿童性命。又凡夫妇交媾之际，切勿乳子。因小儿若食淫乳，长大定然生性淫邪，切须戒忌。

《西国立志编》⑮曰：稗官⑮小说，为破坏教养、博人嘲笑之书。今世撰著此书之人，以欲投时所好，往往不嫌俚俗⑯，不避浪谑⑰，破人伦，冒⑱国法而为之，其罪实不容于死。陀格拉斯曰："人不可著戏文戏画，而毒害世人。"阶斯打林曰："稗官小说，害遍群生，而其害心志未坚之青年，更甚于疫疠。"

【注释】

① 颜光衷（1578~1637年）：颜茂猷，字壮其，又字光衷，号宗璧居士（题署"霞漳宗璧居士"），福建漳州府平和县人。天启四年（1624年）举人，崇祯七年（1634年），帝念其兼通五经，特赐进士。著有《迪吉录》《云起集》《六经纂要》《官鉴》《圣朝破邪集序》《七辩》等。

② 圣人：此处不是指儒释道三教圣人，指品德最高尚、智慧最高超的人。

③ 比：等同。

④ 五逆：佛教谓五种将招致堕无间地狱报应的恶业大罪。《阿阇世王问五逆经》："有五逆罪，若族姓子、族姓女为是五不救罪，必入地狱无疑。云何为五？谓杀父、杀母、害阿罗汉、斗乱众僧、起恶意于如来所。"

⑤ 醇：指道德风尚的淳厚质朴。

⑥ 袁了凡（1533~1606年）：袁黄，初名表，后改名黄，字庆远，又字坤仪、仪甫，初号学海，后改了凡，世称"了凡先生"。浙江嘉兴府嘉善县魏塘镇人，明代思想家。万历十四年（1586年）进士，万历十六年（1588年）任河北宝坻（今属天津）知县，后升为兵部职方司主事。万历二十年（1592年），适日本侵略朝鲜，朝廷大举东征，节节败退，汉城（今首尔）、平壤相继陷落。万历皇帝接受朝鲜王室之邀出兵援朝，袁黄在援朝军队中出任兵部参赞军事，在收复平壤的战役中立有谋划之功。著有《历法新书》《皇都水利》《宝坻劝农书》《了凡四训》，其中《了凡四训》影响最大，被称为"中国第一善书"。

⑦ 恶状：罪状。

⑧ 射利：谋取财利。

⑨ 娼优：从事歌舞的艺人，后多指妓女。

⑩ 东莱吕氏：东莱吕氏是一个延续了百多年的大家族，人才辈出，究其原因，正在于"吕氏家规"的教化。此处摘要出自其家规。

⑪ 稽察：检查。

⑫ 寿算：寿数，年寿。

⑬ 扪（mén）：摸。

⑭ 元阳：中医谓人体阳气的根本。宋代范成大《问天医赋》："元阳之气，可斤可两。"俗亦谓男子的精气。

⑮ 稗官：小官。小说家出于稗官，后因称野史小说为稗官。

⑯ 俚俗：粗俗，不高雅。

⑰ 浪谑：放荡戏谑。

⑱ 冒：违犯。

【译文】

颜光衷说：印刻淫书，诱惑荡子，杀人不见血。有正直的官员出来，应当赶紧没收销毁一切淫秽书籍与书板。对于翻刻翻印的人，处以极刑。其罪等同"五逆"，罪不可赦。只有这样，民风才能质朴而孩子也可以教好了。

袁了凡说：捉拿淫秽书籍罪人以及烧毁谤语的人，得子孙忠孝节义报。好读淫词小说，并将此等淫秽书与圣贤书一并收藏的人，得子孙淫佚报。翻印淫词小说及贩卖以获利的人，得子孙娼优下贱报。

东莱吕氏说：要教小儿以正道的东西，不可以使他情窦早开。

黄藜乙《蒙养篇》说：家中子弟识字后，就应该禁止看淫秽小说，此种淫秽小说胡编乱造的故事本属子虚乌有，可是少年人误以为真，眩目荡心，最为害人。做父母的要常常留心察看孩子在背地里偷看什么书，搜出即投之于火。十一二岁后，父亲要带孩子一起睡，留心察看孩子睡中的动静。家中的婢女、仆妇，不论美丑老少，一律不让孩子亲近。只此一关，若能守牢，功名寿算，终身受用不尽。

《务本丛谈》说：家中父母，对于儿童，务必严密教育监察。诸如小孩幼时，母亲常把食物先在自己嘴内嚼碎，再给小孩吃，这种事情最不卫生。还有些母亲高兴时，用手常弄小儿阳物为戏，他从小已受此种感觉，将来成人时，恐怕就会有手淫恶习（手淫害处最大，犯者必至伤身丧命）。或者小孩在无事时，偶然会摸弄自己阳物，这种事也必须严禁，以免养成习惯。淫书、淫画、淫戏，千万别给小孩看。这些东西如蜜里砒霜，入口即死。或侥幸不死，亦必酿成梦遗、滑精等症，终身受害无穷。因为看淫书时，心性摇荡，元阳暗中走失，身体受大损伤。所以，一有遗精之病，一直到死，一般很难挽回。后来终身抱痛，追悔莫及。为人父母者，务必认真监督，暗中时常观察孩子举动。一见孩子在背后偷看淫书、淫画等，立即搜出销毁，以免遗祸。如此才能保全儿童性命。又凡是夫妇同房之时，千万别给小孩喂奶。因为小孩若吃了淫乳，长大后一定生性淫邪，切须戒忌。

《西国立志编》说：野史小说，是破坏别人教养、博人嘲笑的书。当今编撰这种书的人，想投今人所好，往往不嫌俚俗，不避浪谑，破人伦，犯国法，其罪实不容于死。陀格拉斯说："人不可编写黄色书画而毒害世人。"阶斯打林说："野史小说，害遍群生，而它对心志未坚的青年人的毒害比瘟疫还厉害。"

5. 诗歌

禁花鼓淫戏

（六首。此戏诲淫①最甚，为第一伤风败俗事。官法谕禁②，多为差役③贿庇④。愿贤明当道力挽之。）

阙名⑤

是谁作俑⑥长淫风，男女登台丑态同。廉耻忘尽名教坏，狂澜孰障百川东。（若能永禁，定能俎豆^⑦千秋。）

任尔乡村农事忙，一闻此戏便抛荒。钱财耗尽摧科^⑧误，苦迫饥寒起盗肠。（有戏必有大赌，故小民力耕所余，半为此辈引诱破家。即差役代领串银，多有从此倾囊者。）

大典频频节孝坊^⑨，移风那及诲淫狂？几多苦节清门女，从此灰心作未亡^⑩。（俗语云：花鼓淫戏做十日，十里寡妇九改节。是国家岁旌千百人，不敌淫戏数回之力也。）

子弟休教入戏场，须知蜜里有砒霜。元精暗丧成痨瘵，撇子抛妻泪万行。（若要子弟多活几年，第一先禁他不许入滩簧^⑪戏场。）

蒿目^⑫颓波^⑬第一端，伤风败俗万千般。士林^⑭尚展回澜手，救世丰功莫小看。（望眼将穿，谁为同调？）

禁淫书淫画

（二首。淫为万恶之首，淫书淫画淫戏，为近世第一伤风败俗之事。）

淫书淫画害人多，偏是聪明易着魔。暗丧元精成痼疾，如何苦学扑灯蛾？（看之者，如蛾投火，自寻死路耳。）

荒唐之说本空虚，误煞^⑮青年是此书。莫以消闲轻目看，付之一炬祸根除。（每年杀害青年不知其数，急须请禁，收买烧毁。）

戒点淫戏

（二首。近时又有花鼓滩簧、各种淫戏，更秽亵^⑯不堪，导淫伤化，莫此为大，大可为世道之忧。）

粉面妖娆^⑰假若真，漫言^⑱贻害^⑲万千人。窥帘我有亲生女，异日如何守节真？（家家有子女，扫除此毒害，益群即益己。）

敬神宴客意何隆？戏演宣淫罪莫穷。父子师生皆在座，闺房何事笑谈中？（想想看，岂非天下大可笑之事？愿当代仔肩⑳世道大君子，力禁广劝，造福无量。）

纪实

苏城林阿秀，喜唱淫歌邪曲，喉生乳鹅㉑，腐烂而死。（道光初年事。）

[评] 为想开心，白送性命，看她临死时，尚作张口状。

淫词艳曲本荒唐，何事㉒痴人习学忙？病入咽喉能唱否？可怜张口病夭亡。

阳湖东乡某村，演花鼓戏十日，一月内寡妇改嫁者九人，闺女因奸逃逸者三人，为首者未几患绞肠㉓死。

一曲淫词变化神，几多贞节尽怀春㉔。即看现报抽肠死，已害乡村千万人。

常熟西乡某，开赌，演花鼓戏，其子忽因梦遗精脱㉕而死，女随奸夫逃逸，某气忿死，死后被火。

陷人坑井孰为开？奸盗邪淫此作媒。到底害人原自害，一家出丑理应该。

宁波某观剧，点淫戏取乐。是日其妻其女，俱因奸逃逸。某忽患异疾死，死时呼城隍爷拿我云。（道光二十九年四月事。）

一曲梨园㉖乐趣生，自家妻女早移情。明神赫赫亲行罚，听罢歌声听哭声。

常州某好刻淫书唱本，被火烧死。

祸胎毒种是淫书，回禄^㉗临门尽扫除。烧得心肝焦似炭，一生射利^㉘竟如何？

淫书自悔词

（潮州王生，年少负^㉙美才，因喜看淫书，病笃^㉚自悔，此其绝笔也。年仅二十一，同人皆为惋惜。）

梦里犹呼才子词，一编曾此误^㉛情痴^㉜。而今病骨支离^㉝甚，十载栽培负父师。

手笔伊谁^㉞种毒深？枣梨^㉟传布坏人心。寄声同学诸兄弟，好鉴前车惜寸阴。

【注释】

① 诲淫：引诱别人产生淫欲。

② 差役：旧时在衙门中当差的人。

③ 谕禁：公告禁止。

④ 贿庇：因受贿而包庇。

⑤ 阙名：以下诗歌作者都缺名字，无名氏作。

⑥ 作俑：《孟子·梁惠王上》："仲尼曰：'始作俑者，其无后乎！'为其像人而用之也。"本谓制作用于殉葬的偶像，后因称创始、首开先例为"作俑"。多用于贬义。

⑦ 俎（zǔ）豆：祭祀，奉祀，引申指崇奉。俎和豆，古代祭祀、宴飨时盛食物用的两种礼器。

⑧ 摧科：催收租税。租税有科条法规，故称。

⑨ 节孝坊：指旧时旌表节孝妇女的牌坊。

⑩ 未亡：针对她的丈夫，所以她是未亡人。

⑪ 滩簧：清代流行于江浙一带的戏曲剧种。

⑫ 蒿目：极目远望。

⑬ 颓波：比喻衰颓的世风或事物衰落的趋势。

⑭ 士林：指文人士大夫阶层、知识界。

⑮ 煞：损伤。

⑯ 秽亵：言行下流肮脏，今多指淫秽。

⑰ 妖娆：妩媚多姿。

⑱ 漫言：随便说话。

⑲ 贻害：留下祸害，使受损害。

⑳ 仔肩：担负，承担。

㉑ 乳鹅：病名。系指喉核一侧或两侧红肿疼痛，表面见有黄白色脓点的病症，相当于今之扁桃体炎。

㉒ 何事：为何，何故。

㉓ 绞肠：绞肠痧，霍乱病的俗称。中医指不吐不泻而有剧烈腹痛者。

㉔ 怀春：少女思慕异性。

㉕ 精脱：失精。

㉖ 梨园：因唐玄宗时于梨园教习艺人，后以"梨园"泛指戏班或演戏之所。此处指戏曲演唱。

㉗ 回禄：火神，后用以指火灾。

㉘ 射利：谋取财利。

㉙ 负：享有。

㉚ 笃：困苦。

㉛ 误：耽误。

㉜ 情痴：迷恋于情爱的人。

㉝ 支离：分散，分裂。

㉞ 伊谁：谁，何人。

㉟ 枣梨：雕版印刷，旧时多用枣木或梨木雕刻书版，故称。

【译文】

禁花鼓淫戏

（六首。此戏诲淫最厉害，为第一伤风败俗事。国法公告禁止，多因差役受贿而包庇。愿贤明的当官者努力挽回。）

阙名

是谁最早开始唱起了花鼓淫戏，助长了淫风，看那些登台的男女演员个个丑态相同。廉耻丢弃，名教败坏，欲海狂澜把百川东去的江水阻挡。（若能永禁，一定能彪炳千秋。）

任凭你乡村的农事再忙，一听到此戏田地就抛荒。钱财耗尽交不了官府的税，饥寒交迫起盗肠。（有戏必有大赌，故小民力耕所余，半为此辈引诱破家，即差役代领串银，多有从此倾囊者。）

国家表彰的大典频频来到节孝妇女的牌坊，可转移风俗的力量哪比得上海淫的花鼓戏那么疯狂？多少清苦守节的寡妇，从此灰心作未忘。（俗语云：花鼓淫戏做十日，十里寡妇九改节。国家每年旌表千百人，不敌淫戏几回的力量。）

千万莫让子弟进了戏场，须知蜜里有砒霜。元精暗丧生瘵病，撇子抛妻泪万行。（若要子弟多活几年，第一先禁他入滩簧戏场。）

极目远望，这是颓波第一端，伤风败俗万千般。读书人要是力挽狂澜，救世丰功莫小看。（望眼将穿，谁为同调？）

禁淫书淫画

（二首。淫为万恶之首，淫书淫画淫戏，是近世第一伤风败俗之事。）

淫书淫画害人多，偏是聪明易着魔。暗丧元精成痼疾，如何苦学扑灯蛾？（看淫秽书画的人，就如灯蛾扑火，自寻死路而已。）

荒唐情节本是虚，耽误伤害青年是此书。莫以为消磨时光看看也无妨，付之一炬才能祸根除。（每年杀害青年不知其数，急须请禁，收买烧毁。）

戒点淫戏

（二首。近时又有花鼓滩簧、各种淫戏，更淫秽不堪，导淫伤化，没有比这更大的了，大可为世道之忧。）

粉面妖媚假似真，随便说话祸害万千人。开帘看我亲生女，他日如何守节真？（家家有子女，扫除此毒害，利人即利己。）

敬神宴客好隆重，演戏宣淫罪莫穷。父子师生都在座，闺房哪件事不在笑谈中？（想想看，岂非天下大可笑之事？愿当代担负挽救世道人心大任的大君子，力禁广劝，造福无量。）

纪实

苏城林阿秀，喜唱淫歌邪曲，喉生乳鹅，腐烂而死。（道光初年事。）

［评］为想开心，白送性命，看她临死时，还做张口状。

淫词艳曲本荒唐，为何愚人学习忙？病入咽喉能唱否？可怜张口病夭亡。

阳湖东乡某村，演花鼓戏十天，一月内寡妇改嫁者九人，闺女因奸逃逸者三人，为首者没有多久患绞肠痧而死。

一曲淫词变化神，多少贞女尽怀春。即看现报抽肠死，已害乡村千万人。

常熟西乡某人，开赌场，演花鼓戏，其子忽因梦遗失精而死，女随奸夫逃逸，某人气忿死，死后被火烧。

陷人坑井谁为开？奸盗邪淫此作媒。到底害人原自害，一家出丑理应该。

宁波某人看戏，点淫戏取乐。此日其妻其女，都因奸逃逸。某人忽患怪病死，死时呼喊城隍爷抓我了。（道光二十九年四月事。）

一曲演唱乐趣生，自家妻女早移情。城隍威严亲惩罚，听罢歌声听哭声。

常州某人好刻淫书唱本，被火烧死。

祸胎毒种是淫书，大火临门尽扫除。烧得心肝似焦炭，一生谋利竟如何？

淫书自悔词

（潮州王生，年少时有才有貌，因喜看淫书，得病痛苦而自悔，此其绝笔。年仅二十一，同人都为他惋惜。）

梦里犹呼才子词，一编在此误情痴。而今病骨分散开，十年栽培负父师。

何人手笔流毒深？印刷传布坏人心。寄语同学诸兄弟，好鉴前车惜寸阴。

6．例证

张某禀异才，好编小说，刊板发卖。自谓笔底云烟①，无伤阴德。一夕，梦其父诃之曰："尔所著诸刻，令阅者目眩神飞，因而败人行检②者不少。冥司于此等案，降罚最酷。尔本前程远大，寿数绵长，今缘是折消矣。可惜祖先数世培植，一旦顿丧尔手，尚谓无伤耶？"张惊寤大悔。未几，全家溺死。

江南有书贾朱祥者，好刻淫书小说，租卖传观。友人皆劝其勿刻，朱笑以为迂。不数年，目双瞽。一日火起，生以两目不见，逃避不及，半身烧烂，哀号痛苦，三日而死。死时自悔曰："我刻淫书淫画，得发小财，害人不少，应该如此。愿天下同业人，早早劈板烧书，勿似我懊悔不已也。"后妻女流入娼家，嗣亦绝。

渤海全如玉，虽系贫人，却孳孳③好善。见人作好事，则奖劝鼓舞，始终不倦。又尝力疾④手录善书，普化世人。一日泛海，被飓风飘至一山。全登其绝顶，遥望海天一色，十分畅快。忽有一道者，黄袍棕履，古貌长髯⑤，从林中出，语全曰："世人尚假，上帝喜真。尔生平劝善事，修善书，皆系真心，不求人知，功莫大焉！"全谦不敢当。道者又曰："儒者具有聪明，不为圣贤阐发义理，反编造淫词艳曲，流害天下万世。此等人堕地狱中，受无量苦，永无出期。尔试往观之，知彼之罪，则知尔之功矣。"乃携全手，行云雾中，须臾见一城，榜曰"酆都"，守门军役皆奇形异状，见道者伏地叩首。又至一大署，侍卫林立，亦震慑拜伏。堂额曰"森罗之殿"，两柱联曰："尔既如斯，任尔奸，任尔诈，任尔作恶，少不得庭前勘问⑥。我诚无奈，尽我法，尽我理，尽我奉公，又何须堂下哀求。"一王者冕旒⑦出迎，尊礼备至。道者曰："淫词艳曲，最为人心之害。阴间受罚，阳世不知，犯者如故。可令人带此子往看明白，传语世人，倘得回心向道，亦大慈悲也！"即有二役，将全引至一处，见有数人，或受刀砍，或受犁耕，或受碓舂⑧，或受油铠⑨，每受毕，旋⑩复原形。全问："此为何人？"鬼卒曰："此乃著作淫秽小说书籍者。"全又问："罪有尽期否？"卒曰："万劫沉沦，求入蛆虫道，未可得也，焉有尽期？"全亦心惧欲回，役复引至殿。道者指王谓全曰："此明季杨忠愍公⑪也，在世忠直，参严嵩五奸十罪，上帝深嘉，特接今职。尔回并为宣扬，庶见上天赏善罚恶，毫厘不爽也。"乃辞王，仍携全手，回至原山。值风顺，别道者挂帆而去。逢人道其所见，谆谆劝勉云。

【注释】

① 云烟：比喻挥洒自如的墨迹。

②行检：操行，品行。

③孳孳：孳，通"孜"。一心一意或用心力的样子。

④力疾：动作有力而迅速。

⑤长髯（rán）：长长的胡子。

⑥勘问：审问。

⑦冕（miǎn）旒（liú）：礼帽。古代大夫以上的礼冠。顶有延，前有旒，故曰"冕旒"。天子之冕十二旒，诸侯九，上大夫七，下大夫五。

⑧碓舂：用杵臼舂米或捣物。

⑨油铛：指盛有沸油的锅。

⑩旋：立刻。

⑪杨忠愍公：杨继盛（1516~1555年），字仲芳，号椒山。直隶容城（今河北容城县北河照村）人。明朝中期著名谏臣。"忠愍"是谥号，"公"是尊称。嘉靖二十六年（1547年）进士，初任南京吏部主事，后官兵部员外郎。因上疏弹劾仇鸾开马市之议，被贬为狄道典史。其后被起用为诸城知县，迁南京户部主事、刑部员外郎，调兵部武选司员外郎。嘉靖三十二年（1553年），上疏力劾严嵩"五奸十大罪"，遭诬陷下狱，嘉靖三十四年（1555年）遇害，年四十。死后七年，严嵩倒台，明穆宗追赐他太常少卿，谥忠愍，并在河北保定为他建了旌忠祠。著有《杨忠愍公集》。

【译文】

张某天生才华出众，但他好编淫秽小说，印刷出售。他说自己笔墨挥洒，无伤阴德。一天夜里，梦见去世的父亲呵斥他说："你所编写印刷的书籍，让读者目眩神飞，心旌荡漾，由此败坏了很多人的操行。冥司对于这种案子，惩罚最重。你本前程远大，寿命绵长，今日因此而折消了。可惜祖先数世培植，一旦顿丧于你的手中，你还说这样做无伤阴德啊？"张某惊醒后大为后悔。不久，全家人都溺死。

江南书商朱祥，好刻淫书小说，租卖传看。朋友们都劝他不要这样做，朱笑他们迂腐。不到几年，朱双目失明。一天家中起火，朱因两眼看不见，逃避不及，半身烧烂，哀号痛苦，三日而死。死时自悔说："我印淫书淫画，得发小财，害人不少，报应如此。愿天下同行，早早劈板烧书，别像我一样，已懊悔不及了。"后来他的妻子、女儿当了娼妓，朱家从此断子绝孙。

渤海的全如玉，虽是穷人，却孜孜好善。见人做好事，则奖劝鼓励别人，始终不倦。又曾经努力抄录善书，普化世人。一日，他漂洋过海，被一阵飓风吹至一山。全登上山顶，遥望海天一色，十分畅快。忽然他看见一道人，身着黄袍，脚踩棕履，古貌长须，从林中走出来，对全如玉说："世人喜欢假的东西，而天帝喜欢真的东西。你生平劝善事，修善书，都是出自真心，不求人知，功德很大啊！"全如玉谦逊说不敢当。道人又说："读书人都很聪明，但他们不是将聪明用在阐发圣贤的义理上，反而用来编造淫词艳曲，流传毒害天下万世。这种人死后堕地狱，受无量苦，永无出期。你可以去看看，知道他们的罪过，也就会知道你自己的功德了。"于是道士拉着全如玉的手，在云雾中行走。一会儿看见了一座城市，城门上写着"酆都"，守门的士兵都长得奇形怪状，看见道人都伏地叩头。然后又来到一个大官府处，侍卫林立，侍卫们见了道人也拜伏在地。官府的大堂上写着"森罗之殿"，旁边的两根大柱上有对联："你既如此，任你奸，任你诈，任你作恶，少不得殿前审问。我诚无奈，尽我法，尽我理，尽我奉公，又何须堂下哀求。"一位头戴礼冠的大王出来迎接，尊礼备至。道人说："淫词艳曲，最害人心。阴间受罚，阳世不知，所以犯者如故。今可令人带此人前去看看明白，然后给世人传话，如果世人能够回心向道，也是您的大慈大悲啊！"即有两个兵役，将全如玉引至一处。全如玉见有几个人，或受刀砍，或受犁耕，或受碓舂，或下油锅，每受刑完毕，又立刻恢复原形。全如玉问道："这是些什么人啊？"鬼卒说："这些都是写淫秽小说的人。"又问："罪有尽期吗？"鬼卒说："万劫沉沦，哪怕是想投生蛆虫道，都没有办法，怎么有完的时候呢？"全如玉心里害怕想回去，于是兵役又将他引至大殿。道

504

人指着那位大王对全如玉说："这是明朝的杨继盛先生。他在世忠心耿直，曾参劾奸臣严嵩五大奸十大罪。上帝嘉奖，特命他担任现在的职务。你回阳间一起宣扬，让人们知道上天赏善罚恶，毫厘不爽。"道人于是辞别大王，仍然拉着全如玉的手，回至原山。正好顺风，全如玉与道人相别，挂帆而去。从此逢人就讲他所见到的事情，谆谆劝勉。

印光大师回向颂

普为印施《寿康宝鉴》及转展流通赞扬劝阅诸善士回向颂曰：

一切事业，以身为本，身若受亏，事俱消陨①。
伤身之事，种种不一，最酷烈②者，莫过淫欲。
是以君子，持身如玉，闲邪存诚③，夙夜④兢惕⑤。
如是制心，欲念不起，何况邪淫，蔑伦越理！
世有愚夫，不知此义，每致纵欲，不遵礼制。
贪暂时乐，受长劫苦，减算⑥折福，尚其小耳。
以故前贤，敬辑此编，冀⑦诸同伦，共乐性天⑧。
不慧⑨有感，增订流传，高悬殷鉴⑩，以拯青年。
德广居士，捐洋千六，印送各界，期登寿域⑪。
又有善士，随缘附印，欲令此编，遍布远近。
愿诸阅者，扩充此心，展转流布，普令见闻。
庶⑫可同伦⑬，悉获寿康，子嗣贤善，长发其祥。
凡出资者，及赞助人，灾障消灭，福寿孔殷⑭。
先亡祖祢⑮，超生净土，后嗣子孙，吉庆无已。
世运日隆，风俗日美，先贤懿范⑯，人各继武⑰。
爰⑱书俚语⑲，用表芹忱⑳，祈发大慈，自利利人。

民国十六年丁卯孟夏，古莘㉑常惭愧僧释印光谨撰

【注释】

① 消陨：消失陨灭。

② 酷烈：残酷，猛烈。

③ 闲邪存诚：防止邪恶，保持诚敬。《周易·乾》："闲邪存其诚。"孔颖达疏："言防闲邪恶，当自存其诚实也。"后以"闲邪存诚"指防止邪恶，保持诚敬笃实。

④ 夙夜：朝夕。

⑤ 兢惕：戒惧，警戒恐惧。

⑥ 减算：缩短寿命。

⑦ 冀：希望，盼望。

⑧ 性天：犹天性。谓人得之于自然的本性。语本《礼记·中庸》："天命之谓性。"

⑨ 不慧：谦词，僧人自称。

⑩ 殷鉴：谓殷人子孙应以夏的灭亡为鉴戒。《诗经·大雅·荡》："殷鉴不远，在夏后之世。"《韩诗外传》卷五作"殷监"。后泛指可以作为借鉴的往事。

⑪ 寿域：人人得尽天年的太平盛世。语出《汉书·礼乐志》："愿与大臣延及儒生，述旧礼，明王制，驱一世之民，济之仁寿之域，则俗何以不若成康？寿何以不若高宗？"唐代杜牧《郡斋独酌》诗："生人但眠食，寿域富农桑。"

⑫ 庶：希望，但愿。

⑬ 同伦：同类。

⑭ 孔殷：众多，繁多。

⑮ 祖祢：先祖和先父，亦泛指祖先。

⑯ 懿范：美好的道德风范。

⑰ 继武：足迹相接。比喻继续前人的事业；亦比喻事物相继而至。武：足迹。

⑱ 爰（yuán）：于是，就。

⑲ 俚语：方言俗语，民间浅近的话语。此处为大师谦虚的话，意思是写得不好，大家勿见笑。

⑳ 芹忱：不敬的心意。芹：谦辞，微薄的情意。忱：心意，情意。

㉑ 古莘（shēn）：代指陕西郃阳县，印光大师出生地。本是古国名，在今陕西省合阳县东南，姒姓。周文王妃太姒即此国之女。《诗经·大雅·大明》："缵女维莘，长子维行，笃生武王。"

【译文】

一切事业，以身为本，身若无亏，事业兴盛。

伤身之事，种种不一，最酷烈者，好色贪淫。

所以君子，守身如玉，止恶存诚，日夜警惕。

如此修心，欲念不起，何况邪淫，蔑伦越理！

世有愚夫，不知此义，常常纵欲，不遵礼制。

贪暂时乐，受长劫苦，减寿折福，尚其小耳。

以故前贤，敬撰此编，盼诸同人，共乐性天。

不慧有感，增订流传，高悬镜鉴，以拯青年。

德广居士，捐洋千六，印送各界，同享康寿。

又有善士，随缘助印，欲令此编，遍布远近。

愿诸读者，扩充此心，辗转流布，普令见闻。

但望同伦，都获寿康，孝子贤孙，永发吉祥。

凡出资者，及赞助人，灾障消灭，福寿绵长。

先亡祖考，超生净土，后嗣子孙，无不吉祥。

风俗日美，世运日隆，先贤风范，人各传承。

写得不好，略表寸心，祈发大慈，自利利人。

民国十六年丁卯孟夏，陕西郃阳县常惭愧僧释印光谨撰